CIP-BRASIL. CATALOGAÇÃO NA PUBLICAÇÃO
SINDICATO NACIONAL DOS EDITORES DE LIVROS, RJ

R147b   Ramos, Tibério Vargas
         Breno Caldas : a imprensa e a lenda / Tibério Vargas Ramos. – 2. ed. – Porto Alegre [RS] : AGE, 2025.
         384 p. ; 16x23 cm.

         ISBN 978-65-5863-249-8
         ISBN E-BOOK 978-65-5863-250-4

         1. Caldas, Breno, 1910-1989. 2. Jornalistas – Brasil – Biografa. I. Título.

                           CDD: 070.92
         23-87166   CDU: 929:070

Meri Gleice Rodrigues de Souza – Bibliotecária – CRB-7/6439

Tibério Vargas Ramos

BRENO CALDAS
A IMPRENSA E A LENDA

2ª edição

TEMPO & DESTINO 1

Editora AGE

PORTO ALEGRE, 2025

© Tibério Vargas Ramos, 2024

Capa:
Nathalia Real,
utilizando colagem de Freepik

Diagramação:
Júlia Seixas

Supervisão editorial:
Paulo Flávio Ledur

Editoração eletrônica:
Ledur Serviços Editoriais Ltda.

Reservados todos os direitos de publicação à
EDITORA AGE
editoraage@editoraage.com.br
Rua Valparaíso, 285 – Bairro Jardim Botânico
90690-300 – Porto Alegre, RS, Brasil
Fone: (51) 3223-9385 | Whats: (51) 99151-0311
vendas@editoraage.com.br
www.editoraage.com.br

Impresso no Brasil / Printed in Brazil

Somente quem se torna Lenda merece entrar na História.
(NAPOLEÃO BONAPARTE, 1769-1821, IMPERADOR)

Conocía la historia. Ignoraba la verdad.
(CARLOS FUENTES, 1928-2012, ESCRITOR MEXICANO)

Trilogia *Tempo & Destino* – Histórias reais:
para a minha mãe Conceição Vargas Ramos, centenária,
17/06/1919 – 18/05/2022, *in memoriam*.

Livro 1 *Breno Caldas*:
para a minha mulher, Wolmy, que conheci como revisora
do Correio do Povo, e estamos juntos há 40 anos.

SUMÁRIO

PARTE I
GÊNESIS

1. Saga familiar 11
2. Jornal independente 33
3. A Fazenda do Arado 72
4. A Folha da Tarde 90
5. Os cavalos e as velas 115

PARTE II
ESCRITURAS

6. Jornalista rigoroso 127
7. Classe especial 146
8. Linguagem e conteúdo 155
9. A confiança dos leitores 169
10. "O Reino e o Poder" 183
11. A retórica de Brossard 202
12. A proximidade com Médici 210
13. A volta de Brizola 219
14. O príncipe herdeiro 222
15. A Zero Hora 238
16. Os comunistas de confiança 258

17. A batalha dos vespertinos 268
18. O meu sangue 278
19. Rompeu o casco 284
20. O Correio repaginado 300
21. Transformações nos jornais 314

PARTE III
APOCALIPSE

22. A conspiração 317
23. A vingança 324
24. Grevista arrependido 334
25. O último suspiro 341
26. A máquina elétrica 351
27. A solidão no Arado 359
28. Tarde demais 366
29. O filme e o túmulo 377

PARTE I
GÊNESIS

1. Saga familiar

O século 20 foi o século de Breno Caldas (1910-1989) na imprensa do Rio Grande do Sul. Quando Voltaire (1694-1778) escreveu *O Século de Luís XIV* (1638-1715), referindo-se ao século 17, criticaram-no de que ele cometeu um exagero. Em carta ao milorde Hervey, ministro da Justiça da Inglaterra, justificou-se o historiador, filósofo e romancista francês. Além de suas qualidades pessoais, formação intelectual e de seu governo, o rei colocou a França em outro patamar perante o mundo, e o francês tornou-se língua universal. Como o Papa Leão X (1475-1521), eleito Papa em 1513, foi o símbolo do século 16 por incentivar as artes e a arquitetura, lembrou-lhe Voltaire. Luís XIV prestigiou as academias, estimulou o talento nascente do poeta, matemático, dramaturgo e historiador Racine (1639-1699), o músico Lully (1632-1687), o pintor Le Brun (1619-1690) e o dramaturgo Molière (1622-1673), todos de sua geração. Breno, não só comandou a Caldas Júnior em seu esplendor, durante quase meio século (49 anos), como acolheu ou incentivou o surgimento dos melhores jornalistas gaúchos no século 20 e protegeu Mario Quintana. Fechada a Caldas Júnior, o poeta viveu de caridade o fim da vida. Criador de cavalos de corrida, proprietário de lendas do turfe brasileiro, ele não ia ao prado. Ou muito raramente. Não era um jogador. Buscava a vitória, afirmar-se como dono de um poderoso haras, mas não exatamente para ganhar dinheiro. Valia mais o encantamento pela beleza e vigor de um puro-sangue, monumento à vida. Os jornais, a rádio, a televisão e as fazendas, estes sim, eram a garantia de sua fortuna. Em raras ocasiões, o jornalista Nestor Magalhães, seu fiel escudeiro no turfe e na cobertura jornalística do setor, inclusive com livros publicados, apostava em nome do patrão na estreia de algum potro do plantel, criterioso, com base em todos os prognósticos. Um estrategista ponderado e conservador, com uma letra pequena, levemente quadrada. Sentávamos lado a lado na redação do Correio do Povo, em duas mesas grandes, separadas, por sermos editores. Eu tinha respeito e admiração pelo Nestor.

O doutor Breno ouviu pelo rádio a última corrida do espetacular Estensoro, em 6 de setembro de 1959, no Prêmio Sociedade Protetora do Turfe. Nascido no Haras Arado, em Porto Alegre, o alazão castanho era filho dos franceses de linhagem inglesa Estoc e Perfídia. Vencedor do Prêmio Bento Gonçalves de 1958 (o de 1959 foi adiado para ser disputado somente em dezembro, na inauguração do novo Hipódromo do Cristal), e do Derby Rio-Grandense de 1959, estava em disputa a Tríplice Coroa: a possível terceira vitória do potro de Breno Caldas nos três prêmios mais importantes no encerramento do histórico Hipódromo Moinhos de Vento, onde hoje está o parque mais nobre da cidade, local preferido para as manifestações da direita.

Quando os cavalos foram alinhados no partidor, o jornalista, empresário e pecuarista gaúcho velejava em alto-mar, no comando do Aventura. No rádio do veleiro, sintonizado na Guaíba, ondas curtas, 25 e 49 metros, ele acompanhou a narração do clássico, na emissora que criara dois anos antes, com potência e perfeição de som. Seu cavalo de quatro anos se despedia das pistas. Derrotado no Prêmio Brasil, no Hipódromo da Gávea, no Rio de Janeiro, o campeão passou a ser considerado acabado pelos analistas. "Diziam que o cavalo atingira seu limite, estava superado"; Breno quis provar que não. Estensoro foi trazido do Rio às pressas, em avião de carga da Viação Cruzeiro, a tempo de disputar a derradeira penca.

Os olhos azuis acinzentados fixos no mar verde revolto, Caldas vermelho de emoção. Havia feito sua maior aposta, não em dinheiro, mas em prestígio. Dada a saída. Antônio Ricardo montava o alazão. Os cavalos passam pela Tribuna de Honra e começam a contornar o hipódromo. O jóquei de camisa rosa com estampas de ferraduras pretas, a bandeira do Haras Arado, curvado sobre o animal, não aparece entre os primeiros na largada. Não era o favorito depois da derrota no Rio, mas aos poucos o potro resfolegante se desprega do grupo intermediário e começa a superar os ponteiros um a um. A multidão vibra ao redor da pista com os bilhetes de apostas nas mãos. Afinal, era o cavalo do doutor Breno. Estensoro passou em primeiro lugar a linha de chegada, e o comandante do veleiro deu um soco no ar, o relógio náutico de pulseira de prata no pulso brilha na luz pálida da tarde nublada. "Christo, estoura um champanha para comemorarmos", ordenou ao barqueiro Rogério Christo, o sorriso do comandante refugiado no canto da boca.

"Foi o dia em que o vi mais feliz, afinal ele tinha ouvido a vitória do cavalo dele, na rádio dele, no barco dele, no meio do mar, único lugar onde a gente via o doutor Breno sorrir", lembra seu secretário particular, faz-tudo e auxiliar de navegação, hoje com 86 anos. Ele me concedeu longa entrevista no sobrado onde reside, com móveis escuros e pesados, escada de madeira, estofados antigos, lareira, garrafas de destilados sobre uma estante. O prédio foi construído nos fundos de um terreno com lojas de aluguel na frente, no bairro Tristeza, em Porto Alegre, de aprazíveis residências e condomínios horizontais e verticais, na beira do Guaíba.

Levei um mês para agendar a entrevista com Christo. Ele passa o maior tempo numa chácara na região metropolitana, onde estava abrindo um poço artesiano. Mais de uma vez me atendeu dirigindo uma caminhonete diesel, eu ouvia o ruído característico do motor. Rogério pedia desculpas, estava no trânsito, tinha de desligar, deixávamos para conversar em outra oportunidade. Sua entrevista era indispensável para conhecermos o Breno Caldas fora da redação. Os dias passavam e a minha impaciência aumentava. Nesse meio tempo comprei a minha nova casa, na travessa onde sonhava um dia voltar a morar, depois de 27 anos. Preparo-me para o último ato da encenação da própria vida.

Domingo nublado. A última corrida no Hipódromo Moinhos de Vento. O público desembarcava do bonde, na Rua 24 de Outubro, e descia em direção ao prado. O antigo estádio do Grêmio, o Fortim da Baixada, ao lado do hipódromo, havia sido demolido, e estavam sendo construídos edifícios de luxo na área que pertenceu ao espólio da viúva Laura Mostardeiro, entre as ruas Mostardeiro e Dona Laura. Os nomes das ruas homenageiam o casal: o banqueiro Antônio Mostardeiro, diretor do Banco da Província, e sua esposa Laura, que viveram numa chácara de 72 hectares naquele local; Porto Alegre desconhece esse detalhe pitoresco. As transversais, Barão e Baronesa do Gravataí, no Menino Deus, o encontro do antigo casal é bem óbvio; na esquina das duas ruas, eu comprava comida de vianda no restaurante do Bagé, um homem de pouca conversa.

A elite não vinha de bonde para o prado e descia a lomba da Rua Mostardeiro em Impalas vermelhos, Chevrolet Bel Air e Ford Fairlane de duas cores, De Soto preto e Austin A 90 verde ou cinza, arredondados. As pinturas novas e os niquelados dos carros a ofuscar a inveja dos pedestres.

Os espectadores se espalhavam ao redor da pista; agarrados às muradas de madeira, subiam nos barrancos. Na Tribuna de Honra, homens de terno e Panamá, mulheres de longo e chapéus de penas. O governador Leonel Brizola e o prefeito em exercício Sucupira Viana chegaram acompanhados de dois oficiais da Brigada Militar. Cumprimentos. O líder da periferia, engenheiro e fazendeiro por herança da mulher, circulava com desenvoltura entre a classe alta, simpático e solícito no trato pessoal, carismático. Orador eloquente e agressivo na tribuna, nos comícios e no rádio, dedo em riste, voz pausada, forte, assoprada entre os dentes, ele se transmutava visto de perto, o sorriso cativante.

Depois de ter fracassado no Rio, em agosto, Estensoro voltou a ganhar em Porto Alegre. O delírio do público, chapéus jogados para o alto. Vencedor do Prêmio Bento Gonçalves, do Derby Rio-Grandense e do Clássico Protetora, conquistara a Tríplice Coroa no encerramento do Prado Moinhos de Vento. O velho hipódromo fechou com o coroamento da carreira de um cavalo magnífico. Francisco Antônio Kessler Caldas (1937-1989), terno claro, camisa branca de flanela, gravata preta com bolinhas brancas, sapatos marrons de cromo alemão, desfilou faceiro e orgulhoso, os cabelos castanhos revoltos, na frente da Tribuna de Honra, puxando as rédeas do puro-sangue resfolegante e inquieto. Aplausos do público, as senhoras batiam palmas de luvas, sorridentes, a expressão dos olhos encoberta por óculos escuros. "Quem é mais lindo: o cavalo ou o Tonho Caldas?" Uma segredou a outra, maliciosa.

Breno batizara o potro com o nome de Estensoro, sobrenome de origem basca, uma alusão à origem espanhola da família Caldas. Em 14 páreos que disputou, o puro-sangue perdeu apenas dois: o primeiro e a derrota no Prêmio Brasil. Venceu 12 corridas, sendo que 11 clássicos. Aficionados do turfe gaúcho garantem que aquele foi o melhor cavalo produzido no Rio Grande do Sul em todos os tempos. Com seu hábito de não ir ao prado, Caldas não presenciou proezas de seu potro, como no Prêmio Bento Gonçalves de 1958, quando venceu de ponta a ponta, batendo todos os recordes da pista de 3.200 metros do antigo hipódromo. No entanto, ele teve o desprazer de assistir à derrota no Rio, ao lado de Oswaldo Aranha (1894-1960), seu velho amigo.

Breno Caldas concedeu um único depoimento após sua queda. Foi ao escritor, jornalista e apresentador de televisão José Antônio Pinheiro Machado, o Anonymus Gourmet, como é conhecido na mídia. O livro-entrevista publicado pela L&PM é a espinha dorsal deste romance histórico. A partir dele fiz pesquisas, entrevistas, reproduzi diálogos reais e possíveis, reconstituí ambientes com informações detalhadas do passado. Segundo o próprio Breno, seu dia mais feliz não foi aquele da vitória de Estensoro, ouvindo a Guaíba em seu veleiro, como imaginou Christo. Mas, sim, 18 de dezembro de 1935, quando apareceu pela primeira vez seu nome no alto da capa do Correio do Povo. No lado esquerdo do logotipo, o nome do fundador Caldas Júnior, seu pai, e à direita, o novo diretor do jornal, o filho pródigo, com 25 anos de idade.

Comandou durante 49 anos uma empresa criada no século 19, em 1.º de outubro de 1895. Um reinado coincidentemente igual ao de Dom Pedro II, que se estendeu de 23 de julho de 1840, quando foi decretada oficialmente sua maioridade, a 25 de novembro de 1889, deposto por militares republicanos. O nome de Breno foi apagado da história do jornal, como a República o fez em relação ao Império, apoiada pelos escravocratas ressentidos pela Abolição. Ao contrário da América Espanhola, retalhada por republiquetas, o Brasil tem dimensão continental pela perseverança do Império.

Breno não só manteve o Correio do Povo, que herdou, com credibilidade e grande tiragem durante meio século, como transformou a Empresa Jornalística Caldas Júnior num império de comunicação, com a Folha da Tarde, Folha da Manhã, Rádio e TV Guaíba, todas criadas por ele. Empréstimos contraídos em dólares para montar a televisão e desvalorizações da moeda nacional levaram o grupo à falência. Caldas entregou quase todo o seu patrimônio pessoal e conseguiu salvar o Correio do Povo, a rádio e a TV, hoje da Record. Perdeu sua fortuna, prejudicou os descendentes, mas manteve os empregos de muitos jornalistas, locutores, técnicos, cinegrafistas e apresentadores na televisão.

O vento virou. A vela balão, no alto, teve de ser arriada pelo barqueiro Niltinho. As laterais, nos dois mastros, foram redirecionadas para que o iate Aventura, construído em madeira, como as antigas embarcações, a planta do barco comprada nos Estados Unidos, seguisse contra o vento. No leme, Breno Caldas vestiu o capote impermeável para se proteger do frio que a mudança do vento trouxe consigo no oceano. No rádio, em ondas curtas, 25 e 49 metros, a música da Guaíba, a "vitrola do doutor Breno", como diziam em tom de pilhéria.

O sergipano Francisco Antônio Vieira Caldas Júnior (1868-1913), o pai dele, nasceu em 13 de dezembro de 1868, domingo, em Neópolis, Sergipe. Sua família portuguesa-castelhana, de raízes nobres, veio para o

Brasil do Reino das Astúrias e suas montanhas de hulha. Chegaram ao Brasil Colônia e se espalharam pelo Nordeste. Em 1938, quando Lampião foi morto na Grota dos Angicos, Poço Redondo, Sergipe, havia entre os oficiais da força pública certo coronel Caldas, remanescente da família que permaneceu no Nordeste.

O bisneto de Caldas Jr. Vitório Caldas Degrazia, com sua barba de rabino, pesquisou a ascendência da família e garante que tem origem judaica. Ele me indicou para leitura o livro *Os Judeus no Brasil Colonial*, de Olívia Krähenbühl. A obra descreve a chegada dos judeus ao Nordeste, ainda durante a invasão holandesa, que perdurou por 24 anos, 1630 a 1654, quando finalmente foram expulsos pelos portugueses com o apoio da esquadra da Inglaterra. Nos Países Baixos da Europa, a Holanda acolhia fugitivos judeus da perseguição religiosa na Península, em Portugal e na Espanha. Durante o governo em Olinda e Recife do príncipe Maurício de Nassau (1604-1679), de 1637 a 1644, os imigrantes puderam viajar para a possessão holandesa no Brasil. Quem manteve a mesma identidade em solo brasileiro passou a ser chamado de sefardita, mas a maioria se constituiu em cristãos-novos, disfarçando a identidade israelense com sobrenomes de plantas, frutas, ferramentas, instrumentos, entre outros subterfúgios. Aranha, Ramos, Oliveira, Rosa, Machado...

Na lista das primeiras famílias judias do Brasil Colônia, elaborada pela historiadora Olívia Krähenbühl, não encontrei o sobrenome Caldas, mas a grafia consta nos possíveis sobrenomes cristãos-novos, em outras publicações. A autora revela que o rabino precursor do Novo Mundo foi Isaac Aboab da Fonseca, gramático e místico. A primeira sinagoga foi em Recife, Kahal Zur. Da Colônia Holandesa do Brasil seguiram os sionistas para as Antilhas e Nova York (a Nova Amsterdã).

Francisco Antônio de Souza Caldas e Maria do Céu Francisco Ramos Caldas são os bisavós de Breno Caldas, raízes paternas da família que definiram a árvore genealógica e origem econômica e política de seus descendentes. O casal morava numa extensa fazenda na Serra do Araripe, região montanhosa que cruza os estados do Ceará, Piauí e Pernambuco, coberta de mata atlântica, cerrado e caatinga. Escavações atuais revelaram que a área é rica em fósseis pré-históricos. Tornou-se o paraíso de pesquisadores. Foram descobertos peixes, pássaros e pterossauros (répteis voadores) com mais de 100 milhões de anos. Peças pré-históricas recuperadas foram contrabandeadas para o exterior, sem reação dos memorialistas nacionais nos últimos 30 anos. Os canaviais dos Caldas, nos cerrados do agreste de matas, savanas e campos ficavam na beira do Rio São Francisco, no município de Neópolis, Sergipe. A cidade foi fundada há 343 anos, a 121 km de Aracaju, durante a colonização holandesa, o que corrobora a tese de Vitório Degrazia da origem da família Caldas na imigração judaica.

Numa repetição de nomes iguais, característico das oligarquias, o filho de Francisco Antônio e de Maria do Céu, nascido em 1846, foi batizado como Francisco Antônio Vieira Caldas, o avô de Breno Caldas. Aos 18 anos de idade, ele foi estudar Direito na Universidade de Pernambuco, em Recife. Com a mesada recebida do pai, alugou quarto num cortiço de estudantes, na capital. Durante a faculdade, o rapaz se apaixonou por uma estudante de Ciências Humanas, Maria Emília Wanderley, linda e sensível, que escrevia sonetos, publicados em folhas literárias acadêmicas. Em 1867, aos 21 anos de idade, o universitário de Direito se casou com a colega da Sociologia, contrariando a vontade dos pais, que desejavam que ele se formasse primeiro. O jovem casal alugou um cômodo maior, com uma saleta, pequena cozinha e banheiro coletivo. No ano seguinte, ela ficou grávida. Tudo mudou, o neto passou a ser aguardado com expectativa. No sétimo mês de gravidez, Francisco Antônio levou Maria Emília para que ganhasse o bebê em Sergipe, na casa da família Caldas, a pedido da vovó Maria do Céu. O bebê nasceu em 13 de dezembro de 1868 e foi registrado no cartório de Neópolis como Francisco Antônio Vieira Caldas Júnior, o pai de Breno Caldas.

Com o filho recém-nascido, eles retornaram à capital de Pernambuco para continuarem os estudos na Universidade. O casal mudou-se para o primeiro andar de um sobradinho, mobiliado, com mais espaço e conforto. Durante a faculdade, o filho letrado do produtor do agreste tornou-se liberal, oportunizando contatos com lideranças de todo o país. No Império, a cena política era dividida entre liberais e conservadores. O pensamento republicano grassava em paralelo, nos dois campos. Atrás do palco político, o espectro da escravidão negra.

Dois anos mais tarde, no fim de 1870, Maria Emília foi com o filho à formatura do marido. Olhos negros irrequietos, sorridente, o menino aprendia a caminhar, amparado pela mãe poetisa. A fase de estudante passou, não tinha mais sentido depender da mesada do pai. Ainda na faculdade, Francisco Antônio passou a prestar serviços no escritório de advocacia de um professor, à espera de uma melhor oportunidade. Não tinha intenção de retornar à pequena Neópolis, em Sergipe. Nas cartas a correligionários, escrevia sobre sua disposição em lutar pelo pensamento liberal e a intenção de trabalhar como jurista em qualquer lugar do País. Nos limites de um Império Continental. Em poucas semanas surgiu um convite. O início de uma saga, apogeu e declínio. "O que está escrito não tem como mudar", diz a cigana supostamente charlatã, ao levantar uma carta, o cigarro na boca, a fumaça e não a aura envolvendo o rosto, as palavras saindo pelo canto dos lábios.

Um dos líderes nacionais do movimento liberal era o deputado Gaspar Silveira Martins (1835-1901). Nascido em Cerro Largo, no Uruguai, formou-se na Faculdade de Direito da Universidade da República, em Montevidéu, um imponente prédio de um quarteirão em estilo clássico francês. Veio morar no Brasil com dupla cidadania. Tornou-se juiz e foi eleito deputado provincial do Rio Grande do Sul em 1862, com 27 anos de idade. Em 1865, aos 30, fundou em Porto Alegre o jornal A Reforma. Em 1872, elegeu-se deputado federal. No ano de 1880, chegou a senador. Foi ministro da Fazenda na Monarquia. No último ano do Império, 1889, foi nomeado governador gaúcho por Dom Pedro II (1825-1891). Quando o golpe militar proclamou a República em 15 de novembro, Silveira Martins se exilou na Europa. No retorno ao Brasil, em 1892, voltou a liderar os liberais gaúchos e em maio de 1893 comandou os maragatos na Revolução Federalista. Era um homem alto, corpulento, barba espessa e revolta, pele vermelha, óculos redondos, voz tonitruante. "Ideias não são metais que se fundem", disse. Ao ser derrotado em 1895, a paz assinada em Pelotas, em 23 de agosto, ele voltou à terra natal, para cuidar da estância Rincón Pereyra, no Uruguai, e ir ao encontro da morte, repentina, num quarto de hotel em Montevidéu, em 23 de julho de 1901.

Em 1872, ao chegar à Assembleia Geral como deputado federal, no Rio de Janeiro, a capital do Império, num regime bicameral parlamentar-absolutista com Câmara e Senado, Silveira Martins se tornou uma referência no País, mantendo correspondência e contatos com lideranças consagradas e emergentes em outros estados. Homem de jornal, acostumado a descobrir talentos, percebeu o idealismo e os argumentos bem colocados nas missivas do jovem Francisco Antônio Vieira Caldas, recém-formado em Direito na Faculdade de Recife. "Vem para o Sul, meu caro, há vaga para juiz de direito", passou um telegrama. "Vou indicar para a vaga na comarca de Santo Antônio da Patrulha um rapaz de fora, nordestino, sem envolvimento em nossas brigas aqui no Rio Grande", anunciou em reunião do Partido Liberal, em Porto Alegre. "Não usa lenço colorado, mas é um dos nossos", segredou ao companheiro sentado ao lado, mas todos à mesa ouviram, pelo timbre rouco da voz. O caudilho uruguaio tinha influência no Judiciário rio-grandense e comandava uma das facções políticas do cenário gaúcho.

O Rio Grande do Sul foi colonizado dois séculos após o descobrimento. A ocupação começa na altura de Rio Pardo, inicialmente território dos índios Tapes, local em que foi construída uma fortaleza para a defesa contra a invasão de castelhanos. Foi constituída como município somente em 1750. Alguns anos depois os portugueses-paulistas criam a cidade de Rio Grande, em 1737, na beira do mar, o porto marítimo mais ao Sul. A terceira localidade foi Santo Antônio da Patrulha, no caminho do litoral norte. Começou como freguesia em 1760, elevada a vila em 1809 e a município em 1811. Porto Alegre, na beira do largo Rio Guaíba, surge em 1772, fundada por casais açorianos. Foi o quarto município gaúcho e segundo cais da província.

Francisco Antônio, Maria Emília e o filho de 4 anos viajaram de navio de Recife a Porto Alegre. Desembarcaram no porto e seguiram de diligência para Santo Antônio, uma região montanhosa, a 82 km da capital. O caminho percorrido por Dom Pedro I, a cavalo, meio século antes. O chicote do cavaleiro na boleia, rédeas firmes, o tropel dos cavalos, o ranger das rodas, a cabine de assentos estofados, o menino espiando pela janela, os pais sacolejando, a bagagem amarrada em cima, a estrada contornando os morros da Serra do Mar, cobertos por Mata Atlântica. Uma visão européia, bem diferente do serrado nordestino.

Foi colocada à disposição do novo magistrado uma residência mobiliada na Cidade Alta, hoje Rua Borges de Medeiros, 427. O prédio locado pelo Judiciário para ser a moradia do juiz tinha mais de 50 anos de uso e já era um ponto histórico. Ali pernoitou uma noite Dom Pedro I. Construído em 1820, pelo alferes Francisco Xavier da Luz, vereador local, foi tombado como Patrimônio Histórico e está preservado: como as casas antigas, fica junto à calçada, com cinco janelas de guilhotina, uma porta e o telhado meia-água de cerâmica portuguesa. Em 14 de outubro de 1982, a Prefeitura Municipal inaugurou no local o Museu Antropológico Caldas Júnior. Ali o menino Jr. morou dos 4 aos 8 anos de idade. A escolha do nome era mais uma forma de a cidade bajular o doutor Breno e seu império jornalístico do que uma homenagem a seu pai. No mínimo seria desproporcional. Naquela residência nasceram, sim, os dois irmãos de

Caldas Jr: Dogelo em 1874 e Orlando em 1876. Deram azar. O segundo filho morreu aos 16 anos, em Porto Alegre, e o terceiro viveu uma vida de empreendedorismo fracassado e dificuldades; o irmão mais velho lhe ajudava enviando dinheiro. Faleceu na maturidade, em Minas Gerais, em data imprecisa, anos depois da morte do irmão mais velho.

A decretação da Independência da Cisplatina pelo político uruguaio Juan Antônio Lavalleja, em 25 de agosto de 1825, com a expulsão dos brasileiros da Colônia do Sacramento e Rio da Prata, motivou reação feroz do Império do Brasil. Iniciou-se a Guerra da Cisplatina contra o novo país e a Argentina. Dom Pedro I, aventureiro que tinha Napoleão como um dos seus ídolos, apesar de ele ter motivado a fuga do pai Dom João VI para o Brasil em 1808, decidiu participar pessoalmente do teatro das operações, como se fosse o general francês do cavalo branco. Desembarcou de um navio em Laguna e seguiu a cavalo na direção do Rio Grande, em trote ligeiro.

Era verão. O Imperador foi precursor das Cavalgadas do Mar, promovidas em janeiro, durante o veraneio, pelos tradicionalistas gaúchos. Passou por Torres, desceu pela beira da praia, pernoitou em Arroio do Sal e chegou a Santo Antônio em 5 de dezembro de 1826. Recebido em festa na cidade, compareceu à solenidade na Câmara de Vereadores. Terminada a recepção, o vereador Xavier da Luz levou o monarca para descansar e dormir em sua casa, a mais confortável da cidade. No pátio foi plantada uma palmeira real, tradição de demarcar a presença da família real no local.

Um historiador do litoral iconoclasta contesta a passagem de Dom Pedro I por Santo Antônio da Patrulha e o pernoite no prédio histórico, mas ela é verossímil: a cidade fica no caminho da praia à capital. Na manhã do dia seguinte, 6 de dezembro, o Imperador continuou a viagem para Porto Alegre, onde chegou dois dias depois. Dom Pedro I passou em revista as tropas imperiais e, como Napoleão, acompanhou no mapa as movimentações da Marinha, mas não participou diretamente do conflito. Retornou ao Rio de navio. O Brasil perdeu por terra os combates da Cisplatina, mas a esquadra do Império, mais poderosa, bloqueou os portos de Montevidéu e Buenos Aires. O impasse levou à assinatura da paz em 28 de agosto de 1828, com o reconhecimento da independência da República Oriental do Uruguai, mas a Argentina restrita aos seus limites, sem interferência no país vizinho. Apesar da intenção inicial imperialista, movida como represália por perder a Colônia do Sacramento, a monarquia brasileira acabou tendo participação decisiva na independência uruguaia por exigir a neutralidade dos argentinos.

A posse do novo magistrado de Santo Antônio da Patrulha realizou-se em cerimônia na Câmara de Vereadores, em 27 de maio 1872. Logo ele foi convidado a fazer parte da cinquentenária Loja Maçônica local, a primeira do Estado, fundada em 2 de setembro de 1823. Um caminho natural. Silveira Martins, que o indicou para o cargo, também era maçom. À noite, o juiz saía para sessões da Maçonaria ou reuniões em residências de correligionários liberais. Ele não era ostensivamente chimango-positivista ou maragato-libertador, como os gaúchos, mas tinha lado no conflito regional em razão de suas ideias liberais, uma marca d'água, não facilmente percebida, mas que permaneceu na família através de gerações, inclusive em Breno Caldas, que camuflava sua posição de libertador, mas nunca enganou o chimango Flores da Cunha; inimigos declarados. Dona Maria Emília, sozinha em casa, colocava as crianças para dormir e depois se sentava à escrivaninha do marido, no gabinete. À luz de uma lamparina, ela escrevia poesias tristes, inspirada no vento minuano uivante que cruzava as ruas desertas da pequena cidade perdida no fim do mundo, no meio de morros cobertos por vegetação.

A tensão política na localidade se agravou e culminou na "noite das vidraças quebradas", em 1880, quando liberais apedrejaram residências de conservadores. O vigário João de Oliveira Lima, rígido e intolerante, acusou o juiz maçom durante a missa de domingo de haver participado dos distúrbios. Não era verdade, mas a repercussão foi imediata. Diante da denúncia, o magistrado teve de se refugiar, com a mulher e os dois filhos menores, numa moradia na vila de Maquiné e depois viajou clandestino para São Sebastião do Caí. A força dos liberais, no entanto, era grande e ele foi transferido em 1881 para Porto Alegre, longe das picuinhas municipais.

Em 1880, quando o juiz fugiu às pressas do município, o filho mais velho já tinha 12 anos e não morava com os pais. Ele foi alfabetizado em Santo Antônio por duas professoras particulares, mas o pai considerou insuficiente o colégio da localidade para que o menino continuasse os estudos, e decidiu colocá-lo no internato do Colégio São Pedro, em Porto Alegre. Sempre buscando o melhor para o filho, Vieira Caldas transferiu Júnior mais tarde para o Instituto Brasileiro de Ensino, que acabara de ser fundado por Apolinário Porto Alegre (1844-1904), professor, jornalista e intelectual, criador da Sociedade Partenon Literário, entidade cultural para divulgar as letras. O novo internato ficava no bairro Caminho do Meio, na época distante do centro da capital, hoje nas imediações da Avenida Assis Brasil. A troca de colégio encaminhou os passos do menino em busca de sua trajetória de vida.

Aos 17 anos, em 1885, o inteligente e dedicado rapaz estava no último ano do segundo grau, mas não mostrava nenhum interesse em fazer curso superior. "Pai, não quero entrar na universidade, quero ser jornalista, quero escrever." A conversa foi difícil. No fundo, o juiz desejava que o filho que tinha seu nome seguisse seus passos na magistratura. Mas o velho entendeu. Ele tinha o direito de perseguir seu próprio destino. "Está bem, procura o senador Silveira Martins na Reforma." Jornal que circulava há 20 anos como porta-voz do Partido Liberal. "Diz que é meu filho, ele vai conseguir uma colocação na revisão, é assim que todos começam, não pensa que ele vai te dar um emprego de dono do jornal", brincou. Júnior balançou a cabeça. "Claro, claro." O pai colocou a mão em seu ombro. "Se tens vocação para o jornalismo e te esforçares, farás carreira", o incentivou. O garoto seria mais tarde o fundador de um império jornalístico.

Como o pai imaginara, ele recebeu oportunidade para trabalhar como revisor no matutino. Estudava de dia e trabalhava à noite, até de madrugada. Assim concluiu o segundo grau. Devidamente *alfabetizado*, foi promovido a noticiarista. *Prático licenciado*. Lembro-me das placas nas obras do melhor construtor de Alegrete, João Amaraim, que não era formado em engenharia e muito menos em arquitetura. Não fiz doutorado, o reitor Norberto Rauch me colocou na lista dos 120 professores da PUCRS (num total de 1.600 docentes) dispensados de fazerem pós-graduação por atestado de *notável saber* em suas áreas de especialização. Eu costumava brincar: "sou um prático licenciado, referendado pelo reitor, me deixem em paz".

Óculos redondos de lentes grossas, Silveira Martins alisou com a mão a barba longa, espetada. Estava passando os olhos nas provas do jornal antes de começar a rodagem. Leu com mais atenção uma matéria. Mandou chamar o jovem em sua sala. Não era bronca. Havia percebido que o filho do juiz tinha estilo para escrever, como o pai jurista. "Passarás a ser articulista", anunciou com sua voz cavernosa. Júnior exultou de contentamento. "Ele tinha certa bossa para escrever", o filho Breno procurou conhecer o texto do pai na coleção do Correio do Povo, em textos publicados com o pseudônimo de Tenório. "Não uso o meu nome verdadeiro porque minhas opiniões pessoais não podem ser confundidas com o compromisso de isenção do Correio do Povo", explicava a quem imaginava que o subterfúgio era por modéstia ou para se eximir de responsabilidade.

No ano de 1891, Vieira Caldas foi nomeado desembargador e o filho buscou novos ares na imprensa. Silveira Martins estava exilado na Europa, havia dois anos, desde a queda do Império. A Reforma continuava circulando (foi impressa até 1912), mas a redação, sem a figura centralizadora de seu diretor, não era mais a mesma; estabeleceu-se uma disputa de poder entre os gerentes Saibro Netto e Norberto Vasques. Caldas Júnior pediu demissão e foi trabalhar no Jornal do Commercio, que tinha entre seus principais redatores seu antigo professor Apolinário Porto Alegre, colunista e editorialista. "Vai jantar lá em casa hoje", Apolinário convidou o novo colega, ao passar por sua mesa. Simpatizava com o ex-aluno desde o colégio. Foi naquela noite que Júnior conheceu a filha do anfitrião, Arminda Gomes Porto Alegre. Como ela era bem mais moça, não tiveram contato na época do internato. Criou-se um flerte entre eles. A garota, chamada pela família de Mimosa, passou a ir ver o pai no jornal, sob qualquer pretexto, dinheiro para o sorvete, para o bonde, e assim se encontrar com o jornalista. Veio o namoro e o noivado, Caldas pediu em casamento a filha de Apolinário.

O momento era de tensão política. O deputado positivista Júlio de Castilhos (1860-1903) redigiu sozinho a Constituição do Estado, centralizadora e autoritária. Como discípulo de Auguste Comte (1798-1857), era adepto da democracia dirigida e liberdade limitada. Conseguiu a aprovação da carta pelos deputados estaduais e foi indicado governador pelo parlamento, tomando posse em 15 de julho de 1891. Com 31 anos de idade, foi o governador mais jovem do estado em todos os tempos. Pela nova Carta, ele podia ser reeleito quatro anos depois em eleição direta. Estava aberto o caminho para permanecer no poder por longo período. No entanto, em 11 de dezembro daquele mesmo ano, Castilhos já estava destituído. O primeiro presidente brasileiro, o marechal Deodoro da Fonseca (1827-1892), que comandara a derrubada da Monarquia, decretou, no dia 3 de novembro de 1891, Estado de Sítio, fechando o Congresso e assembleias regionais, e interferindo nos estados. Era o início da "República Democrática". Dias depois, em 23 de novembro, o presidente renunciou. Assumiu o poder o vice-presidente, também militar, Floriano Peixoto (1839-1895), o "Marechal de Ferro". No ano seguinte, em 23 de agosto de 1892, Deodoro morreu de dispneia. A história da República é de crises sucessivas protagonizadas pelos militares, a casta política e as práticas da velha burocracia pública presente desde o Brasil Colônia.

Levantado o Estado de Sítio em 1892, houve anistia, e Silveira Martins pôde retornar do exílio europeu. O ex-deputado, ex-senador e ex-governador do tempo da Monarquia fundou, em Porto Alegre, o Partido Federalista, para defender, no campo nacional, a descentralização do poder na recente proclamada República, dominada pelos militares que depuseram o Imperador. Uma espécie de revanche do liberal-monarquista. Somente em 1928 iria surgir o Partido Libertador (PL), baseado nas ideias de Silveira Martins, que já havia morrido 27 anos atrás, e de Assis Brasil, então com 71 anos; viveu até os 81. PL e PTB protagonizaram o embate político no Rio Grande do Sul nas décadas de 40, 50 e 60, com o PDS como um pêndulo entre os dois. Continuou a dicotomia maragato-chimango com nuances.

Caldas Jr. casou com Arminda no emblemático ano de 1892. No mesmo ano morreu seu irmão caçula, Dogelo, aos 16 anos, e seu pai, o desembargador, foi transferido para o Desterro, capital de Santa Catarina, que só passou a se chamar Florianópolis dois anos depois, em 1894, em homenagem ao presidente Floriano Peixoto. O jurista se mudou para o vizinho estado na companhia da esposa e do filho caçula, Orlando. No segundo semestre, Júlio de Castilhos foi finalmente eleito governador em eleição direta. Assumiu o governo em 25 de janeiro de 1893, para cumprir o mandato de cinco anos, concluído em 25 de janeiro de 1898. O positivista enfrentou a mais sangrenta das revoluções gaúchas, a de 93, liderada pelo seu mais ferrenho adversário, o ex-senador Silveira Martins, naturalmente. Com sua voz trovejante empolgava os fazendeiros maragatos numa luta contra a organização do estado positivista e sua estrutura baseada em funcionários públicos. A filosofia dos sentidos objetivos e não metafísica.

A remoção do leal Vieira Caldas em 92 para o estado vizinho já fazia parte da articulação política de Silveira Martins, que preparava a Revolução Federalista, que acabou eclodindo em maio de 1893. A primeira vitória dos maragatos foi nas margens do Arroio Inhanduí, em Alegrete, o arroio das pedras mouras que aparece na letra do *Canto Alegretense*, dos irmãos Fagundes, Antônio Augusto e Bagre.

No início do conflito, os maragatos vinham conquistando posições, muito bem retratado no cerco ao casarão dos Cambarás, família de chimangos, na fictícia cidade de Santa Fé (inspirada em Cruz Alta, terra natal do autor), no romance *O Tempo e o Vento*, de Erico Verissimo. A literatura recupera os fatos com mais intensidade e veracidade que os historiadores, reféns de suas teses, alfarrábios e ideologia. Os acadêmicos resumem os fatos a nacionalismo, atos de bravura, limites geográficos ou lutas econômicas e de classe, quando a situação real é muito mais complexa, numa soma de todas as circunstâncias e o fator humano que mancha de sangue real, suor, sofrimento e coragem a memória dramática dos povos. O levante chegou a Santa Catarina em quatro meses. Tropas gaúchas, na intenção de nacionalizarem o conflito, atravessaram o Rio Mampituba, em Torres, na divisão dos dois estados, e receberam o reforço de sublevados da Armada, que deslocaram navios do Rio de Janeiro, para se aglutinarem e montarem a resistência na Fortaleza Santa Cruz de Anhatomirim, no norte da ilha do Desterro.

O capitão de mar e guerra Frederico Guilherme Lorena, primeiro comandante do cruzador Almirante Tamandaré, estava na cabina da nau capitânia Aquidabã, único navio de guerra da esquadra de revoltosos da Marinha, que singrava o mar brasileiro na direção do sul. Bandeiras brancas tremulavam nos mastros do encouraçado e das pequenas corvetas e fragatas maiores que o seguiam. O ataque dos gaúchos pelo continente e dos marinheiros rebeldes pela Ilha dominou facilmente a cidade do Desterro, e o governo de Santa Catarina foi deposto. O comandante Lorena foi nomeado governador provisório em 14 de outubro de 1893. O desembargador Vieira Caldas, o avô de Breno, foi escolhido chefe de polícia. O jurista nordestino transformou-se no interlocutor do caudilho Silveira Martins no novo governo catarinense.

A revolução travada no Rio Grande do Sul entre os republicanos de Castilhos e os liberais de Silveira Martins foi selvagem. Os guerreiros de lenços brancos no pescoço, chamados de chimangos ou pica-paus, duelavam nas coxilhas com os libertadores de lenço colorado, apelidados de maragatos, mercenários em espanhol, porque muitos tinham sido recrutados no Uruguai pelos fazendeiros. No conflito foram utilizados canhões raiados de antecarga, espingardas, carabinas, mosquetões e pistolas rudimentares do século 19. Baionetas e lanças nos entreveros da cavalaria nas verdes coxilhas. Acostumados a carnear ovelhas, vacas e porcos, os guerrilheiros degolavam os inimigos com a mesma perícia. "Não vale a pena gastar pólvora em chimango", vangloriavam-se os maragatos. A resposta dos pica-paus veio com a mesma crueldade. "Diz pauzinho", ordenava ao inimigo. Se ele pronunciava "paucinho", era castelhano e estava condenado à morte. O prisioneiro ajoelhado no chão, tornozelos e pulsos amarrados. A cabeça erguida pelos cabelos. Meia-lua de sangue no pescoço. As mulheres de carabina na janela das casas de campo, para defenderem as propriedades dos maridos ausentes, as filhas de estupros e todo tipo de selvageria. Santa Mãe de Deus nos ajude! O diabo maltrapilho e de barba crescida e a morte de véu negro a vagarem soltos pelo pampa, a galope.

O foco revolucionário no Rio Grande do Sul, com posto avançado dos maragatos em Santa Catarina e incursões chegando ao Paraná, se tornou uma ameaça à unidade do País. Júlio de Castilhos conseguiu convencer Floriano Peixoto de que os federalistas queriam derrubar a República e promover a volta da Monarquia. O marechal concordou. "Precisamos ajudar os republicanos gaúchos", decidiu o presidente em reunião do ministério, "antes que o conflito ganhe amplitude nacional e seja tarde". Os chefes militares do Exército e da Marinha receberam a missão de tomar suas providências. A Armada enviou onze embarcações de guerra da base do Rio de Janeiro para o Desterro em março de 1894.

O capitão de mar e guerra recebeu a informação e reuniu todo o estado-maior em seu gabinete. "Não tem como resistir", ponderou. Os liberais estavam empolgados com a fácil tomada de Santa Catarina e não concordaram com a rendição. "Vamos pelear", interpôs um gaúcho fanfarrão e bravateiro. Uns se olharam, desconfiados, outros aplaudiram. O governador em exercício voltou a falar: "Para mim, basta". Após cinco meses no governo catarinense, o velho marujo entregou o cargo para uma junta formada pelos principais oficiais decididos a enfrentar a esquadra a caminho. "Pelo rumo que tomou esta guerra no Rio Grande do Sul, o pior nos espera", Lorena ajeitou a espada na cintura, alisou a túnica e saiu da sala. Naquela mesma noite ele desapareceu, na companhia de dois sobrinhos – o tenente Delfino Lorena e o guarda marinheiro Pedro Lorena. Viajaram incógnitos para Laguna, num veleiro, e lá os três embarcaram num vapor mercante para Montevidéu. Salvaram-se.

A frota republicana se aproximava. A defesa da Fortaleza de Santa Cruz, o ponto avançado do Desterro, ficou a cargo do encouraçado Aquidabã. Nascia o dia 16 de abril de 1894, e a Ilha de Santa Catarina se encontrava cercada de caça-torpedeiros. Os mastros negros no horizonte. As piores previsões estavam certas: o poder de fogo da Marinha era maior. Três torpedos B-57, de fabricação alemã, usados na Guerra da Crimeia em 1854, atingiram a proa do encouraçado, que foi a pique. Caiu a fortaleza de Anhatomirim. A junta provisória de governo foi deposta em apenas um mês. Santa Catarina ficou em poder dos gaúchos por seis meses, de outubro de 1892 a abril de 93.

O Exército havia despachado unidades de São Paulo para o teatro de operações. Desde Luís Alves de Lima e Silva (1803-1880), o Duque de Caxias, ainda no tempo do Império, o Brasil montara uma estrutura militar para defender seu território, com brigadas de infantaria e cavalaria nos estados, artilharia, engenharia, unidades de transporte, enfermagem e hospitais, comunicação e telégrafo, contingente humano e armas. Em todas as ações para manter a integralidade do território nacional, nos diversos levantes de norte a sul, o Império não mediu esforços e foi implacável.

Em 19 de abril, três dias depois de a Armada atracar na Ilha, chegaram à capital catarinense as forças terrestres, a cavalaria na frente, seguida por carroções com homens e armas, e canhões puxados por mulas. Quinhentos militares e mais voluntários recrutados por bem ou por mal em vilas e propriedades rurais. No comando da tropa, o coronel de infantaria Antônio Moreira César. Nascido em 1850, em Pindamonhangaba, São Paulo, ele era filho de um padre e de uma mãe solteira. Facínora bipolar, sua personalidade mudava após ataques de epilepsia. Por hereditariedade, alternavam-se em seu caráter um religioso piedoso e um clérigo tirano, como o Senhor no Velho Testamento, capaz de infligir os piores castigos por pecados cometidos. A cidade transformada num campo de vinganças pessoais, coações, prisões, torturas e execuções na Fortaleza Santa Cruz, o palco do terror, como a Torre de Londres. Os invasores assumiram o controle da situação e no dia 22 de abril de 1894 o comandante da infantaria foi empossado governador.

Os federais invadiram até o palacete onde morava o marechal catarinense Manuel de Almeida Lobo d'Eça, herói da Guerra do Paraguai, o Barão do Batovi (1828-1894). A acusação contra o velho militar era ter sido convocado por políticos locais e militares, como o mais ilustre veterano de guerra da cidade, para presidir a tumultuada reunião de 29 de setembro de 1893, que decidiu a capitulação de Santa Catarina diante dos navios rebeldes que cercavam a Ilha. Seu título de nobreza, conquistado em atos de heroísmo na defesa do Brasil, foi inspirado em cerro de São Gabriel, a chamada Cidade dos Marechais, no Rio Grande do Sul. O Restaurante Batovi, na BR-290, é parada obrigatória no caminho da fronteira do Uruguai e Argentina; o *café espresso* e o pastel gigante, suas especialidades.

O nobre militar do Império foi levado para a Fortaleza e recolhido a uma solitária de pedras úmidas, prato e colher de metal rústico para tomar sopa, caneca de água e a tubulação fétida para fazer as necessidades. Em pé ao lado do catre, o marechal olhava para o céu nublado através das grades.

O cheiro de maresia entrava pelas narinas cabeludas. Calças de flanela, os botões da camisa aberta, uma camiseta encardida por baixo, as botinas sem cadarços para que não tentasse se enforcar. Alto, magro, a barba e os cabelos brancos em desalinho, ele nunca imaginou que pudesse passar por isso no fim da vida, aos 74 anos. Lobo d'Eça confiava na interferência do presidente. Ele foi superior hierárquico de Floriano na caserna, que imaginava seu camarada e merecedor de consideração. Uma das referências históricas do Exército brasileiro. Um tenente e recrutas entraram na cela. O Barão do Batovi começou a abotoar a camisa educadamente. Nas mãos trêmulas, manchas da velhice. "Velho traidor", o novato oficial vociferou, sacando a garrucha que carregava no coldre do cinto. As armas foram apontadas e o fuzilamento ocorreu ali mesmo, sem honras militares. O peito magro varado de bala, caído numa poça de sangue, um filete descendo pela barba branca. A elite militar foi fuzilada e os soldados e civis enforcados ou esfaqueados para não gastarem bala. Um total de 185 detentos massacrados e esquartejados, os cadáveres lançados ao mar por uma tubulação para serem comidos pelos tubarões.

A viúva do médico baiano Alfredo Paulo de Freitas, major do exército, dirigiu-se ao antigo Palácio Rosado, em estilo colonial, no centro urbano da ilha, para saber de seu marido. Ela foi recebida, em audiência, pelo próprio César, em seu gabinete, no primeiro andar, com vista para a beira-mar. Entrou na ampla sala com uma filha pequena no colo. O interventor, sentado à mesa, assinava um despacho. Passou o mata-borrão na tinta fresca e levantou-se para cumprimentá-la apenas com um movimento de cabeça. Alto, calvo, de bigode, vestia a farda militar com as insígnias de coronel e condecorações no peito. As sobrancelhas longas em curva davam um aspecto sinistro nos seus olhos negros. Pediu que ela se sentasse na poltrona à frente da mesa e voltou a se acomodar na cadeira giratória. "A senhora está à procura de seu marido, o major Freitas?" Perguntou. Confirmou com a cabeça sem abrir a boca. Ela estava tensa, as mãos úmidas segurando a criança. "Seu esposo foi preso, sim", confirmou, "e enviado de vapor ao Rio de Janeiro; em breve deve estar de volta", mentiu com frieza. Qualificado como traidor da República, o médico-militar fora detido e fuzilado na Fortaleza, como tantos outros. O coronel tornou a levantar-se, fez a volta na mesa e pegou a criança. A pobre senhora tremia. Foi até a janela com a menina no colo e lhe mostrou o mar de leves ondas entre a ilha e o estreito. "Papai está longe, mas voltará logo", disse com a maior crueldade, e devolveu a filha à mãe.

Caldas Jr. trabalhava no liberal Jornal do Commercio, que circulou de 1864 a 1911. O Jornal do Comércio atual teve outra origem. Foi criado por Jenor Jarros (1910-1969) em 1933 e continua em circulação, com outro proprietário, o empresário Mércio Tumelero. O jornalista não tinha notícia dos pais no Desterro. "Papai se expôs muito por suas ideias liberais, deve estar em perigo, a repressão federal está sendo violenta, não sei se ele está foragido ou preso, minha mãe deve estar aflita, sozinha com o meu irmão numa cidade estranha", comentou com o sogro Apolinário, na redação. Um telegrama foi entregue na portaria; trazia informações sobre a situação atroz em Santa Catarina. O noticiarista começou a ler; olhos esbugalhados, os dedos que seguravam o papel, trêmulos. O pior aconteceu. Com uma semana de atraso chegou a notícia de que seu pai fora sacrificado na capital catarinense. Com crueldade e selvageria.

O chefe de polícia Vieira Caldas, desembargador escudeiro de Silveira Martins no estado vizinho, "foi martirizado e castrado na prisão; e o corpo desovado em uma estrada de Biguaçu, no Estreito, para que a população testemunhe o que acontece com os traidores", dizia o informe. Toda vez que vejo um ônibus azul-escuro de Biguaçu cruzar ruas do Continente, nas minhas periódicas caminhadas, olhando a Ilha de Florianópolis, no outro lado da Beira-Mar, me lembro do crime.

Durante a ocupação da Ilha pelos federais, cercada de navios rebeldes, os maçons começaram a tomar providências para retirar da cidade irmãos em perigo. A operação era complicada, porque os fugitivos tinham de sair por terra para em Laguna pegarem um barco pesqueiro ou um vapor mercante. Enquanto a logística não se completava, havia a possibilidade de se esconder em lugares de pouco acesso. Vieira Caldas afastou de imediato a possibilidade. "Se eu desaparecer, coloco em perigo minha esposa e meu filho, que podem ser torturados para revelarem onde estou e talvez nem tenham conhecimento", decidiu esperar em casa. O avô de Breno foi arrastado e agredido na frente da família. A dona Maria Emília abraçada ao filho, para que ele não tentasse reagir para defender o pai, numa luta totalmente desigual.

O tenente bateu continência, retirou o quepe, a careca reluziu, olheiras profundas davam um ar sinistro, e informou o coronel: "O chefe de polícia foi preso, meu pessoal deu uns sopapos nele, mas ele está vivo, numa cela de Santa Cruz". Moreira César se atirou para trás na cadeira do governador. "Bom trabalho, ordenança, não teremos nenhuma compaixão com os traidores, ainda mais o chefe de polícia do inimigo", disse.

"Compreendido, comandante", o oficial voltou a colocar o quepe, bateu continência e se retirou. O preso foi duramente espancado, castrado, gritos de dor, e esquartejado em cima de uma mesa de pedra. "Não vamos dar de comer aos tubarões, joguem o corpo numa estrada, para servir de lição", passou a mão na careca, satisfeito, olhando o cadáver destroçado, os assassinos com as roupas salpicadas de sangue, sorridentes.

Júnior viajou para o Desterro para buscar a mãe viúva e o irmão Orlando, de 18 anos, e os trouxe para Porto Alegre para residirem em sua casa, com Arminda. O rapaz ficou pouco tempo na companhia do irmão e da cunhada. Herdara a veia sonhadora da mãe e resolveu sair pelo mundo em busca de seu próprio destino. Nunca mais voltou.

Com o apoio de forças federais enviadas pelo presidente Floriano Peixoto, o governador Júlio de Castilhos assumiu o controle da situação no Rio Grande do Sul e passou a impor sérios reveses aos liberais. Numa batalha em Capão do Cipó, pequena localidade entre Santiago e Tupanciretã, no centro-oeste do estado, em 10 de agosto de 1894, o comandante federalista Gumercindo Saraiva (1852-1894) foi morto a tiros, aos 42 anos de idade. Fazendeiro e caudilho da região de Santa Vitória do Palmar, na fronteira com o Uruguai, ele nasceu em Arroio Grande, mas falava portunhol por ter morado a maior parte do tempo no lado castelhano. Os maragatos sobreviventes do massacre em Capão do Cipó deixaram os feridos para trás, mas levaram o cadáver de Gumercindo, para não cair nas mãos dos chimangos.

Dois dias depois, os pica-paus descobriram a sepultura. O general Firmino de Paula (1844-1930), nascido em Cruz Alta e na época prefeito de Santo Ângelo, era o comandante da 5.ª Brigada da Divisão Norte, responsável pela expedição. Sempre na linha de frente, ele sobreviveu às revoluções de 93 e 23, e morreu de causas naturais em sua terra natal, aos 86 anos. Para se defender do frio de agosto e do chuvisqueiro, o caudilho usava um poncho por cima da túnica militar e chapéu de feltro, cinza, com uma fita de cetim preta. O bigode enorme chegava a abafar sua voz. "Desenterrem o corpo", ordenou. Foi confirmado: era o cadáver de Gumercindo, em estado de decomposição. "Cortem a cabeça e enterrem de novo o resto", determinou.

O general Firmino chamou o major Ramiro de Oliveira na tenda do acampamento e lhe deu a ordem: "Pega a cabeça e parte sozinho sem alarde, a cavalo, para entregá-la ao governador Júlio de Castilhos, no Palácio do Governo, em Porto Alegre, para ele confirmar a morte de

Gumercindo". O oficial encilhou o melhor animal, colocou a cabeça numa mala de garupa e partiu no meio da noite. Os maragatos ouviram versões sobre a profanação do corpo. A sepultura foi aberta novamente e lá estava o cadáver mutilado. Ficaram sabendo que o tal de major Ramiro seguiu para a capital com o *troféu de guerra*. Indignados, saíram em perseguição. Foi uma travessia cheia de peripécias, nas campinas, conta a novela *Gumercindo*, de Tabajara Ruas, um dos historiadores expoentes do Rio Grande do Sul e que aos 30 anos escreveu folhetins na Folha da Tarde, sua primeira consagração como escritor na oportunidade oferecida por Breno Caldas.

Determinado, Ramiro conseguiu chegar à capital. Hospedou-se num hotel, mandou lavar e engomar o uniforme numa lavanderia, e comprou um chapéu numa chapelaria elegante, apenas porque queria a caixa para colocar a cabeça ressecada; o sangue preto, os olhos murchos, a boca retorcida, os cabelos e a barba pegajosos. Descobriu que naquela noite o governador estaria no Theatro São Pedro. Melhor do que procurá-lo no Piratini. Entrar com a caixa redonda no Palácio do Governo seria difícil, talvez impossível. Em um camarote, Castilhos assistia à ópera *I Pagliacci*, de Ruggero Leoncavallo, em dois atos, o tenor vestido de palhaço. Havia sido apresentada pela primeira vez dois anos antes em Milão e estava em turnê com apresentações programadas para o Rio de Janeiro, São Paulo, Porto Alegre, Montevidéu e Buenos Aires. No intervalo, o major fardado, impecável, insígnias no peito, segurando a caixa redonda, conseguiu se aproximar do governador, que saiu para fumar um cigarro no corredor de acesso aos camarotes. Quando o segurança percebeu, já era tarde. "Doutor Júlio de Castilhos, o general Firmino mandou eu lhe entregar", e abriu a chapeleira. "Firmino está louco, desaparece com isso", exclamou escandalizado. O oficial inoportuno foi colocado a correr pelos guarda-costas. Ao voltar para o camarote, nada contou a dona Honorina da Costa Castilhos, sua esposa, com quem teve seis filhos. Sentada ao seu lado, ela usava um vestido de noite, os cabelos negros armados, o nariz reto um pouco mais longo que o ideal estético, a boca pequena, lábios bem desenhados. A visão da cabeça não saía dos olhos horrorizados de Castilhos e lhe tirou o brilho do segundo ato da ópera. "Que guerra selvagem"; com a mão direita enrolou o botão de ouro da abotoadura da esquerda, sem conseguir prestar atenção no espetáculo. Longe do campo de batalha, o governador vestia sobrecasaca preta, colarinho dobrado nas pontas, confortáveis botinas de verniz, o cabelo rente, o bigode negro espesso, o cavanhaque grisalho, identificado e admirado pelo público na plateia e no foco dos binóculos da elite da Província nos camarotes.

Depois de 31 meses de combate, escaramuças até o Paraná, sem condições de manter o avanço, 10 a 12 mil mortos, os maragatos se renderam. A Revolução Federalista foi derrotada em 24 de junho de 1895 e a paz assinada em Pelotas no dia 23 de agosto. Silveira Martins seguiu para seu último desterro em seu país natal, o Uruguai, onde sorveu o último mate. Também terminou a intervenção federal em Santa Catarina, e o sanguinário Moreira César retornou para São Paulo. Sua *eficiência* como estrategista foi reconhecida pelo Exército, e ele recebeu a tarefa de montar um plano nacional permanente para recrutamento e deslocamento rápido por terra de militares e voluntários para regiões de conflito.

Dois anos depois, Moreira César comandou a terceira expedição à Guerra de Canudos, na Bahia, travada em 1896 e 1897, liderada pelo fanático religioso Antônio Conselheiro, que dominou uma comunidade de 25 mil seguidores permanentes e peregrinos que acorriam ao local. O coronel paulista, que não alcançou o posto de general, chegou ao agreste nordestino em 6 de fevereiro de 1897, em viagem de trem e a cavalo pelas caatingas. No acampamento militar, teve um ataque de epilepsia. Ao retomar os sentidos, com o humor alterado, como sempre acontecia, resolveu antecipar o ataque a Canudos, realizado em 3 de março de 1897. As forças federais foram derrotadas e ele ferido com um tiro no ventre. Morreu 12 horas depois, na madrugada do dia 4, aos 47 anos de idade. Origem, vida e fim: o filho do padre, militar estrategista e cruel, foi morto por fanáticos religiosos.

2. Jornal independente

A provação de Caldas Jr. de saber do assassinato brutal do pai num telegrama para a redação não o fez abandonar a profissão de jornalista. Concluiu que este era seu ideal de vida e criaria um jornal, não para vingar a morte cruel do pai, mas que fosse um veículo independente, formador de opinião através da informação, procurando ser imparcial, o que é mais difícil, mas seguramente isento, o que depende da honradez. A tênue diferença entre imparcialidade e isenção na imprensa.

Pacificado no fim de agosto de 1895, o Rio Grande destroçado precisava se recuperar da tragédia da guerra. O tradicional Banco da Província, fundado em 1858, e o Banco do Comércio, criado no dia 1.º de abril de 1895, abrindo suas portas em Porto Alegre com apenas seis funcionários, colocaram à disposição créditos para empreendimentos e facilidades na abertura de contas. Caldas aproveitou o momento de reconstrução. Aos 26 anos de idade, conquistara certo nome como jornalista e não foi difícil levantar um financiamento bancário de 20 contos, em setembro, para abrir um jornal. Contou ao sogro sua intenção e pediu demissão do Jornal do Commercio. Apolinário Porto Alegre exaltou a coragem do genro e lhe desejou boa sorte.

O jovem nordestino cercou-se de dois moços gaúchos para colocar a ideia em prática; um vendedor de livros e um tipógrafo. Caldas Júnior costumava frequentar a Livraria Americana, onde comprava livros de Filosofia, História e romances. Convidou o balconista Mário Totta (1874-1947), que o atendia e lhe reservava as melhores publicações, a participar do projeto. Mais tarde o rapaz se formou em Medicina, mas nunca abandonou as letras como romancista e poeta; hoje é o nome do hospital da praia de Tramandaí. O outro escolhido foi o tipógrafo negro Paulino Azurenha, nome de rua na capital, no bairro Partenon.

A redação e a gráfica foram montadas no prédio 132 da Rua da Praia, na primeira quadra, imediações da Usina do Gasômetro, perto do rio. A capital do Rio Grande do Sul tinha 60 mil habitantes, bondes puxados por burros e iluminação pública a gás e azeite. Os principais bairros eram Menino Deus, Partenon, Glória e Teresópolis. Em apenas três semanas o projeto estava na rua. Breno Caldas herdou do pai a rapidez em suas decisões, como mais tarde foi comprovado em várias ocasiões. Decidia e mandava executar, sem demorados planejamentos. O Correio do Povo foi lançado em 1.º de outubro de 1895, uma terça-feira, com apenas quatro páginas de 39 cm de largura e 56 cm de comprimento, em seis colunas. O governador era o republicano-chimango Júlio de Castilhos, o vitorioso da Revolução de 1893, que ficou no poder até 24 de janeiro de 1898. Caldas Jr. redigiu o editorial de capa em dez parágrafos, publicado entre *avisos publicitários* e uma coluna de humor em versos chamada *Petelecos*. Assim foram definidas as diretrizes da nova publicação diária:

> *Ficam definidos em poucas linhas os compromissos em que esta folha entra para o convívio do jornalismo rio-grandense.*
>
> *O Correio do Povo será noticioso, literário e comercial, e ocupar-se-á de todos os assuntos de interesses em geral, obedecendo à feição característica dos jornais modernos e só subordinando os seus intuitos às aspirações do bem público e do dever inerente às funções da imprensa livre e independente.*
>
> *Como seu título indica, será uma folha essencialmente popular, pugnando pelas boas causas e proporcionando aos leitores informações detalhadas sobre tudo quanto vá diariamente ocorrendo no desenvolvimento do nosso meio social e nos domínios da alta administração pública do Estado e do País.*
>
> *Em política – somos pela República, e só alimentamos a aspiração patriótica de vê-la pujante, amada e próspera, capaz de fazer a felicidade deste grande país, fadado aos mais altos destinos.*
>
> *Independente, nobre e forte – procurará sempre sê-lo o Correio do Povo, que não é órgão de nenhuma facção partidária, que não se escraviza a cogitações de ordem subalterna.*
>
> *O Correio do Povo aspira à honra de se fazer uma folha lida e apreciada por todos, e para isso não poupará esforços e não medirá sacrifícios.*
>
> *Jornal aberto a todas as manifestações do pensamento, estas colunas estarão sempre francas a quantos queiram, com elevação de vistas, tratar de assuntos de interesse geral, discutindo ideias e opiniões sobre política ou literatura, indústria ou comércio, ciências ou artes.*
>
> *Este jornal vai ser feito para toda a massa, não para determinados indivíduos de uma única facção.*
>
> *Emancipado de convencionalismos retrógrados e de paixões inferiores, procurará esclarecer imparcialmente a opinião, apreciando com isenção de espírito os sucessos que forem se desenrolando e os atos dos governantes, para censurá-los quando reprováveis, para aplaudi-los quando meritórios.*

Com tais intuitos, de que jamais se apartará, o Correio do Povo espera poder conquistar as simpatias do público, que o verá sempre disposto a bem servi-lo.

Caldas enrolou as pontas do vasto bigode, satisfeito, quando jornaleiros a pé e em carroças partiram do prédio carregados de exemplares. "É o meu jornal", contemplou orgulhoso. A concorrência em busca de leitores se tornou terrível. A cidade já tinha outros sete diários. Desde o fim do Império, o liberal A Reforma perdera sua força, mas A Federação (circulou de 1.º de janeiro de 1884 a 17 de novembro de 1937), do Partido Republicano do governador, era poderosa. Havia ainda o Jornal do Commercio, também apoiado pelo Partido Liberal, além de O Dia, Deutsches Volksblatt, da influente colônia alemã, A República e O Mercantil. Nesse emaranhado de folhas, o matutino do sergipano se destacou por se definir como imparcial, num ambiente de acirrada e sanguinária disputa política entre chimangos e maragatos, lenços brancos e vermelhos. Carneadores de ovelha e degoladores de gente.

Em família, a vida seguia o curso normal. Nasceram os primeiros filhos do casal. A vó Maria Emília ajudava a cuidar dos netos. O filho caçula partira para uma vida aventureira. Dois anos após a fundação do Correio do Povo, Caldas Júnior conseguiu comprar uma moderna impressora Marinoni. Permitiu que o jornal tivesse mais páginas, oito, em papel róseo (como Financial Times, de Londres), num formato maior, largura de 44,5 cm por 64 cm de altura. Apenas três anos depois de lançado, em 1898, o matutino estava consolidado como o grande jornal do Estado e seu proprietário mandou colocar junto ao logotipo o *slogan* "O jornal de maior tiragem e circulação do Rio Grande do Sul". Havia agentes em todas as cidades gaúchas em que o jornal chegava para distribuição dos exemplares a assinantes, venda avulsa e prestação de contas. Quando a circulação se expandiu para Santa Catarina, Paraná, São Paulo capital e Rio de Janeiro, novos agentes foram recrutados nos outros Estados. A distribuição consumia de 12% em Porto Alegre a 30% do preço de capa.

O *slogan* de "maior tiragem" permaneceu lá na primeira página até seu fechamento, em 1984, com 93 mil assinantes, além da venda avulsa. Hoje, 2022, a tiragem dos grandes jornais brasileiros, Folha e Estadão, são de 70 mil. O velho Correio de 89 anos morreu para ressuscitar dois anos depois, como Lázaro, passados quatro dias do sepultamento nas cercanias de Jerusalém.

A ascensão do matutino foi ofuscada pela saga que acompanhou a família Caldas. Sentada numa cadeira de balanço, enrolada num xale, a velha poetisa, a vó de Breno, perdera toda a inspiração. Balançava-se lentamente. Tinham morrido a nora Mimosa, com hemorragia e febre, e as netas Dejanira e Marina, acometidas de doenças infantis, numa época de medicina e medicamentos precários. "Nunca vai terminar o sofrimento da nossa família?" Perguntava-se. Os dedos murchos, enrugados, secos para a poesia. O calvário de Maria Emília chegou ao fim. O desembargador veio buscá-la. Estava impecável, de terno e colete, o colarinho em pé, gravata de seda e uma pérola no nó. O corpo livre de todas as chagas do crime. Purificada a alma. Na morte da mãe, Caldas Jr. viu partir o quarto ataúde de sua casa em menos de cinco anos. Ficou só, viúvo, com o filho Fernando para criar. Pai e filho, únicos sobreviventes no casarão da Duque.

Ele não deixava os sofrimentos pessoais interferirem em suas tarefas no comando do jornal. Na virada do século, a tiragem era de cinco mil exemplares e em 1903 ela dobrou numa Porto Alegre de 75 mil habitantes, outros oito diários, 31 revistas e periódicos mais esparsos. Havia nomes lúdicos como O Ramalhete, A Lua, O Pau-Bate e A Tesoura. Infinitamente maior que o escasso mercado editorial de hoje para 4 milhões de habitantes na soma da capital e cidades metropolitanas. Apesar de suas atribuições como *publisher*, Caldas Júnior redigia editoriais e continuava publicando artigos com o pseudônimo de Tenório. Tinha uma coleção de canetas coloridas sobre sua mesa, mas escrevia somente com a verde. Imitando o pai, Breno também usava caneta verde e procurou preservar o pseudônimo de Caldas Jr. A senha dos correspondentes para passar telegramas, fonogramas e telex era Tenório.

Meu pai foi correspondente do Correio do Povo em Alegrete durante 25 anos. Trabalhou dez anos mais do que eu na Caldas Júnior. Quando eu era menino e adolescente, colava no formulário dos telegramas a notícia resumida escrita pelo meu pai à máquina e assinada Tenório, para garantir a franquia liberada. Aviador e funcionário público, Gaudêncio Ramos iniciou-se no jornalismo como redator da Gazeta de Alegrete, o mais antigo periódico em circulação no Estado, criado em 1.º de outubro de 1882, no Império, pelo Barão de Ibirocay. O filho e o neto Rodrigo seguiram o mesmo caminho na imprensa. As reportagens mais atemporais, o pai redigia numa máquina portátil, presente da mãe, com quatro dedos, relativa velocidade, numa lauda rosa, a cor original do Correio. O envelope, com porte pago, também era rosado. Outra maneira encontrada por Breno para manter viva a memória do jornal.

Na saída da redação, sábado à tarde, um lindo dia de sol do verão de 1908, Caldas Jr. entrou na Confeitaria América, no Largo dos Medeiros, para tomar um café. Ele iria completar 30 anos no fim do ano, em 13 de dezembro. Sentou-se numa mesa de canto. Enquanto aguardava o pedido, enrolava a ponta dos bigodes, seu hábito. Os homens entortavam o pescoço para balançar a cabeça para o jornalista. Era a eminência da cidade. Todos almejavam aparecer nas páginas do influente Correio do Povo. Duas jovens comiam torta de ameixa com chá de maçã numa mesa ao lado. Eram do interior, deslumbradas, em visita à capital. "Lindo aquele senhor de terno claro, sozinho na mesa, lindo e elegante", a moça segredou à amiga, que baixou os olhos, envergonhada. O cavalheiro desconhecido havia acabado de olhar para ela. Espontânea, a outra chamou o garçom e perguntou quem era. "Vocês não conhecem? É o viúvo dono do Correio do Povo", respondeu com uma ponta de maldade. "Que partido, amiga, e ele olhou para ti que eu vi", provocou. "Para com isso, papai jamais deixaria que eu namorasse um viúvo, talvez com filhos e bem mais velho", mas apesar do comentário, a jovem de Livramento, Dolores Alcaraz y Plá (1879-1957), de 19 anos, respondeu ao olhar, dissimuladamente. Estava passeando em Porto Alegre durante as férias escolares. Em março assumiria como professora em escola pública de sua cidade. Caldas sentiu-se encorajado pela moça mais tímida, chamou o garçom e pediu que lhe desse uma rosa branca.

Ele deixara de usar a fita preta do luto na lapela, passou a vestir roupa clara no verão, gravata-borboleta combinando com o lenço no bolsinho do casaco, abotoaduras de ouro e bengala, e estava disposto a refazer a vida pessoal. Quando as garotas levantaram, ele as acompanhou até a saída. Após as apresentações, andaram pela calçada da Rua da Praia, conversando animadamente. O passeio estava repleto de pessoas elegantes, as mulheres de chapéus floridos e os homens de bengalas. Na rua de paralelepípedo, cruzavam a trote landaus de dois assentos frente a frente e cabriolés de único banco, sem capotas, seus ocupantes todos bem-vestidos. O bater dos cascos dos cavalos era abafado pelo escapamento de combustão dos primeiros Ford modelos A e C, com explosões, para espanto dos transeuntes. No fim daquele ano chegariam os primeiros modelos T, fabricados nos Estados Unidos. Dolores contou que estava passando as férias na capital, na residência de uma tia, e Caldas embarcou com as meninas num *coche* de aluguel de quatro rodas, dois cavalos, parado no meio-fio da Praça da Alfândega, para levá-las até a casa. Com um muxoxo, o homem da boleia deu de rédeas, e o carro partiu.

Na despedida, Dolores, olhos baixos, ergueu o olhar azul e aceitou o convite para novo encontro com o *coroa*, mas sempre acompanhada da amiga expansiva. Foram assistir a um filme no cinema ao ar livre. "Em breve deve inaugurar nosso primeiro cinema, o Recreio Ideal, aqui na Praça da Alfândega, noticiamos no Correio dias atrás", comentou o jornalista. Dia 20 de maio a sala foi inaugurada, onde mais tarde foi construído o Cine Imperial. Caldas fez viagem de trem até o porto de Rio Grande, embarcou na baldeação para Bagé, fim da linha, e seguiu de diligência até Livramento para pedir a moça em casamento. O ramal de Cacequi a Santana somente seria concluído no ano seguinte, em 1910, surgindo a extinta linha São Paulo-Montevidéu.

O produtor rural Eugênio Alcaraz, da oligarquia local, com confortável casa na cidade, estranhou que entre a correspondência entregue pelo carteiro havia uma carta para a filha com o timbre do Correio do Povo. "Uma correspondência oficial do jornal endereçada a ti", passou-lhe o envelope. Deu uma tragada no palheiro. Ele era o assinante do matutino, não Dolores. No retorno das férias, ela não teve coragem de contar aos pais seu namoro na capital com o viúvo mais famoso do Rio Grande do Sul. Não iriam admitir, com certeza. O jornalista chegou a falar em casamento, mas a jovem professora imaginou que se tratava de um exagero de verão. "A tentação da cidade grande é muito maior que uma professorinha do interior", imaginou erroneamente.

Dolores nada disse, apanhou uma tesoura, abriu o envelope com cuidado e se afastou para ler a carta, redigida com caneta verde. "Estou apaixonado por ti; na minha idade não se tem mais todo o tempo do mundo, e quero reconstituir uma nova família", escreveu. "Tenho certeza que saberás enfrentar a resistência da tua família", e anunciou que estava indo para pedi-la em casamento. A jovem voltou a se aproximar do pai: "Preciso falar com o senhor e a mãe juntos", anunciou apavorada, engolindo em seco. A reunião familiar se realizou ali mesmo, no gabinete de Alcaraz. "Nas férias, em Porto Alegre, namorei o Francisco Antônio", o pai a interrompeu: "Que Francisco Antônio?" Dolores despejou de uma só vez: "Ele é o dono do Correio do Povo, é viúvo, tem um filho, e está vindo para me pedir em casamento". O velho franziu o cenho, dona Dolores Pelegrina Y Plá Alcaraz, a mãe, arregalou os olhos. Fez-se silêncio mortal. "Ele é um homem respeitável, sem dúvida, teve o infortúnio de ficar viúvo, mas chegará para o casamento já com um filho", ponderou o pai. "Não vai ser fácil", concordou a mãe. Mas era fato consumado. Antes do fim do ano estavam casados. A cerimônia se realizou na antiga Igreja Matriz de Livramento, construída em 1874, com uma única torre. Os noivos viajaram sozinhos numa carruagem para a Estação Ferroviária de Bagé, onde o casal pegou o trem para Montevidéu, local escolhido para a lua de mel. Onze meses depois nasceu Breno.

Durante a lua de mel na capital uruguaia, eles foram dançar numa boate, ocasião em que Caldas encontrou seu amigo Leonardo Truda (hoje travessa no centro), tocando violino na casa noturna. Ele trabalhara em jornal em Porto Alegre e havia fugido da cidade por se envolver com uma mulher casada, ameaçado de morte pelo marido traído. O noivo já tinha bebido meia garrafa de vinho quando o músico pôde sentar-se com o casal para conversar, durante o intervalo do conjunto melódico. Vestia um terno riscado de giz, o cabelo com brilhantina. "Preciso de ti no Correio do Povo, volta comigo para Porto Alegre, que eu te protejo". Francisco Antônio apertou forte o braço do amigo. Truda se sentiu encorajado e retornou. Não foi molestado. Ele demonstrou ser um "burro de carga para o trabalho", da manhã à noite, coordenando toda a cobertura dos repórteres e colaboradores. No Rio de Janeiro, Caldas Jr. foi buscar Emilio Kemp, profissional do jornal O País. Ele tinha talento e deu um salto de qualidade na publicação gaúcha.

Assim como os pequenos empresários, aposentados, viúvas e até trabalhadores, Caldas Júnior também comprou ações da Carris, companhia dos bondes, e da Força e Luz, energia elétrica. Com o lote, ele pôde participar de assembleias das empresas e percebeu que a cotação era manipulada para que os grandes acionistas ganhassem muito dinheiro à custa dos pequenos investidores. Todo o esquema era comandado por dois magnatas da cidade, Manoel Py e seu sogro todo-poderoso Possidônio da Cunha. O jornalista não teve dúvidas: divulgou a fraude em 1910. A reação dos denunciados não podia ser pior: decidiram criar um jornal para acabar com o Correio. Apoiados pela colônia alemã, eles não pouparam dinheiro. O maquinário veio da Alemanha, permitindo a impressão de oito páginas a cores, com fotos. Na frente da redação, estavam o Dr. Antônio Carlos Penafiel e Octaviano Gonçalves. O primeiro número de O Diário saiu em 15 de junho de 1911. "Realmente eles fizeram frente ao Correio, obrigando meu pai e contrair empréstimos para enfrentá-los", admitiu Breno na entrevista de 1987.

O ponto de encontro era na Pharmácia Fischer, do professor Cristiano Fischer, hoje nome de avenida importante da cidade, entre os bairros Jardim Botânico e Petrópolis. Figurões da capital apareciam ali para um dedo de prosa, no final da tarde. O estabelecimento se localizava bem no centro, na Rua Nova, hoje Andrade Neves. A farmácia ficava no meio do caminho, quando Caldas saía do jornal – no início da Rua da Praia, lá embaixo, não onde é hoje – até sua residência, na cidade alta, na aristocrática Rua Duque de Caxias, que cruzava pela frente do Palácio do Governo, Assembleia Provincial e a Catedral. Diante do balcão da Fischer, o jornalista proseava com o banqueiro Antônio Mostardeiro, do Banco da Província; o médico Heitor Annes Dias (edifício na frente da Santa Casa); seu cunhado Galeno Revoredo, também médico; e o pediatra Olinto de Oliveira, futuro diretor da Casa da Criança, no Rio de Janeiro, durante o Estado Novo, chamado por Getúlio Vargas. Os amigos conversavam sobre a iminência de uma guerra mundial, a epidemia de sífilis e aventuras amorosas. Depois da passagem pela farmácia e os bucólicos debates, alguns esticavam para um drinque na Sociedade Espanhola, ao lado, ou uma noitada na Casa dos Caçadores, na calçada da frente, com seus jogos de azar e belas mulheres. Roleta, bilhar, vestidos com fendas, pedaços de pernas, e perfume francês.

Um médico-militar, conhecido apenas por "doutor Bulcão", de origem alemã, aparecia com frequência na farmácia do Fischer para aviar receitas e conversar com os seletos amigos. Ultimamente ele andava empolgado com uma vacina experimental inventada na Alemanha para *purificar* o sangue e assim evitar contágio com as epidemias. "Esses germanos do *kaiser* são demais, estão em todas as frentes, inclusive da ciência, todos deviam se vacinar", o médico aproveitava para fazer proselitismo político. Caldas a princípio não se mostrou interessado em participar da experiência, até porque a injeção provocava reação. Dias depois, diante da insistência do doutor em purificar seu sangue, aceitou. Doeu um pouco a aplicação; a ampola era grande. "Agora o senhor vá para casa, se deite e coloque uma bolsa de água quente nos pés, amanhã estará bom", prescreveu Bulcão. O dono do Correio apareceu no dia seguinte, vangloriando-se de que nada sentira. "Então não fez efeito", concluiu o médico militar. "Precisamos aplicar uma nova injeção." Caldas enrolou os bigodes. "Será preciso?" Resposta: "Naturalmente." A vacina foi feita, e ele entrou imediatamente em convulsão e teve um colapso.

Ao ver enfermeiros cruzarem a porta de sua casa, carregando uma maca, o marido desfalecido, dona Dolores cruzou os braços sobre a barriga, grávida de oito meses. Trêmula, apreensiva. Esperava o terceiro filho em três anos de casamento. O marido viveu uma agonia de um mês e dez dias, num leito em sua residência na Duque. Nesse período, em outro quarto, nasceu Lúcia. Em meio a delírios, o pai, moribundo, pediu para conhecer a filha. O bebê, enrolado numa mantilha rosa, bordada, foi levado ao seu leito. Ele depositou na criança um olhar parado. Fez muito esforço, desfaleceu. Colocaram um lenço úmido em sua testa, para reanimá-lo. O nenê foi levado de volta ao berço no dormitório ao lado. Breno, seu sucessor no futuro, nascido em 3 de julho de 1910, signo de Câncer, tinha dois anos, esbarrava nos móveis pela residência. Ruth, a outra filha, um ano de idade, brincava num cercadinho. O bebê mamava no peito da mãe. Dolores ficou viúva com três filhos pequenos, todos nascidos em Porto Alegre. O médico do Exército pediu transferência e sumiu da cidade. "O coitado foi vítima da precipitação, do atraso da medicina naquela época", perdoou Breno Caldas na entrevista ao Pinheiro. Sua mãe faleceu apenas em 1957, aos 77 anos.

A edição do Correio do Povo de 10 de abril de 1913 saiu com uma tarja negra e a notícia da morte de seu fundador, no dia anterior, aos 44 anos de idade. No editorial, a descrição da trajetória de Caldas Júnior, o desiderato de um sergipano de criar um jornal gaúcho independente, numa terra marcada pelo antagonismo entre chimangos e maragatos, na sociedade e na política. No artigo de fundo, ele é descrito como um jornalista "acostumado a analisar os fatos, pesá-los (...), profunda tolerância pelas opiniões alheias (...) e não impunha suas convicções". Há 40 dias seu grave estado de saúde era acompanhado pelos leitores. Dezesseis médicos se encontravam ao redor do leito em sua casa. A reação em razão da injeção medicamentosa não pôde ser revertida. O falecimento de Caldas Júnior em pleno êxito e afirmação do Correio do Povo não podia ocorrer em hora mais imprópria, com financiamentos para pagar, e por esdrúxula fatalidade.

Com o início da Primeira Guerra, no ano seguinte à morte de Caldas Jr., em 1914, a concorrência entre o Correio do Povo e O Diário tornou-se mais acirrada. O *róseo* apoiava os ingleses e franceses, e o jornal colorido fechou fileiras com o imperador Guilherme II (1859-1941), a redação chefiada agora por Lacerda de Almeida Júnior, dados recuperados pelo *Breve Histórico da Imprensa Sul-Rio-Grandense*; tenho um exemplar autografado por um dos autores, Irmão Elvo Clemente, querido professor, amigo e colega, já falecido, que pesquisou junto com Jandira M.M. da Silva e Eni Barbosa, em projeto de pós-graduação na PUCRS. Quando o Brasil entrou na guerra ao lado dos Aliados contra o *kaiser*, em 1917, o Diário fechou em abril por pressão política e temor de represálias da população. A Primeira Guerra se encarregou de acabar com o concorrente do Correio.

A morte de Caldas Jr. originou uma luta pelo poder na redação, travada por Kemp e Truda, conta o jornalista, escritor e historiador Walter Galvani, falecido em 2021, aos 84 anos, no livro *Um Século de Poder – Os Bastidores da Caldas Júnior*. Eles chegaram a mandar em dias alternados e um acusava a edição realizada pelo outro de ser ruim e conter erros. O estado de guerra não podia continuar. A viúva solicitou ao irmão mais velho, Joaquim, que assumisse o jornal. "Não vai dar", ele tinha seus próprios interesses e não podia, nem desejava passar a maior parte do tempo numa redação. "Vamos colocar o Alexandre à frente do Correio", propôs. "Será que ele aceita abandonar o Rio de Janeiro?" Duvidou dona Dolores. Alexandre era o irmão mais moço. Formado em engenharia, trabalhava na Inspetoria das Estradas de Ferro, no Rio. Tinha um horário flexível, o que lhe permitia acordar ao meio-dia. Era um *bon vivant*. Culto, possuía uma enorme biblioteca, e vestia terno branco. "Ele tem tudo para dirigir um jornal", brincou Joaquim. Contra todas as perspectivas, aceitou trocar as tardes cariocas ensolaradas pelo frio do Sul. Com sua fleuma e boas maneiras, colocou ordem na redação. Truda voltou a ser o chefe de reportagem e Kemp o editor, como no tempo de Caldas.

"Sem necessidade de passar o dia no jornal, podes contar comigo, Dolores, para coordenar a área administrativa e resolver os problemas financeiros do Correio do Povo", Joaquim Alcaraz tranquilizou a irmã. Caldas havia morrido quando implantava a expansão do veículo e contraíra muitas dívidas no Banco da Província, através de seu amigo Tonico Mostardeiro. O pior era que os empréstimos não tinham sido formalizados. O banqueiro disponibilizava dinheiro ao jornalista para enfrentar problemas de caixa e necessidade de investimentos, e os créditos seriam consolidados num empréstimo único, para pagamentos parcelados, a ser definido. Tudo combinado na confiança, no balcão da farmácia, nenhum papel assinado. Só que ele morreu neste meio tempo. O banco ficou alarmado. Contudo, a viúva e Joaquim Alcaraz se prontificaram a honrar os compromissos, mas ela não possuía bens suficientes para colocar em garantia. Suas propriedades se resumiam à casa onde residia, na Duque, o prédio do jornal, na Rua da Praia e mais dois imóveis. A solução foi dada pelo Dr. Joaquim Tibúrcio de Azevedo, homem rico, dos principais depositantes do banco, que se prontificou a ser fiador no financiamento do Correio do Povo. Em dez anos, 1923, toda a dívida do jornal foi paga.

Caldas Jr. nunca perdeu de vista o irmão que saiu pelo mundo. Sabia que ele publicava livros de poesias sem sucesso e abria jornais com frequência, que nunca davam certo. Orlando Caldas herdou a veia poética da mãe, era um tipo irrequieto e sonhador, e, ao contrário do irmão vitorioso, ele se tornou um empreendedor fracassado. Passou por vários lugares e vivia mal em Minas Gerais. O irmão mais velho, dono de jornal no Sul, lhe enviava uma mesada todos os meses. Dolores sabia da transação e, depois da morte do marido, apesar das dificuldades da empresa, continuou remetendo dinheiro para o cunhado, até sua morte. O cotidiano desregrado não lhe deu vida longa.

A morte estúpida de Caldas Jr. abriu um vazio imenso. Breno não tinha completado três anos e se criou sem pai. Fernando, o filho mais velho do primeiro casamento, de 20 anos de idade, concluiu que não tinha sentido viver sob o guarda-chuva da madrasta. Arrumou a roupa na mala, juntou alguns livros numa sacola, e partiu de navio para São Paulo. Embarcou no Cais do Porto numa tarde de outono, acompanhado na despedida por três ou quatro amigos, num ambiente de alvoroço, acenos de adeus dos passageiros a subirem a escada da embarcação, lenços, sorrisos e lágrimas. Os estivadores operavam o guindaste para embarcar mercadorias, *containers* de produtos agrícolas e fardos de carne seca. Fernando Porto Alegre Caldas havia se criado dentro de um jornal, desde menino, tinha facilidade para escrever, leituras e certa bagagem cultural. Trabalhou com o pai na redação. Sua qualificação e seu sobrenome abriram portas. O doutor Júlio de Mesquita (1862-1927), diretor do jornal O Estado de S. Paulo de 1885 a 1927, jornal tradicional fundado em 1875, o acolheu. O irmão de Breno Caldas fez carreira no histórico periódico paulista.

Em 1925, a Livraria do Globo, poderosa editora de livros, decidiu lançar um jornal, Diário de Notícias. O guarda-livros José Pedro Moura foi encarregado do projeto. Em seu planejamento, dois homens eram ideais para comandar a redação. Um deles era Leonardo Truda, chefe de reportagem do Correio do Povo, o violonista, que seria buscado por um salário maior. O editor-chefe dos sonhos da Globo era Fernando Caldas. Traria de São Paulo sua larga experiência como jornalista do Estadão e emprestaria ao novo matutino seu sobrenome tradicional na imprensa gaúcha, o filho mais velho de Caldas Jr., neto de Apolinário Porto Alegre. A disputa pelos leitores começaria cortando na carne o concorrente a ser batido.

Truda estava brigado com o diretor administrativo do Correio, Alexandre Alcaraz, e aceitou de pronto. Esvaziou as gavetas de sua mesa e abandonou o jornal. Sua relação na empresa se desgastara e a poderosa viúva não autorizou nenhuma iniciativa para mantê-lo. Todas as ações da Livraria do Globo vinham sendo monitoradas e chegou a informação de que o próximo movimento era contratar Fernando Caldas. "Minha irmã, não podemos correr esse risco. O sobrenome Caldas no concorrente pode ser catastrófico para nós", ponderou Alexandre. "Ele já está em Porto Alegre para acertar sua transferência para o novo jornal", acrescentou. "Vai procurá-lo", liberou dona Dolores. "Posso oferecer um contrato no Correio do Povo?" Ela pensou um pouco. "Ele é filho do Francisco Antônio, tem direito de trabalhar aqui", deu carta branca.

Fernando Caldas estava hospedado no Grande Hotel, na Praça da Alfândega. O engenheiro Alexandre, sempre elegante, que continuava não acordando pela manhã, somente ao meio-dia, chegou à portaria no meio da tarde, no imponente prédio de sete andares, símbolo da Belle Époque, inaugurado sete anos atrás, em 1908, na esquina da Rua da Praia com a Travessa Paysandu, atual Caldas Júnior, onde está hoje o Shopping Rua da Praia. A edificação suntuosa do passado e o monstrengo modernoso de hoje são incomparáveis. Em 13 de maio de 1967, um sábado, lembro-me bem, peguei o trólebus elétrico, no Menino Deus, e fui ao centro assistir ao incêndio do decadente edifício. Ouvira a notícia no rádio. As labaredas lambiam tristemente sua fachada de arte *pompier* francesa, formas clássicas numa atmosfera de ostentação romântica. Os bombeiros não conseguiram evitar a total destruição. Os escombros escurecidos pelas chamas e fumaça foram derrubados algum tempo depois.

O hóspede desceu do quarto para encontrar o visitante no café da luxuosa hospedagem, que permaneceu uma referência até o fim dos anos 1930, entrando em decadência na década de 1940. Fernando Caldas e Alexandre Alcaraz se conheciam. Cumprimentaram-se com cortesia e sentaram-se à mesa sugerida pelo garçom. Os dois pediram pingados com tortas de receita alemã e sabor divino. O assunto ainda não fora mencionado, mas o filho mais velho de Caldas Jr. sabia bem do que se tratava. "Precisamos da tua ajuda para manter o jornal criado pelo teu pai". O outro ficou olhando como quem diz: só agora? O irmão caçula da dona Dolores percebeu que o diálogo seria difícil, mas foi em frente, tateando, com prudência, hábil. Ajeitou os punhos da camisa branca que despontavam nas mangas do *blazer* cinza-claro com gola, bolsos e botões marinhos. Calça grafite, botinas de pelica, figurino perfeito. "O jornal já pagou todas as dívidas no Banco da Província, está consolidado, pode expandir". O garçom trouxe o pedido. Fernando colocou açúcar no café e começou a mexer lentamente com a pesada colherzinha de prata. "Que bom! Sei que meu pai teve de contrair empréstimos para enfrentar O Diário; a concorrência com o jornal alemão colorido foi dura". Alexandre provou a torta com o pequeno garfo e respirou, aliviado. O filho de Francisco Antônio entendia a gravidade da situação. "A morte do teu pai poderia ter determinado o fim do jornal; fomos salvos pelo início da Grande Guerra e por estarmos no lado certo". Fernando murmurou: *aham.*

"Esta segunda tentativa de matar o jornal que o teu pai fundou, agora tendo por trás a poderosa Livraria e Editora Globo, poderá ser fatal", deixou o comentário no ar. "Eles me ofereceram o cargo de editor-chefe e já pedi demissão do Estadão." Alexandre sorriu para serenar o diálogo. "Eles querem a tua experiência e o teu sobrenome. O nome Caldas impresso no concorrente será um golpe de morte no Correio." Ele tinha terminado a torta e depositou o garfo no pires. "Não é para tanto", minimizou sua importância. "Estou autorizado pela minha irmã a te oferecer o mesmo cargo no Correio do Povo e cobrir a proposta salarial." Fernando ficou em silêncio, pensativo. "Encara como uma volta às tuas origens, ao jornal que o teu pai fundou", reforçou, apelativo. Na saída, apertaram as mãos. Estava selado o acordo. Fernando Caldas concordou em voltar para o Correio, agora como responsável pela redação. A relação amistosa estabelecida entre os dois na confeitaria do Grande Hotel se estremeceu no futuro.

Quitada a dívida em 1923, em apenas três anos, o Correio do Povo transformou a dona Dolores numa mulher muito rica. Ela se mudou com a família do sobrado na Rua Duque de Caxias para uma mansão na Avenida Independência, 822. Sobrava dinheiro. Em 1926, a viúva e os filhos Breno, Ruth e Lúcia viajaram para a Europa; embarcou junto o tio Joaquim, uma espécie de protetor. A família permaneceu mais de dois anos no exterior. Passaram um ano na Inglaterra, outro na Suíça e o restante viajando por vários países. O filho concluiu o colégio na Europa e aproveitou muito: voltou poliglota, lendo e falando em inglês, francês e alemão.

Para o resto da vida cultivou o hábito de ler os clássicos na língua de origem, incluindo o espanhol.

Dois anos mais tarde, no segundo semestre de 1928, Fernando Caldas se desentendeu com o homem que o contratou. Alexandre Alcaraz enviou um telegrama à Europa, informando ao irmão da desavença. Joaquim, o conselheiro de Dolores, ponderou à irmã que era melhor retornarem imediatamente a Porto Alegre, para evitar que o conflito entre o editor e o gerente trouxesse consequências para o jornal. Desembarcaram de um navio, no Cais, no último dia do ano de 1928. À noite, espocaram rojões na cidade à beira do rio, urros, abraços e brindes, saudando a chegada do Ano-Novo. O ano de 1929 ficou marcado pelo *crash* da Bolsa de Nova York, na Quinta-Feira Negra de 24 de outubro, que provocou a mais devastadora crise financeira e econômica nos Estados Unidos, com reflexos em todos os países.

Na chegada, Joaquim soube que a briga entre Alexandre e Fernando era porque o chefe da redação, liberal convicto, determinara que a tesouraria do Correio do Povo liberasse dinheiro para a articulação de uma candidatura alternativa à Presidência da República, que fizesse frente ao candidato oficial indicado pelo presidente Washington Luiz, o paulista Júlio Prestes, com Vidal Soares para vice. O jornal gaúcho colocado no centro da política nacional. Estava claro que a militância não fazia parte da linha editorial do matutino, traçada por seu fundador. Contudo, Joaquim resolveu contemporizar. Decisão mais drástica não dependia dele, mas da Dolores. Demitiu o próprio irmão caçula e voltou à gerência do jornal para tentar frear a liberação de dinheiro para a Aliança Liberal em embrião. Fernando saiu do impasse aparentemente prestigiado, mas o plano a médio prazo da madrasta era outro. O novo diretor do Correio não seria o enteado (imagina!), mas de seu filho legítimo, quando a oportunidade chegasse.

A família passou as férias do verão de 29 em Torres, onde Breno, um jovem atleta, nadava 2 km entre a Praia Grande e a Ilha das Pedras. Na Europa desenvolveu o intelecto e o corpo. Em março, ele entrou no curso de Direito da Universidade Federal. Em 17 de junho, foi oficializada a candidatura de oposição com o governador gaúcho Getúlio Vargas (1882-1954) para presidente e o governador da Paraíba, João Pessoa, para vice. Paralelamente à faculdade, Breno foi trabalhar no jornal, desempenhando cargos subalternos no arquivo, revisão e na redação, para ir conhecendo a rotina de todos os setores, como sua mãe orientou, para que um dia fosse o diretor-geral. O cargo reservado ao filho pródigo.

"Passei por todos os setores, fiz até reportagem policial", contou-me o doutor Breno, numa tarde no ano de 1980, durante uma conversa que iniciou dura e terminou amena, cortês. Ele me chamou ao seu gabinete para cobrar um furo dado pela Zero Hora no Correio e na Folha da Tarde, que estava saindo matutina após o fechamento da Folha da Manhã. Na época, eu chefiava a Central de Polícia, que produzia o noticiário criminal para toda a empresa.

Expliquei ao doutor Breno que fizemos a cobertura do fato policial, mostrei-lhe as fotos, batidas na hora, depois da meia-noite, início da madrugada. "O noticiário dos jornais é que não foi atualizado em tempo pelo plantão, seguramente porque a rodagem estivesse muito adiantada", ponderei; "os atrasos são intoleráveis para não afetar a distribuição", acrescentei. Não quis transferir responsabilidades: sair da reta e colocar os colegas plantonistas da redação sobre os trilhos. Sentado na cadeira giratória de couro, diante de sua ampla mesa de mogno, com tampo de vidro, repleta de pastas em cima, jornais e revistas, ele colocou os óculos de leitura para examinar os contatos das fotos que lhe passei. Atrás dele a estante escura, com portas de vidro, onde se destacavam os 115 volumes da espanhola Espasa-Calpe, a mais extensa enciclopédia do mundo, composta dos melhores artigos sobre os mais variados temas. O doutor Breno me devolveu as provas das fotos, depositou os óculos de aros pretos sobre a mesa e se levantou. Não fui dedo-duro, não entreguei ninguém. Procurei aliviar a posição de todos os participantes no erro. O ambiente entre nós desanuviou-se. Ele contornou a escrivaninha e sentou-se numa das poltronas de couro, esticando as pernas cruzadas, como se quisesse descansar um pouco no meio da tarde. Fez sinal para que eu me sentasse também. Contou-me da sua passagem pela reportagem policial. Falava baixo, com mínimos movimentos faciais. "Vamos corrigir os ruídos entre a reportagem e os plantões das redações para que não aconteçam esses descompassos", dispensou-me. Ao cruzar a porta e fechá-la com todo o cuidado, sem ruído, eu respirei aliviado: salvei a minha pele e dos demais envolvidos no furo. Fui tomar um cafezinho no bar da Maria, no terceiro andar.

Caldas Jr. era um sujeito calmo e ponderado. Fernando, ao contrário do pai, tinha o sangue quente, intempestivo. Deixou de lado a equidistância normativa do Correio do Povo, e o jornal apoiava explicitamente a candidatura de Getúlio Vargas. Joaquim Alcaraz procurava dificultar a liberação de dinheiro para a Aliança Liberal, mas alguma coisa ele facilitava para não entrar em conflito com o editor-chefe. O impasse era bem mais complexo, e somente a dona Dolores podia tomar uma posição definitiva. Afinal, Fernando era filho de Caldas Jr. Os gastos com a campanha política não podiam ser mais inoportunos. A Grande Depressão de 1929 fez desmoronar a economia mundial, e o Correio não ficou imune. Naquele ano, pela primeira vez em uma década, o balanço fechou no vermelho, com prejuízo, sublinhou Breno em seu testemunho para Pinheiro.

"Nenhum dinheiro mais com fim político sai da tesouraria", Joaquim comunicou ao enteado a decisão peremptória da madrasta. Foi estabelecida rota de colisão entre a dona do jornal e o editor. Desgostoso, Fernando entregou a carta de demissão, em 26 de agosto de 1929, não à dona Dolores, mas ao irmão Breno. A matriarca da empresa raramente comparecia na redação. Reservava as esporádicas visitas para assinar algum documento importante ou nas ocasiões festivas, em especial dia 1.º de outubro, data em que o marido fundara o matutino, quando recebia empresários, políticos e autoridades civis, militares e eclesiásticas, como se dizia na época. Nas raras oportunidades em que examinava papéis, ela se sentava na cadeira de Caldas Jr., diante de sua escrivaninha. O gabinete era mantido fechado desde sua morte, como um santuário; seria um sacrilégio ser usado por outro funcionário. Breno segurou o telefone e deu manivela. Pôs o fone no ouvido. A telefonista conectou. Deu o número de casa. A mãe atendeu. Informou-lhe que precisava tratar com ela assunto da maior importância. "Vem até aqui", disse ao filho. "Estou indo." Entregou-lhe a exoneração de Fernando. Ela leu duas vezes, o tempo de decidir. "Tu assumes informalmente no lugar dele, vamos dar um tempo." Breno apertou os lábios, os olhos azuis acinzentados fixos. "Obrigado pela confiança, mamãe", o jovem tinha apenas 19 anos.

"Continuas trabalhando na tua mesa na redação", disse-lhe Dolores. Breno era redator e fazia entrevistas especiais com fontes relevantes por ter acesso facilitado em razão do sobrenome. "Mas de agora em diante, principalmente no fim da noite, começas a utilizar o gabinete do teu pai, como se estivesse preparando coisas pendentes para eu ler e assinar, cada vez com mais frequência e durante maior tempo", Dona Dolores sabia muito bem o que desejava. "Quero que todos percebam que aquele será o teu lugar no futuro; será uma ascensão natural e definitiva", apalpou os cabelos grisalhos presos com um coque, numa vaidade contida de velha dama. "Entendi mamãe." Ela aproveitou para reafirmar que não desejava que ele facilitasse na faculdade. "Teu avô era um jurista, teu pai autodidata bem-sucedido, mas te quero formado em Direito, advogado; a cultura facilita o caminho; nossa longa viagem à Europa foi nesse sentido, e tu aproveitaste bem", bateu de leve com a mão direita em seu rosto, anéis nos dedos; na mão esquerda, as duas alianças do casamento, símbolo da viuvez. O filho concordou com a cabeça.

A saída de Fernando Caldas da direção do Correio do Povo preocupou a Aliança Liberal, que desejava manter o apoio do principal jornal do Estado. Amigos e políticos cercaram a dona Dolores para que ela nomeasse para o seu lugar alguém simpático ao movimento. Ela concordou com a indicação de André Carrazzoni, mas o colocou como chefe da redação, não diretor; este cargo continuaria vago, à espera do filho no momento oportuno.

Candidato de oposição a presidente, Getúlio embarcou no dia 29 de dezembro de 1929, em Porto Alegre, num hidroavião alemão Dornier Merkur, da Varig, capacidade para oito passageiros, com destino ao Rio de Janeiro. Com escalas em Florianópolis e Curitiba, a aeronave só chegou ao Rio no dia 2 de janeiro de 1930. Milhares de pessoas esperavam-no na Praça Mauá, próximo à estação de desembarque de navios e hidroaviões, a maioria das aeronaves produzida pela Savoia-Marchetti, da Itália, e a Martin, dos Estados Unidos. O imigrante germânico Otto Ernst Meyer (1897-1966) fundou a Varig em 7 de maio de 1927, com avião trazido da Alemanha, naturalmente, e batizado com o nome Atlântico. Sem pistas longas e de qualidade no País, a aviação comercial incipiente utilizava hidroaviões. Vargas seguiu em carro aberto pela Avenida Rio Branco, onde na esquina da Rua do Ouvidor realizou-se um comício improvisado. Outro "mar de gente", como se disse na época, calculada pelo Correio da Manhã em 150 mil pessoas, uma multidão incrível, o aguardava na Esplanada do Castelo. O locutor apresentou ao público o futuro "Presidente do Brasil". Vargas discursou com sua voz anasalada e monocórdica, serena e macia. *Ge-tú-lio*, ovacionava a multidão. Um *gigante* de 1,57cm, o corpo moldado em linhas circulares, rosto redondo, o cabelo preto penteado para o lado, para camuflar a iniciante calvície, o braço esquerdo cruzado na altura dos botões do casaco trespassado, gravata-borboleta, a outra mão erguida, o dedo polegar em riste. Digno representante da oligarquia rural gaúcha, orador da turma ao se formar em Direito em Porto Alegre, em 1907. Prometia "anistia, liberdade de pensamento, voto secreto, prioridade na educação, proteção às mulheres e crianças, combate à seca do Nordeste" e, a novidade: "leis trabalhistas para limitar a jornada de trabalho em oito horas e direito a férias anuais". O povo exultava.

Dois dias depois, 4 de janeiro de 1930, o governador do Rio Grande do Sul desembarcou de um trem na Estação do Brás, em São Paulo. Uma multidão o acompanhou do local até a Várzea do Carmo, onde se realizou o comício, com alto-falantes para ampliar a voz de Vargas, que se tornava mais metálica com a precariedade da aparelhagem na época. Chovia e o público não se afastava. Os paulistas gritavam "Nós que-re-mos Ge-tú--lio". A paixão durou dois anos e terminou em carnificina.

O sentimento nacional era de que Vargas ganharia facilmente as eleições. O último pleito da Velha República realizou-se no dia 1.º de março de 1930. Os governistas receberam oficialmente 59% dos votos e a oposição, 40%. Os perdedores alegaram que houve fraude de norte a sul do País, com até mortos votando. Meu pai, como mesário, presenciou fraudes eleitorais em Uruguaiana nas eleições daquela época. "Encerrado o horário de votação, o presidente da mesa ordenava aos secretários preencherem as cédulas restantes, no limite de inscritos, sem nenhuma abstenção, com o nome do candidato oficial", contou-me. Escandalizado, sem nada poder fazer para denunciar, o jovem Gaudêncio Ramos obedeceu. Os mesários votavam várias vezes no lugar dos mortos e ausentes. Só então a porta era aberta para o escrutínio, diante dos fiscais dos partidos. Se meu pai protestasse contra a falsificação, seria degolado numa esquina. Certa noite, em 1900, um desconhecido interpelou o meu bisavô Cassiano de Assis Pacheco, numa esquina, em São Francisco de Assis. "Mandaram que eu o matasse, professor, mas não vou"; o pistoleiro-degolador desapareceu na escuridão das ruas iluminadas por lampiões de querosene. Meu bisavô fugiu com a família para Alegrete. Minha avó Odith, a filha mais velha, nascida em 1898, era bem pequena, dois anos de idade.

A Revolução liderada por Getúlio era latente, articulada havia quatro meses. Tudo se precipitou com o assassinato do governador da Paraíba, João Pessoa Cavalcanti de Albuquerque (1878-1930), o vice de Getúlio. A Cidade da Paraíba, capital do Estado, passou mais tarde a se chamar João Pessoa. O crime ocorreu em 26 de julho de 1930, na confeitaria Glória, na Rua Nova, em Recife. O advogado e jornalista João Dantas matou a tiros o governador, não por questões políticas, mas por desavenças pessoais. A casa do escriba tinha sido invadida pela polícia, na Paraíba, e vieram a público cartas que ele trocara com sua amante, a professora e poetisa Anayde Beiriz, criando uma situação de constrangimento para ambos, porque os dois eram casados. Dantas atribuiu a inconfidência ao governador e o matou em encontro casual ou premeditado na capital de Pernambuco. O homicídio, portanto, não teve nenhuma ligação com a fraude eleitoral, mas foi usado por Vargas para eclodir a Revolução de 30.

No Rio Grande do Sul, a Brigada Militar, força pública do Estado, que respondia ao comando do governador, recebeu a adesão de republicanos e federalistas, adversários em tantas revoluções; agora juntos chimangos (republicanos presidencialismo) e maragatos (federalistas, descentralização do poder) contra o presidente Washington Luiz, em final de mandato. O centro das operações era o Palácio Piratini. O baixinho Getúlio, como Napoleão, examinando o mapa do Brasil sobre a mesa, no Salão Nobre, cercado de coronéis. Ali onde hoje é o Salão Negrinho do Pastoreio, com 18 painéis de Aldo Locatelli (1915-1962), ilustrando a lenda imortal de Simões Lopes Neto (1865-1916), cantada em prosa, versos e orações. A redação do Correio do Povo estava efervescente naquele fim de manhã de 3 de outubro. Repórteres e fotógrafos rodeavam a mesa do editor-chefe André Carrazzoni, identificado com a Aliança Liberal, fraudada nas eleições.

Porto Alegre se encontrava em ebulição. As pessoas corriam para casa, para almoçar, e não pretendiam retornar ao trabalho à tarde, no comércio, Mercado Público, depósitos, oficinas, fábricas artesanais, repartições e no porto. Os bondes apinhados de gente. Automóveis e charretes cruzavam as ruas. Transeuntes apressados nas calçadas. Dia ventoso e ensolarado de primavera. As flores violetas dos jacarandás da Praça da Alfândega, plantados em 1912, junto com palmeiras da Califórnia e ligustros chineses, voavam entre os pedestres naquela primavera. O Quartel-General do Exército, na esquina da Rua da Praia com General Canabarro, ficava a poucos metros do QG da Brigada Militar, localizado no outro lado da rua. Os comandos da força federal e da estadual quase frente a frente, para um combate direto entre seus soldados.

Os três prédios do QG do Exército em Porto Alegre, nos últimos 200 anos, ficam na mesma quadra da Rua dos Andradas e são preservados. O primeiro foi construído ainda durante o Império, em 1828, no governo de Dom Pedro I. Ao vir a Porto Alegre, dois anos antes, durante a Guerra da Cisplatina, o próprio imperador observou a necessidade de reforçar as instalações das forças federais no Sul e ordenou a realização de um projeto, com urgência, para a construção de um quartel na rua principal da cidade. Em estilo neoclássico, simplicidade de linhas, já centenário em 1930, tem um frontão triangular com o brasão da República e singelo acabamento no alto, com balaústres torneados em toda a extensão da cornija. O histórico quartel foi erguido ao lado das obras da Igreja das Dores, edificada lentamente. A longa escadaria de pedra e o templo lá em cima começaram a ser construídos em 1807 (ainda no Brasil Colônia, ou Vice-Reino, um ano antes da chegada de Dom João VI e da família real ao Rio de Janeiro, em 1808) e a conclusão somente ocorreu em 1866. Em mais de meio século de obras, o tardio estilo barroco original foi acrescido com o passar dos anos de elementos neoclássicos. Na ida e na volta de sua casa, na Rua Duque de Caxias, lá em cima, até a antiga redação e gráfica do Correio do Povo, no início da Rua da Praia, n.º 132, lado par, imediações de onde hoje são os três pavilhões do Teatro e Museu do Trabalho, perto da Usina do Gasômetro, Caldas Jr. passava pela frente da Igreja das Dores e o arco de entrada do primeiro Quartel-General do Exército (hoje 8.ª CSM). Outra tarde, em 2021, percorri o mesmo trajeto para sentir a presença do tempo.

Em 1906, iniciou-se a construção do segundo QG do Exército, no outro lado da Igreja. Deus ficou, então, cercado de Armas. O ecletismo do prédio, combinando elementos clássicos franceses e ingleses com inspiração greco-romana, tem três pavimentos e foi inaugurado em 1908, manchete em destaque no Correio do Povo, com um clichê na capa da fachada. O frontispício da entrada em forma de edícula tem linhas arquitetônicas que lembram o desenho de um templo sustentado por colunas toscanas, circulares e lisas. Mais acima há um triângulo de inspiração positivista. Todo o contorno do palacete, no alto, em estilo mourisco, com ameias que lembram o acabamento das muralhas, permitindo a ação da artilharia entre as lacunas da cornija. Destacam-se bustos em relevo de Júlio de Castilhos e o marechal Deodoro, o governador e o presidente republicanos. Entre eles, uma imagem feminina simbolizando a Justiça e a Lei. No arremate, na esquina, sobe uma cúpula com o teto de cimento ovalado pintado com o azul estrelado da bandeira do Brasil, com a faixa branca *Ordem e Progresso*, também tirada da filosofia positivista de Comte.

O QG atual, no outro lado da rua, na frente da Igreja das Dores, foi projetado em 1943. É um prédio grande e insignificante, escuro, liso, retangular, revestido de cimento com vidro moído, moda nos anos 40, e persianas de correr, mal preservado. Anos atrás, talvez 30 anos, quando eu passava pela calçada, caiu um pedaço do reboco. Se eu tivesse caminhado um pouco mais rápido, teria partido ao meio a minha cabeça. Não era a hora.

O novo Comando da BM, construído de janeiro de 1927 a 13 de maio de 1929, em tempo recorde, no governo estadual de Getúlio, estrategicamente neutralizava a força militar federal em Porto Alegre pela proximidade. No fundo, o sentimento separatista presente desde a Revolução Farroupilha. Localizado na quadra seguinte da Rua da Praia, na direção do rio, o quartel da Brigada ficava bem perto das duas edificações do Exército, as duas primeiras.

Ao meio-dia de 3 de outubro de 1930, ruas de acesso ao QG do Exército foram fechadas com barricadas de sacos de areia. Soldados armados posicionados nos postos avançados para impedir a aproximação do inimigo. Uma segunda linha de trincheiras colocadas ao redor do Estado-Maior. Soldados agachados, armados de mosquetões e metralhadoras para defenderem a cidadela. Janelas cerradas. Nas ameias da cornija, semelhante ao alto das muralhas, a artilharia posicionada para a defesa. Os padres tinham acabado de almoçar, com um cálice de vinho. Os lábios engordurados de galinha fritada na frigideira de ferro e as faces rosadas do tinto. Chegaram à porta da igreja e espiaram a movimentação dos soldados armados lá embaixo, no fim da escadaria. "Vai correr bala", o pároco fez o sinal da cruz. Fecharam a porta do templo, colocaram a tranca de ferro, acenderam uma vela e ajoelharam-se diante do altar-mor para rezar. Olharam-se com o canto do olho e saíram correndo pela porta dos fundos.

A saída de emergência da Igreja das Dores ficava na rua de cima, a Jerônimo Coelho. Os padres, esbaforidos, levantavam a batina para as pernas não se enredarem. Passaram pelo meio dos edifícios gêmeos do Fórum (antiga Câmara Municipal) e o Theatro São Pedro. Os dois prédios exatamente iguais, em estilo neoclássico, começaram a ser construídos em 1833, um século antes. A casa de espetáculos ficou pronta em 1858 e a Câmara somente em 1874. Transformada em Fórum em 1893, lamentavelmente incendiou em 1949, com perda total do prédio gêmeo e os processos arquivados ou em andamento. Uma perda para a memória arquitetônica e criminal. Em seu lugar surgiu o monstrengo modernoso do antigo Tribunal de Justiça, com um lado todo de cimento, como um túmulo, impressionante. Os sacerdotes em fuga cruzaram pelo centro da Praça da Matriz, contornando o Monumento a Júlio de Castilhos, datado de 1913, e só foram parar na Catedral, esfogueados. Entraram por uma das portas laterais do pórtico. Levado à presença do arcebispo Dom João Becker (1870-1946), o pároco anunciou que estava "começando a guerra", na frente da Igreja das Dores. Mais próximo de Flores da Cunha do que de Getúlio Vargas, que sempre fora escorregadio em todas as esferas, o bispo se posicionou ao lado da Revolução de 1930 desde o primeiro momento, garantindo ao Vaticano, em especial ao Papa Pio XI, que não se tratava de um *movimento comunista*, o maior temor da Igreja desde a Revolução Soviética de 1917. Dom João Becker manteve uma relação respeitosa com o doutor Breno, e no dia em que o Correio do Povo tomou o maior furo de sua história, trocaram um telefonema esclarecedor, nove anos depois, na manhã em que morreu o pontífice.

O quartel da Brigada tinha entrada pela rua debaixo, a Sete de Setembro, o que permitiu o acesso da cavalaria da PM, reforçada de chimangos e maragatos voluntários arregimentados em torno de Vargas, para o ataque ao QG do Exército, no outro lado da esquina da Rua da Praia com a General Canabarro. Cavaleiros fardados, de culotes e coturnos, misturados aos civis de lenço branco e colorado, botas e bombachas, lado a lado, armados de velhos bacamartes, fuzis de repetição da Primeira Guerra enviados pelos Estados Unidos e a Inglaterra, baionetas e facões; eles cruzaram facilmente a primeira trincheira. Os soldados correram apavorados para a segunda linha de barricadas ao redor do prédio. Na frente da cavalaria, Oswaldo Aranha e Flores da Cunha montavam inquietos puros-sangues, chapéus ao alto na mão direita, a outra segurando as rédeas, ambos de revólver Smith & Wesson 38, cano longo, na cintura, para sacar somente em último caso; era uma batalha entre brasileiros. Talvez por reverência e respeito, nenhum militar federal teve coragem de fazer pontaria no peito dos dois coronéis de outras guerras, tão populares entre os gaúchos.

Carrazzoni indicou o repórter Benjamin Soares Cabello, o Cabejito, para se dirigir ao local. Pai uruguaio, mãe brasileira, nascido em Santana do Livramento, ele era um impulsivo aventureiro. Aos 14 anos de idade, participara da Revolução de 23, integrando as tropas de Honório Lemes contra os pica-paus governistas. Era maragato, por suposto. Atualmente com 21 anos, tinha fama de comunista. "Vou junto", prontificou-se Breno, 20 anos de idade. Ele tinha consciência de que vivia um momento histórico e queria estar presente no palco dos acontecimentos. "Tua mãe não vai gostar nada disso", o editor engoliu o pensamento, não verbalizou, e mandou os dois para a rua. "Lápis e papel, quero detalhes", o experimentado editor aconselhou os rapazes. Eles eram muito diferentes, mas bons amigos. Breno, o filho da czarina, um dândi, e o outro, um rebelde. Meses mais tarde, com Vargas no poder, quando tantos gaúchos subiram para residir e trabalhar no Rio de Janeiro, Cabello foi trabalhar na capital federal. Sua luta deslocou-se para o centro do País e as areias de Copacabana.

Os dois repórteres e o fotógrafo do Correio do Povo, posicionados na esquina da Rua da Praia com a General Portinho, assistiram de uma pequena distância ao conflito armado. A segunda cidadela, os sacos de areia ao redor do prédio, também caiu. Fotos foram registradas. Os militares em desvantagem corriam para dentro do quartel. Os soldados nas janelas e no alto do QG ainda respondiam ao fogo e eram alvejados. Corpos ficaram emborcados nos balaústres e outros rolaram do alto e estatelaram-se na calçada. Cavaleiros feridos tombavam dos animais. Houve mortos nos dois lados, e os militares federais se renderam. Aranha e Flores, que cruzaram de peito aberto a ponte do Rio Ibirapuitã, no cerco dos maragatos a Alegrete, em 1923, relatado no terceiro volume de *Tempo & Destino – Razão de Viver*, atravessaram a cavalo o arco de entrada do velho comando do Exército em Porto Alegre, no outro lado da Igreja, para amarrarem os cavalos. Estava iniciada a Revolução de 30, não com Getúlio à frente, mas com dois parceiros de antigas lutas no pampa, com marcas de bala no corpo, invencíveis. Um de Alegrete, outro de Livramento, lá na Fronteira. Participaram de tantas batalhas e morreram de causas naturais. Dom João Becker rezava na área residencial da Catedral. No Palácio Piratini, o governador Getúlio era informado. Estava dado o primeiro passo de sua ascensão à Presidência do Brasil pelas armas. Pelo voto somente 20 anos depois, em 1950.

A dupla de repórteres acompanhou o desfecho do ataque ao Quartel-General e voltou correndo para a redação. Eles vinham esbaforidos, para redigirem a matéria. "Tem tempo; antes de escreverem a reportagem, se dirijam até o 7.º Batalhão dos Caçadores, na Praça do Portão, único foco de resistência contra a Aliança Liberal", ordenou Carrazzoni. O jornalista mantinha contato permanente com o Palácio Piratini, centro das operações. "O comandante do quartel, coronel Benedito Marques Acauan, te conhece, Breno, sempre teve boas relações com a tua família, é até concunhado do Flores, tenta conseguir uma entrevista, trazer o lado de quem ainda resiste a Getúlio dentro do próprio Rio Grande do Sul", detalhou.

Os jornalistas atravessaram o centro pela Sete de Setembro, paralela à Rua da Praia, para evitarem a zona de conflito. Quando os dois parceiros se aproximaram do 7.º Batalhão, lá em cima, perto da Santa Casa, de papel e lápis na mão, desarmados, não teve conversa. Foram recebidos com rajada de metralhadora. Os militares não atiraram para matar, só para afugentar. Eles desceram correndo a Praça do Portão e só foram tomar fôlego lá embaixo, na antiga Estação dos Bombeiros, na Praça Rui Barbosa, entre a Av. Júlio de Castilhos e a Rua Voluntários da Pátria. Até a redação do Correio do Povo, no início da Rua da Praia, foi mais uma pernada, cruzando pelo Mercado Público, fechado. Pela calçada, somente almas perdidas.

Os dedos ainda tremiam levemente quando Breno começou a redigir a matéria de capa sobre o início da Revolução de 30 em Porto Alegre. Continuava um pouco ofegante, excitado. Sabia que estava fazendo história. O filho do fundador do jornal, futuro diretor, no início de carreira desempenhou o ofício indispensável de repórter. Para o resto da vida soube valorizar a importância da atividade. A maioria dos principais repórteres gaúchos do século 20 foi forjada na Caldas Júnior, "a ferro e fogo", título do romance de Josué Guimarães. Flávio Alcaraz Gomes, Jorge Olavo de Carvalho Leite e Marques Leonam Borges da Cunha entre os mais notáveis. Até nos nomes dos jornalistas eram imperiais.

Todo o Exército brasileiro sediado no Sul acabou aderindo às forças revolucionárias nos próximos dias. Getúlio assinalava nos mapas os locais das adesões. Marcou o embarque de trem do 5.º Regimento de Cavalaria de Uruguaiana (hoje sediado em Quaraí). Um comboio com vagões de passageiros e de carga para transportar os cavalos. Centenas de pessoas, homens de lenços brancos e vermelhos, mulheres chorosas, se reuniram na gare da estação para se despedir dos militares e voluntários que iam guerrear contra a Velha República. Meu pai embarcou no trem com uma mochila e um mosquetão no ombro. Nascido em 1907 na cidade, ele já tinha prestado serviço militar, chegou a cabo, mas se apresentou como voluntário diante do levante contra a Velha República que ele testemunhou fraudulenta na apuração das eleições. Ele trabalhava na Fazenda Estadual, onde começou como barqueiro, no combate ao contrabando no Rio Uruguai. Autodidata, esforçado e íntegro, sabendo manejar a língua portuguesa, bom no espanhol, leitor, conhecedor de história e geografia, matemática, leis tributárias, astronomia, geometria e inglês instrumental, em razão de ser aviador paralelamente, ele fez concursos e foi subindo até chegar a Exator, cargo máximo da Exatoria. Naquela época, o curso superior era reservado aos doutores, não sendo exigência para os altos cargos do serviço público, como hoje. O funcionário exemplar e dedicado, sem faltas disciplinares, subia na hierarquia por merecimento e tempo de serviço, até chegar ao topo se tivesse sua capacidade reconhecida.

Muitas vezes meu pai me contou a epopeia da viagem da 5.ª Cavalaria de Uruguaiana ao Rio de Janeiro, de trem. Devido aos "bons antecedentes no Exército, fui incorporado no mesmo posto de cabo", disse-me, orgulhoso. Foi uma longa travessia. O comboio parava em pequenas localidades para exercitar os cavalos, renovar alfafa e água, e conseguir comida para a tropa. Facas afiadas, lenha improvisada, carneavam gado e faziam churrasco e carreteiro ao lado do trem, como se fossem tropeiros, relatou-me. A população rural alheia à política nacional reclamava das requisições de animais pelo Exército em deslocamento. O fim do mundo ficava muito distante. A viagem desde a fronteira durou três semanas. Quando o destacamento da Fronteira aportou no solo carioca, a Revolução já estava vitoriosa, havia alguns dias. Os gaúchos amarraram os seus cavalos no Obelisco da Avenida Rio Branco, um mês após a tomada do QG do Exército em Porto Alegre, testemunhado pelo jovem repórter Breno Caldas.

No dia 3 de novembro de 1930, Getúlio foi empossado presidente. Estava decretado um *governo transitório*. Governadores foram nomeados. No Rio Grande do Sul, assumiu Flores da Cunha. Oswaldo Aranha, advogado alegretense formado pela Faculdade Nacional de Direito do Rio de Janeiro, em 1916, foi nomeado ministro da Justiça. Os dois que iniciaram a Revolução, literalmente.

Dois anos depois, Vargas cumpriu uma das promessas da campanha para a Presidência, derrotada na fraude: começou a emancipação feminina. Foi instituído o voto às mulheres casadas, viúvas e solteiras que trabalhassem. Soa como vilipêndio, mas foi um avanço. No ano seguinte, elegeu-se a primeira deputada federal, a médica paulista Carlota Pereira de Queirós (1892-1982), de 41 anos. Fez parte da Assembleia Constituinte, empossada em novembro de 1933, com 234 parlamentares. Em meio a mais de duas centenas de homens de terno escuro ou casaca, gravatas-borboleta, ela usava um vestido claro, cachecol de seda ao redor do pescoço, e um chapéu branco de cetim, que se destacava em todo o plenário masculino. O toque feminino numa sociedade patriarcal. A Constituição de 1934 foi elaborada a partir de uma minuta de texto escrito por notáveis. Proclamada em 16 de julho, a nova Carta Magna ampliou o direito a voto para todas as mulheres; uma única andorinha anunciou o verão. Vargas antecipou o voto feminino no Brasil uma década antes da Argentina, decretado somente em 1945, a pedido de Evita, quando Perón assumiu a Presidência. O voo solitário de outra andorinha fez a diferença.

Fernando Caldas, indignado por ter sido afastado da direção do Correio do Povo, no momento de colher os frutos de ter apostado desde o princípio na Aliança Liberal, queria o sangue da madrasta. Decidiu criar um jornal para enfrentar o matutino fundado pelo pai dele. Lançou o Jornal da Manhã, nome que busquei no passado para criar em 2005 uma publicação periódica experimental dos alunos de Jornalismo da PUCRS, em disciplina do turno matutino, junto com os professores Celso Schröder, de planejamento gráfico, e Elson Sempé Pedroso, de fotografia. O diretor Jerônimo Braga, em reunião do corpo docente, considerou uma das melhores criações da faculdade. Circulou até eu me aposentar, em 2017. Quando eu saí, acabou.

Guardo a coleção completa. O jornal-escola tinha formato *standard*, 29 cm de largura por 47 cm de altura, a dimensão máxima de impressão na rotativa da Universidade Católica, informação passada por um dos técnicos, o Luís, ao consultá-lo pelo telefone interno, na secretaria do Cicom (Centro de Informática e Comunicação), numa manhã de quarta-feira, dia da disciplina. O primeiro caderno austero, textos com serifa, variações da família Times, títulos sem *gritar*, informativos, não apelativos, e corpo reduzido, o planejamento gráfico delicado e sóbrio, como os principais impressos de referência do mundo, na linha do New York Times, The Guardian e O Estado de S. Paulo. Trouxemos do jornal americano um boxe com bastidores da notícia: dificuldades para apurar os dados e a opinião do repórter. Os alunos entenderam a ideia e ficou maravilhoso. Nos artigos, a foto do autor, como no Clarín, de Buenos Aires. Eu brincava com os alunos: "Quero que vocês se tornem celebridades nos corredores da faculdade". O segundo caderno, de cultura e entretenimento, apresentava diagramação descolada, arrojada, títulos estilo revista expandidos, letras sem serifa inclusive nos textos, suplemento inspirado na extinta revista Bravo!, comprada e fechada pela Editora Abril. Foi o projeto que fiz na academia, com os meus colegas de cátedra e a participação decisiva dos estudantes, que mais me orgulha, dos muitos que conduzi, como os periódicos impressos Experiência e Hipertexto, também extintos pela Famecos.

O voluntarismo de Fernando Caldas não tinha limites, e ele passou a publicar também um vespertino, o Jornal da Noite. Nenhum deles se firmou. Não bastou o sobrenome do diretor. A marca Correio do Povo se tornou maior com o passar do tempo. Mas ele conseguiu vendê-los para Flores da Cunha, e assim recuperar o dinheiro perdido. Deixou a capital gaúcha para trás; retornou a São Paulo. As portas da imprensa paulista continuavam abertas para Fernando Porto Alegre Caldas, o filho do jornalista Caldas Jr. e neto do educador e literato Apolinário Porto Alegre, personagens conhecidos no mundo das letras no País. Sua participação na história do róseo estava devidamente encerrada.

A Assembleia Constituinte de 1933, com a primeira mulher eleita, foi, sem dúvida, resultado da Revolução Constitucionalista de 1932, quando São Paulo se levantou contra o *governo provisório* de Vargas, que estava se perpetuando no poder, sem definir uma nova Constituição e convocar prometidas eleições livres, pregadas pela vitoriosa Aliança Liberal dois anos antes. A bandeira de apelo democrático era erguida pela oligarquia cafeeira, políticos, artistas e intelectuais paulistanos da capital, além de segmentos simpatizantes do integralismo em formação, inspirado no fascismo italiano, os camisas-verdes de Plínio Salgado (1895-1975). A presença decisiva de integralistas no governo Vargas também foi respaldada por 32, numa composição para sacramentar a paz, após a derrota dos paulistas.

O levante de São Paulo iniciou-se em 9 de julho. Ataliba Leonel, um dos líderes dos revoltosos, contava com a adesão do governador gaúcho, o estado mais bem preparado militarmente por fazer fronteira com a Argentina e o Uruguai. Leonel havia sido colega de Flores na Faculdade de Direito de São Paulo. O caudilho gaúcho fez muitos amigos na capital paulista durante a universidade. Além disso, cultuava diferenças com Getúlio; na verdade, sempre foi mais próximo de Aranha.

O governador gaúcho viveu momentos de indecisão. Era pressionado pelos paulistas, mas também pelos companheiros em Porto Alegre e por mensagens do Rio de Janeiro. As forças do Sul acabaram marchando na direção do Sudeste. Criou-se uma expectativa em ambos os lados. Os constitucionalistas de São Paulo sonhavam com a adesão dos gaúchos. Mas as tropas do Rio Grande do Sul acabaram se juntando à repressão federal, comandada pelo presidente Getúlio Vargas. Os paulistas acusaram Flores da Cunha de traidor.

André Carrazzoni decidiu que o Correio do Povo deveria respaldar a titubeante decisão do governador para que ele não voltasse atrás na adesão a Getúlio. Escreveu um artigo, intitulado "Uma pitada de bom senso", que deveria sair assinado na primeira página, solidarizando-se com a atitude de Flores. O chefe de redação não tinha ido trabalhar naquele dia. Alegou que estava amolado. "Encontro-me gripado, febril, quero repousar durante a tarde para recuperar as energias", avisou por telefone. Depois de um bife com arroz no almoço, bebeu um chá com mel e foi sestear. Suou muito, se debateu. Teve pesadelos. Quando acordou, já havia escurecido. Aquela sensação horrível de tempo perdido. Tomou uma canja de galinha e recolheu-se ao escritório da casa para escrever. Telefonou à redação, depois da meia-noite, pedindo que um contínuo fosse buscar o texto, que deveria ser publicado na primeira página. Um linotipista começou a formatar o artigo no chumbo.

A paginação ficou pronta às duas da madrugada. Passados dois anos, Breno já ocupava em definitivo o gabinete do pai. No fim do ano iria se formar em Direito e passaria a ser chamado de *doutor Breno* para o resto da vida. Um gráfico de sua confiança bateu na porta e entrou. Trazia a prova da primeira página. "Dê uma olhada neste artigo do doutor Carrazzoni, não sei não." Todo o funcionário da Caldas Júnior sempre soube qual era a linha editorial do Correio do Povo; austera, sóbria, prudente, percepção dos fatos, distanciamento, sem envolvimento direto. A postura conservadora devidamente camuflada na isenção. Raras exceções como no apoio explícito aos Aliados nas duas guerras mundiais contra a Alemanha, em 1914, contra o *kaiser*, e em 1939, contra o nazismo. Referendou, igualmente, a Revolução de 1964, cívico-militar.

O príncipe herdeiro tinha uma rede de informantes; nada do que acontecia no jornal escapava de seu controle. Breno leu a prova impressa. "Pode mandar tirar", ordenou. Apesar de o artigo estar assinado, não ser um editorial (a opinião oficial da redação), o autor era o editor-chefe e de certa forma se constituía num posicionamento do Correio a favor de Vargas, sem se manter neutro, como determinava a linha traçada lá atrás por Caldas Jr. "Mas já está paginada", reclamou o montador na oficina ao receber a ordem para desfazer a capa. "Não adianta espernear, parceiro, o chefinho mandou fazer outra primeira página", divertiu-se o mensageiro. O secretário-gráfico não contestou a determinação, quem precisa obedece, e procurou outro texto já composto para substituí-lo e não atrasar a impressão.

Naquela madrugada, o matutino rodou somente às quatro e meia. Na boca da máquina, Breno pegou o primeiro exemplar e saiu. No portão da gráfica, já estavam estacionados de ré dois caminhões Ford de 1,5 tonelada de carga, propriedades da empresa, para carregarem os jornais. Jornaleiros avulsos, em carroças e a pé, para a distribuição aos assinantes, também aguardavam a rodagem. Misturavam-se os ruídos ensurdecedores da Usina do Gasômetro e da rotativa. Mês de julho, final de noite fria de inverno. Ele baixou a aba do chapéu de feltro e levantou a gola de veludo preto do sobretudo de lã cinza. O sol ia tardar. Colocou nos lábios um cigarro Camel. Parou um instante para acendê-lo. Ergueu com o polegar a tampa do isqueiro a querosene e com o mesmo dedo rodou a pedra, protegendo a chama com a mão. Deu uma tragada e continuou caminhando. Meteu as mãos nos bolsos laterais do casacão. A barata Ford preta sedan, capota rígida, que acabara de importar, estava estacionada adiante, coberta de sereno. Abriu a porta. Um carro esportivo, digno de homem solteiro, tinha apenas o banco da frente, o estofado confortável costurado por mãos femininas na montagem do automóvel norte-americano na Inglaterra para o mercado europeu e exportação à Ásia, África e América do Sul. O motor custou um pouco a ligar, mas o automóvel saiu macio pelo paralelepípedo da Rua da Praia, os faróis abrindo caminho na madrugada. Postes de luz, um ou outro pedestre nas calçadas, poucos veículos estacionados no meio-fio.

A barata dobrou na direção da Praça Montevidéu. Breno queria evitar as obras na Rua General Paranhos. Estava sendo aberta uma larga Avenida, com pavimentação de cimento. A Rua Duque de Caxias passaria por cima, através de um viaduto em construção. O prefeito Alberto Bins (1869-1957), com apoio do governador Flores e verbas federais enviadas por Getúlio, estava mudando o traçado do centro de Porto Alegre. Surgia a avenida que mais tarde se chamaria Borges de Medeiros e o viaduto Otávio Rocha, nome do antigo prefeito idealizador do projeto, nascido em Pelotas, em 1877, e que morrera quatro anos atrás, em 1928. Em volta do Mercado Público, junto aos bares com portas na calçada, havia movimento na madrugada fria. Circulavam mariposas, bêbados, gente da noite. Passados 40 anos, convivi com aquele mesmo ambiente decadente. Em 1970, 1971, comi cachorro-quente na saída da Folha da Tarde, às duas da manhã, no antigo Abrigo dos Bondes, no Largo do Mercado Público (ainda não chamado de Glênio Peres, com quem bebi em mesa de bar), antes de pegar o ônibus para casa. Nunca fui assaltado e sobrevivi às linguiças e molhos com pimenta. Não saberia dizer qual é a maior façanha. Em 1972 eu já tinha carro; Volks 1968, bordô, comprado em 24 meses.

Caldas estacionou o Ford observado pela cabeça de boi de gesso em cima da porta do Açougue Provenzano, a melhor casa de carnes da cidade desde o século 19, aberta em 1893. Desceu do cupê e entrou na porta ao lado. O Café Provenzano fora inaugurado em 1906 e Caldas Jr. chegou a frequentá-lo na saída do jornal, na companhia de Kemp e Truda, seus braços direito e esquerdo na redação. Breno repetia os trajetos do pai na saída do jornal. O estabelecimento era luxuoso, no estilo dos principais cafés do Rio de Janeiro e de Buenos Aires, com mesas redondas de mármore italiano, cadeiras torneadas, a choperia imponente e mesas de sinuca ao fundo. Os clientes eram jornalistas, artistas, profissionais liberais, mulheres avançadas, cigarro na piteira, damas da noite e cafajestes de todas as espécies, numa libertária confraria. Tipo Bife Sujo das madrugadas em Alegrete, na esquina da Avenida Doutor Lauro com a Rua Venâncio Aires, última parada depois dos bailes na alta sociedade, onde eu vi Imbriani Felício, emérito professor de Música do colégio, dedilhando ao piano, para o deleite das mulheres de meias-pretas, batom vermelho, a suspirar por amores roubados; e as jovens e senhoras liberadas da sociedade, fumando cigarros mentolados. O dia amanhecendo, carros e caminhonetes estacionados na frente. Filé com fritas, a saideira. Sorrisos, olhares dissimulados.

Breno avistou Carrazzoni numa mesa, sozinho, tomando um chope preto, com biscoito-palito. Queria se hidratar um pouco e afastar de vez a sensação febril. Cerveja funciona nessas ocasiões. Aproximou-se, o jornal embaixo do braço. O diálogo foi ríspido, com frases sem resposta. Um se manteve sentado e o outro em pé. "Então melhoraste da indisposição?" Perguntou Caldas. O outro ficou calado. Nem precisou mostrar a capa sem a coluna. "Soube que tiraste o meu artigo da primeira página." Cada um tinha seus informantes de confiança na oficina. "Sei que estava assinado, mas és o chefe de redação e o jornal não poderia tomar partido numa revolução que é entre o Rio e São Paulo. Estamos longe, no Sul, isso quase sempre é muito ruim para nossos interesses, mas neste caso a distância é uma vantagem que devemos aproveitar. Vamos deixá-los brigarem entre si. O Correio do Povo vai divulgar com isenção os dias de incerteza e revolução. A neutralidade pregada pelo meu pai." Carrazzoni ouviu o sermão em silêncio. Guri de merda, pensou. "Amanhã falo com a tua mãe." Breno encerrou o assunto. "Não precisa te incomodar, eu mesmo falo com ela." O príncipe herdeiro acabara de demitir o editor-chefe. Deu meia volta, levando o jornal consigo. Nada consumiu naquela noite; pegou o carro e voltou para casa. Na chegada, bebeu um chá com bolachinhas Maria para reduzir a tensão antes de tentar pegar no sono. Fora uma noite agitada.

Deitou tarde, acordou cedo, dormiu três ou quatro horas, e no café da manhã com a dona Dolores, informou-lhe que havia demitido Carrazzoni, explicando o motivo. "Estás certo, meu filho", limitou-se a dizer enquanto pensava seriamente no assunto e seus desdobramentos. "Breno precisa encontrar uma boa moça, casar, e tudo vai se resolver", pensava em silêncio, movimentando somente os lábios. "O que mamãe está maquinando?" Perguntou-se o filho. "Não posso agir com o coração de mãe; saberei identificar o momento certo de colocar o meu filho oficialmente na frente do Correio do Povo, seu lugar por direito desde a morte do pai", ela continuava a movimentar os lábios. "Tenho rezado muito", levou à boca uma fatia de pão com mel. Ergueu a taça com o minguinho levantado. O café já estava meio frio.

São Paulo fervilhava de tensão com as tropas em movimento, a artilharia preparada. Os constitucionalistas paulistas se organizavam para atacar o Rio. Imaginaram uma vitória rápida para apear Getúlio do poder. O Napoleão de 1930 estava de volta como estrategista militar. O mapa do Brasil sobre a mesa do Palácio do Catete, os generais ao redor do baixinho gordo, de casaco trespassado e gravata. Forças federais partiram de diferentes estados e começaram a invadir São Paulo em vários pontos. A Marinha e a Aeronáutica em prontidão para o ataque definitivo, se necessário. Os revolucionários prepararam o avanço, sem linhas de defesa para garantir a retaguarda. Cem mil militares federais acabaram esmagando 40 mil paulistas em menos de três meses, causando 934 mortes, número oficial, e a rendição definitiva em 4 de outubro de 32. O Correio do Povo cobriu o conflito com aparente neutralidade, apesar de a redação se dividir em preferências. O pulso firme de Breno e, sobretudo, a caneta verde garantia a equidistância; as matérias sobre o conflito só iam para a oficina para composição com o aval dele. Assim ele aprendeu a copidescar como poucos.

Falta na imprensa de hoje aquele jornalista capaz de pentear um texto, alinhar os fios enredados pelo vento, excluir os exageros, encontrar a palavra apropriada, simplificando a beleza do singelo, sem desfigurar o estilo original, respeitando a autoria. O jornalista deve escrever de acordo com a sua maneira natural de reagir, escrever e falar; "não permitam que vocês sejam enquadrados na camisa de força dos manuais", eu dizia nas redações e em aula, corrigindo erros com muito respeito ao estilo e conteúdo. Lembro-me do veterano Darci Demétrio, comunista por convicção, jornalista por formação, autor do livro *Não quebre a cara!*, de dicas para aprendizes, que iniciou na Última Hora, passou pela Caldas Júnior e na Zero fez uma matéria com estilo de coluna social para a editoria de polícia sobre os novos uniformes das policiais militares, desenhados pelo estilista Rui Spohr. Tive o privilégio de copidescar o texto. Babei.

Em 17 de julho de 1934, a Assembleia Constituinte elegeu, indiretamente, o novo Presidente. Getúlio, em seu gabinete no Palácio do Catete, ouviu a transmissão da eleição indireta pela pioneira rádio carioca PRA-2. O interventor da Revolução de 1930 foi eleito com 175 votos contra 59 de Borges de Medeiros, os dois candidatos ex-governadores do Rio Grande do Sul. São Paulo e Minas Gerais, protagonistas da alternância de poder na República Velha, alijados. O mandato seria de quatro anos, até 1938. Um ano antes do prazo, em 1937, Vargas deu um golpe, decretou o Estado Novo e se perpetuou no poder até depois da Segunda Guerra, em 1945.

Desde a demissão de Carrazzoni, o herdeiro do império de papel comandava interinamente o jornal junto com um trio sênior: Alcides Gonzaga na redação, Alcides Gomes como gerente comercial e Alfredo Obino na gerência administrativa. Antigos funcionários da casa e homens de confiança desde a época de seu pai. Alcides Gomes, na verdade, cunhado de Caldas Jr., os dois casados com as irmãs Julieta e Dolores Alcaraz, de Livramento. Por isso, Breno Caldas e o jornalista Flávio Alcaraz Gomes, filho de Alcides e Julieta, eram primos-irmãos. Dona Dolores deixava o tempo passar. Quando entrei na Caldas Júnior, em 1970, Gonzaga morreu naquele ano; Gomes e Obino eu conheci. Para mim, eram como dois vultos de bronze.

Em fim de março ou início de abril de 1935, o ar fino e claro do fim do calor, a matriarca percebeu, para sua alegria, a empolgação do filho por uma moça da sociedade. Breno, sempre discreto, não lhe deu maiores informações, porém ela apurou, interrogando as filhas, que a jovem pertencia à conceituada família Kessler, de origem alemã. Filha do empresário Victor Adalberto Kessler, do ramo têxtil, exportação de produtos do Rio Grande do Sul, especialmente de frigoríficos e hotelaria, entre outros investimentos, e de Alice Dexheimer Kessler. Tinha 20 anos e era muito bonita; rosto perfeito, a boca, o nariz, olhos azuis, pele clara, alemã de cabelos escuros, levemente ondulados, de corte curto.

Breno Caldas conheceu a bela Ilza Kessler (1915-2002) no Clube Leopoldina Juvenil, fundado pela colônia alemã antes da Primeira Guerra Mundial, em 1863, na Rua Dr. Flores, no centro histórico. Aberto à elite da cidade, continua até hoje como um dos clubes mais tradicionais da capital, em sua segunda sede, arquitetura oval, linhas clássicas, no bairro Moinhos de Vento, com salão de baile, espaços recreativos para eventos esportivos e quadras de tênis. Na velha sede no centro, além do salão de baile, frequentado pela alta sociedade, havia uma cancha de bolão, regada a chope, local de confraternização da inquieta juventude do Pós-Guerra de 1914, já na segunda geração da década perdida que começa nos anos 1920.

Foi amor à primeira vista. A alemãzinha linda também se encantou pelo rapaz que era chamado cerimoniosamente de *doutor Breno* por ser o herdeiro do poderoso Correio do Povo. Sua fama, seus olhos acinzentados e o porte atlético de nadador despertavam o interesse das moçoilas. Dona Dolores ficou radiante. O filho a vinha preocupando. Não falava de casamento em hipótese alguma. Era só o jornal, eventuais escapadas e algumas festas. Nenhum namoro firme. Ele mesmo dizia em tom de pilhéria que era um *celibatário convicto*. A mãe não queria pressioná-lo, mas seus planos para o filho incluíam o casamento, a garantia da segurança indispensável para dirigir uma empresa familiar.

Em toda a sua trajetória, Breno sempre demonstrou que não era homem de ficar indeciso, deixando o tempo passar. Suas ações empresariais estão repletas de voluntarismo, rapidez. A única vez que titubeou, estava certo: criar a televisão foi sua ruína. Quando se apaixonou, não foi diferente. "Ela é a mulher da minha vida", decidiu. Poucos meses depois, em outubro, enfrentou a mãe para uma comunicação séria: iria pedir a namorada em casamento e marcar o noivado. A reação da dona Dolores não podia ser melhor. Apertou as mãos, suas preces tinham sido ouvidas. Deu a bênção ao filho. E chamou o advogado da família para tomar todas as providências. "Quem vai casar será o diretor do Correio do Povo, com um patrimônio consolidado", decidiu. Ela repassou ao único filho homem 30% do patrimônio da empresa e deu às filhas Ruth e Lúcia o equivalente em bens e dinheiro. Há cinco anos, desde a demissão do enteado Fernando Caldas, em 1930, ela esperava para oficializar o filho como diretor do jornal. Aguardou a hora certa angustiada e pacientemente. Breno percorreu todos os ritos programados: conheceu os setores da empresa, formou-se em Direito e agora iria casar com uma *boa moça* para acompanhá-lo durante a vida. Sua nomeação foi sacramentada com a impressão de seu nome no alto da capa do matutino, em 18 de dezembro de 1935, ao lado do nome de seu pai, o fundador. "Amém", dona Dolores guardou o terço. Fez-se seu desejo.

No ano em que Breno Caldas assumiu a direção do Correio do Povo, os principais assuntos do jornal eram o Centenário da Revolução Farroupilha, em 20 de setembro de 1935, no âmbito local, a Intentona Comunista contra Getúlio no plano nacional, a ascensão do nazismo e do comunismo na Europa, enquanto artistas, compositores e escritores americanos, espanhóis e dissidentes russos, entre outros, continuavam aproveitando Paris enquanto surgiam claros indícios de uma nova guerra mundial. Nomes como Hemingway, Fitzgerald (escritores), Picasso, Dalí (pintores), Buñuel (cineasta), Stravinsky (compositor). As últimas luzes da Belle Époque; *Folies D'Amour* e *Joie D'Amour*, retratadas nos dois volumes dos contos eróticos de Anne-Marie Villefranche, ou em *Delta de Vênus*, de Anaïs Nin. Ou no filme *Meia-Noite em Paris*, de Woody Allen.

Uma Feira das Nações, montada no Parque da Redenção, celebrou os 100 anos da Guerra dos Farrapos. Um dos principais pavilhões, centro das atenções, era o da Alemanha nazista de Hitler. Meu pai viajou de trem de Uruguaiana à capital para assistir às festas. "Eu presenciei o centenário da Revolução Farroupilha", lembrava orgulhoso aos 92 anos, em 1999, um chimarrão e um palheiro aceso, cego, mas lúcido até o final.

Depois de enfrentar a direita paulista, Getúlio se via agora diante de um levante de esquerda. Eclodiu a Intentona Comunista, em 23 de novembro de 1935, em Natal, expandida nos próximos dias para os quartéis de Recife e Rio de Janeiro, inspirada nos movimentos tenentistas de 1920, 22 e 24. Não era um ato isolado, mas fazia parte de toda uma articulação global da União Soviética para exportar revoluções socialistas, a partir de um centro de inteligência, recrutamento e treinamento em Moscou.

A Escola Internacional Lenin (conhecida pela sigla ILS) formou, de 1926 a 1938, turmas anuais de algumas dezenas de militantes de diferentes países, com aulas em quatro línguas (francês, russo, alemão e inglês), de economia, história, teoria marxista, estrutura organizacional agrária e operária, estratégias e táticas revolucionárias, manuseio de armamento e tiro. Prestes assistia às aulas em francês. Não por acaso, começou na China, no mesmo ano, a Longa Marcha de Mao Tsé-Tung (1893-1976). Os soviéticos desejavam expandir os tentáculos do comunismo para a América Latina e a Ásia, numa ação ambiciosa, focada simplesmente nos dois maiores países dos dois continentes. Os chamados progressistas, por esperteza ou nostalgia, buscam hoje o retorno às utopias perdidas na queda do Muro de Berlim, na corrupção, desvirtuamento de propósitos, a igualdade na pobreza, as castas políticas e artísticas, a negação de princípios básicos da natureza humana como a esperança, a busca da felicidade e a liberdade. O controle do indivíduo por normas magnéticas, cerceamento de opinião e locomoção. O romance futurista *1984*, de George Orwell, antecipou na ficção.

O embrião da Intentona socialista surgiu quatro anos antes, em 1931, quando o capitão Luís Carlos Prestes (1898-1990) se assumiu marxista e desertou do Exército, aos 33 anos de idade. Ele era uma figura conhecida nacionalmente, por ter comandado a Coluna, de 1925 a 27. À frente de 1.500 homens, percorreu 25 mil km por 13 estados, para derrubar a República Velha, numa ação romântica e épica, mas incapaz de abalar o governo de Washington Luiz, só derrubado três anos depois pela Revolução de 30. A Coluna Prestes foi do Rio Grande do Sul ao Piauí, do Sul ao Nordeste, em escaramuças militares sem maiores consequências, os combatentes retornaram e se refugiaram na Bolívia. Não teve uma linha ideológica definida; o marechal cearense Juarez Távora (1898-1975), de direita, participou da marcha.

O chamado Cavaleiro da Esperança pelos historiadores identificados com o marxismo foi indicado pelo PCB para liderar a revolução comunista no Brasil e enviado à URSS para desenvolver suas convicções políticas e aprimorar estratégias revolucionárias. A Coluna Prestes era apenas *case* da arte da guerrilha, que se mostrou insuficiente para abalar a República.

Prestes viajou clandestino a Montevidéu, de navio, numa viagem programada por portuários ligados ao Partido Comunista. Na capital do Uruguai, ele se hospedou numa pensão, para não ter contato com residências de camaradas que podiam estar sendo vigiadas. Deixou crescer uma barba longa, preta, um pouco rala. Pouco saía à rua. Enrolou um cachecol no pescoço, como um artista, e posou num estúdio para uma foto. O retrato foi utilizado para a falsificação de novos documentos com o nome de um pintor de Assunção, vinculado ao PC do Paraguai. Foram providenciadas, inclusive, duas telas do artista paraguaio para que o capitão levasse na viagem à Europa como se fossem suas, para simular a divulgação de seu trabalho no exterior. Leu sobre a arte da pintura, camadas de tintas, sombras, luminosidade e a sutileza das cores para poder discorrer com naturalidade sobre a concepção dos quadros. Aproveitou para aprender palavras do dialeto guarani que aparecem muito no espanhol do Paraguai, além de treinar a semelhança com o sotaque uruguaio, diferente do argentino. Determinado, pegou logo as características para não ser traído ao falar espanhol.

Com a identidade falsa, Prestes embarcou, no porto de Montevidéu, no navio francês Eubée. Ao desembarcar em Marselha, na França, seguiu de trem para Moscou. Usava boné xadrez de pintor, a barba longa, manta no pescoço, casaco de lã com gola de pele, carregando uma pequena bagagem de mão e as duas telas do artista paraguaio, enroladas num cilindro de metal. Viajou sozinho numa cabine. Deixou as bagagens no beliche debaixo, com os cobertores simulou uma pessoa dormindo, e se deitou na cama de cima, com uma pistola embaixo do travesseiro. Fazia contatos apenas superficiais com outros passageiros no carro-restaurante. Café, uma refeição, um drinque. Pela janela do trem, a neve no cume das montanhas. Desembarcou na Estação de Kiyevsky, cuja reforma terminara no ano anterior. Estava sendo aguardado por um camarada que o identificou pelo cilindro das pinturas dependurado no ombro.

Passaram-se quatro anos. Em dezembro de 1934, aos 36 anos de idade, Prestes saiu de Moscou em companhia da ativista alemã Olga Benário (1908-1942), dez anos mais moça, designada pelo Partido Comunista para ser sua segurança na volta ao Brasil. Ela fazia parte de um quadro seleto de militantes. A moça judia nascida em Munique, na Alemanha, militava na Internacional Socialista desde os 15 anos, quando ingressou em 1925 na Juventude Comunista de sua cidade natal. Desde a adolescência foi preparada para ser uma agente internacional, falando quatro idiomas (alemão, russo, francês e inglês, os dialetos da Escola Lenin), pilotava avião, era paraquedista e exímia cavaleira. Foi obrigada a fugir da Alemanha, aos 20 anos de idade, em 1928, antes do nazismo, portanto, acusada de sabotadora pela República de Weimar, cujo presidente era o marechal Paul von Hindenburg (1847-1934), que comandou o Império Alemão na Primeira Guerra. Olga chegou a ser detida três meses durante investigações de ações em apoio ao teórico austríaco Otto Bauer (1881-1938), de formação social democrata e identificação com o marxismo, que defendia uma nova união austro-germânica, como na Primeira Guerra. Os comunistas defendiam a utopia como uma etapa da revolução socialista. Libertada, abandonou o país imediatamente. No jargão do PC, era um *quadro* cuja identidade foi descoberta pelas forças de segurança e precisaria cair na clandestinidade.

A primeira escala do retorno ao Brasil foi Paris. Prestes e Olga se hospedaram num hotel modesto próximo ao Sena. Pediram quartos separados com banheiro coletivo no corredor. Ela foi até o quarto dele, com uma bacia e água quente, creme de barbear, tesoura e navalha, para ajudá-lo a cortar a barba. Com uma toalha de banho ao redor do pescoço, os fios caíram ao redor dele. Depois ela raspou seu rosto com cuidado e passou uma loção. Aparou o cabelo e raspou os pelos do pescoço. Deu uma palmadinha em cada face. A pele feminina de suas mãos tinha a rigidez de quem praticou muitos exercícios físicos. O capitão sentiu-se um perfeito burguês, vestiu seu melhor paletó, luvas e uma manta. Olga usava botas pretas, um vestido de lã quadriculado e uma jaqueta de veludo marrom, com gola larga. Para os padrões do comunismo, estavam bem, mas precisavam de um guarda-roupa sofisticado para se passarem por ricos. Os dois saíram a comprar roupas elegantes nas melhores lojas de confecções, alfaiatarias e butiques. Não se esqueceram dos perfumes franceses, cremes e maquiagens, naturalmente.

Fazia muito frio. Com passaporte português, como se fosse rico produtor de vinhedos e oliveiras no Alentejo, forçando o sotaque de Lisboa, Prestes dizia-se em viagem de lua de mel com sua bela noiva francesa. Como a moça não falava português, identidade falsa alemã seria arriscado, a saída foi providenciar documentos franceses, por ela dominar a língua e não despertar suspeitas. O capitão vestia um casacão bem cortado, chapéu de feltro e Olga jogou uma estola de pele sobre os ombros. O uso abundante de cremes alisou a pele das mãos e dos pés. A maquiagem suavizou seus traços e destacou o azul dos olhos. Os cabelos ruivos escuros, ondulados, estavam mais longos. Foi o máximo que a alemã de Munique, comunista convicta, conseguiu se aproximar do estereótipo de uma francesa frívola. As malas do casal eram de couro legítimo, com fivelas. Os falsos noivos embarcaram no navio Ville de Paris com destino a Nova York. Dinheiro de Moscou não faltava para bancar a viagem.

A luxuosa cabina, na primeira classe, logicamente só tinha uma cama. Afinal, era destinada a recém-casados. Já havia, entre eles, um jogo de sedução, toques e olhares, mas foi a primeira vez que dormiram juntos. Conversavam em francês entre lençóis de seda. A bordo do navio comemoraram a entrada do Ano-Novo de 1935, com um brinde à Revolução Comunista no Brasil, feito em francês, com biquinhos para articular as palavras, entre sorrisos e urros. Os enamorados beberam *champagne* e degustaram aperitivos de caviar. No banquete oferecido pelo capitão do navio aos passageiros da primeira classe, no fim da viagem, antes do desembarque em Nova York, eles provaram caviar com vinho branco. Divino. Extravagâncias do capitalismo.

Em Miami, eles pegaram um voo para Buenos Aires, com escala em Santiago do Chile, a rota do Pacífico, usada por Jango em 1961, para evitar a entrada pelo Nordeste brasileiro. Prestes e Olga cruzaram de balsa o Rio da Prata e em Montevidéu o Partido conseguiu que eles viajassem clandestinos para São Paulo, em avião francês do correio aéreo, em dois bancos junto à tripulação, sem janela para acompanharem o voo.

Em *aparelhos* (esconderijos e locais de encontro) na cidade e viagens secretas a residências rurais desabitadas, com toda a logística e comunicação clandestina do PCB, Prestes preparou pessoalmente a Intentona Comunista. Em todos os contatos e reuniões, Olga estava sempre com ele. Era essa a missão conferida pelo partido: cuidar de sua segurança. O levante eclodiu em 23 de novembro de 35, no Rio Grande do Norte, chegou a Recife no dia seguinte e no Rio de Janeiro no dia 27. Em cinco dias os três focos foram sufocados. Registraram-se 20 mortes em Natal, 720 em Recife, onde os combates foram mais ferozes, e 31 no Rio, muitas cometidas à traição. Alguns oficiais de prontidão nos quartéis cariocas foram mortos dormindo. A quartelada socialista revoltou os quartéis contra a esquerda, pensamento presente nas Forças Armadas, inclusive no Colégio Militar de Porto Alegre, onde foram forjados Prestes e tantos oficiais comunistas. Tenente Sandoval Trindade, no Exército, e o tenente-coronel Alfeu de Alcântara Monteiro (1922-1964), na Aeronáutica, eu conheci. O primeiro, baixo e retaco, foi considerado *morto* pelo Exército e viveu clandestino, e Monteiro, identificado com Brizola, efetivamente assassinado em 1964, ao tentar resistir ao golpe na Base Aérea de Canoas, RS, em 4 de abril. As sequelas do levante de 35 reforçaram a opção dos militares à direita que se perpetuou nas próximas décadas.

Fracassada a Intentona Comunista, Prestes e Olga mantiveram-se clandestinos numa residência simples do Méier, no subúrbio carioca. O casal tinha uma empregada doméstica para limpar a casa e fazer a comida, mordomia pequeno-burguesa bancada pelo Partidão. Sem se afastarem do Rio de Janeiro, eles subestimaram a polícia secreta de Filinto Müller (1900-1973), chefe de segurança do Distrito Federal de 1933 a 1942. Em março de 1936, eles foram localizados. Na prisão de Frei Caneca, em abril, a menstruação não veio e ela percebeu que estava grávida. Em 23 de setembro, Olga foi deportada grávida de sete meses para o seu país natal, a Alemanha, governada pelo chanceler Hitler. Por sua militância política, foi imediatamente encaminhada à Gestapo, a polícia secreta criada três anos antes pelo nazismo, ainda visto pela esquerda europeia e pela própria União Soviética como alternativa ao capitalismo. Somente o conservador Winston Churchill (1874-1965) se opôs desde o primeiro momento.

A filósofa judia e alemã Hannah Arendt (1906-1975) teve a ousadia de apontar semelhanças entre o nazismo e stalinismo no livro *As origens do totalitarismo*. Ela é execrada em Israel compreensivamente por suas conclusões de que os próprios judeus por "razões nobres ou corruptas" colaboraram com a afirmação alemã e em todas as etapas da guerra, inclusive na mecânica dos campos de extermínio. Não foi a única, mas é a mais odiada. A abominável interpretação da supremacia branca, o racismo abjeto e o genocídio de judeus não podem ser comparados a ações individuais de pessoas pressionadas. A ilação é desumana e cruel. Para Hannah, numa interpretação radical, a única prova de que alguém foi antinazista autêntico é ter sido morto pelo nazismo. Contra ela ainda pesa o fato de ter sido amante, quando estudava Filosofia, aos 17 anos, de seu professor Martin Heidegger (1889-1976), que aderiu ao nazismo em 33 e depois o renegou. A cientista política alemã Antonia Grunenberg escreveu *Hannah Arendt e Martin Heidegger: história de um amor*, com contextualização histórica e pensamentos.

Olga foi recolhida para a prisão feminina de Barnimstrasse, em Berlim, que funcionou até 1974, um gigante e macabro prédio de cinco andares. No mês de novembro, dia 27, nasceu a filha de Olga e Prestes, Anita Leocádia, amamentada pela mãe na penitenciária. Com um ano e dois meses, a criança foi entregue para a avó paterna, Leocádia. A mãe nunca foi libertada. Foi morta anos mais tarde, na Páscoa de 1942, durante a Segunda Guerra, na cidade de Bernburg, na câmara de gás instalada no subsolo do hospital psiquiátrico de três pavimentos. Sua sentença de morte foi dada por ser judia. Prestes ficou sabendo pelas páginas do Correio do Povo, único jornal que recebia na Penitenciária Central do Distrito Federal, no Rio de Janeiro, gratuitamente, por ordem do doutor Breno.

3. A Fazenda do Arado

Na segunda quinzena de dezembro de 1935, o novo diretor do Correio do Povo, com a aliança de noivado na mão direita, o casamento planejado para a metade do próximo ano, intensificou a procura por uma fazenda. Pretendia morar numa propriedade rural dentro de Porto Alegre, que permitisse ir trabalhar e voltar para casa diariamente. Sua paixão pelo campo era atávica, sua família tinha raízes em terras agrícolas na beira do Rio São Francisco, no Nordeste. Ainda garoto, ele se identificou com a vida rural ao passar dois verões seguidos, durante as férias escolares, na estância do coronel Francisco Wenceslau Pereira, o Chiquinote Pereira, revolucionário de 23, casado com Elvira Pereira, que fora aluna de sua mãe, quando dona Dolores lecionou em Santana do Livramento, antes do casamento com Caldas Jr.

A viúva e os filhos foram convidados a aproveitarem as férias escolares na Coxilha Negra, na fronteira com o Uruguai, no verão de 1924. A fazenda tinha criação de gado bovino e ovino. Aos 13 anos de idade, Breno aprendeu a andar a cavalo, num petiço, laçar e participar das lidas campeiras, como apartar o gado e conduzir as vacas para a mangueira, para esgotar o leite que sobrara dos bezerros. No ano seguinte, voltaram à estância da Coxilha Negra. Não retornaram em outros verões porque em 1926 dona Dolores levou os filhos para passarem longo período na Europa. Breno estudou línguas e concluiu o ensino fundamental no exterior.

Com o mapa do município de Porto Alegre aberto sobre a mesa que foi de seu pai, no gabinete, Breno tinha poucas opções. Ele queria uma fazenda na beira do Guaíba, com mata nativa e várzea para plantar arroz e criar gado. Só podia ser na zona rural de Belém Novo ou no Lami. O lugar dos sonhos, chamado Arado, estava esperando por ele desde o século 18.

A descoberta da América em 12 de outubro de 1492, quando o italiano Cristóvão Colombo, a serviço da Espanha, chegou às Bahamas, no Mar do Caribe, mudou completamente a dimensão do mundo conhecido, e os dois países da Península Ibérica assinaram dois anos depois, em 1494, o Tratado de Tordesilhas, numa divisão hipotética do além-mar, em que o Novo Mundo ficava com os espanhóis e a África para Portugal. Em 1500, por informações, intuição ou por acaso, as alegadas *calmarias*, Pedro Álvares Cabral descobriu o Nordeste brasileiro, fora da linha de Tordesilhas, ao desembarcar em Porto Seguro, na Bahia. No retorno à Europa, fez escala no Cabo Santo Agostinho, em Pernambuco. Seguiu-se a incursão ao Rio de Janeiro em 1.º de janeiro de 1502. A chegada dos portugueses a São Paulo em 22 de janeiro de 1532. O náufrago português João Ramalho (1493-1582) foi resgatado pelos índios no litoral paulista, em 1515, e casou com a filha do cacique tupi Tibiriçá. Em 1534, o embate com os ferozes índios Caetés, na chegada ao Maranhão. Assim os portugueses começaram a desenhar o mapa do Brasil Colônia. Cartógrafos definiram que as terras pertencentes a Portugal, pela linha imaginária do Tratado de Tordesilhas, iam do Maranhão até Laguna, em Santa Catarina, no Sul do Continente.

Somente no fim do século 17, quase dois séculos após a expedição de Cabral, a Coroa Portuguesa resolveu romper com o acordo de Tordesilhas. Em 1680, uma expedição comandada por Dom Manuel Lobo desceu até o Rio da Prata e fundou a Colônia do Sacramento, no Uruguai, como um ponto avançado do Brasil. A Província de Buenos Aires, no outro lado do rio, atravessou o estuário e dizimou os portugueses. Sobreviveram apenas dez homens. A retomada de Sacramento virou uma obsessão de Lisboa nos próximos anos, e assim o Rio Grande do Sul foi colonizado, tardiamente.

Desde 1626, expedições religiosas de Santo Tomé, na Argentina, e Concepción, no Paraguai, atravessavam o Rio Uruguai, na tentativa de expandir a colonização espanhola no Sul do Continente, hoje a região gaúcha das Missões. Os padres jesuítas espanhóis desempenharam papel fundamental ao criarem nos próximos 90 anos os Sete Povos das Missões, evangelizando os índios guaranis. Restaram arte sacra e ruínas hoje consideradas Patrimônio da Humanidade.

Na virada dos séculos 17 e 18, expedições portuguesas saíam de Laguna com destino à perdida Colônia do Sacramento. No caminho, cruzavam em balsas improvisadas pela Lagoa dos Patos, que passaram a chamar de *Rio Grande*. Encontraram água em abundância, prados especiais para a agricultura e criação de gado, e apareceram as primeiras estâncias, nas cercanias do *Rio Grande*. A Coroa Portuguesa gostou da expansão natural de seu território e incentivou a ocupação, distribuindo sesmarias com direito de posse da terra, mesmo que pelo Tratado de Tordesilhas pertencesse por direito à Espanha.

A partir de 1715, paulistas e portugueses desceram em massa para o Sul, expulsando, dizimando ou escravizando os índios e destruindo as Missões. Surgia o Rio Grande do Sul e suas imensas fazendas. Nas charqueadas, a utilização de trabalho de negros escravos para a preparação da carne seca salgada. Tornou-se uma zona de litígio. Uma espécie de Gaza. As novas propriedades eram invadidas por espanhóis, uruguaios e argentinos vindos do Sul e do Oeste. Os monarcas e os republicanos foram heróis na defesa do território. O único Estado, fora do mapa original, que lutou para ser brasileiro. Forjou a têmpera do gaúcho, vítimas e autores de cenas sanguinárias nos próximos 200 anos.

Ao sul de Porto Alegre e na cidade ao lado, Viamão, a primeira capital da Província, havia três grandes estâncias no século 18: Boa Vista, Arado e Rincão da Pedra Branca. A Fazenda Arado englobava terras onde atualmente estão os bairros Restinga, Ponta Grossa, Chapéu do Sol, Belém Novo e Lami, no extremo sul da capital gaúcha. A área pertencia, no século 19, a Joaquim Ignácio de Chagas, Dom Chagas. Ele era um homem sem posses, mas casou com uma viúva rica, mais velha, que não pôde lhe dar filhos. O casal morreu sem deixar herdeiros diretos. A herança foi dividida entre parentes, e a estância, picotada.

As moradias da antiga vila Arado Velho surgiram ao redor da Igreja Nossa Senhora de Belém Novo, em 1876. O templo católico acabou dando origem ao novo nome do lugar. O acesso a Belém Novo era difícil e somente melhorou com a construção da rodovia, em 1933. Até hoje é considerada zona rural, com pequenas propriedades e moradia de pescadores. Surgem condomínios de casas e blocos de edifícios, que os ecologistas tentam refrear numa das áreas mais belas da cidade. Os 72 km da orla do Guaíba somente começaram a ser efetivamente urbanizados no século 21 e a população está perplexa e maravilhada. Os ambientalistas ortodoxos obrigavam a cidade a ficar de costas para o rio. O pôr do sol nas espáduas, não na retina.

Naquele dezembro de 1935, Breno Caldas encontrou os 200 hectares que restavam da antiga Fazenda Arado, a 35 km do centro de Porto Alegre. Documentação em ordem, ele fechou negócio imediatamente. Era o que procurava. Mangueiras seculares de pedra, pasto para a criação de gado, várzeas para a agricultura, mato nativo, a colina para a futura residência e uma ponta de terra entrando no rio, num simulacro de península, que podia ser usada como ancoradouro para barcos. "Meu avô foi a primeira pessoa que eu vi falar em ecologia", disse-me por telefone Isabel Caldas Garcia, em 4 de outubro de 2021, uma segunda-feira pela manhã. "Quando ele comprou o Arado, começou a limpar a área de fora para dentro, deixando uma reserva nativa no meio, com animais silvestres", explicou-me a neta. "Hoje dizem que é uma área indígena, todo o Brasil foi um dia área indígena, meu avô foi dos poucos que preservou, por convicção ecológica", acrescentou.

A reserva ecológica se estendia até a Ponta do Arado, onde foram encontrados recentemente sítios arqueológicos. "Nunca vimos objetos indígenas no haras", garante dona Nilza Caldas, filha de Breno. "Desconfio que eles foram plantados para garantir a interdição da área", imagina revoltada. Uma incorporadora imobiliária e os herdeiros da família Caldas lutam desde 2010 para a construção de um condomínio horizontal de luxo no local. "Parece que as pessoas têm inveja de nós", reclama. Poucos descendentes diretos possuíam bens suficientes para resistirem à falência da Caldas Júnior; a maioria aguarda a redenção financeira com a destinação da área para um projeto de urbanização.

Caldas decidiu manter o nome original da propriedade, Arado. O que restara da velha fazenda de Dom Chagas foram duas casas simples de campanha, perto da baia dos cavalos. Breno se acomodou provisoriamente num dos prédios, para acompanhar de perto a limpeza do local. Para projetar a casa da estância, no alto da colina, ele contratou o arquiteto e artista plástico Fernando Corona (1895-1979), professor durante 30 anos do Instituto de Belas Artes na Universidade Federal. Foi quem projetou o Instituto de Educação Flores da Cunha, Galeria Chaves, sede do Banco do Comércio (hoje Santander Cultural), montou a Fonte Talavera, no Paço Municipal e esculpiu a máscara de Beethoven no Parque da Redenção de Porto Alegre. O prédio original era térreo, com arcos ao redor da casa, que lembravam as vilas espanholas. Muitas vezes Breno saía do jornal tarde da noite e ia pernoitar no antigo alojamento da fazenda. No amanhecer, conversava com o mestre de obras e acompanhava o trabalho dos pedreiros e carpinteiros na nova moradia.

A data do casamento se aproximava. Não havia como levar a noiva para morar lá; ainda faltava muito para concluir a construção. O sogro, Victor Kessler, propôs, com muito jeito para não melindrar o genro, o empréstimo de uma casa. Havia uma mansão da família, na Rua 24 de Outubro, 722, no bairro Moinhos de Vento; os noivos podiam morar lá, provisoriamente, a fim de que fossem realizadas com calma as obras no Arado. "Está bem, o senhor tem razão", concordou com o sogro.

A cerimônia de casamento realizou-se no dia 21 de julho de 1936, na Igreja São José, na Rua Alberto Bins, 467, no centro, construída pela colônia germânica de 1920 a 1924, a tempo de sediar as comemorações do centenário da imigração alemã, ocorridas naquele ano. O templo foi desenhado pelo arquiteto alemão Joseph Franz Seraph Lutzenberger (1882-1951), pai do ecologista José Lutzenberger. Em *art déco*, com um único campanário, lembra a arquitetura da Alemanha. Breno aguardava a noiva no altar, de casaca, e a belíssima Ilza, vestido branco de longa cauda, o véu encobrindo o rosto, atravessou a nave pelo braço do pai. A alta sociedade em pé para ver a passagem da noiva. Os recém-casados foram morar no casarão da Rua 24 de Outubro.

Naquela residência, em seis anos, nasceram os quatro filhos do casal. Dona Ilza, como mãe, tinha o maior cuidado com as crianças, mas levava muito a sério sua responsabilidade como esposa, companhia e devoção ao marido. Quando Caldas decidia pernoitar no Arado, ela ia junto e deixava os filhos com uma governanta e funcionárias domésticas. Breno acabou se convencendo de que precisava comprar uma casa na cidade, pois na idade escolar os filhos deveriam morar perto dos colégios, porque seria muito desgastante para as crianças a vinda diária da fazenda. Assim ele adquiriu a mansão 365 da Rua Coronel Bordini, no mesmo bairro Moinhos de Vento. O sobrado em estilo californiano, pintado de branco e janelas azuis, permanece original; muros de pedra de um metro de altura, completados por grades, portão pequeno social, entrada de carro por um longo corredor à direita, garagem nos fundos. Quando Tonho Caldas se casou, em 1961, ainda pertencia à família e chegou a morar lá durante dois anos. Hoje reside um médico.

Em 1937, Breno começou a criar cavalos de corrida e mudou naturalmente o nome da propriedade para Haras Arado. Passou a adquirir, também, pequenos sítios próximos de 1 a 2 hectares, estipulado um preço único. "Dava mais um valor para levarem a casa", explicou em suas memórias. Os interessados na proposta genérica o procuravam, e o negócio era fechado. Nos próximos 30 anos, ele adquiriu dezenas de chácaras, aumentando as dimensões da estância para 800 hectares. Num dos armários fechados de seu gabinete no Arado, guardava uma pilha de escrituras.

O arquiteto Fernando Corona retornou ao Arado para projetar o segundo pavimento da casa da fazenda. Uma escada de alvenaria, coberta por lajotas portuguesas e corrimãos de madeira, levava ao primeiro andar. A nova suíte do casal, bem ampla, tinha uma pequena entrada, com um altar, para a dona Ilza rezar, e dois banheiros individuais. A janela ficava para o leste, o nascer do sol. Via-se o platô com grama, folhagens e flores, o chafariz, os coqueiros. Lá embaixo a piscina adulta de 15 m por 9 m e a pequena, infantil. O pasto, a várzea de arroz, a mata nativa. As mangueiras de pedra serviam como murada ao redor do casarão. O acesso era pelo antigo portão de ferro da entrada da Santa Casa, datado de 1800, todo trabalhado, comprado por Caldas na remodelação do hospital. Junto à faixa, uma porteira era a primeira entrada ao complexo da fazenda. Estradas internas conduziam aos campos, cavalariças e benfeitorias.

O gabinete do doutor Breno passou a ter três salas conjugadas pintadas de branco, com uma viga de madeira escura no alto do vão entre elas, o piso de parquê em formatos retangulares. Anexo havia um lavabo e uma pequena cozinha, para fazer gelo, gelar bebida no refrigerador, preparar café ou chá. O telhado inclinado, telhas portuguesas. Na frente para o rio, um terraço à esquerda e uma área coberta, com poltronas de bambu, almofadas impermeáveis.

Especialista na arte de construir chafarizes, a Fonte Talavera como o mais notável, Corona montou dois no Arado. Um no jardim de inverno e aquele outro na frente da casa, que o casal podia avistar da janela da suíte. Ali havia antes um bebedouro para os animais no tempo de Dom Chagas. Caldas mandou examinar a água. Veio confirmação: era mineral. Ele canalizou para a casa e consumiu a água natural por toda a vida.

Concluído o segundo andar, o casarão do Arado ficou com uma área total de 2.000m², sem contar as outras benfeitorias da fazenda. Havia calefação em todas as peças, alimentada por uma central com motor a óleo diesel, e três lareiras. No alto da colina, na beira do rio, corria sempre uma brisa no verão e ventos fustigantes no resto do ano. Breno não gostava de ar-condicionado, nem no carro. Foram instalados interfones nas salas, quartos, cozinha e dormitórios de empregados para comunicação entre seus moradores e funcionários.

O casal mudou-se em definitivo para a nova moradia. A porta de madeira nobre, duas folhas, com quadrados esculpidos, abria-se para uma sala em L, com *living* de estofados de couro e mesa de jantar em estilo da realeza, cadeiras de espaldar alto de couro duro fixado com botões de metal, como nos castelos. Móveis laqueados, estantes abertas e armários envidraçados. Peças de porcelana, cerâmica, prataria, bronze e cristais, reunidos durante anos. Nas paredes, mapas, figuras medievais e pinturas. O quadro mais imponente era uma aquarela realista de cavalos em disparada, lembra a filha Nilza. No início da escada para o primeiro andar, o impactante quadro de uma tapera. Tornou-se uma mansão feudal.

Breno e Ilza tiveram quatro filhos, Francisco Antônio, Nilza, Dolores e Alice. Ela viveu a riqueza ao lado do marido, acompanhou-o na decadência e sobreviveu a ele 13 anos; morreu em 2002, com enormes dificuldades financeiras, apoiada pelas três filhas. O filho mais velho faleceu antes dos pais. Dona Nilza é hoje uma espécie de porta-voz da família. Tive o privilégio de realizar uma longa entrevista com ela em 8 de abril de 2019. Eu cheguei ao amplo apartamento, em zona elegante e arborizada, no Moinhos de Vento, numa tarde de sol, com muitas sombras na calçada, e saí no crepúsculo. A filha tem os traços do rosto do doutor Breno. Muito parecida e demonstrou enorme admiração pelo pai, nenhuma queixa. Mostrou-se educada, atenciosa, loquaz, com humor, abrindo um sorriso ao descrever situações hilárias. Ela sabe contar experiências com detalhes enriquecedores para a narrativa.

Dona Dolores, outra filha, foi muito atenciosa comigo, mas não quis dar entrevista. Conversamos pela Internet e por telefone. Explicou que o pai sempre procurou preservar sua vida pessoal, e ela quer ser leal à memória dele. A outra filha, Alice Caldas Degrazia, que procurei através do filho Vitório, também não quis falar sobre o pai. Ela é muito reclusa, avessa a contatos, de difícil aproximação, me explicou Vitório. Por cortesia e deferência, não quis procurá-la sem que ela aceitasse previamente me receber. Faleceu em 2023. Eu a conheci pessoalmente, quando jovem, no escritório de advocacia do marido, Edgar Degrazia, que faleceu em desastre aéreo. Ele foi meu advogado, indicado pela Caldas Júnior, para me defender quando fui acusado de crime de imprensa por reportagem publicada na Folha da Tarde.

Como Gay Talese, que escreveu o perfil de Frank Sinatra (*Frank Sinatra está resfriado*), publicado em *Fama & Anonimato*, sem conseguir entrevistá-lo, procurei montar a história de Breno Caldas na consulta a livros, pesquisas paralelas e depoimentos de pessoas que conviveram com ele. Além da minha própria experiência pessoal de quem foi seu funcionário durante 15 anos, de 1970 a 1985, acompanhando com respeito e admiração sua trajetória, sem a crítica fácil e panfletária dos sindicalistas e dos iconoclastas, muito menos o elogio sabujo dos aduladores. "A história é um testemunho, não uma lisonja", assinalou Voltaire em 1728 ao escrever sobre Carlos XII, da Suécia, perspicaz, estrategista, vitorioso, e a derrota para Pedro Alexiowitz, o Grande, da Rússia.

Os filhos pequenos continuaram residindo na Bordini, para facilitar a ida à escola. A casa na cidade era supervisionada pela governanta nipônica

Huzi Kano, filha de pai inglês e mãe japonesa, que falava japonês, inglês e português com forte sotaque. As crianças passavam os fins de semana com os pais no Arado e lá também permaneciam durante as férias escolares.

O motorista da família, Hélio Ferreira da Silva, que serviu à dona Ilza Caldas por meio século, levava os quatro colegiais à escola no automóvel que servia à mansão da Bordini, sempre da marca Ford. O último carro que ele dirigiu foi um Galaxie branco; eu o conheci nessa época. Tonho estudava no antigo Colégio Anchieta, na Duque, o mesmo que o pai frequentara. Nilza e Alice estavam matriculadas na tradicional escola Sévigné, educandário particular de freiras, na mesma rua. A terceira menina, Dolores, mais rebelde desde a infância, quis frequentar o Instituto de Educação Flores da Cunha, escola pública, lá embaixo, no Parque da Redenção. O doutor Breno permitiu, não era tão intransigente assim.

O santuário de Caldas era seu gabinete no Arado, que com o passar dos anos foi se tornando cada vez mais sua imagem e semelhança. Na primeira sala, a mesa de sinuca arrematada em leilão no fechamento do Cassino da Quitandinha, no Rio de Janeiro. Ao redor, bancos altos, poltronas, armários de portas de vidro com troféus ganhos no turfe e em regatas, estantes de livros, pinturas nas paredes. No segundo espaço, a mesa original do pai, cercada de mais prateleiras de livros, um armário fechado para documentos. Breno mantinha em seu gabinete no Arado a documentação de suas propriedades e a história de uma empresa quase secular. Nas paredes descobertas, diplomas emoldurados, pinturas realistas e três fotografias. Vamos vê-las de perto depois. Pequenos tapetes persas espalhados pelo assoalho de parquê. Na terceira sala, mais estantes de livros. O acervo não era separado por assunto, mas pela língua: obras em alemão, francês, inglês, espanhol e português.

A mesa do doutor Breno, no último espaço do gabinete, ficava de frente para o rio, para que ele pudesse ver pela vidraça o Guaíba, o horizonte e Porto Alegre à direita. Sentado numa cadeira giratória azul, a imensa escrivaninha de madeira de lei, documentos e pastas empilhados, Caldas lia e fazia anotações. Outras pastas para análise sobre uma mesinha auxiliar com duas superfícies horizontais para facilitar a separação por importância ou urgência. Um despertador sobre os papéis para controlar a hora. O potente rádio Zenith sobre a mesa estava sempre ligado. Uma porta de correr encobria os instrumentos, como o dial, mapa-múndi, pontos cardeais, ondas AM, Curtas, FM e All-Weather de condições meteorológicas (ele era também um marujo).

Naquele recanto pessoal, uma das paredes era toda coberta por um móvel de mogno que contornava a lareira de pedras brancas. Na armação de madeira, havia prateleiras de livros nas laterais, armários fechados na parte debaixo, e sobre um fundo de madeira, em cima da lareira, uma pintura medieval em tons neutros. Duas poltronas individuais simples, mas de bom gosto, uma de madeira e outra estofada, para os visitantes, e na frente do fogo uma cadeira de balanço rústica, braços de cedro, o assento e o encosto estofados, para o doutor Breno esticar as pernas e ver o trepidar do fogo. Havia uma eletrola de alta fidelidade para eventualmente ouvir música, bebendo uísque. Começava rodando clássicos, mas terminava ouvindo tango, sua preferência; acreditem. Contou-me sua filha Nilza. Nas três peças do refúgio, não havia nenhum aparelho de televisão. Caldas costumava ver TV no térreo, na sala de estar, ao lado da esposa.

A família de Breno Caldas sempre viveu no Arado o problema da exposição pública. Os moradores do casarão vistos de longe viviam no imaginário das pessoas. No tempo em que ainda não havia telefone automático e as ligações precisavam ser completadas por uma telefonista, as funcionárias do posto de telefonia de Belém Novo, a Altiva e a Mimosa, eram duas bisbilhoteiras privilegiadas, o tempo todo ouvindo as conversas. A filha Nilza conta que telefonava para falar com o pai. A mulher nem passava a ligação. "O doutor Breno já saiu", a Mimosa encerrava o assunto. "Outro dia eu queria saber se o filho do Francisco Antônio, que estava doentinho, tinha melhorado. A Altiva foi logo dando o boletim: Ele melhorou, já está sem febre". Dona Nilza se diverte. "As telefonistas sabiam tudo o que acontecia no Arado. Passavam o dia escutando os telefonemas." Os fios da antiga Companhia Rio-Grandense de Telecomunicações (CRT), encampada pelo Brizola, eram roubados com frequência, um problema recorrente em lugar longínquo e ermo, até que foi possível colocar a transmissão por antena, uma concessão especial do Arado.

Na Fazenda, as necessidades básicas de seus moradores eram atendidas no pequeno comércio de Belém Novo. O pão e gêneros de última hora comprados no armazém do Pedro Rocha. Não precisava dinheiro. O comerciante anotava as compras a lápis, num caderno, e o doutor Breno mandava pagar semanalmente.

Naquela época, havia em Belém Novo o Cine Belgrano. Hoje não existe nenhum. A família Caldas não frequentava, mas o proprietário do cinema era quem fornecia os filmes para serem passados no projetor da mansão do Arado. Nessas ocasiões, era estendida uma tela no *living* e dispostas poltronas e cadeiras para os donos da casa, os filhos e os empregados assistirem às películas à noite, com distribuição de balas de goma, de leite e azedinhas, compradas no armazém do Pedro Rocha. Família e funcionários reunidos, numa confraternização social, em silêncio, no escurinho da sala. O doutor Breno tinha preferência por filmes de faroeste. Dona Ilza gostava de produções românticas americanas. A programação atendia aos dois, naturalmente.

O patriotismo de Caldas aflorava em jogos da Seleção Brasileira. Não só acompanhava pelo rádio e depois pela televisão, como fazia questão de hastear a bandeira do Brasil no mastro de ferro que havia na frente da mansão do Arado. O pavilhão verde e amarelo ficava tremulando ao vento durante a partida. Mais uma revelação guardada a sete chaves: Breno acompanhava também os jogos de seu time, o Internacional, o "clube do povo", especialmente da comunidade negra. A esposa, dona Ilza, fiel à origem alemã, era gremista. No jornal, ninguém sabia. Seguramente ele não desejava contaminar os comentários dos naturais bajuladores. O doutor Breno sempre teve de conviver, a contragosto, com os aduladores do jornal, políticos e empresários.

No Arado, os filhos eram obrigados a falar inglês e francês para exercitarem idiomas estrangeiros. Alemão apenas Breno dominava perfeitamente. Sua mulher, de família germânica, conhecia algumas frases do dialeto perpetuado pelos imigrantes. Como o marido falava um alemão castiço, ela ficava constrangida de se arriscar. Brincava com algumas expressões.

O sangue espanhol fazia com que o doutor Breno tivesse um relacionamento mais amável com os filhos do que a germânica dona Ilza. Ela se manteve uma senhora elegante e bonita como fora desde a juventude. Religiosa, disciplinada, caprichosa, correta, rígida, não admitia deslizes, nada fora do lugar. Ele era o protetor. Qualquer coisa que desse errado, os filhos corriam para o pai. "Adorava o meu pai, ele era tudo para mim, extremamente carinhoso", enfatiza a filha Nilza.

"O pai estava sempre presente em tudo"; quando dona Nilza debutou, no Leopoldina Juvenil, onde os pais se conheceram, ela foi apresentada à sociedade pelo pai, com quem dançou a valsa. No *début* de suas irmãs não foi diferente. Caldas fazia questão de participar.

Marcado o casamento de Nilza, ele pegou suas mãos e lhe disse: "Não ouve desaforo de marido, não ouve; telefona que eu vou te buscar". Era possessivo e fazia questão que os filhos recorressem a ele diante de dificuldades. O casamento durou muitos anos. Seu primeiro marido era cirurgião torácico. Conheci o doutor Félix Garcia dando consulta de graça na Associação dos Funcionários da Caldas Júnior. O casal, que se separou na maturidade, teve três filhos, e são três netos.

Caldas acompanhava ansioso o nascimento dos netos no hospital. Depois fazia questão de ir junto com o pai da criança até o cartório para o registro. "Eu quero assinar como testemunha", brincava. "Quando a minha filha nasceu, escolhemos o nome Isabela para o bebê. Na volta do cartório, meu marido me disse, um tanto constrangido, que ela se chamaria Isabel. E ele ficou reticente. Como assim? Estranhei." O doutor Breno, que voltara do cartório junto com o genro, apressou-se em explicar. "Não ia deixar a minha neta se chamar com nome de massa."

Em outra ocasião, um filho da dona Nilza subiu numa árvore alta no Arado e não queria descer. A família embaixo, ao redor do tronco, implorando, e o menino irredutível. Caldas saiu de casa para ver o que estava acontecendo. Olhou para o alto e viu a criança. "Desce daí, guri", e deu meia volta. O neto imediatamente obedeceu. "O pai não gritava, não esbravejava, nunca levantava a voz, mas ninguém contestava sua autoridade; ele dava as ordens e ninguém discutia." Um comando forte natural.

Nas viagens aos Estados Unidos, Caldas costumava levar acompanhantes. Em 1.º de agosto de 1955, participou do voo inaugural da rota Porto Alegre – Nova York, da Varig, a convite do presidente da empresa gaúcha de aviação, Ruben Berta. Embarcou com a esposa e a filha Nilza na lista dos 39 passageiros da primeira classe; outros 15 ocuparam a classe econômica, além da tripulação do Super Constellation a hélice, flamante, recentemente adquirido pela companhia. A Varig havia contratado as primeiras aeromoças, mulheres lindas como as estrelas do cinema. Uniforme azul-marinho, lenços vermelhos no pescoço, penteados loiros e morenos de Hollywood, como Katharine Hepburn e Rita Hayworth. O avião fez escalas em São Paulo, Rio, Belém, Porto Príncipe, no Haiti, e em Santo Domingo, na República Dominicana, pousando finalmente em NY, após 32 horas de viagem.

Naquele mesmo ano, em outubro, o doutor Breno voltou aos Estados Unidos, desta vez levando toda a família, para assistirem à entrega do Prêmio Maria Moors Cabot, da Universidade de Columbia, em Nova York, concedido desde 1938 a jornalistas que colaboram para a integração das Américas. Em 1945, ganhara Assis Chateaubriand (1892-1968), o poderoso proprietário dos Diários Associados. Em 1953 foi a vez de Carlos Lacerda (1914-1977), da Tribuna da Imprensa. Recentemente, em 2015, o agraciado foi Lucas Mendes, do Manhattan Connection, programa que era gerado pela Rede Globo simultaneamente de Nova York, Veneza e São Paulo. Fez história na televisão e terminou na TV Cultura de São Paulo após lenta agonia.

A filha Nilza acompanhou o pai em quatro viagens aos Estados Unidos. Na terceira, em 1964, eles visitaram o túmulo de John Kennedy, no Cemitério de Arlington, na região metropolitana de Washington e as sepulturas dos mortos na Guerra do Vietnã, milhares de pedras brancas com a identificação dos soldados. "O pai ficou muito impactado", ela recorda. Em 1972, Caldas voltou a levar Nilza como sua companhia aos Estados Unidos. Em Nova York, assistiram ao lançamento de *O Poderoso Chefão*, de Francis Ford Coppola, com Marlon Brando e Al Pacino. Como não poderia deixar de ser, o doutor Breno adorou. Ele era o próprio. Sem os crimes, naturalmente.

Na mata com banhados sazonais do Arado viviam bugio-ruivo, o carnívoro mão-pelada, gato maracajá, lagarto teiú, capivaras e marrecões. A ordem era clara: ninguém podia entrar para caçar. Na beira do rio, a marina para o veleiro, com um galpão fechado de alvenaria para guardar instrumentos náuticos, e a casa do barqueiro. Nas planícies, se estendiam as mangueiras centenárias de pedra, pastagens para o gado, ovelhas e cavalos, as cavalariças e plantações de arroz. O tambo ficava à direita de quem entrava pela porteira. A ideia era fornecer leite para a fazenda, proporcionar alimentação suplementar aos cavalos de corrida e permitir a venda do excedente.

Fiscais da Secretaria Municipal da Saúde flagraram adulteração do leite, com acréscimo de água, ao realizarem uma *blitz* nos tambos da zona rural de Belém Novo; havia muitos produtores de leite na região, entre eles o deputado estadual Rubens Brunelli (Arena), muito amigo do doutor Breno. Foi Brunelli quem o convenceu a montar produção leiteira na fazenda, com compra de maquinário para permitir a retirada mecânica do leite da vaca, canalização e condicionamento adequado. Ficou constatado que em várias propriedades o leite comercializado tinha água, inclusive o produto excedente vendido pelo Arado, e a Prefeitura multou o Haras. O fato acabou sendo noticiado acidentalmente pelo Correio do Povo. Um redator preguiçoso colou na lauda a relação dos proprietários de áreas rurais de Belém Novo que estavam adicionando água ao leite, não lendo a lista. Entre eles estava o nome Breno Caldas. O revisor, mais atento, percebeu a citação e consultou o chefe da revisão. "Coloca um *dr.* na frente", orientou o funcionário prestimoso. Na verdade, ninguém registrou o verdadeiro teor da notícia. Somente o nome. Assim como as leituras de hoje na Internet, as pessoas apenas identificam palavras de ordem, não o significado do texto.

Ao contrário do que se poderia imaginar, o doutor Breno se divertiu com o fato e guardou o recorte sob o tampo de vidro de sua mesa, para mostrá-lo quando pediam a não publicação de determinada matéria e ele não estava disposto a atender. "O Correio do Povo divulga notícias até contra o seu diretor...", apontava o impresso. Em casa, no entanto, ele ficou desgastado com o incidente antiético e demitiu, sumariamente, o funcionário que adulterava o leite para faturar por fora.

Breno também criava cavalos crioulos, mais fortes, para o trabalho da fazenda. Certa tarde, por volta das 14h, o doutor Breno chegou à Caldas Júnior dirigindo a Mercedes alemã branca, ano 1970, automática, painel de jacarandá, estofamento claro, modelo cupê, duas portas e sem ar-condicionado; ele não gostava de carro quatro portas nem de refrigeração; preferia abrir o vidro, sentir o vento no rosto, como um homem do campo. Ficou com o carro e dirigiu o automóvel até o fim de seus dias. Foi vendido em leilão após sua morte. Caldas estacionou a Mercedes no boxe coberto ao lado do Pontiac americano esportivo do Francisco Antônio.

Ele saiu do carro caminhando lentamente, pensativo, como sempre. Perto do portão foi interpelado por um motorista, o Lídio. Caldas deu um passo atrás, na retaguarda. Assisti à cena. "Doutor Breno, eu moro numa casa na Lomba do Pinheiro, tem uma horta, um galpão, e tenho uma carroça." Conheci a residência de madeira pintada de verde. Uma vez tomamos lá café da tarde com pão feito em casa, preparado pela mulher dele.

Era comum durante as coberturas policiais pararmos para um café, às vezes na casa do fotógrafo, quase sempre numa desconhecida lanchonete. Uma vez me surpreendi com a beleza da filha caçula do fotógrafo Ari Rocha, o pai desprovido de atributos físicos. Lembro-me que uma vez inauguramos o telhado da casa que o fotógrafo Damião Ribas estava construindo sozinho, no fim de semana, com o auxílio de parentes, na Cavalhada, na encosta da Avenida Vicente Monteggia. Quando relatava o trabalho como pedreiro, nas horas vagas, achávamos que estava mentindo, apesar de mostrar os dedos calejados. Ele gostava de exagerar nas histórias. Mas daquela vez era verdade. Com a colocação do telhado, a família já tinha se mudado para a precária casa em obras, constatei. O café com pão d'água, manteiga e geleia estava bem legal.

Breno ouvia calado. Aí veio o pedido do Lídio. "Queria ver se o senhor podia me dar um cavalo para eu colocar na carroça." Ele era motorista profissional, mas em casa só tinha uma carroça. Dicotomias da vida. Outro colega do transporte, de estatura alta, tinha um minúsculo Austin A 40, preto, para passear nas folgas, com o qual atropelou uma idosa num domingo à tarde, quando descia a Avenida Protásio Alves, em Petrópolis. A senhora bateu a cabeça na coluna de ferro do pequeno velho carro e morreu no hospital. Eu fazia a ronda da reportagem policial no Pronto Socorro e confesso aqui: cometi uma ilegalidade. Gostava muito do causador do acidente; era um exímio motorista, arrojado, bem mais velho do que eu, quase 60 anos, imagino, trabalhava também no plantão policial, e viajamos juntos várias vezes. Fiquei comovido com a fatalidade em que se envolveu no dia de folga. Ele havia bebido vinho no almoço, mas não estava embriagado, e consegui que o plantão da polícia não requeresse exame de teor alcoólico, que iria condená-lo pelo acidente de trânsito e suspender sua carteira de motorista profissional, perdendo o emprego. Escolhas que se têm de fazer. Atendi ao pedido angustiado de um colega.

Lídio aguardava a resposta. "Pode ir lá no Arado, vou avisar o capataz para separar um cavalo crioulo para ti." E seguiu caminhando. Já estava de costas quando ouviu: "Obrigado, doutor Breno". Não respondeu.

O motorista arrumou emprestados uma caminhonete e um reboque de carregar cavalo e se foi para a fazenda. Ao chegar procurou o capataz. *Buenas* para cá, *buenas* para lá. O administrador apontou uma manada de cavalos crioulos, típicos do Rio Grande do Sul, da melhor linhagem, e mandou o motorista escolher um animal. "Qualquer um?" Estranhou. "Ordem do doutor Breno." Lídio me contou. "Escolhi o que achei melhor. Era tão bom o cavalo, Tibério, que vendi e comprei uma mula para puxar a carroça, e ainda botei um bom troco no bolso."

O Arado era lindíssimo quando despontava o dia, o trinar dos pássaros. O sol se estendia pelo prado, se espreguiçava nos galhos no alto das árvores, deslizava pelo Guaíba; a casa na colina se tornava mais branca, as janelas mais verdes, brilhava o jato transparente do chafariz. Mas Nilza não gostava quando caía a noite. Os holofotes ao redor da casa davam um ar lúgubre de filme *noir*. O vento assobiava tétrico ao passar pela casa. Uma neblina se estendia pelas sombras. Lá no rio, no canal de navegação, os navios cruzavam com um apito de arrepiar. "Nunca mais vou voltar ao Arado. Sem o meu pai não tem sentido. É uma sensação de *déjà vu*", ela me diz com o olhar parado no passado, na sala de seu belo apartamento no Moinhos de Vento. A jornalista Paula Nunes, que frequentou a fazenda de Belém Novo quando adolescente, lembra que o Pontal do Arado tinha uma "energia surreal". Das rochas da praia de Pedra Redonda, no Guaíba, é possível avistar o casarão branco no alto, em Belém, pomposo e tétrico.

Caldas era um gaúcho que não tomava chimarrão, jamais usava bombacha, nem fazia churrasco. Para andar a cavalo, colocava culotes e botas de cano longo, como um lorde londrino. Ao acordar pela manhã, depois de um banho de chuveiro frio, descia até a copa-cozinha, onde a copeira lhe servia chá preto inglês Lipton, com bolachinhas *cream cracker*, geleia caseira e uma fatia de melão espanhol. Deixava de lado, o leite, o pão feito no forno à lenha, manteiga caseira e o queijo da fazenda. O Correio do Povo o aguardava dobrado sobre a mesinha auxiliar, ao lado de sua poltrona verde, na sala em L. O cheiro de tinta e papel. Fazia uma leitura dinâmica e crítica, sublinhando alguma coisa com a caneta da agenda telefônica. E saía para o campo para conferir o gado, as lavouras e as estrebarias. Locomovia-se de caminhonete ou a cavalo.

Montava num quarto-de-milha ou num puro-sangue aposentado das corridas. Trote faceiro, garboso. Os cavalos crioulos eram somente para a peonada. O animal bem encilhado, arreios de prata, o pelego de carneiro, a sela de couro macio, a chincha trançada colorida, as rédeas de couro cru. Cavalgava com o garbo de um senhor feudal, saboreando a *marcha troteada*, como diz a canção *Tordilho Negro*, do Teixeirinha. O pingo faceiro de carregar no lombo o dono das terras e dos animais, o senhor dos homens.

Quase sempre sozinho, no volante, Breno percorria de caminhonete Ford as estâncias do Arado, Viamão e Guaíba. Mudava apenas o ano e o modelo, jamais a marca da picape. O barqueiro Niltinho se encarregava de levar a cabine-simples para a lavagem e manutenção no Departamento de Transporte da empresa no bairro Menino Deus, onde hoje está o supermercado Zaffari.

Caldas visitava de avião a fazenda de Dom Pedrito. Viajava no táxi-aéreo do comandante Ercílio Caleffi e pagava o voo com propaganda nos jornais. Um dos *calhaus*, inserção gratuita de anúncios em espaços vazios abertos nas páginas, era da empresa de pequeno porte do piloto. Como repórter da Folha da Tarde, eu andei frequentemente nos aviões da pequena companhia. Embaixo da assinatura do repórter e do fotógrafo, aparecia "Cortesia Táxi-Aéreo Caleffi".

Ele foi um dos pilotos símbolos da aviação do Rio Grande do Sul. Tem histórias pitorescas e um desfecho trágico. Tipo: Tempo & Destino. Certa vez, ele teve uma das suas aeronaves roubada e levada para o Paraguai. Descobriu o paradeiro do avião, furtou e trouxe de volta a Porto Alegre, num gesto de coragem e ousadia do italiano alto e forte. Descrevi a façanha na Folha. Em 23 de setembro de 1981, Caleffi morreu em acidente com Piper Navajo, na companhia da copiloto Marilda Zaiden de Mesquita, primeira mulher brasileira aviadora comercial. Ocorreu em Santa Catarina. Naquele mesmo dia, em local próximo e horário quase simultâneo, aconteceu outra queda de aeronave no Estado. Nos dois acidentes morreram dez pessoas. No outro avião, além da tripulação, viajavam políticos e empresários. A zona montanhosa e o teto baixo foram apontados como causas dos dois desastres. Editei a notícia na página de polícia do Correio do Povo.

No almoço simples, o prato preferido do doutor Breno era filé, tomate gaúcho (não admitia outro) e arroz com coloração avermelhada. Mas também gostava de peixe e camarão. Quando queria comer um churrasco, pedia para o Christo ou para o Niltinho assarem a carne na churrasqueira, separada da casa, em celebração familiar ou para receber convidados. Mandava matar um bicho para oferecer. Novilho ou cordeiro. Ou os dois, dependendo do número de participantes. A carne de primeiríssima. Macia e gordinha, de dar água na boca. Como aperitivo, linguiça vinda de Dom Pedrito, preparada pela esposa do capataz.

Dona Ilza, formação alemã, comandava a casa com mão de ferro. Dirigia um plantel de empregadas e jardineiro. As domésticas tinham de usar uniforme. Variavam de cores: preto, azul-marinho ou rosa. A saia quatro dedos abaixo dos joelhos. O detalhe preciso foi dado pela dona Nilza. Os cabelos presos por um lenço na mesma cor. "Tudo tinha de estar impecável, a mamãe era muito exigente". Havia a copa, para o café da manhã improvisado, mas o casal só fazia as refeições na sala de jantar imperial. A patroa chamava a copeira para atender à mesa com um pequeno sino de prata. Responsabilidade, parceria e admiração marcavam o relacionamento harmonioso do casal. Envelheceram juntos. Um respeitava as vontades do outro, atenciosos.

No verão, enquanto o doutor Breno saía para velejar, dona Ilza ia com os filhos para a casa de praia de Torres, herdada de sua família. Passavam longas temporadas. "O pai aparecia de vez em quando", recorda Nilza. "Mais tarde, quando eu já era casada e tinha casa em Canasvieiras (Florianópolis), ele passava vários dias conosco", lembra. "Reencontrou um primo, Raul Caldas, que tinha casa de veraneio ao lado, e eles se acharam, depois de muitos anos separados; era lindo de ver", relata. "Bebiam caipirinha, faziam peixe, jogavam conversa fora, lembravam o passado, das molecagens na infância, cochilavam na sombra." Ele esquecia por uma semana os problemas e responsabilidades na empresa, em rápidas férias, bem menores do que dos demais funcionários.

O tropeiro de Minas Joaquim Rolla, empreiteiro de estradas, se tornou o *dono da noite* na capital federal, sob a bênção do ditador Getúlio, conta o livro *Memórias Sem Maquiagem*, do produtor de espetáculos no Rio e na Europa Carlos Machado, nascido em Porto Alegre, em 1908, signo de peixes. O ex-tropeiro era o mágico do jogo, da música e da beleza feminina. O presidente frequentava o Cassino da Urca em suítes reservadas, com toda a discrição e segurança. As mulheres do Teatro de Revista faziam apresentações exclusivas a Vargas.

Não contente com o sucesso do Urca, Rolla resolveu construir uma casa maior na serra de Petrópolis. Deveria ser o melhor cassino da América, suplantar Punta del Este e Buenos Aires. A obra durou três anos. A cúpula do salão de jogos tinha 50 metros de diâmetro, majestosa. A inauguração ocorreu em 12 de fevereiro de 1944, com toda a pompa, apesar de o mundo viver os momentos dramáticos do final da Segunda Guerra. A destruição da Europa pela artilharia pesada. As rajadas dos aviões de guerra no céu. Corpos dilacerados, a terra ensanguentada. A elite brasileira vivia numa bolha. Semanas antes, em 22 de janeiro, os Aliados tinham conseguido desembarcar perto do lago Anzio, ao sul de Roma.

O proprietário do Correio do Povo foi um dos dois mil convidados para o jantar de lançamento do Cassino e Hotel Quitandinha, a 65 km do Rio, cercado pela serra, em local aprazível e afastado. Os homens de *smoking* ou de terno e gravata, as mulheres de longo. As damas da noite com vestidos brilhantes, pretos, dourados, prateados, vermelhos, uma fenda para mostrar as pernas cobertas por meias de náilon. Os cabelos armados, curtos, ou compridos, lisos. Cigarros ao alto em piteiras de ouro. Pista de dança, casais de rosto colado. O perfume de Chanel nas peles femininas, importado da Paris colaboracionista, a produção protegida por Hitler. A música a cargo de duas orquestras. A luz caía como pedras de brilhante dos lustres de cristal. Brindes de espumante francês, *chegadinho de Paris*, como diria anos mais tarde a música de Vinícius. Exatamente à meia-noite começou o *show Vogue 44*, com apresentação de atrações internacionais e nacionais, vedetes, comediantes e mágicos.

Os acontecimentos se precipitavam. Em 28 de abril de 1945 Mussolini foi morto. No dia 30, Hitler se suicidou. A vitória dos Aliados estava encaminhada. Em junho de 1945, os pracinhas brasileiros regressavam vitoriosos da Europa, depois das históricas batalhas de Monte Castelo, na Itália. Os americanos jogaram a bomba atômica em Hiroshima e Nagasaki, em 6 e 9 de agosto. Contaminação e morte em massa. Duas cidades dizimadas. O Império do Japão se rendeu. Fim da guerra.

Sentimentos de liberdade se espalharam pelo mundo. Em 29 de outubro, Getúlio foi deposto. Assumiu governo provisório até as eleições, vencidas pelo marechal Eurico Gaspar Dutra (1883-1974), que assumiu em 31 de janeiro de 1946. O general Juan Domingo Perón, em campanha para presidente da Argentina, veio ao Rio para contatos políticos, logo após a posse de Dutra, os dois com a afinidade de serem militares. O portenho aproveitou a viagem para conhecer o comentado Quitandinha. Conteve os elogios em nome da rivalidade e para que Evita não ficasse com ciúmes. A ponte de Uruguaiana foi costurada nas conversas do marechal brasileiro com o general argentino. Saiu do papel. Os dois países começaram a construir a travessia a partir das cabeceiras para se unirem no meio do rio. Visto das margens, parecia impossível. Mas pelos cálculos e a bênção de Deus, as duas partes se encontraram, conto no meu romance *Acrobacias no Crepúsculo*, que termina em rasantes sobre a ponte.

Em abril de 46, o jornal O Globo publicou uma enorme reportagem contra os cassinos, a manchete de capa e ilustrações de Jean Manzon. Não é de agora que a Globo gosta de ditar regras para a sociedade e o País. O presidente passou a ser pressionado pelo jornal de Roberto Marinho (1904-2003) e a proibição do jogo foi decretada ainda naquele mês, no último dia. Quinze meses depois de sua inauguração, o Quitandinha estava fechado. No arresto dos bens do hotel falido com o fim do jogo, Breno Caldas comprou uma das mesas de sinuca e a colocou na antessala de seu gabinete. A relíquia continua preservada na família na Pedra Redonda.

4. A Folha da Tarde

Recém-casado, tantos planos, finalmente sentado na cadeira do pai, com a caneta verde e todo o poder, Breno Caldas virou os anos de 35 e 36 trabalhando. No carnaval, o casal foi para Torres aproveitar o sol e o mar. Nos salões e nas ruas, de 22 a 25 de fevereiro, os sucessos do ano eram as marchinhas do *Grande Galo*, de Lamartine Babo, na voz de Almirante, e *Balancê*, com a esfuziante Carmen Miranda. Quarta-feira de cinzas ele retornou da praia, a vida voltava à normalidade. Como dizem, o ano de 1936 começou efetivamente no fim de fevereiro, depois do carnaval.

Na quinta-feira, dia 27, o secretário de redação Alcides Gonzaga (1889-1970) se apresentou para trabalhar, depois de um período de férias em Buenos Aires. O Correio do Povo continuava funcionando no prédio original, com a administração e a gráfica instaladas em edificação antiga e pavilhão no início da Rua da Praia, próximo à Usina do Gasômetro. Sorriu diante da mesa limpa para esperá-lo, a máquina de escrever lubrificada, porta-canetas, mata-borrão, a tesoura e a cola. Trabalhava no jornal desde os 16. Aos 46 anos de idade, já tinha 30 anos de casa. Ingressou como aprendiz em 1905, quando Breno nem era nascido, e foi efetivado pelo próprio Caldas Jr. Deixou o paletó no encosto da cadeira e foi se apresentar ao chefinho.

Alcides Gonzaga estava ficando calvo, os cabelos crespos nas têmporas se tornavam grisalhos. Usava suspensórios e gravata italiana comprada na Calle Florida. Entrou no gabinete do jovem diretor com um pacote de jornais embaixo do braço. Presente típico dos velhos jornalistas. As pás de madeira do ventilador de teto giraram sobre os dois, as duas janelas abertas para a luz do dia, as paredes grossas deixavam lá fora o mormaço da tarde e o ruído intermitente da usina. Eles se tratavam por "tu" na segunda pessoa. Breno vestia calça de linho cinza-claro e camisa branca de mangas curtas. Aos 25 anos, ele era um jovem bonito, olhos claros, musculatura de bom nadador. Cumprimentaram-se por cima da mesa. "Linda corbata", elogiou Breno em espanhol, em tom de zombaria. "Estás com boa fisionomia, Alcides, aproveitaram as férias?" Perguntou cordial. O redator desatava o barbante do pacote. "Buenos Aires é sempre um belo destino; fiquei num hotel pequeno e confortável na Lavalle, passeei com a patroa, fomos ao Teatro Colón, comprei livros nas livrarias da Corrientes, ouvimos músicas típicas no bairro La Boca, comi *entrecot* e *chorizo* na 9 de Julio, bebi vinho, tudo o que tinha direito", enumerou. Deteve-se numa informação: "Agora em março começam a construir um enorme Obelisco, grandeza de portenho". Espalhou os jornais sobre a antiga escrivaninha de Caldas Jr. Uma lâmpada acesa iluminava as leituras de Breno. A máquina de escrever do lado para ser usada a qualquer momento. Alcides apontou para um dos impressos. "A Crítica é um jornal vespertino, a coqueluche da capital." Caldas observou os títulos apelativos. "Como os jornais de Londres", comentou. E ficou olhando para o seu interlocutor. "Estás pensando o que eu estou pensando, Alcides?" Um sorriso na resposta: "Estou, Breno." O outro pensou um pouco, apertando os lábios. "Mais que uma boa ideia, é um desafio, quem sabe lançamos um vespertino? Mas não *standard* como esse, mas em formato tabloide, como os ingleses" ao tomar essa decisão, Caldas estava inovando a imprensa do Rio Grande do Sul. Ao contrário do que muita gente escreve e ensina na faculdade, Crítica, o jornal popular que inovou na Argentina, não era em formato menor.

Olha a Folha, grito de guerra dos jornaleiros que vendiam a Folha da Tarde, é o título do livro do jornalista e escritor Walter Galvani (1934-2021). Na obra, o historiador do premiado *Nau Capitânia* desmistifica outra versão errada que versava na academia: de que o vespertino da Caldas Júnior foi uma imitação do Clarín de Buenos Aires. Errado. O matutino portenho só surgiu nove anos depois, em 28 de agosto de 1945, no final da Segunda Guerra. Em aula, eu sempre dizia aos alunos que os melhores anos da minha vida foram os dez que passei na Folha, principalmente porque eu tinha 20 anos, só saí de lá com 32 anos para assumir uma editoria no Correio do Povo, levado por decisão pessoal de Breno Caldas.

Breno ficou empolgado com a proposta de um vespertino em seu segundo mês como diretor e demonstrou que seria um empresário arrojado. Conversou com a dona Dolores e ela aprovou a ideia do filho com um sorriso. 'Saiu igual ao pai', calou-se orgulhosa diante do pensamento. Caldas Jr. também decidia tudo por conta própria, rapidamente, sem titubear.

Nos próximos dias, Breno tomou providências para que sua ideia fosse viabilizada o mais rápido possível. Com o papel e a oficina não teria de se preocupar. A composição e impressão funcionariam no tempo ocioso do equipamento, depois da rodagem do Correio do Povo. Precisava realocar jornalistas da própria redação, contratar outros, recrutar mais gráficos para operarem as linotipos na composição dos textos e na montagem das páginas do vespertino, pela manhã e no início da tarde. Abria-se o mercado editorial de Porto Alegre. O Correio continuaria rodando de madrugada e a Folha às 16h, horário da 7.ª edição dos jornais londrinos.

A proposta era criar um jornal popular, sem ser pasquim. Para tanto, Caldas deslocou para o novo projeto alguns dos principais nomes do Correio, como os fronteiristas Rivadávia de Souza, de Uruguaiana, e Carlos Reverbel (1912-1997), de Quaraí. No Diário de Notícias, ele buscou o secretário de redação Menna Barreto, com uma visão de cobertura mais focada no cotidiano e problemas da cidade, o público-alvo do vespertino. O Correio sempre teve um enfoque regional, nacional e internacional.

Foi montada uma editoria de promoções, para que o jornal produzisse eventos populares, como corridas de automóveis e até de carrinho de lomba, o *skate* de hoje da meninada. Cultura, variedades e eventos se constituíram em setor de destaque na Folha da Tarde, até com sala separada. Sua maior criação, o concurso Rainha das Piscinas, lançado em 1962, suplantou Miss Rio Grande do Sul. A primeira rainha foi simplesmente a morena gaúcha Ieda Maria Vargas, Miss Universo no ano seguinte. Por uma feliz coincidência, a lindíssima Deise Nunes venceu o último Rainha das Piscinas, no verão de 1984, aos 16 anos de idade, 1m75cm de altura, representando o Internacional, que havia lançado o Parque Gigante para seus associados com piscinas e áreas de lazer, à beira do Rio Guaíba. Dois anos depois, aos 18 anos, em 1986, ela se tornou a primeira mulher negra do país a ser coroada Miss Brasil.

A Editoria de Variedades e Promoções da Folha, nos anos 1970-80, no auge do jornal, teve Flávio Carneiro (coordenador e cronista), Laila Pinheiro (editora), Maristela Bairros (subeditora), Luiz Carlos Mello (eventos), crônica social com Luiz Carlos Lisboa (1928-2022), César Krobs (clubes), "Calvero" (cinema – pseudônimo na Folha de P.F. Gastal), Décio Presser (artes), Osvil Lopes (música) e surgiu um novo talento oriundo da Folha da Manhã, o cinéfilo Luiz Carlos Merten, logo transferido para o vespertino. Meu vizinho na Rua Baronesa do Gravataí, no Menino Deus. Apesar de sofrer efeitos da síndrome de talidomida, escrevia à máquina com incrível rapidez e de forma brilhante, hoje em longa carreira no Estadão.

A cereja do bolo do novo vespertino seria o diretor. Breno conversou com sua mãe, no almoço de domingo, dia 19 de abril de 1936. Ele havia levado a noiva para a confraternização familiar do meio-dia, com as irmãs e a mãe. Duas empregadas preparavam o almoço na enorme cozinha, o fogão à lenha. Frango com ervilha, suflê de cenoura, salada de tomate, arroz. Sobremesa de figos em calda. A mesa arrumada na copa envidraçada com janelas para o pátio. Ilza conversava com as cunhadas num dos quartos. Mãe e filho sentados em poltronas junto às vidraças. Dona Dolores foi logo sugerindo: "O ideal, meu filho, para este teu jornal, seria Erico Verissimo". A imperatriz ficara empolgada com os romances *Clarissa* e *Caminhos Cruzados* e a obra infanto-juvenil *A vida de Joana d'Arc*, os três de enorme sucesso. O romancista gaúcho de Cruz Alta (1905-1975) era diretor da Revista do Globo, editora que estava publicando sua obra. Mais dois livros se encontravam no prelo: *Música ao Longe* e *Um Lugar ao Sol*. O filho achou ótima a sugestão.

Na segunda-feira, dia 20, Breno foi procurar Erico em seu gabinete, no segundo andar da Livraria do Globo, na Rua da Praia, passando a esquina da nova avenida que cortou o centro, a Borges de Medeiros, que mudou o traçado urbano. Naquele ano de 1936, a avenida continuava em construção depois da Esquina Democrática, na direção do viaduto Otávio Rocha, ainda não terminado. Com as escavações, prédios antigos, de três e quatro andares, na esquina da Duque de Caxias, pareciam perigosamente dependurados no barranco.

Ele foi recebido com cortesia. Explicou que pretendia lançar um jornal vespertino, diferente, mais leve do que o Correio. "Vim aqui convidá-lo para ser o diretor", disse. O escritor ficou sem saber o que responder. Caldas foi direto: perguntou quanto ele ganhava. Propôs pagar o dobro.

Erico permaneceu reticente. "Entendo da cozinha de revista, edições semanais, certa lentidão, o jornal diário exige muito mais trabalho", tentou esquivar-se. Ele pensava na redução de seu tempo disponível para escrever literatura, principal objetivo de sua vida. Tinha começado a redigir *Olhai os Lírios do Campo* e rascunhara mais quatro livros infanto-juvenis, *As Aventuras do Avião Vermelho*, *Os Três Porquinhos Pobres*, *Rosa Maria no Castelo Encantado* e *Meu ABC*. Antes de cada obra, inclusive os romances, Verissimo fazia esboço dos principais personagens, anotando características físicas e comportamento. Os desenhos rudimentares do Luis Fernando, de enorme comunicação e sucesso, de certa forma são inspirados nos rabiscos do pai. Erico não conseguia finalizar no papel, tantas as ideias que lhe brotavam. Surgia um novo talento na literatura brasileira. Amanhã já era terça. O escritor pediu alguns dias para pensar; na quarta ou na quinta-feira daria uma resposta. "Está bem, vou aguardar", Breno despediu-se.

O lançamento da Folha já tinha data marcada. Simplesmente na próxima segunda-feira, 27 de abril. Na quarta-feira anterior, dia 22, Caldas aguardou em vão o telefonema. Na quinta, ele ligou para a Globo. "Passa aqui amanhã", pediu o escritor.

"Ele está em dúvida e não pensei numa alternativa", Breno começou a se preocupar. Estava fora de cogitação colocar seu próprio nome como diretor do novo jornal. O Correio do Povo era a história, o sobrenome Caldas a garantia da tradição da empresa, mas a Folha da Tarde, não, ela devia ser a novidade. No dia seguinte, voltou à Livraria do Globo. Subiu ao primeiro andar no elevador-gaiola. Verissimo o recebeu todo sem jeito. "Vou declinar do teu honroso convite", disse uma frase pronta, mas sem lhe dar senhoria, muito menos o chamar de doutor, afinal era cinco anos mais velho. A Editora Globo havia coberto a proposta, porém ele não pensava no dinheiro, mas no tempo que precisava para escrever. "Graças a tua proposta, vou ganhar mais", tentou descontrair. Verissimo era um sujeito doce, todos sabem, foi muito dura a decisão tomada em nome do romance. Estava agradecido pelo convite, mas precisava de tempo para escrever. O futuro iria lhe perdoar a grosseria. Os volumes de *O Tempo e o Vento* seriam sua absolvição. No comando de um vespertino não teria horas suficientes para conceber sua obra clássica em sete volumes, a mesma extensão de *Em Busca do Tempo Perdido*, de Marcel Proust. E nunca foi para a Academia Brasileira de Letras (ABL), tal como Clarice, Graciliano, Drummond, Lobato, Quintana, Vinícius, Josué.

Breno saiu caminhando pela Rua da Praia. Um ar fino de outono, final de tarde. Na segunda, 27, a Folha estaria nas bancas. Precisava de um diretor. Na Praça da Alfândega, ele encontrou Vianna Moog (1906-1988), seu contemporâneo na Faculdade de Direito, ensaísta reconhecido nos jornais da cidade e que acabara de lançar seu primeiro livro, *O Ciclo do Ouro Negro*. Cumprimentaram-se. "É o homem que procuro, caiu do céu", pensou Caldas.

"Queres ser diretor de um jornal?", Breno foi logo perguntando. "Qual?", o outro achou que era brincadeira. "Diretor da Folha da Tarde". Moog viu que o assunto era sério. "Então és tu o dono desse jornal que será lançado?" Folhetos estavam sendo distribuídos pela capital, havia propaganda nas quatro emissoras de rádio da capital, Sociedade (a pioneira de 1924), Gaúcha (1927), Difusora (1934) e a caçula Farroupilha, criada no ano anterior pelo governador Flores da Cunha, 1935, em comemoração ao centenário da Guerra dos Farrapos. Mas na propaganda não havia nenhuma referência ao proprietário do vespertino, para criar mais suspense. Caldas explicou que a proposta era fazer um Correio do Povo mais ágil, povão, no formato dos tabloides ingleses. "Só tem um problema: já sai na segunda-feira." O convidado passou a mão em seu queixo de boxeador. "Como eu entro nesta história?" Simples. "Vais dar o teu nome e podes escrever artigos, inclusive na primeira edição." Quis saber quanto receberia. Repassou o salário oferecido a Verissimo. "Está bem, vou para casa escrever o artigo." À noite, ele apareceu na redação com o texto, e Breno o apresentou para a equipe já selecionada. O turco Saad falou-lhe no ouvido: "Pô, chefe, tinhas que contratar um diretor com cara de boxer?" Caldas sorriu com o canto da boca: "Para fazer vocês trabalharem".

No domingo, dia 26 de abril, um teco-teco sobrevoou Porto Alegre com uma faixa: "Amanhã – Folha da Tarde". Criou grande expectativa, mas o primeiro número foi um fracasso. O vespertino deveria estar nas mãos dos jornaleiros às quatro da tarde e só ficou pronto à meia-noite. Em primeiro lugar, as matérias eram muito longas, não cabiam num tabloide. Não havia diagramação ainda, a paginação era feita na gráfica. Toda a lógica deveria ser mudada, reportagens rápidas, leves, artigos sucintos. Não havia o espaço do *standard*. Além disso, a montagem para impressão do tabloide era feita de quatro em quatro páginas e não de duas em duas, como no formato grande convencional. A numeração estava toda errada. As pares não casavam com as ímpares. De mangas arregaçadas, Breno acompanhava na oficina o trabalho dos gráficos. Estava em jogo a sua ideia de lançar em Porto Alegre um vespertino como os de Londres. Não podia recuar e ser vencido pelas adversidades. Mandou raspar o chumbo com um formão, e a primeira edição saiu sem numeração das folhas.

A experiência dolorosa valeu. No dia seguinte deu tudo certo. Os textos menores, os gráficos se familiarizaram com a montagem do tabloide de quatro em quatro páginas no cilindro de impressão. A Folha da Tarde se tornou um *case* de sucesso. Não havia televisão, o radiojornalismo ainda era precário. Na saída do emprego, os trabalhadores pegavam os bondes com o vespertino debaixo do braço com as notícias da madrugada e da manhã. As locais levantadas pelos repórteres, informações nacionais do turno da manhã e internacionais daquele mesmo dia facilitadas pela diferença do fuso horário. Às vezes vendia mais que o Correio e, como não tinha assinaturas, permitia o aporte de dinheiro para o fluxo de caixa. A venda avulsa da Folha fazia entrar receita diária. Dinheiro trocado como no jogo do bicho, que permitia pagar os funcionários por quinzena em dinheiro vivo, até com as moedas. Eu cheguei a receber assim, no caixa da empresa, o salário previamente colocado pelo tesoureiro num envelope individual, com o nome do empregado.

Trabalhei toda a década de 1970 na Folha. O vespertino vendia aproximadamente 76 mil jornais na segunda-feira, em razão do futebol e das tragédias do fim de semana. Everaldo Marques da Silva (jogador do Grêmio e Campeão do Mundo em 1970) morreu em acidente, pouco tempo depois de largar o futebol, na noite de 27 de outubro de 1974, um domingo, no final do meu plantão. O ex-jogador de 30 anos de idade estava em campanha política para deputado estadual pela Arena (o partido oficial do regime militar). O flamante Dodge Dart que dirigia, em alta velocidade, cor azul do Grêmio, bateu na traseira de um caminhão lento, na BR-290, que havia saído de um posto de gasolina, a pouco mais de 70 km de Porto Alegre, na direção da capital. Ele não conseguiu desviar. Estava retornando do interior, na companhia da esposa Cleci, da filha caçula Deise e da irmã Romilda. A mãe e a filha morreram dentro do carro. Os santinhos com a foto do candidato, salpicados de sangue, se espalharam pelos bancos. O cadáver da irmã ficou estendido no asfalto, a uns 5 metros do carro danificado. Quase ninguém usava cinto de segurança. Só o meu pai por ser aviador e estar acostumado. Quando eu cheguei, o corpo ainda não estava coberto. O ex-lateral chegou a ser levado para o Pronto Socorro, em Porto Alegre. O volante do automóvel o protegeu um pouco do impacto, mas morreu no hospital.

A informação inicial recebida no jornal era de que Everaldo estava no HPS gravemente ferido em acidente na BR-290 e havia mortos no local. Na companhia de um fotógrafo, me dirigi imediatamente para a estrada, enquanto os colegas do esporte se encarregavam de pesquisar sua vida como atleta, a passagem vitoriosa pelo Grêmio, o soco na cara do árbitro acusado de ladrão, a Copa do Mundo no México. A tiragem na morte de Everaldo passou dos 100 mil; trabalhei durante a madrugada.

Outra irmã do atleta, Sidnei, cozinheira no restaurante das Lojas Renner, na Rua Otávio Rocha, no Centro, morreu no incêndio ocorrido dois anos mais tarde, 1976, também coberto por mim como repórter de FT. Ela se jogou do prédio em chamas. Lembro-me da terrível cena. Naquela tarde, 27 de abril, a Folha saiu com duas edições extras.

Leitores compravam diariamente 800 exemplares da Folha da Tarde só na banca da Praça da Alfândega. Em toda a cidade de Pelotas, por exemplo, vendia 200. O horário de circulação dificultava a chegada ao interior. Era o "vespertino da cidade", não do Estado, sem a repercussão regional do Correio do Povo no Sul do País. Na Capital, os passageiros andavam de bonde, trólebus e ônibus lendo a Folha. Quase sempre eu viajava em pé no coletivo e via orgulhoso pessoas lendo a matéria que eu escrevera. A emoção é indescritível. Nenhum escritor tem o privilégio de testemunhar um leitor devorando seu livro. Na redação do Correio havia uma foto de um banco comprido da Praça da Alfândega em que todas as pessoas sentadas estão lendo a Folha; impressionante.

Durante a semana, a venda ia reduzindo, até chegar sábado com uma tiragem de 45 mil, apesar de ser a melhor edição. O caderno "Fim de Semana", com o logo e todos os títulos em minúsculas, imitava a revista carioca Rumo, dos anos 1930, inspirada no modernismo, tendo entre seus colaboradores Mário de Andrade, Di Cavalcanti, Cândido Portinari e Cecília Meireles. O suplemento da Folha trazia reportagens especiais, informações culturais e de entretenimento. Era editado pelo crítico de literatura Sérgio Tocchetto, de origem italiana, alto e ossudo, esfumaçado pelo cachimbo e o rosto vermelho após o jantar com vinho, antes de ir para a redação. Assim era feito o jornalismo romântico de antigamente.

A Folha da Tarde saía com cadernos especiais em grandes eventos, como no Carnaval. Também rodava edições extras ao final de campeonatos importantes conquistados tanto pelo Inter quanto pelo Grêmio ou na publicação da lista de aprovados no vestibular das duas maiores universidades do Rio Grande do Sul, a Federal de Porto Alegre e a PUC. Os cadernos eram quase sempre editados pelo jornalista, oficial do Exército e médico Carlos Alberto Pimentel, oriundo da Folha da Manhã, hoje radicado em Taquara, onde foi vice-prefeito. O diagramador Luiz Adolfo, de passado brizolista, dizia que "nenhuma criança sem escola, nenhuma foto sem legenda". Como em edições sobre carnaval e vestibular quase nunca havia o nome do personagem fotografado, Pimentel tinha de partir para artifícios como *samba no pé* e *momento de tensão*. As legendas genéricas na Folha da Tarde passaram a ser chamadas de *a la Pimentel*.

Nos anos 1980, para alavancar a tiragem, a Folha da Tarde começou a dar uma atenção especial para os problemas dos bairros e das periferias, com a reportagem se deslocando para os locais, com o repórter Mário Rocha e um fotógrafo registrando as queixas dos populares, numa espécie de muro das lamentações para tentar fazer com que o poder público atendesse às reclamações. Muitas vezes, funcionários da Prefeitura registravam as queixas e vereadores encampavam as reivindicações. O vespertino também chegou a publicar folhetins em capítulos, ficção escrita pelo consagrado Sérgio Jockymann, e histórias regionais a cargo do estreante Tabajara Ruas. Breno Caldas sempre com respeito aos experientes e um olho na renovação. Faz tanta falta essa visão dos barões do jornalismo! Nessa época, eu já não estava na Folha, tinha sido puxado para o Correio do Povo numa decisão pessoal do doutor Breno, mas essa já é outra história para mais adiante.

Vianna Moog ficou apenas sete meses no cargo de diretor. Saiu da Folha pelo mesmo motivo que André Carrazzoni foi demitido do Correio do Povo quatro anos antes: escrever artigos com conotação política, tendo por trás, em ambos os casos, a influência do governador Flores da Cunha, pelo qual Breno não tinha o menor apreço. Por Amaral de Souza, outro desafeto que ocupou o Palácio Piratini, ele tinha desdém, o que é muito pior. Em 1936, a situação política estava tensa, Getúlio havia dominado duas rebeliões, pela direita em 32 e da esquerda em 35, e se preparava para instalar um governo forte, o que acabou ocorrendo em 10 de novembro de 1937, com a decretação do Estado Novo, que vigorou até 31 de janeiro de 1946. O ditador foi deposto em 29 de outubro de 1945, no pós-guerra, mas o regime de exceção ainda continuou mais três meses, sob o comando do presidente do Supremo Tribunal Eleitoral, ministro José Linhares, enquanto se realizavam as eleições vencidas por Dutra, com apoio velado de Vargas. Vários estados elegeram Getúlio como senador, mas ele renunciou ao cargo, recolhendo-se para um autoexílio na Fazenda do Itu, em São Borja.

Naquele conturbado fim de ano de 36, no mês de outubro, o diretor do vespertino começou a assinar comentários favoráveis ao endurecimento do regime, enquanto a Caldas Júnior desejava manter-se equidistante. "Mas são assinados", Moog usou o mesmo argumento de Carrazzoni em 1929. Breno contraditou assim como fizera anos antes: "mas tu és o diretor do jornal". Acabou demitido em novembro, por ampliar as críticas a Oswaldo Aranha, mas continuaram amigos. Abriu-se caminho para que Breno encontrasse o grande diretor da Folha de todos os tempos: Arlindo Pasqualini (1911-1964), chamado de Major pelos colegas; não o conheci. Ele dirigiu o vespertino de 23 de novembro de 1936 até sua morte, em 9 de setembro de 1964.

Passada a Revolução de 1930, o vereador de Porto Alegre Alberto Pasqualini (1901-1960), do Partido Libertador (PL) procurou o doutor Breno e pediu-lhe para empregar seu irmão mais moço, o franzino Arlindo, que acabara de chegar do Rio, onde participara da invasão dos revolucionários gaúchos à capital federal para destituir o governo de Washington Luiz e promover a ascensão de Getúlio ao poder. Caldas atendeu ao pedido do vereador por cortesia, não porque ele fosse influente, como relata a história deturpada. Era um simples edil. Pasqualini só se tornaria um dos políticos mais importantes do Rio Grande do Sul 16 anos depois. Em 1946, com a democratização, o ex-libertador (origem conservadora) se filiou ao PTB e se constituiu no principal ideólogo do trabalhismo no Brasil. Uma aparente contradição. O trabalhismo, no entanto, como doutrina, não é revolucionário, mas conservador e conciliador. Pasqualini perdeu duas vezes eleições para governador, em 1947 para Walter Jobim (1892-1974) e 1954 para Ildo Meneghetti (1895-1980), ambos do PSD, mas foi o primeiro senador trabalhista ao vencer em 1950, para um mandato de oito anos, na esteira de Getúlio presidente. O PTB chegou ao governo do Estado logo a seguir, com Ernesto Dornelles em 1951, e obteve a consagração com Brizola em 1958.

Da sacada da minha casa, em Alegrete, vi Pasqualini passar em pé num carro conversível, cercado pela multidão, na campanha eleitoral de 54 meu avô era prefeito de Alegrete pelo PTB. Foi a primeira vitória do partido em 1952 para a Prefeitura local. Antes, em 1948, até Ruy Ramos tinha perdido. Na minha memória de criança de seis anos, o senador era um velho alto e magro, de terno cinza e gravata preta, um sorriso cansado; fiquei com pena dele. Dois anos depois, teve um derrame cerebral e ficou paralisado até sua morte, em 3 de junho de 1960. O mesmo acidente vascular tirou a vida do vô Eduardo Vargas em setembro de 58, após uma agonia de oito dias na Santa Casa de Alegrete, auxiliado por uma câmara de oxigênio. Minha avó, ao lado do leito, conversava com o marido, sem que ele entendesse, naturalmente. Anunciava ausentes, ficticiamente, que estariam para chegar. Candidato a governador, Brizola estava na cidade e o comício foi cancelado em razão da morte do meu avô. Ele foi ao hospital dar um abraço na minha avó Odith e no meu tio Jairo Vargas, presidente municipal do PTB. Mesmo abalada pela morte do meu avô, a vó fez questão de votar em Brizola na eleição, como agradecimento por sua gentileza e atenção.

"Pode mandar o teu irmão se apresentar", disse Caldas ao vereador. O rapaz magro, *bisonho*, na descrição do próprio Breno, nascera em Restinga Seca, pequena localidade no centro do estado, próximo a Cachoeira do Sul, cidade onde o irmão foi prefeito nomeado durante o Estado Novo. Aos 19 anos de idade, Arlindo tinha o colégio completo como credencial para exercer o jornalismo, e foi admitido como redator. Em pouco tempo reconhecido como um profissional responsável e atento aos acontecimentos, sabendo detectar onde estava a notícia, organizar coberturas em várias frentes, com mais de um repórter, o que era uma novidade. Encontrou sua vocação. Destacou-se tanto que cinco anos depois, em 1935, era o secretário de redação, o segundo homem na hierarquia do jornal, com apenas 24 anos. Breno, apenas um ano mais velho, 25 anos, já sabia identificar talentos e dar oportunidade. Arlindo Pasqualini, no entanto, ficou apenas um ano como chefe da redação do Correio.

Moog foi demitido da Folha da Tarde por artigo publicado em 20 de novembro de 36, uma sexta-feira, intitulado *Epístolas Persas*, contra a atuação do chanceler Oswaldo Aranha no comércio do cacau com os Estados Unidos, considerado por Caldas "desrespeitoso contra um grande amigo da Casa". Convidado pelo doutor Breno, para substituir o escritor, Pasqualini se prontificou a assumir a direção do vespertino na segunda-feira, dia 23 de novembro. "Eu não sei fazer artigo bonito, mas eu me comprometo a levar este jornal", disse a Breno. "Topei." Ele lembra que sofreu muitas críticas, levou flauta, apareceu preconceito até com o nome *Arlindo*. Não deu importância. "Coisa dos intelectualóides". Caldas estava certo. "O tempo desmentiu os críticos: o Arlindo Pasqualini foi extraordinário... Durante anos foi pessoa da minha inteira confiança." Conta o folclore que os dois saíam do prédio da Caldas Jr. para tomarem um café no Bar do Mateus, no Largo dos Medeiros, Praça da Alfândega. Iam até lá e voltavam sem trocarem uma única palavra. Comunicavam-se pela mente. Quando chegavam de volta à redação, tinham decidido de comum acordo a solução de impasses do dia. Cada um tomava as providências acordadas em absoluto silêncio, numa transmissão metafísica.

A estreia do Major como diretor da Folha ocorreu na edição de 24 de novembro de 1936, terça-feira. Pela manhã, às 10h20min, um primata avião inglês Typhoon, da Varig, com destino a Pelotas com três passageiros, sofreu uma pane e bateu no Morro Santa Tereza, no Menino Deus, próximo aos quartéis. O piloto Carlos Ruhl, de 22 anos, com perícia, conseguiu trazer a aeronave ao solo, em local de baixa vegetação, danificando o trem de pouso, as asas e provocando ferimentos leves nele próprio e nos demais tripulantes. O primeiro acidente aéreo registrado em Porto Alegre foi manchete no vespertino, à tarde, com poético título em português da época: Azas quebradas no céo de Porto Alegre! (ponto de exclamação, a moda).

Em 15 de maio de 1947 começou a circular às segundas-feiras, pela manhã, a Folha Esportiva, com notícias exclusivamente de esportes, os resultados do fim de semana, em especial futebol e turfe, mas também tênis, natação, vela e outros esportes amadores, como vôlei e basquete, não tão populares. Dois anos mais tarde, em 15 de setembro de 1949, a Esportiva passou a ser diária, de segunda a sábado. A publicação segmentada tinha uma redação separada, apesar de muitos profissionais trabalharem também para a Folha e o Correio. Destacaram-se Amaro Júnior, especializado em esportes amadores coletivos, e Túlio de Rose, práticas individuais. Aparício Viana, Ataíde Ferreira e Antônio Carlos Porto no futebol. Jair Cunha Filho na cozinha do jornal, editor e diagramador, da velha vertente profissional de duas habilidades. À tarde trabalhava na Assessoria de Imprensa da Prefeitura e na Câmara de Vereadores. Encontrei Jair pela última vez numa eleição para o Sindicato dos Jornalistas, quando a Caldas Júnior já havia fechado. "Vi o teu nome na chapa e vim votar", disse-me. Na propaganda, eu era o único sem foto. Tinham incluído meu nome de última hora, talvez para contemplar a velha guarda. Francisco Vitorino, primeiro plantão de estúdio nas jornadas da Guaíba, igualmente trabalhou como diagramador na Esportiva. Fui colega de todos eles na Folha, desde o Amaro Júnior e o Túlio de Rose. Esses, na verdade, eram instituições da imprensa, pertenciam a um nível superior.

Antônio González e eu éramos dos raros professores de Jornal na faculdade capazes de ensinar redação e diagramação, por sermos oriundos da antiga escola Folha e Esportiva, onde os editores eram obrigados a também desenhar a página, como Fernando Martins (Esportes), Bolívar Grisólia (Mundo), Jair Cunha (Esportes), o delegado de polícia Luiz Carlos Costa (Nacional) e González (Polícia). Muito antes do computador e dos modelos de páginas preconcebidos. Era preciso usar máquina de calcular, tabelas de tipos, réguas (de centímetros e medidas gráficas, cíceros ou paicas) e saber matemática para calcular o espaço dos textos e fotos na folha quadriculada.

Em 1957, quando Breno decidiu criar a Rádio Guaíba, foi Arlindo quem tomou todas as providências para colocar a emissora no ar, participando das decisões técnicas e da escolha de pessoal. O Major também tinha a consideração dos colegas por ser justo e leal. Foi presidente da Associação Rio-Grandense de Imprensa (ARI) e do Sindicato dos Jornalistas. As entidades de classe, na época, eram ponto de referência, afirmação profissional, melhorias nas relações entre funcionários e empresas, não de contestação ou confronto na luta capital-trabalho, na cartilha marxista.

Em 27 de janeiro de 1960, Oswaldo Aranha morreu no Rio de Janeiro; completaria 66 anos de idade no próximo mês. Amigo de Breno a vida toda, ministro de Getúlio Vargas e presidente na ONU no pós-guerra, num momento crucial da humanidade, ele se preparava para enfrentar um novo desafio. O vice-presidente João Belchior Marques Goulart (1919-1976) havia telefonado a ele sugerindo que seu nome substituísse o do marechal Henrique Teixeira Lott como candidato do PTB a presidente da República, que não se firmava nas pesquisas pré-eleitorais com possibilidades reais de vencer o histriônico Jânio Quadros, da UDN, o político que nunca perdeu eleições, antes ou depois; na redemocratização ganhou a Prefeitura de São Paulo contra Fernando Henrique. Aranha estava inclinado a aceitar. Seus amigos mais próximos, conta o biógrafo F. Talaia O'Donnell, aconselhavam-no a não entrar nessa aventura. "Um projeto de governo para o Brasil não pode perder para uma vassoura", respondeu aos descrentes. Naquele dia, à tarde, ele ia receber Jango em sua casa, na Rua Cosme Velho, 415, no Rio de Janeiro, para conversarem melhor. Almoçou e subiu para o seu quarto, no segundo andar do casarão, para sestear. Fumante a vida toda, com problemas pulmonares, faleceu de fulminante ataque cardíaco.

Três meses mais tarde, a partir de 6 de maio de 1960, a Folha teve um adversário à altura, quando começou a circular em Porto Alegre a versão regional da Última Hora. Nove anos antes, em 1951, o judeu russo Samuel Wainer (1912-1980) lançou no Rio de Janeiro o primeiro jornal da rede. Com uma proposta popular, tinha uma linha editorial bem definida: atingir o povão com futebol e polícia, fazer proselitismo do governo de Getúlio Vargas recém-eleito e promover a propaganda do trabalhismo reformista. Foi raro exemplo no mundo de jornal sensacionalista com fundo ideológico. Os periódicos apelativos normalmente contrariam o *establishment* por expor as mazelas sociais e do poder, mas não por convicções políticas explícitas na linha editorial.

Jaime Hersh Wainer e Dora Lerner Wainer tiveram sete filhos. Samuel era o caçula. Ele nasceu na Bessarábia, Ucrânia, Rússia. A família fugiu para o Brasil ao começar a perseguição soviética aos judeus em 1920, três anos após a Revolução de 1917. O menino tinha oito anos e só falava russo; fugitivo dos comunistas quando criança, ele se tornou um homem de esquerda, mas jamais um marxista totalitário. Os imigrantes se radicaram em São Paulo. Naturalizado brasileiro, ele ganhou o apelido de Samuca, aprendeu a falar português com sotaque e cometia erros de ortografia ao escrever. Quando era criticado, ria revirando a língua. Magro e alto, sobrancelhas espessas, desengonçado, vendeu bugigangas na capital paulista e já escrevia artigos em publicações da comunidade judaica. Resolveu, então, buscar novos ares no Rio de Janeiro. Inteligente, versátil, esperto, generalista, estudou o suficiente para avançar. Chegou a ingressar na Faculdade de Farmácia, mas não cursou, procurando sua vocação no jornalismo. Aos 20 e poucos anos de idade, ele continuava escrevendo em impressos da colônia israelense, agora no Rio. Procurou desenvolver um texto simples, objetivo, preciso, regras básicas da imprensa, para errar o mínimo.

Estava em seu DNA. Aflorou sua origem judaica capaz de transformá-lo num empreendedor. Com apenas 26 anos, o ex-biscatceiro paulista fundou na capital federal a revista Diretrizes, em 1938, sua primeira iniciativa, com reportagens longas e cuidadosamente apuradas. Ele era um redator apenas razoável, mas tinha o dom de reunir profissionais brilhantes ao seu redor. Transformada em semanário em 1941, circulou até 1944.

O Governo Vargas mandou sustar o fornecimento de papel para Diretrizes, por publicar uma entrevista do Lindolfo Collor prevendo o fim do Estado Novo no fim da Guerra, e Samuel partiu para um autoexílio no exterior. Passou pelo Chile e radicou-se nos Estados Unidos, sendo contratado por Roberto Marinho como correspondente de O Globo em Washington e Nova York. Tinha noções de russo devido à sua origem, dominava o inglês e arriscava na conversação em francês. Em 1945, com o fim da Guerra, viajou para a Europa, fazendo reportagens do pós-guerra para publicações estrangeiras. Dessa vez foi Assis Chateaubriand quem o contratou como correspondente, sendo o único jornalista brasileiro que cobriu os Julgamentos de Nuremberg de 20 de novembro de 1945 a 1.º de outubro de 1946 para O Jornal. De volta ao Brasil, continuou como repórter especial dos Diários Associados. Resumo: ele trabalhou para os dois maiores barões da imprensa brasileira, Marinho e Assis.

Supostamente, O Jornal enviou Wainer em 1949 a Bagé, num Cessna bimotor, para fazer matéria sobre plantação de trigo. Bebendo um drinque, num bar da cidade, como convinha a um jornalista do passado, o forasteiro ficou sabendo que estava havendo uma verdadeira *revoada de aviões* à Fazenda do Itu, onde Vargas vivia recluso desde que fora deposto em 1945. Ele resolveu conferir. Na manhã seguinte, o Cessna decolou do

Aeroclube de Bagé com destino à estância de Getúlio. Esta versão do imponderável foi dada pelo próprio Wainer em entrevista à revista Playboy, 20 anos depois, publicada em nove páginas. O quadro político incerto e a aproximação das eleições para Presidente levam os historiadores a não acreditarem que o principal repórter de Assis Chateaubriand foi parar em São Borja por acaso. O mais provável é que o piloto pousou em Bagé para abastecer. Os drinques num bar da cidade e o pernoite no hotel, verossímeis, fizeram parte de uma escala programada.

Em 28 de fevereiro de 1949, segunda-feira de Carnaval, o bimotor dos Diários Associados pousou na ótima pista de grama da Estância do Itu, cercada de mangueiras com o gado pastando. De bota e bombacha o ditador saiu até o alpendre para receber o jornalista. Havia uma rede atrás dele, onde cochilara pouco antes. Tarde quente e ensolarada. Wainer desceu do avião com as mangas da camisa arregaçadas. Subiu os degraus da área externa da casa. *Buenas*, Getúlio estendeu-lhe a mão. Samuel estava diante de seu algoz, que provocara o fim de Diretrizes, cinco anos antes, ao cortar o fornecimento de papel, obrigando-o a rodar pelo mundo. Uma rusga pessoal era muito pequena diante de um fato histórico. Cumprimentaram-se. Samuel acabou realizando a maior reportagem de sua vida: Vargas preparava sua volta ao poder. Na corrida para ser candidato a presidente, sepultou a intenção do governador gaúcho Walter Jobim de sair pelo PSD e jamais apoiaria o brigadeiro Eduardo Gomes, da UDN, o sonho da oposição. Ele mesmo seria o candidato. Chegou ao poder pelas armas em 1930, e 20 anos depois, nas eleições previstas para 1950, o ex-ditador estava disposto a testar sua popularidade nas urnas. Afinal, ele não era o Pai dos Pobres?

Na corrida presidencial, faltava apenas neutralizar Ademar, do PRP. Um assessor de Getúlio foi até a cidade de São Borja e telefonou para o Rio de Janeiro, dias depois. Samuel voltou imediatamente a Itu. O bimotor dos Diários Associados já estava na Estância, com calços nos trens de pouso e na bequilha, as asas amarradas para o pernoite no descampado, quando fez a aproximação o Douglas do Governo de São Paulo. Wainer acabou presenciando o encontro de Vargas com o governador Ademar de Barros, que se comprometeu a abdicar da sua candidatura à Presidência da República para apoiá-lo. Mais um furo nacional do repórter dos Diários Associados. A vida de Wainer estava mudando mais uma vez.

Nos meses seguintes, Chateaubriand destacou Samuel para acompanhar a campanha do candidato favorito à Presidência. O jornalista atravessou o Brasil de norte a sul ao lado de Getúlio, em dois aviões cedidos por Ademar. A antipatia no passado virou simpatia mútua. Ao vencer as eleições e reassumir o poder em 1951, agora nos braços do povo, o presidente chamou o repórter e lhe ofereceu como blague a Embaixada de Israel; era assim que ele se movia, em círculos, mas a intenção dos dois era outra. "Obrigado, presidente, mas não pretendo largar o jornalismo", Wainer agradeceu o convite. "Eu sei", Vargas sorriu, batendo a cinza do charuto no cinzeiro. Disse-lhe que precisava de um jornal que apoiasse o governo. "Não há dinheiro, mas procura o Banco do Brasil, que eles vão te financiar", deu uma longa tragada. "Fala com a Alzira", emendou. A filha Alzira Vargas, sua verdadeira chefe de gabinete. Empresários simpáticos ao presidente eleito, como o banqueiro Walter Moreira Salles, compraram a sede futurista e a velha rotativa do Diário Carioca, na Praça Onze, no Rio, e proporcionaram aporte de capital para o novo jornal.

Em 12 de junho de 1951, Última Hora foi lançada no Rio, vespertina e *standard*. O projeto gráfico foi encomendado ao *designer* paraguaio Andrés Guevara. Wainer queria um jornal popular com base nas publicações de Londres e Nova York, mas sem ser tabloide. No formato do Bild na Alemanha durante a semana. A *Fábrica de Mentiras* (segundo o livro de Günter Wallraff, jornalista, também autor de *Cabeça de Turco*), cuja redação eu tive o privilégio de conhecer em 1994, em Berlim, somente é tabloide e arrevistado aos domingos, numa robusta edição com amplo volume de leituras e variados escândalos para todos os gostos. Samuel imaginou seu jornal com fios, letras e chapadas apostando no vermelho, como a imprensa sensacionalista. Mas o artista gráfico o contrariou. "Vou desenhar o logo do jornal com a cor dos teus olhos", disse Guevara. Uma proposta poética. O russo ficou surpreso e lisonjeado. Assim saiu UH em azul.

O novo vespertino carioca incorporou o *lead* da imprensa norte-americana, que surgiu ainda na cobertura da Guerra de Secessão, no século XIX, de 1861 a 1865, no governo Lincoln. A precariedade do telégrafo, cuja primeira linha foi estendida em 1844 entre Baltimore e Washington, exigia relatos curtos dos repórteres, redigidos em parágrafos separados. Os limites da tecnologia fizeram surgir, quase naturalmente, a informação sucinta, com apenas o mais importante. Os jornalistas cruzavam o país de trem para relatarem as batalhas, repassando as matérias pelo telégrafo.

Dois periódicos populares se destacaram no século 19 na maior cidade americana, cujo nome homenageia a cidade de York, no nordeste da

Inglaterra, fundada pelos antigos romanos. O pioneiro New York Sun foi criado por Benjamin Day, em 1833, e New York Herald, lançado por James Gordon Bennett, em 1835. Os jornais sensacionalistas, que aparecem nos filmes de faroeste, se afirmaram durante a Guerra Civil. Tinham preços reduzidos, poucas páginas, altas tiragens, mais de 50 mil exemplares diários, textos simples e resumidos, informações pitorescas e dramáticas; as ideias básicas do segmento mantidas até hoje.

No Brasil, as coisas demoram dez dias, dez ou até 100 anos para acontecerem. O *lead* passou a ser utilizado somente um século depois, no Diário Carioca, em 1950, inspirado nas notícias breves das agências internacionais. Um ano depois, a Última Hora o consagrou, influenciando, aí sim, toda a imprensa brasileira. O quê? Onde? Quando? Como? Quem? Por quê? As seis perguntas básicas de uma notícia. (Incluí uma sétima, Consequências, por óbvio, ao ensinar em aula). A abertura do texto baseia-se no fato mais relevante ou insólito, que tanto pode ser o fato, o local, o horário, circunstâncias, os personagens, as causas ou os efeitos. O sentido e apelo principal da informação. É possível resumir a Bíblia num *lead*: No início eram as trevas. Deus criou o mundo em seis dias e descansou no sétimo. Concedeu à humanidade o livre-arbítrio.

A escolha do enfoque define o primeiro parágrafo. A frase inicial já deve ser impactante, assim como a Bíblia, "no início eram as trevas". Os autores do Evangelho apresentam um ambiente de escuridão para introduzirem o sentido da luz, Deus. O meio e a mensagem.

Os detratores do *lead* usam a introdução *simples* para apresentá-lo como primário. Assim acontece na academia. A abertura *direta* é apenas uma das possibilidades. Para contestar a crítica, relacionei mais de uma dezena de possibilidades diferentes de despertar a atenção ou emoção do leitor no primeiro parágrafo, sem abrir mão da ideia de *lead*. Nos exemplos elencados cheguei a um número cabalístico, inspirado nos antigos LPs das *14 Mais*. Sem contar o direto, ficaram outros 14: citação direta, citação indireta, composto ou enumerado, interpretativo-tese, ambiente-documento, pessoa-descritivo, comparativo, contraste, singular, coloquial, interrogativo, dramático-suspense, episódico-sequencial e retardar a identificação. Podem ser inventados outros tantos, meia dúzia consta nos livros de jornalismo. Assim procurei comprovar e ensinar que não precisamos abrir mão de uma abertura simples e impactante para sermos criativos ao escrever.

O *lead* responde ou levanta duas ou três perguntas. As demais são contempladas no corpo do texto. Todas as nuances são expostas, mesmo as que não têm respostas. A dúvida é também uma revelação relevante. O jornalista não tem absoluta certeza, questiona tudo. Em 2021, a velha imprensa brasileira criou um Consórcio para unificarem o discurso e não competirem. Assis Chateaubriand e Roberto Marinho jamais iriam referendar tamanha insensatez. Cada um por si, diriam, em busca do público e das verbas oficiais e privadas, com base no convencimento e em habilidades, nem sempre republicanas, naturalmente.

Toda matéria deve ser intercalada dos discursos direto e indireto. Uma reportagem não é um relatório. Sempre insisti muito nisso. O repórter descreve o fato, com suas observações e dados, acrescidos de palavras textuais dos entrevistados; elas trazem humanidade ao texto. Uma colega de cátedra disse uma vez, diante dos alunos, que eu enfatizava tanto as citações porque eu vinha do tempo da ditadura, quando o repórter não podia opinar, como se fosse um senão na minha vida profissional. Talvez, mas também por respeito às fontes e suas opiniões. Vejo o registro nominal como honestidade intelectual e forma de agradecimento por concederem a entrevista. Nunca suprimi uma informação por não estar de acordo com a minha tese; o contraditório faz parte da reportagem, imagino.

O diálogo direto pode ser creditado com palavras neutras: disse, diz, afirma, acrescenta, declara ou conclui, como aprendi na faculdade. Acresceram-se as variações do jornalismo interpretativo, como lembra, justifica, explica, pondera, contrapõe, desculpa-se, defende-se, tenta justificar ou explicar, e tantas outras, todas com carga opinativa menor ou maior. Para que não haja repetições, o repórter pode jogar com as palavras, mas com absoluta consciência de sua intensidade e eventuais desdobramentos. Não é um jogo para amadores. O doutor Breno tinha claramente predileção pelo disse e afirma, mas aceitava os modernismos, desde que sem agressões.

As falas são colocadas entre aspas, usuais no jornalismo, ou com travessões, consagrados na literatura. Neste livro optei por um texto jornalístico tradicional, com aspas e até intertítulos na abertura dos capítulos, com *lead* inicial, ao enfrentar o desafio de contar a vida e a trajetória do maior personagem em um século de imprensa no Rio Grande do Sul, no primeiro volume de uma trilogia de histórias reais, *Tempo & Destino*. Procurei escrever um texto semelhante ao padrão do Correio do Povo, sóbrio, criativo, frases curtas, parágrafos leves, capaz de ser aprovado pelo doutor Breno com um "B" escrito em caneta verde. Atualizei as informações, como se fosse uma notícia de jornal, até o momento de enviar o texto para a gráfica. Tantas pessoas morreram nesses cinco anos em que escrevo este livro, que resolvi acelerar o passo. No segundo volume, *Utopias Perdidas*, foco em histórias reais para demonstrar o triste fim das ideologias, e no 3.º livro, *Razão de Viver*, você se encontra com o tribuno da garganta de ouro ou o piloto cego, exemplos de vida, não realismo fantástico.

Decidir entre aspas ou travessões não é uma simples escolha, como imaginaram O Globo e Zero Hora ao seguirem a tendência das revistas de fofocas, que apostam em diálogos, como nas séries de TV (incluindo as novelas brasileiras) ou na novela literária (romances curtos de leitura rápida). O uso de travessão no jornalismo causa um impasse porque as citações ficam em parágrafos soltos, tirando a possibilidade de usá-las dentro de uma frase crítica ou interpretativa. Gabriel García Márquez (1927-2014), em *Notícia de um Sequestro* (1996), resolveu o dilema misturando os dois formatos de narrativa. As conversas no cativeiro são com travessões, como no *new journalism* americano ficcional, surgido em 1965. Escritores iniciantes, com as dificuldades de publicarem suas obras e que trabalhavam em jornais e revistas como repórteres, reconstituindo ambientes em suas reportagens e reproduzindo diálogos não ouvidos, onde a imaginação se sobrepõe aos fatos. Faziam o que sabiam: literatura; não jornalismo. Quanto mais a leitura fosse convincente e agradável, menos verdadeira. No entanto, outras entrevistas do livro-reportagem de Márquez aparecem com aspas, seguindo o padrão tradicional da imprensa, para permitir a interpretação do repórter, no caso simplesmente o prêmio Nobel de Literatura de 1982.

Logicamente, o jornalista não é um palhaço, encobrindo o essencial com um *nariz de cera*, como os escribas jurássicos, quando o mais relevante surgia no final do texto. Nem tem sentido a pirâmide invertida, defendida nos livros técnicos de jornalismo, ao jogar o supérfluo para os últimos parágrafos, facilitando o corte na paginação ou tornando o fim irrelevante e enfadonho. Devemos escrever de acordo com o espaço previamente disponível, para não sermos cortados. A melhor opção é o sistema misto: o *lead* e uma sequência de texto lógica ou cronológica, de acordo com o assunto, guardando para o encerramento uma informação surpreendente, para que o leitor ganhe um bombom ao ir até o final da leitura. Como se fosse um conto. "Na história, como nas peças de teatro, deve haver exposição, enredo e desfecho", ensinou Voltaire no século 18 em outra justificativa às críticas ao seu livro *O Século de Luís XIV*, em carta escrita em Bruxelas para o Marquês d'Argenson, em Paris.

Se você aceita a ideia de *lead* impactante e um encerramento inesperado, a técnica pode ser utilizada não somente em reportagens, mas também em ensaios longos e profundos, artigos opinativos curtos e áridos, ou nas crônicas analíticas, quando o autor ousa e apresenta um estilo próprio de descrever. Para diferenciar o artigo opinativo da crônica analítica, nuance reconhecida desde o mestre Luiz Beltrão (1918-1986), eu costumava usar uma figura em aula: o autor chega à beira do precipício para descrever o vale ou o mar batendo nas pedras; o cronista dá um passo a mais, arriscando-se, como Josué Guimarães e Carlos Heitor Cony na antiga Folha de S. Paulo, exemplares.

A contracultura americana, anos 1960 e 1970, com diagramação de colunas largas, enveredou para imensos parágrafos de mais de dez linhas. Até a Veja de seu lançamento seguia essa tendência. Os semanários Opinião e Movimento também; Pasquim, não. Muitos jornalistas da *antiga*, que surgiram comigo, envelheceram escrevendo assim. Até o notável Paulo Francis tinha predileção pelos longos parágrafos, seguramente porque em seu raciocínio havia muita informação.

A matéria deve ser estruturada em parágrafos, sim, com no mínimo duas frases, para dar uma ideia de densidade. Evitar as orações soltas da simplória Folha de S. Paulo. Uma vez perguntaram ao Ombudsman: Por que eles escrevem assim? A resposta: Porque eles não sabem escrever. Em nome da estética, parágrafos devem ser semelhantes, porque tanto na tela do computador quanto na folha impressa, o leitor primeiro vê o conjunto, para depois ler, e deve haver uma harmonia nos blocos de textos, combinando com os títulos, subtítulos e ilustrações, um envolvimento visual.

Imprescindível conhecermos as regras para poder contrariá-las. Transgredir inconscientemente é ignorância ou desleixo. Picasso costumava dizer que um pintor deveria saber desenhar a mão. "A minha sorte é que estou ficando cada vez pior", emendava bem-humorado. Assim era capaz de inovar. Na narrativa, o redator pode intercalar planos, mas absolutamente consciente e prudente, para que o leitor não se perca no caminho.

Quando você é obrigado a forçar a nova linha em nome da simetria, jamais admitido pelos letristas, é indispensável retomar o sujeito. O leitor deve seguir sempre em frente, nunca obrigá-lo a recuar, com expressões tipo *os mesmos* ou *respectivamente*. A leitura deve andar sempre para frente; se o leitor tiver que recuar, ele pode não continuar adiante. Ou exigir que ele decodifique a informação, como centro-bairro, isso é linguagem de engenheiro de tráfego. Em direção ao centro ou no sentido do bairro é muito mais simples e preciso. Usei exemplos simplórios para enfatizar e facilitar o entendimento.

Quase todo *que* pode ser suprimido. É um caco de linguagem. Trunca o texto. A leitura flui melhor sem ele. Evitar repetições de palavras. Mas um dicionário de sinônimos apenas camufla o problema. Ele persiste. É preciso reformular a frase, trabalhar com o eclipse do sujeito ou do verbo com o uso dos pronomes ou das vírgulas que quebram a oração, com estilo. Escrever é como dançar balé, fazer alongamentos e graciosas piruetas. O domínio da pontuação muda o ritmo e dá identidade própria à narrativa do autor.

Muitas matérias são corretamente escritas, mas quase nada dizem; a informação se perde numa retórica burocrática, que até a faculdade incentiva num texto padrão. Quase todos os *releases* são assim; falta conteúdo. O bom redator reescreve 30 linhas numa pequena nota com todas as informações objetivas e relevantes. Dizia aos alunos que para serem aprovados numa vaga de estágio, eles deveriam escrever certo, mas só seriam indispensáveis na carreira profissional se fossem diferentes.

A transposição entre os parágrafos terá de ser natural, sem um corte brusco. Em situações inevitáveis, utilizar o intertítulo, para mostrar ao leitor que está ocorrendo, mesmo, uma troca de assunto. Palavras destacadas entre blocos de textos também podem ser usadas para organizar a matéria, dividir os enfoques. O texto revolucionário da Última Hora, que influenciou toda a imprensa brasileira, já seguia por esse caminho de *lead*, objetividade, leveza e intertítulos. Aprendi a escrever na faculdade com professores da escola UH, Nestor Fedrizzi, Iara Bendati e Antônio González (1938-1996), e no terceiro ano com Eunice Jacques, fã do *lead* e *sublead* no Jornal do Brasil (ela trabalhava na sucursal em Porto Alegre), divisão do *lead* em dois parágrafos criticada em *A Língua Envergonhada*, do Lago Burnett. Para ele, tudo (até o Hino Nacional) podia ser resumido num *lead* único, sem necessidade de um segundo parágrafo, como no Estilo JB. ZH chegou a abrir as matérias com dois pequenos parágrafos em negrito, mas que não passavam de duas frases bêbadas, nada a ver com a técnica editorial do ícone JB, que pode ser contestada, mas tinha uma lógica. O *lead* jogava o assunto e o *sublead* contextualizava a informação ou trazia o contraponto.

A manchete de capa da Última Hora tinha apenas duas palavras. Tanto podia ser de polícia como de política, com foto. Na primeira página havia sempre uma chamada de esporte também com foto. Na vertical ou na horizontal, uma mulher seminua, artistas consagradas ou garotas desconhecidas em incontáveis concursos de beleza: Princesa da Primavera, Garota Verão, Secretária do Ano, Rainha do Carnaval, por aí. Auxílios ao trabalhador, vagas de empregos, atividades sindicais e brindes: sorteio de utensílios domésticos entre os leitores através de cupons recortados. A mesma fórmula utilizada até hoje pelos jornais populares atuais de autoajuda, mas aparentemente apolíticos. O Extra, da Globo, no Rio, e o Diário Gaúcho se firmaram. O Agora, da Folha de S. Paulo, faliu.

UH era toda diagramada. Títulos fortes, verbo no presente, que indica ação e atualidade. Textos enxutos e fotos abertas. O apoio explícito a Getúlio na coluna O Dia do Presidente. Cinema a cargo de Vinicius de Moraes e teatro por Marques Rebelo. Crônicas diárias *A Vida como ela é*, de Nelson Rodrigues, publicadas durante 11 anos. Ele escrevia a partir dos relatos de repórteres sobre histórias dramáticas dos subúrbios cariocas, preferência por Madureira e São Cristóvão, cada vez mais ficcionais e com apelos sexuais, apesar de o texto ser mais escatológico e dantesco do que propriamente erótico. Outro cronista de sucesso foi o sambista Antônio Maria, de 130 kg, que morreu jovem, aos 43 anos, quando sofreu um infarto fulminante e caiu na rua, em Copacabana.

Menos de um ano depois de lançada no Rio, Última Hora chegava a São Paulo. Em 18 de março de 1952, passou a circular sua versão paulista. A redação, mesclando cariocas e paulistanos, foi montada na Avenida da Luz, Anhangabaú, onde antes funcionava o Jornal de Notícias. Desde a revolução de 32, quando Getúlio venceu os paulistas, São Paulo era um estado de difícil penetração do getulismo. UH tinha de ter muito cuidado em sua formatação.

Samuel Wainer sabia como se movimentar no pântano, mas às vezes afundava. Em 1953, ele teve a ousadia de lançar a revista semanal Flan. Queria enfrentar a poderosa Cruzeiro de Chateaubriand. Onze meses depois, com a morte de Vargas, em agosto de 1954, fechou.

O jornalista-empreendedor teve novo fôlego no governo de Juscelino Kubitschek de Oliveira (1902-1976), de 1956 a 1961, de centro-esquerda. Apoiou desde o primeiro momento a construção de Brasília e o projeto desenvolvimentista do governo. A rede avançou.

Em 1959, em plena Bossa Nova, *Chega de Saudade*, e governo JK, tempos de ouro, surge a UH Paraná. Samuel designou para dirigir o novo projeto um jovem de 25 anos, Ary de Carvalho, carioca, menino-prodígio e de sua confiança, que ele levou primeiro para o jornal de São Paulo e no ano seguinte já estaria lançando a Última Hora de Porto Alegre; com o golpe de 1964, foi o fundador da Zero Hora.

A UH de Curitiba era escrita por 15 jornalistas na Praça Osório, com três ou quatro fotógrafos, um laboratorista e fotos de divulgação, além das notícias nacionais e internacionais da rede. O material produzido, em laudas e fotos ampliadas, as páginas já diagramadas, era enviado de Kombi, às 15h, para a capital paulista, para ser impresso na gráfica de São Paulo. O jornal chegava ao Paraná de caminhão na madrugada, numa difícil logística. Havia sempre o cuidado de manter páginas de sobra com reportagens especiais, não datadas, para evitar contratempos. Em Curitiba, o jornal foi recepcionado pelo ex-prefeito Ney Braga, da direita cristã, que deixou o Exército no posto de major para ser político; uma estrela a mais que Bolsonaro. Candidato ao governo do Estado foi eleito em 1960 com apoio da UH. Mais tarde ministro no regime militar e presidente da Itaipu Binacional.

Ao longo de 1960, o último ano do governo de JK, a cadeia expandiu-se ainda mais. Em 6 de maio, circula pela primeira vez a edição de Porto Alegre, tendo como padrinho o trabalhista João Goulart. No mesmo ano é impressa em Belo Horizonte a versão para Minas Gerais. A UH mineira uniu os adversários Magalhães Pinto (UDN), de direita, e Tancredo Neves (PSD), de centro. Jango já era presidente da República, quando a Última Hora chegou a Recife, em 1962, agora identificada com o socialista Miguel Arraes. Samuel Wainer era um pragmático ou um camaleão?

Além da diversidade do alinhamento político dos diversos jornais da rede, a Última Hora apostava na regionalização da cadeia com repórteres, cronistas e editores locais para dar um sotaque estadual a cada veículo. Buscava, também, opiniões divergentes nas colunas e nas matérias de política, sociais, esporte e polícia. A independência regional levou o Movimento de 1964 a permitir que a Última Hora de Porto Alegre, fechada pelos militares, voltasse a circular com outro nome e o mesmo diretor, Ary de Carvalho, que demonstrou ter a mesma audácia de seu criador, Samuel Wainer.

Em 1960, no ano da chegada de UH a Porto Alegre, o doutor Breno parou de fumar, aos 50 anos de idade. Tinha pigarro e pressentia que suas cordas vocais já estavam afetadas pela nicotina. Jogou na cesta de lixo a carteira que tinha no bolso da camisa, foi até o armário e deu o mesmo fim ao pacote inacabado. Nunca mais colocou um cigarro na boca. Determinação e perseverança. "Ele sabia que eu fumava e roubava cigarros dele desde os 12 anos e começou a fazer campanha para que eu também deixasse de fumar", me contou a filha Nilza. "Não adiantou, só fui parar aos 62 anos, depois de oito pneumonias", ela me revelou num final de tarde, ao atender gentilmente um telefonema meu; eu precisava esclarecer dúvidas. Não me lembrava do doutor Breno fumando, nem podia, o conheci 10 anos depois de ele abandonar o cigarro. "Tenho muitas fotos do papai para tu veres", prontificou-se em me mostrar em nova oportunidade. Vamos nos encontrar.

A Folha da Tarde circulava às 11h e a UH ao meio-dia. Uma hora de diferença na guerra pelos leitores. Vantagens de mão dupla: uma chegava antes às ruas e a outra podia ter uma atualização. As duas redações ficavam quase frente a frente, separadas pela Rua Sete de Setembro. Uma podia ver a outra das janelas. Talentos formados pela UH, como Antônio González, Laila Pinhciro, Wanderley Soares e Jorge Olavo Carvalho Leite, atravessaram a rua, chamados pela Folha. O inverso não acontecia porque o salário da Caldas Jr. era mais alto.

Última Hora circulou pela derradeira vez em 2 de abril de 1964. A edição trazia a foto do presidente deposto chegando a Porto Alegre. "Reagirei ao golpe" era a manchete, em duas linhas. Um desejo dos jornalistas, não uma intenção de Goulart. No dia 3 de abril, a Folha da Tarde circulou sozinha no horário do meio-dia. Tanques militares andavam pelas ruas das principais capitais brasileiras e os jornais de Samuel Wainer foram proibidos de circularem em São Paulo, Rio, Belo Horizonte, Curitiba, Recife e Porto Alegre. A Caldas Júnior aderiu à Revolução de 64, e o Correio e a Folha continuaram rodando normalmente. No dia seguinte, dia 4 de abril, patrulha militar invadiu a redação da Última Hora e o vespertino foi fechado definitivamente. Retornou exatamente um mês depois com outro nome, apesar de parecido, Zero Hora.

A TV Gaúcha ainda voava solo em 64; a TV Globo só surgiria no ano seguinte. No domingo havia um programa local de entrevistas, apresentado por Lauro Schirmer (1928-2009) e Ibsen Pinheiro (1935-2020). Numa das noites o convidado foi justamente Breno Caldas. "Ele era uma instituição, o dono do Correio do Povo e da Folha da Tarde, mas queríamos saber de sua vida particular fora dos jornais; ele morava numa fazenda em Belém Novo, a paixão por seus cavalos de corrida, as regatas de que participava em alto-mar", aquele foi o primeiro contato pessoal de Ibsen com Caldas. "O doutor Breno abriu a guarda, relatou intimidades, ficou um ótimo programa", me contou no dia 3 de dezembro de 2019.

O jornalista Márcio Pinheiro me passou o celular do pai e eu tentara falar com ele no dia anterior. Quem atendeu foi sua esposa, a jornalista Jussara Oliveira da Silva, conterrânea e colega na Zero Hora, filha da dona Marina da Silva, minha professora de francês no colégio durante quatro anos. Expliquei o motivo da ligação, ela pediu desculpas, o Ibsen não podia atender, voltavam da praia e ele estava dirigindo, era uma segunda-feira. Na plenitude de seus 84 anos.

No dia seguinte, pela manhã, ele me ligou. "É o jornalista Tibério Vargas Ramos?" Reconheci a voz inconfundível dele e sorri. "Oi, Ibsen", respondi. "Não me manda longe como um amigo meu que ficava furioso quando o tratavam pelo cargo e o nome completo", foi uma conversa simpática, uma entrevista que recuperou fatos e vai aparecer à medida que eles ocorreram. No dia 25 de janeiro de 2020 eu estava no Salão Nobre da Assembleia Legislativa do Rio Grande do Sul no velório de Ibsen. Morrera no dia anterior de parada cardiorrespiratória. Havia sido diagnosticado com câncer na medula. "Não queria que ele sofresse, mas podia ter ficado um pouco mais conosco", me disse Jussara, emocionada, mãe de outros dois filhos dele. Márcio, o mais velho, é filho da também jornalista Laila Pinheiro, minha colega na Folha da Tarde.

Arlindo Pasqualini sofreu uma doença reumática progressiva e faleceu em 9 de setembro de 1964, havia cinco meses que surgira a nova concorrente Zero Hora, mas ele já estava afastado da direção da Folha da Tarde, devido ao agravamento de seu estado de saúde. O editor Manuel Albuquerque e o subsecretário Adil Silva respondiam interinamente. Somente mais tarde foi nomeado Edilberto Degrazia como novo diretor. Cheguei a localizar a viúva, em apartamento na Rua Duque de Caxias, próximo ao Palácio Piratini, em 2018, mas a cuidadora me informou que ela não tinha mais condições de ser entrevistada. Sua memória viajou. Com a morte de Pasqualini, Caldas raramente ia até a redação da Folha. Para o resto da vida ficou um homem só, sem um jornalista e administrador em quem confiasse verdadeiramente e ouvisse, para dividir os impasses e problemas, que acabaram devastando seu império 20 anos depois. Um czar solitário no meio dos escombros, as aves de rapina comendo as migalhas sobradas do banquete.

5. Os cavalos e as velas

Caldas começou a criar potros PSI (puro-sangue inglês) em 1937, casualmente na decretação do Estado Novo. Seu primeiro veleiro, Nirvana, foi comprado 17 anos depois, em 1954, por coincidência, no ano em que Getúlio se matou. Manuseio as cartas sem conseguir direcioná-las numa sequência de ases.

A Fazenda do Arado transformou-se, na década de 1930, em Haras Arado. Caldas trouxe reprodutores de fama internacional para o celeiro. Os mais notáveis foram Dark Warrior, ganhador do Derby Irlandês, pai de Ouroduplo e outros craques; e o francês Estoc, que veio para Porto Alegre com a fama de nunca ter perdido corridas na Inglaterra e aqui foi pai dos mitológicos Estensoro e Estupenda. A fama de Breno Caldas como criador de cavalos clássicos correu o mundo. Destacaram-se também Corejada, El Trovador e El Centauro, finalistas em páreos no Rio, São Paulo e Porto Alegre.

Estensoro só perdeu uma corrida em Porto Alegre: a primeira, no antigo Moinhos de Vento. O jóquei oficial da cocheira do Arado, Antônio Ricardo, estava suspenso. Mario Rossano foi designado para montar. Na largada, deu de relho no cavalo para ele partir. Assustado, o animal ficou parado. Nunca apanhara. Breno proibia bater nos potros, "principalmente nos mais novos", ele sublinhou em suas memórias. Os segundos de indecisão foram fatais. Todos os concorrentes arrancaram antes. Mesmo assim, Estensoro fez uma corrida de recuperação e só perdeu por focinho. Não voltou a apanhar e nunca mais perdeu na capital gaúcha. Venceu os principais clássicos. Com fama de imbatível, seu proprietário resolveu levá-lo ao Rio, para disputar o Grande Prêmio Brasil, em 1.º de agosto de 1959. Saiu tudo errado.

A viagem do craque foi em grande estilo, no início de julho, com um mês de antecedência. Voo charter em cargueiro da Viação Cruzeiro partiu do Aeroporto Salgado Filho, com destino ao Galeão, levando o cavalo e dois irmãos dele, Estandarte e a égua Ângela, para disputarem outros páreos menores. Embarcaram o treinador, o jóquei e ainda levaram daqui a alimentação dos cavalos: alfafa, aveia, milho e cenoura. Breno viajou no avião junto com a família e ainda levou um Ford Fairlane, branco e azul, para passear no Rio de Janeiro. Hospedaram-se no Hotel Ouro Verde, em

Copacabana. Ele acordava de madrugada para acompanhar os treinos no Hipódromo da Gávea.

O primeiro e mais sério problema enfrentado foi o piso. Estensoro acostumou-se a correr na areia, e a pista era de grama. O tempo no brando inverno carioca estava muito seco e o gramado se encontrava duro. Uma semana antes, dia 25 de julho, sábado pela manhã, o cavalo fez um treino espetacular, na distância da prova, 3.000 metros, mas em pista de areia. Turfistas que assistiram ficaram maravilhados. Entre eles, encontrava-se Oswaldo Aranha, com seu indefectível chapéu e o cigarro no canto da boca. Virou-se para Breno, irritado: "Podes mandar de volta o Estensoro, cansaste o cavalo; no dia da prova vai faltar perna." O tratador e o jóquei garantiam que ele não foi exigido a fundo; o problema seria outro, no sábado seguinte, 1.º de agosto.

O piso. O veterinário belga Octávio Dupont, chefe do Serviço Veterinário do Jockey Club Brasileiro, no Rio, sugeriu que o cavalo fosse desferrado. "Ele vai sentir menos o gramado, que está uma pedra", explicou. Caldas não concordou, o dano podia ser maior. Descobriu também que a preparação dos cavalos no Rio era muito diferente. Estensoro se criou no Haras Arado com "ótima alimentação, mas limpo, sem vitaminas", comentou o doutor Breno em suas memórias. "Na Gávea a preparação química era apuradíssima; não era o caso de *doping*, mas suplementos alimentares, vitaminas importadas, administração periódica de remédios para desenvolver a performance física do animal", ele constatou tardiamente. Caldas foi para o hipódromo assistir ao Grande Prêmio Brasil sabendo que a vitória de seu craque seria muito difícil, talvez impossível por todo o contexto. Não deu outra. O vitorioso foi Narvik, com recorde mundial para pista de 3.000 metros. Oswaldo Aranha colocou o braço por cima do conterrâneo e o aconselhou: "O Estensoro é um grande cavalo, deixa ele aqui no Rio, e ele se tornará um campeão nacional, com treinamento adequado e acompanhamento veterinário."

Caldas estava muito chateado. A derrota de seu cavalo tinha repercutido no Rio Grande do Sul. Diziam que o melhor agora era o tordilho Lord Chanel, favorito para o Prêmio Protetora do Turfe. Não teve dúvidas. Trouxe-o de volta a tempo de correr o páreo em 15 de novembro de 1959, no encerramento do Moinhos de Vento. O alazão de pelo castanho mostrou que continuava imbatível no velho hipódromo. Superou o Lord Chanel, que só seria bicampeão do Protetora em 1960 e 1961, já com Estensoro aposentado.

A frustração do Rio estava compensada. Sempre tão comedido, Breno extravasou tanta alegria, ao ouvir a transmissão do páreo pela Guaíba, a bordo do seu veleiro Aventura, que o barqueiro Rogério Christo julgou ser seu dia mais feliz. O radiante Tonho Caldas desfilou na frente da Tribuna de Honra, puxando as rédeas de Estensoro, diante da multidão que vibrava com o craque. O governador Brizola aplaudia na tribuna de honra. "O doutor Breno prefere velejar em seu iate do que festejar ao lado do povo a vitória de seu grande cavalo", comentou com o prefeito Sucupira.

Seis de dezembro de 1959, domingo de chuva, o piso de areia encharcado: assim ocorreu o primeiro páreo no Hipódromo do Cristal, na Zona Sul. Nova etapa no turfe gaúcho. Estensoro nunca chegou a correr na nova pista. Três meses mais tarde, em março de 1960, numa homenagem do Jockey Club do Rio Grande do Sul, fundado em 1907, o campeão fez um desfile de despedida, montado pelo jóquei Clóvis Dutra. A passagem a trote emocionante foi aplaudida o tempo todo pelo público, as pessoas com lágrimas nos olhos. A reverência e o adeus a um grande vencedor. Breno Caldas havia decidido, enfim, aposentar o cavalo. Nascido em 22 de julho de 1955, Estensoro foi recolhido à ala dos reprodutores do Arado. O mito deixou de correr. Um campeão não podia começar a perder.

É um gesto de sabedoria evitar a decadência. Meu filho me chama *Le Cheval* ao telefone. Quando completei 40 anos como professor-titular de Jornalismo Impresso na PUCRS, pedi demissão, aos 68 anos de idade. Dói, mas saber a hora de parar é uma virtude, me ensinou uma tarde, em 2011, no bar da faculdade, a professora Dileta Silveira Martins, minha querida amiga. Ela me encontrou, à tarde, no saguão da Famecos e convidou-me para um café no Bar 7, para me contar, emocionada, que pedira demissão para se aposentar. "És uma referência no Instituto de Letras, com obras publicadas reconhecidas", argumentei. "Tenho que sair enquanto sou uma referência, é preciso saber a hora de parar", contrapôs. Quando lancei meu primeiro romance no ano seguinte, em 2012, ela estava lá na sessão de autógrafos, no Shopping Praia de Belas, para me prestigiar; morreu em 17 de agosto de 2020; senti muito. Adeus, Dileta!

Caldas dormia tarde, ficava no Correio do Povo até quase meia-noite e seu dia começava cedo pela manhã. De culote e botas pretas como lorde inglês, o cavalo bem encilhado como cavaleiro andaluz, chapéu de barbicacho e ensimesmado como gaúcho do pampa, ele percorria suas fazendas ao lado do capataz. Em cada estância tinha um puro-sangue aposentado das pistas, que exige demais do animal, para percorrer o campo. Em outras ocasiões fazia o trajeto de caminhonete.

Marcha a trote, o cavalo faceiro, resfolegante, Caldas segurava as rédeas com garbo, o pingo de buçal de couro, contas e prata. Acompanhava as lidas dos peões, a criação de gado e as lavouras de arroz, controlando a correta colocação das taipas para represar a água e irrigar. Investia na qualidade das pastagens, cultivo de pastos artificiais de azevém e trevo, a limpeza do campo para o controle de ervas daninhas, o moirão das cercas firmes e o arame bem esticado. Nunca plantou soja, milho ou mandioca. Nem criou porco ou galinha. Estancieiro tradicional, raiz. Mantinha matas nativas para sentir o perfume das árvores e respirar ar puro.

Quando chegava das lidas no campo, tomava uma ducha, almoçava em casa ou não, dependendo de seus compromissos no centro. Após a refeição, jamais dispensava um breve cochilo, na residência colonial ou no pequeno apartamento no centro, ao lado do jornal.

Apesar de rico e poderoso, ele procurava não ostentar; levava uma vida quase monástica, vestia-se com bonomia, roupa esporte, colocando gravata e paletó somente em ocasiões muito especiais, tantas vezes ferindo o protocolo. Tinha uma fatiota em seu gabinete para usar em condições inevitáveis. No verão camisa de mangas curtas, sapatos sem meias, calças de linho ou tarja, e no frio blusão de lã e a indefectível jaqueta de couro claro, dispensando os elegantes sobretudos escuros. Sua figura se identificava com o jornalista e o fazendeiro, não com um bem-sucedido empresário.

Pele clara, manchas de sol, bronzeado no verão por velejar domingo de bermudas, camiseta esporte, mocassins sem meias, chapéu de marujo de barbicacho, o doutor Breno só sorria, mesmo, no leme do Aventura. O jornalista Carlos Bastos, em entrevista para a TVE, em julho de 2019, lembrou os discursos de Brizola, às sextas-feiras à noite pela Rádio Farroupilha. Para criticar Breno Caldas sempre se referia aos seus passeios de iate. "Enquanto estamos aqui, buscando alternativas para o estado, o país e o povo brasileiro, o doutor Breno desfruta de seu iate no Guaíba e amanhã seu jornal nos critica."

Caldas chegou a ter cinco fazendas, num total de 13 mil hectares, 11 mil cabeças de gado Hereford, três mil ovelhas Merino e plantações de arroz. Parecem números significativos para os leigos, mas absolutamente normais entre grandes produtores rurais. Sou de Alegrete e conheço os parâmetros das grandes estâncias. Possuía muitos imóveis, a empresa jornalística empregava mais de duas mil pessoas, um patrimônio invejável, mas apresentá-lo como uma das maiores fortunas do País era um excesso cometido pela imprensa, mais pelo mito de sua figura pública e importância social. Jamais poderia figurar entre os principais milionários. Sua decadência financeira rápida confirmou o exagero.

As duas principais estâncias eram o Haras Arado, em Belém Novo, onde residia, e a Estância de Viamão, ambas a uma distância aproximada de 30 km do centro de Porto Alegre. Os dois campos tinham santuários ecológicos, com cervos, capivaras, jacarés, bugios e 70 variedades de pássaros (alguns em extinção), catalogadas por pesquisadores da Fundação de Zoobotânica, a pedido do doutor Breno. Os pastos e até os pântanos eram cortados por ótimas estradas, para facilitar a administração das fazendas e permitir que seu proprietário pudesse percorrer as distâncias de carro, observando o gado, quando não andava a cavalo. Levava algum neto em suas andanças pelos campos de caminhonete.

No outro lado do rio, ele tinha mais duas fazendas. Uma menor, a Fazenda do Salso, com 900 hectares, em Guaíba, e outra na beira da BR-290, a Estância de Eldorado, no município de Eldorado do Sul, uma várzea para plantar arroz, 6 km na beira do asfalto, mais de 2 mil hectares. Nos fundos da lavoura corria o largo e navegável Rio Jacuí, fornecendo água em abundância para irrigação. Quando comprou a propriedade, foi conhecer e se apresentar ao *lindeiro* do campo. Durante uma conversa amena, o vizinho fez uma piada. Disse que sogro era que nem arado: é bom debaixo da terra. Ficou chocado com a fanfarronice e grosseria, e nunca mais o procurou. Agrediu sua sensibilidade. Caldas ainda adquiriu terras na campanha, em Dom Pedrito, especial para a criação de bovinos e ovinos. Visitava a estância de avião.

O primeiro veleiro de Caldas, Nirvana, adquirido em 1954, tinha um mastro só; servia apenas para pequenos passeios. Pegou gosto por velejar e mandou construir um maior, o Aventura, com planta comprada nos Estados Unidos, que ficou pronto em 1957. Tinha 33 pés, duplo casco bojudo de madeira, ferragens importadas, conjunto de velas para percurso de longo alcance no mar, gabinete para o comandante, beliches, banheiro e refeitório. Ele não tinha compulsão por gastos, ostentação; permaneceu a vida toda com aquele mesmo veleiro, bom, mas que foi ficando ultrapassado, apesar de navegar até hoje com outros proprietários.

O barco do doutor Breno era reconhecido de longe pelos aficionados da vela nos passeios, viagens e regatas, de Buenos Aires à Bahia, com seguidas incursões a Angra dos Reis, no Rio. A comida a bordo era improvisada num único prato, peixe comprado ou pescado, massa, carne de panela ou assada no forno a gás, e sopa. A água armazenada no reservatório do veleiro vinha do poço artesiano do Arado, abastecido pelo veio de fonte mineral. Niltinho Nunes era o responsável pela manutenção da embarcação. Rogério Christo o encarregado de providenciar os suprimentos. Na geladeira do iate, havia alimentos e cerveja. Nos armários embutidos, produtos não perecíveis, destilados e vinho, para que nada faltasse. "Uma vez o Flávio Alcaraz fez questão de levar os mantimentos e as bebidas; tivemos de ancorar para comprar produtos que faltavam", lembra o barqueiro, orgulhoso da lista completa que elaborava.

Os banhos eram com ducha fria, inclusive o do chefe. O espaço pequeno no barco estabelecia entre a tripulação um convívio próximo. Chamado de Comandante, tratava a todos dentro de sua característica: certa camaradagem, mas com natural distanciamento. Não dava chance para que ninguém ultrapassasse os limites transmitidos pelo olhar de aço. Nos momentos de maior intimidade gostava de contar anedotas. Bruno Steiger, técnico da Rádio Guaíba, chegou a gravar histórias pitorescas contadas pelo imperador no balanço das ondas na Lagoa dos Patos. O microfone sensível captava o murmúrio do vento nas velas. Os registros existem.

"Para a equipe descansar nas longas travessias, o doutor Breno era capaz de permanecer horas no timão", me conta Rogério. "O marujo, no comando do leme, tem medo natural da calmaria, o voo das aves anuncia o prenúncio de mau tempo", me ensina o velho barqueiro; "o doutor Breno era um velejador com resistência e bem ousado". Jamais procurou ostentar no pequeno grupo a bordo. "Durante anos usou a mesma capa impermeável para se defender da maresia", disse seu fiel escudeiro.

Breno procurou passar aos netos o gosto por velejar. Matriculava os garotos na Escola de Vela Barra Limpa, no Clube Jangadeiros, e dava um barco de presente para aqueles que mostrassem aptidão. Raros passaram no teste.

Quando o iate Aventura atracava em algum porto, Caldas patrocinava o jantar num restaurante e até uma cerveja a mais, mas ele permanecia no uísque. Pagava a conta com discrição, sem nenhuma fanfarronice. "Era comum agentes do Correio do Povo organizarem recepções na passagem do doutor Breno em Pelotas, Rio Grande e Florianópolis, locais de extensa venda do jornal", lembra Sérgio Christo, outro barqueiro do Aventura, irmão mais moço de Rogério. "Na hora de pagar a despesa, o homenageado assinava o cheque naturalmente", sorri Sérgio, que acabara de chegar casualmente da rua, para visitar o irmão, e se reuniu à entrevista, tornando-a mais enriquecedora.

Uma vez por semana, antes de passar pelo jornal pela última vez, Caldas jantava nos clubes Veleiros do Sul ou Jangadeiros com seus amigos de regata. Um dos participantes de sua mesa seleta era o empresário Jorge Vidal. Nascido na cidade de Rio Grande, em 1932, hoje ele é um homem vistoso de 90 anos, pele bronzeada, simpático, atencioso, memória privilegiada, muito bonito na juventude, atestam as fotos em seu livro de memórias *Conta Todas, Vovô! – Velejando e contando histórias*, editado pela AGE. Ele me concedeu uma entrevista numa tarde de abril de 2018. Recebeu-me em seu ensolarado apartamento, num condomínio de três torres, no bairro Tristeza, Zona Sul de Porto Alegre, com vista para o Guaíba. Um ambiente iluminado, pintado de branco, estofados claros, móveis em madeira de lei, laqueados, que lembram o convés de um iate. Nas paredes e estantes, instrumentos náuticos, diplomas, inúmeras placas e troféus conquistados em competições na Lagoa dos Patos e em alto-mar a bordo do veleiro Vida, principalmente. Destaque para a Medalha Mérito Tamandaré, honraria máxima da Marinha Brasileira. Cheguei nele através da minha cunhada, a fisioterapeuta Elaine Alves, encarregada de mantê-lo em forma. Recebeu-me de bermudas de brim, camiseta azul e mocassins sem meias, como um autêntico comandante a bordo. Os dias mais quentes tinham ficado para trás. Nas vidraças abertas, vários andares acima, via-se o rio e corria leve brisa.

"Ele tratava as pessoas com cortesia, até dedicava afeto aos amigos, mas mantinha certa distância: sempre foi chamado por nós de *doutor Breno*". Nada da intimidade da segunda pessoa. Vidal possui uma empresa familiar especializada em locação e vendas de guindastes e empilhadeiras, a Transver Engenharia em Transportes Especializados, hoje administrada pelos filhos. Quando a firma estava completando cinco anos, ele procurou o amigo no Correio do Povo e pediu-lhe a gentileza de registrar o fato no jornal. "O doutor Breno mandou chamar um repórter para me entrevistar. No outro dia, saiu uma matéria como se a Varig estivesse de aniversário", sorriu. "Ele era fiel aos amigos, mas nos inimigos passava um bonde por cima." Nossa primeira conversa em sua residência durou mais de duas horas. Mantivemos contato por telefone e através da Elaine.

Jorge Vidal revelou que um dos grandes amigos de Caldas era o joalheiro Leopoldo Geyer, proprietário da Casa Masson, que dava a Hora Certa na Rádio Guaíba e foi a primeira empresa do país a abrir crediário aos clientes com pagamento em carnê. Geyer tinha o barco Cayru e participava da pequena confraria dos jantares no Clube Veleiros. O Comodoro Vidal e o lojista Geyer pertenciam ao restrito grupo convidado para churrasco no Haras Arado, em ocasiões especiais, ao final de uma regata. O assado era preparado por Rogério Christo, costela e vazio de novilho. Participavam os funcionários da fazenda, o barqueiro Niltinho, entre outros colaboradores, "numa alegre confraternização sem divisão de classes sociais", sublinhou o entrevistado.

Assim como Giuseppe Garibaldi (1807-1882), o herói de dois mundos, Vidal também transportou um navio por terra. Aliás, a réplica do mitológico Seival. Durante a Revolução Farroupilha (1835-1845), o navegador ítalo-francês foi nomeado comandante da Marinha dos Farrapos. O aventureiro europeu tinha como seu fiel escudeiro o corsário norte-americano John Griggs, com aparência de filisteu, gigante e desengonçado, apelidado pelos gaúchos de João Grandão. Os farroupilhas que pouco entendiam de artes náuticas, orientados pelos dois estrangeiros, improvisaram um estaleiro numa charqueada abandonada, no delta do Rio Camaquã, na entrada para a Lagoa dos Patos, na fazenda da dona Antônia Joaquina da Silva, irmã do comandante Bento Gonçalves. Ali foram construídos três pequenos lanchões de guerra, em madeira, com armações de ferro, batizados como Rio Pardo, Farroupilha II e Seival, equipados cada um com quatro canhões.

"Precisamos dominar a Lagoa dos Patos e chegar ao mar pelo Canal de São Gonçalo", Garibaldi falou em italiano. Todos entenderam por que ele apontou o dedo no mapa, iluminado pela luz de vela, na senzala em ruínas transformada em acampamento. O brilho da lua atravessava as telhas quebradas, naquela noite de outono, temperatura de 10°C na beira do rio Camaquã, um fogo a trepidar num canto no fogão de barro, a fumaça a subir pela chaminé, uma tênue nuvem na noite. Em maio de 1839, as embarcações foram lançadas na lagoa, para patrulhamento da área a fim de fustigar a Marinha do Império e navios mercantes em suas travessias na direção a Porto Alegre, que se manteve fiel aos imperiais. Rio Pardo saiu à frente e foi a pique, bombardeado pelos canhões monarcas. Os outros dois barcos recuaram para o delta do Camaquã. O Canal de São Gonçalo, a saída para o mar, estava dominado pelas forças federais. Não havia como atravessar a barreira. Garibaldi alisava a barba. Sua estratégia não se confirmou.

O italiano bolou outro plano ousado: levar as embarcações por terra e alçá-las ao mar lá adiante, na foz do rio Tramandaí. Eram barcos rudimentares para enfrentar o Oceano Atlântico. Seival com porte maior, 12 toneladas, e Farroupilha II, menor, oito. Para o transporte das barcaças por terra, foram construídas duas carretas, com rodas de madeira de três metros de diâmetro, puxadas por 200 bois de canga. O percurso até a saída para o mar no Litoral Norte era de 87 km, da Lagoa do Casamento, em Palmares, até o Rio Tramandaí. Foi uma apoteose que iniciou em 5 de julho de 1839 e durou nove dias, até o dia 14, numa época de inverno, vento minuano fustigante, chuvas, as rodas das carretas atolando no barro. Os bois afundando as patas na lama, o chicote no lombo. Os animais morrendo pelo caminho de tanto fazerem força. As carcaças deixadas pelo trajeto, apodrecendo, os urubus em volta, num rastro sinistro. Finalmente chegaram ao rio, na divisão das praias de Tramandaí e Imbé. Colocados na água, os lanchões seguiram para o mar aberto, com a insólita missão de guarnecer a costa do Rio Grande do Sul de 615 km de mar aberto, de Torres ao Farol da Barra do Chuí. John Griggs, mais experiente, estava no comando do Seival, e Garibaldi vinha logo atrás no Farroupilha II.

Na altura de Araranguá, uma tempestade afundou o Farroupilha II. Seu comandante e poucos marujos conseguiram se salvar milagrosamente. João Grandão conduziu o Seival até perto de Laguna. Atracaram a escuna no rio Tubarão e atacaram Laguna por terra, de surpresa, em 24 de julho de 1839. Dominaram o porto da cidade catarinense, se apossaram do bote de guerra Itaparica, da Marinha Imperial, com sete canhões, e foram buscar o Seival em Tubarão. O efêmero posto avançado na Revolução Farroupilha em Laguna durou pouco mais de três meses.

No primeiro dia da ocupação da cidade portuária catarinense, o comandante estrangeiro Garibaldi conheceu o amor de sua vida. Ana Maria de Jesus Ribeiro, de origem portuguesa, que ele chamou carinhosamente de Anita (1821-1849), um diminutivo italiano-espanhol; era uma linda morena nativa, de olhos e cabelos negros, nariz e boca pequenos. A moça de 18 anos havia casado aos 14, não teve filhos no primeiro casamento, e o marido a abandonara no ano anterior, quando se alistou no Exército Monarca e partiu para prestar o serviço militar no Desterro, a capital, hoje Florianópolis. Ana Maria, sozinha, foi morar na casa de um tio pescador de camarão nas lagoas de águas doces e salgadas, a maré definindo a intensidade do sal. Quando saía à rua para vender pescado, uma cesta de vime no ombro, sua beleza chamava a atenção dos homens e despertava a inveja das mulheres.

Foi amor à primeira vista. O navegador alto, de compleição forte, barba longa, cabelos lisos compridos, já um pouco calvo, que falava italiano, misturado com poucas palavras em espanhol e português, se encantou pela moça. Acostumada a rejeitar assédios indesejados, ela se sentiu intimidada diante do forasteiro, ouvia seus galanteios sem entender quase nada, compreendendo o sentido apenas pelo seu sorriso e o aperto da mão áspera e calejada em seu braço. Rejeitada pelo marido recruta e tanto tempo solitária na cidade, tornou-se uma presa relativamente fácil do pirata. Quando procurou colocar os pensamentos em ordem, os dois estavam suados, ofegantes, num catre, na sala do comando militar do cais. Entendeu, claramente, a enorme diferença entre o sapateiro nativo da praia e o experiente cruzador dos mares.

Em outubro, Giuseppe Garibaldi percebeu que não tinha como manter o foco da Revolução em Santa Catarina e começou a organizar a retirada. No dia 20, ele e Anita partiram para a viagem de volta ao Rio Grande do Sul por terra, pela rota de Lages, numa expedição comandada por David Canabarro, a caminho de Vacaria, nos Aparados da Serra. O Império reagiu com força total, como sempre, e enviou três mil homens por terra e uma frota de 13 navios para acabar com a fanfarronice gaúcha em Santa Catarina. Todos os remanescentes farroupilhas foram mortos no ataque em massa ao porto de Laguna, em 15 de novembro de 1839. Mas Garibaldi e Anita já estavam longe, levados por Canabarro.

O primeiro filho do casal nasceu em Mostardas, no litoral gaúcho, entre a Lagoa dos Patos e o mar. "É menino", anunciou a parteira ao dar uma palmada para a criança chorar. Em 1841, o Império começava a encurralar os farrapos e não tinha mais saída para o mar. Não havia mais funções para o comandante da Marinha Farroupilha. Garibaldi foi para o Uruguai com a mulher e o filho Menotti. A ideia da monarquia era empurrar os republicanos gaúchos para o outro lado da fronteira do Uruguai e Argentina. Em Alegrete, a 100 km das duas fronteiras, definidas pelos rios Quaraí e Uruguai, os republicanos fincaram o garrão na macega, na beira do Rio Ibirapuitã. "Daqui não passamos", fizeram pacto de morte. Foi a terceira Capital Farroupilha, de 1842 até 1845, quando da assinatura da Paz de Ponche Verde, em Dom Pedrito, em 1.º de março.

Em 26 de março de 1842, Garibaldi e Anita casaram-se na Igreja São Francisco de Assis, em Montevidéu, e tiveram mais três filhos, duas meninas e outro menino. Uma das garotas, a Rosa, morreu aos dois anos de insuficiência respiratória. Em 1848, o casal voltou para a Europa para lutarem pela unificação italiana. As crianças foram levadas para Nice, no Sul da França, para serem criadas por familiares. No ano seguinte Anita morreu em combate próximo à Ravena, grávida do quinto filho.

Em 1970, na época mais dura da repressão, o governo do general Emílio Garrastazu Médici (1905-1985), natural de Bagé, no Rio Grande do Sul, estava interessado em valorizar as façanhas militares. Seria inaugurado em Tramandaí, próximo ao terminal da Petrobras, o Parque Histórico Marechal Osório. No alto de uma colina, por onde passaram as carretas de bois com as embarcações Seival e Farroupilha II, seria a réplica da escuna de Giuseppe Garibaldi, apesar de o italiano não ser rigorosamente um militar nacionalista, mas um guerreiro estrangeiro a serviço da Revolução Farroupilha no século 19.

A intenção de Médici foi prontamente atendida por empresários. O proprietário do antigo Estaleiro Só, Osvaldo Só de Castro, hoje uma das áreas mais lindas e valorizadas da capital gaúcha, o Pontal, se prontificou em reproduzir em madeira e lingotes de ferro a embarcação dos farrapos, com base em plantas da época. O diretor da empresa Sultepa, engenheiro José Portella Nunes, concessionário do pedágio da Freeway, se propôs a pavimentar as vias no parque até o local onde a réplica seria colocada. A firma de transportes pesados de Jorge Vidal se encarregou da logística, todos sem nenhuma remuneração. "Por amor à Pátria", me disse.

A réplica do Seival foi transportada numa carreta rebaixada, com rodas de seis metros de raio, construída em São Paulo, puxada por um caminhão Scania. Os acessórios, para a montagem da peça no parque, foram levados em outras duas carretas, tal a quantidade e o peso dos instrumentos. Numa travessia pouco mais longa do que a original, aproximadamente 100 km do Estaleiro Só a Osório, o percurso se estendeu por dois dias, pela Freeway, com batedores do Exército, todo o trânsito desviado para a outra pista. O doutor Breno ordenou aos seus jornais que fizessem ampla cobertura, com fotografias da operação comandada pelo seu amigo Jorge Vidal, confrade nos jantares e churrascos. A réplica do mitológico barco de Garibaldi percorreu a moderna autoestrada. A plataforma dessa vez rodava no asfalto, nada de barro e bois de canga morrendo pelo caminho, num séquito de urubus. No dia da inauguração do parque, 10 de maio de 1970, com a presença de Médici, Vidal recebeu uma réplica de uma arma usada pelas forças de Bento Gonçalves, colocada em destaque na sala de seu apartamento, e uma placa alusiva à data. O trabalho gratuito de sua empresa de transportes pesados foi pago com honrarias.

A aproximação do empresário gaúcho com os militares foi literalmente desde a primeira hora. Em 1.º de abril de 1964, quando as tropas do Exército começaram a se movimentar para sacramentar a derrubada de João Goulart, Vidal possuía o posto de gasolina Caçador, em Rio Claro, São Paulo, no quilômetro 182 da estrada de Limeira a Araraquara. Ele havia trabalhado na Shell durante anos e decidiu investir num negócio próprio, mudando-se para São Paulo com a família, onde nasceu um de seus filhos. Era um posto de estrada muito grande. "De repente, surgem na pista tanques de guerra e caminhões. Queriam abastecer e levaram toda a minha gasolina, óleo diesel e o estoque de lubrificantes. O tenente responsável pelo comboio me deu uma declaração detalhada de tudo que foi requisitado pelo Exército. Fiquei sem nada para vender e sem dinheiro." O comerciante foi ao comando do II Exército na capital e apresentou a requisição assinada pelo oficial. "Dez dias depois recebi o cheque e fiquei mais fã dos militares", me conta em um dos nossos telefonemas para conferir detalhes.

Vidal é um grande contador de histórias. Paulo Flávio Ledur, proprietário da Editora AGE e revisor do Correio do Povo na juventude, no tempo em que cursava a Faculdade de Letras, foi quem editou o livro de memórias do Comodoro, onde um dos tópicos é *A Lacuna Deixada pelo Dr. Breno Caldas*. A obra esgotou-se rapidamente e o editor lhe propôs que escrevesse um segundo volume, mas Vidal se esquivou. "Naquela época eu tinha uma secretária para quem ditava minhas histórias, agora não tenho mais", argumentou. Ao final da entrevista, o empresário aposentado me levou até a porta do edifício, com a cadelinha de estimação, Pytta, no colo. Nós nos despedimos com muita cortesia. Ao lado do elevador, no primeiro boxe, estava estacionada a Mercedes azul-marinho, impecável, do veterano velejador. No clube náutico, mantém o Veleiro.

PARTE II
ESCRITURAS

6. Jornalista rigoroso

A rotina diária era estafante. Depois das lidas do campo, ele pegava a Mercedes branca, era sempre da mesma marca e cor, trocada a cada cinco anos, e se dirigia para o Correio do Povo, no edifício Hudson, hoje patrimônio histórico, na esquina da Rua da Praia com a antiga Rua Paissandu (Caldas Júnior 219 – meu endereço profissional durante 15 anos). O prédio adquirido pelo jovem Breno Caldas, 33 anos, em plena Segunda Guerra, em 13 de dezembro de 1943, tombado pelo Patrimônio Histórico, permanece original, em estilo clássico francês, com janelões e sacadas, escadaria de mármore e elevador-gaiola.

Caldas deixava o carro na garagem das viaturas do jornal, no primeiro boxe coberto, exclusivo dele. A vaga do filho Tonho ficava ao lado. Havia um escritório de madeira para o chefe do transporte, o Colombo, e dois bancos para os motoristas se sentarem, em permanente algazarra, à espera das requisições para a condução dos jornalistas aos locais das reportagens. O telefone era usado mais para agendar a entrevista. Naquela época os repórteres iam pessoalmente atrás das fontes, sempre acompanhados de um fotógrafo. Prioridade para a entrevista pessoal, cara a cara. Assim era possível relatar a experiência do encontro, o ambiente, gestos e o tom preciso das declarações, olho no olho.

O jornalismo de antigamente tinha uma estrutura cara de reportagem. A Caldas Júnior possuía mais de dez caminhonetes à disposição, todas Kombi, com o logo do Correio na porta da direita, a Folha da Tarde na esquerda e a Folha da Manhã nas laterais do utilitário. A Guaíba possuía viaturas específicas com rádio para a transmissão ao vivo e viagens da equipe esportiva.

O estacionamento onde ficavam as viaturas da reportagem e os carros dos diretores não existe mais. Foi feita uma ampliação do prédio, estrutura de cimento e vidros, nada a ver com o conjunto arquitetônico francês clássico do Edifício Hudson. Ficou um remendo modernoso.

Quando tinha compromissos pela manhã, Breno almoçava no restaurante do City Hotel, da família Kessler, da dona Ilza. Comia filé com algum acompanhamento simples, arroz e batata a vapor, salada e água mineral. Algumas vezes eram almoços de negócios, mas não mudava o cardápio. Possuía um pequeno apartamento de dois quartos no edifício Ouvidor, na Rua da Praia, ao lado do jornal, só para sestear nessas ocasiões. A limpeza ficava a cargo de uma faxineira fixa, não das serventes do jornal. No local recebia apenas o secretário particular para atender contas pessoais. Problemas da empresa eram tratados no gabinete. Não misturava nenhuma de suas atividades.

Ao fim da tarde, o doutor Breno retornava ao Arado, para jantar na companhia da esposa, na mesa da sala, o casal servido por copeira uniformizada, com toda a formalidade. Às dez da noite, estava de volta ao Correio, para examinar alguma matéria que ficara pendente, aguardando sua decisão pela publicação ou não. O famoso aval em caneta verde.

No Correio do Povo, nenhuma notícia ia para a oficina para composição sem a rubrica do editor-chefe Adahil Borges Fortes da Silva, o bispo num jogo de xadrez, o homem de confiança de Caldas. Ele era a garantia do padrão editorial. Nascido em 26 de junho de 1913, Adahil era três anos mais jovem que Breno. O acadêmico de Direito ingressou na redação em 1932, aos 19 anos de idade, quando o filho pródigo da dona Dolores ainda trabalhava na reportagem. Em razão desse fato, por terem sido colegas como repórteres, pelo resto da vida se trataram na segunda pessoa do singular, mas somente no contato pessoal. Quando Adahil se referia a ele com outra pessoa, usava a formalidade da cerimônia no tratamento, chamando-o de *doutor Breno*. "O doutor Breno determinou isso, determinou aquilo; o doutor Breno não gosta disso, não gosta daquilo". Jamais ostentou intimidade com o chefe.

Adahil trabalhou no Correio como repórter, redator e chefe de redação durante meio século, de 1932 a 1983. Dos raros jornalistas que teve dedicação exclusiva, nunca teve outro emprego paralelo. Somente trabalhou na Caldas Júnior, a fidelidade a Breno Caldas. Tinha um razoável salário, um belo apartamento na aristocrática Avenida Ganzo e uma flamante caminhonete Brasília azul na garagem do edifício. Era um conservador espartano.

Um ruído de comunicação interna deixou Adahil desgostoso e o levou a se demitir em caráter irrevogável em 1983, um ano antes do fechamento do Correio e alguns meses depois de comemorar seu cinquentenário na empresa. Havia se estabelecido uma disputa entre a nova geração, representada pelo secretário particular de Breno, o jornalista Edgar Lisboa, com coluna diária de Política, Panorama Geral, e o editor de operações, encarregado de fazer a capa, Amauri Mello, em conflito com a velha guarda, personificada em Adahil e Antônio Carlos Ribeiro. Caldas deixava rolar a queda de braço. As brigas pelo controle da redação do Correio enfrentadas pela mãe dele foram muito mais complicadas. Após a morte de Caldas Jr. em 1913 digladiavam-se Emílio Kemp e Leonardo Truda. Na Revolução de 30, a disputa foi dentro da família real, entre o enteado da dona Dolores, Fernando Caldas, e o irmão dela, Alexandre Alcaraz. Em 1983, Breno estava mais preocupado em salvar o jornal em crise do que fazer a mediação entre pendengas internas, até porque o verdadeiro poder ainda era exercido por ele; enquanto estivesse em seu gabinete.

Ao concluir o curso de Direito, Adahil passou a ser chamado de *doutor* pelos colegas, mas só exerceu o jornalismo, assim como Breno. Em 1952, a PUCRS lançou o primeiro curso de Jornalismo do Rio Grande do Sul, dois meses antes da Federal, e ele prestou vestibular e matriculou-se para prestigiar a proposta de aprimoramento da linguagem da imprensa, feita pela Escola Marista. Um louvável gesto de humildade. Em seu segundo curso superior, teve um bom aproveitamento em todas as disciplinas e conquistou as notas mais altas em História da Civilização e do Brasil, Técnica de Jornal e Radiojornalismo, como redator, naturalmente, porque tinha a voz baixa e rouca. Formou-se em 1954, na primeira turma da PUC.

De calça cinza e *blazer* marinho, sem gravata, Adahil chegava à redação no início da tarde. Os cabelos crespos grisalhos e o bigode. Assim o conheci. Comportamento metódico garantia sua compleição magra; parecia até mais alto, mas não devia ter mais do que 1m75cm. Colocava o casaco num cabide, atrás de sua mesa, e de camisa de mangas longas, os punhos abotoados, apenas o primeiro botão do colarinho aberto, permanecia até a rodagem do jornal, lá pela 1h da madrugada, quando uma Kombi da empresa o levava para seu apartamento no Menino Deus, onde residia com a esposa, décadas de casamento. O filho Clóvis, jornalista, já falecido, usava o sobrenome da mãe, Rezende, trabalhava na Rádio Guaíba e na Agência Nacional de Notícias. Nunca fez parte da redação do Correio do Povo, por pudor do pai, zeloso de sua biografia para não ser acusado de nepotismo.

Por volta das 21h, o doutor Adahil jantava na lanchonete da Maria, no segundo andar, não mais do que um balcão no corredor, os clientes sentados em bancos altos. Comia o *prato feito*, sem feijão, carne de panela, arroz e uma salada, às vezes um ovo frito, a refeição simples degustada com uma única garrafinha de cerveja Malzbier. A Maria se esforçava para atender seu mais importante cliente da melhor maneira possível, só sorrisos e cortesia, o que não acontecia com os demais fregueses, tratados com menor civilidade. Independente disso, eu gostava dela. Era uma senhora magra, cabelos tingidos de loiro e poucas palavras. Anos após o fechamento do jornal, a encontrei trabalhando numa lanchonete no centro, perto do jornal, e ela foi muito atenciosa comigo. Em nossas memórias um tempo que ficou para trás e não imaginávamos que seria tão significativo em nossas vidas.

Durante a janta do secretário de redação, menos de 30 minutos, os textos ficavam empilhados em sua mesa, à espera da liberação. No retorno, passava os olhos nos telegramas das agências de notícias, lia com mais atenção matérias autorais, corrigia imperfeições, cortava adjetivos, garantia a linha editorial austera e conservadora do Correio do Povo, como ele próprio era em sua vida pessoal. Na minha coluna policial diária, escrita no limite da ousadia e ironia, certa irreverência pitoresca ao manipular fatos criminais, ele nunca cortou ou trocou sequer uma palavra. Nem o doutor Breno jamais fez alguma objeção. Eu sabia o limite.

Na lauda do título, Adahil aprovava a reportagem com um "S" estilizado de seu sobrenome Silva. Eu sabia imitá-lo com perfeição, e ele reclamava da brincadeira, falsamente brabo. Balançava a cabeça e deixava ir para a oficina com minha falsa rubrica, feita sempre na frente dele em tom de zombaria, jamais por fraude. Adahil somente separava para o doutor Breno decidir alguma notícia ou artigo polêmicos. Um ou outro por noite.

Caldas era atento na leitura das matérias levadas a seu exame, corrigindo com caneta verde eventuais erros ou impropriedades vocabulares, por ferir normas da imprensa ou serem opinativas. Em caligrafia irregular igual à da maioria dos redatores e repórteres. Nossas letras são destruídas nas anotações rápidas, sem causar nenhum dano, pois o texto final era datilografado e hoje digitado. Ninguém "pega na pena" para escrever uma reportagem ou notícia.

Como todo o jornalista, Breno tinha suas idiossincrasias, vetando termos de que não gostava. Por exemplo, a palavra *orla*, tão em moda hoje, era proibida no velho Correio, porque Caldas a considerava pedante; o vocábulo deveria ser substituído por beira do Guaíba, margem ou praia. Já imaginaram o Estádio Beira-Rio, do Internacional, ser chamado de Orla-Lago, com base no entendimento "politicamente correto" de que o Guaíba não é um rio, mas um lago?

O engenheiro, navegador e Comodoro László Gyözo Böhm (1933-2005), nascido na Hungria, fugitivo do comunismo, ex-diretor do DMAE (Departamento Municipal de Água e Esgoto de Porto Alegre) ficava louco quando chamavam o Guaíba de lago. Durante anos ele foi presidente do Conselho Deliberativo do órgão, do qual eu participava, nos anos 1980, nas reuniões de terça-feira, às 14h, como representante da Associação Rio-Grandense de Imprensa (ARI). "Quem defende essa bobagem nunca navegou pelo estuário: corre no meio um rio caudaloso", irritava-se o doutor László, em seu português com forte sotaque húngaro. Acrescento eu: nem olhou o rio que cruza por baixo das duas pontes e na frente do Cais do Porto. Os que refazem a história quem sabe convençam os argentinos a trocarem o nome do Rio da Prata...

As pessoas hoje não correm mais "risco de vida", mas "de morte". Não dá para entender que é a vida que está em perigo? Paciência, a antiga expressão exige um mínimo de raciocínio e espírito poético. As vítimas não morrem mais, "vão a óbito". O doutor Breno iria enlouquecer.

Outra coisa que incomodava o imperador era o nome da travessia de quatro pontes dos rios Guaíba e Jacuí. Inaugurada no governo de Ildo Meneghetti como Travessia Régis Bittencourt, engenheiro rodoviário, teve o nome trocado para Getúlio Vargas pelo governador Leonel Brizola. Nos veículos da Caldas Júnior passou a ser chamada apenas de ponte ou travessia do Guaíba. Breno considerava um absurdo a troca de nome.

A Caldas Júnior chegou a imprimir um Manual de Redação para os veículos da empresa, em 1980, com apenas 20 páginas. A Folha da Manhã redigiu alguns anos antes, em 1974, um específico para o matutino, com uma bela ilustração de Edgar Vasques. Zero Hora, em permanente mutação, teve várias normas impressas. Coleciono outros manuais, como de O Globo, Editora Abril, e os dois mais completos, da Folha de S. Paulo e do Estadão, assinado por Augusto Nunes. O da Folha tem idiossincrasias absurdas, como tal coisa se escreve assim, mas a Folha escreve assado. Depois que usaram a palavra *despiora* na manchete, acabou. Na Faculdade de Jornalismo da PUCRS inúmeras vezes os professores de Redação foram pressionados pelo Departamento de Coordenação para redigirem um Manual, mas Marques Leonam e eu sempre fomos contra, e a proposta nunca andou. Considerávamos um erro definir uma maneira certa de escrever jornalismo, quando cada veículo deve buscar sua linguagem alinhada à proposta editorial e conexão com o público.

Na Caldas Júnior, as normas de redação iam além do Manual. O texto deveria observar o que "o doutor Breno não gosta", com a força inapelável dos Dez Mandamentos de Moisés. Havia até o "não cobiçar a colega", depois revogado. O Correio do Povo, a Folha da Tarde e a Rádio Guaíba tinham de se afinar à vontade do czar. Além dos repórteres, cada redação deveria possuir uma *cozinha* para unificar o texto final com correção, simplicidade e clareza. No Correio, cada setor tinha no mínimo um redator, como Salzano Vieira da Cunha (Política), Flores (Capa), Walny Soares (Polícia) Eloisa Kirsch (Economia), entre outros. Na Folha, o editor-chefe Manoel Albuquerque, magro e franzino, sempre de terno, mas sem gravata, fazia o controle do vespertino e havia copidesques como Nery Fogliatto (Nacional), Otacílio Grivot (Mundo), Amir Domingues e Campos Velho (Geral), João Alberto Pinto e Adroaldo Bacchieri (Polícia). Na Guaíba, o capitão Erasmo Nascentes, o policial Wilson Müller e Floriano Correa eram garantia de critérios e responsabilidade. Na Folha da Manhã a licenciosidade corria mais solta.

A limpeza e a clareza do texto são essenciais. Jornalismo é também cortar o supérfluo: fraturou as *duas* pernas. "Podem ser mais do que duas?" Essa quem me ensinou foi o doutor Adahil. O texto deve ser lógico, sintético e de fácil leitura. Eu dizia aos alunos em tom de zoada: quanto mais a gente corta, menos bobagem sai. Virou um mantra.

O doutor Breno aprovava a matéria pendente com um "B", com tinta verde. Caso vetasse, colocava a palavra "NÃO", assim mesmo, com letras maiúsculas, levemente trêmulas. A primeira manifestação de seu problema nos rins. Resolvidos os impasses, Caldas voltava para o haras, sozinho no carro, dirigindo sempre em baixa velocidade, os faróis riscando a noite. Descia para abrir a porteira, na beira da estrada, o motor do carro funcionando, as luzes acesas. Cruzava a entrada com o automóvel e retornava para fechar. Nas proximidades da casa, havia o portão de ferro da Santa Casa para abrir. Sem guardas, seguranças, porteiros, nada. Hoje, se Breno morasse com a família em lugar tão isolado, uma residência luxuosa no meio do campo e do mato, seria sequestrado ou assassinado. Não viveria naquele local durante mais de meio século. Eram outros tempos, mais civilizados.

Eu gostava muito de conversar no fim da noite com Adahil Borges Fortes da Silva, após o fechamento do jornal, aguardando a rodagem. Ele tinha a voz rouca, um pouco sumida; eram precisos ouvidos atentos para entender. Falávamos sobre os mais diversos assuntos, menos futebol, pois ele era gremista e eu colorado. Um acordo natural de cavalheiros. Contou-me que esteve uma vez em Alegrete para cobrir a ida de Eduardo Gomes em campanha presidencial. Na recepção, no aeroporto local, o meu pai aparece na foto, colocada no Face, em 2019, por Maurício Goldemberg (1929-2021), também presente na ocasião. Faleceu durante a pandemia.

O doutor Adahil era um sujeito moderado, educado, atencioso. Uma noite, em 1982, me revelou que iria completar 50 anos de Correio do Povo. Ninguém sabia; a efeméride não seria registrada. Repassei a informação para as minhas colegas de redação, a Lygia Nunes e a elétrica Sabrito, da Editoria de Variedades; só assim a data foi comemorada com um churrasco, sábado, no restaurante do antigo Estádio Olímpico, do Grêmio, time do coração do homenageado. Eventualmente, Adahil escrevia uma coluna sobre o tricolor assinada com o pseudônimo *Dom Luiz*, para não aparecer seu nome verdadeiro, por ser o editor-chefe. Fico pensando: ele deveria saber que o doutor Breno era colorado, talvez o único na redação, mas, naturalmente discreto, nunca revelou a ninguém.

Trabalhar a vida toda na Caldas Júnior, até a morte ou aposentadoria, não foi privilégio de poucos. Nos anos dourados da empresa os funcionários não eram demitidos. O mais emblemático jornalista do Correio do Povo foi Archymedes Fortini (1887-1973). Ele trabalhou 66 anos no jornal, até o último momento em que suas forças lhe permitiram, faltando um mês e meio para completar 86 anos de idade.

Pais italianos, o marmorista Ranieri e dona Clara, da região de Toscana, Archymedes nasceu na Argélia, na África. Tinha dois anos de idade quando sua família chegou ao Brasil, em 1889, durante a migração italiana. Instalaram-se primeiro em Juiz de Fora, Minas Gerais. Quando se mudaram para Porto Alegre, dez anos depois, em 1899, o menino tinha 12 anos. Além de estudar, fez cursos profissionalizantes em tipografia e taquigrafia no Instituto Pão dos Pobres para conseguir emprego. Trabalhou primeiro como tipógrafo numa gráfica e em 1905, aos 18 anos, o rapaz baixo, retaco, se tornou jornalista, ao ser admitido na redação do Jornal do Comércio. Demonstrou vocação, dedicação. Dois anos depois, em 1907, aos 20 anos, recebeu o convite para ir trabalhar no Correio do Povo. Breno nem era nascido. Fortini ajudou a redigir a trágica edição de 10 de abril de 1913, com uma tarja negra, que anunciava a morte de Caldas Jr.

Em 1.º de outubro de 1945, quando o Correio estava completando o Cinquentenário e havia todos os motivos para comemorar, porque a Segunda Guerra Mundial havia terminado no mês anterior, Breno chamou Fortini em seu gabinete. "Com licença, doutor Breno", apesar de ser mais velho ele lhe dava senhoria. "Entra, Fortini". Fez sinal para ele se sentar na cadeira na frente da mesa. "O Correio do Povo está fazendo 50 anos e estás aqui desde o tempo do meu pai; mereces toda a nossa gratidão e reconhecimento. Decidi te dar uma viagem à Itália, para participares da romaria ao túmulo de Santo Antônio, do qual és tão devoto, e terás direito à aposentadoria com salário integral." Ele ouviu em silêncio, limitou-se a dizer *obrigado* e saiu.

Pouco depois entrou no gabinete o secretário de redação Paulo Gouvêa, o jornalista mais elegante que eu conheci. "Doutor Breno, o Fortini está chorando, desconsolado." Caldas o acompanhou. O ítalo-argelino de 58 anos estava com a cabeça inclinada sobre a mesa, soluçando. O diretor se aproximou. "O que há contigo?" Perguntou. Ele levantou com lágrimas escorrendo pelo rosto, possesso. As faces rosadas, o semblante furioso. "Tu és um moleque!" A redação parou atônita; todos tratavam Breno com cerimônia, inclusive ele. "Te conheci um fedelho, que entrava aqui de mão com a tua mãe. Se o teu pai fosse vivo, tu não farias isso comigo." Breno primeiro se surpreendeu com a reação dele e depois se esforçou para não sorrir. "Entendi. Tu não queres te aposentar, pois então vais continuar trabalhando, e eu vou continuar te tirando o couro. Tua próxima missão é ir à Itália e voltar trazendo uma reportagem sobre a romaria ao túmulo de Santo Antônio." A viagem como presente estava confirmada. Fortini passou a mão no rosto e balbuciou: "Obrigado, doutor Breno". Voltou a tratá-lo, como sempre, com todo o respeito. Na volta, ele escreveu uma série de reportagens publicadas aos domingos no Correio do Povo e que depois foram reunidas no livro *O Poder da Fé em Santo Antônio*.

Archymedes Fortini sempre foi um homem de redação; começou no esporte do Correio e durante sua longa vida profissional no jornal realizou inúmeras tarefas nos mais diferentes setores. Para as edições de fim de semana escrevia crônicas. Seu tema preferido era a imigração italiana. Católico devoto, ele desempenhou funções de gestão no Pão dos Pobres, escola profissionalizante onde estudou, e no Hospital Santa Casa. Como todo o jornalista da época, teve também empregos públicos. Chegou a presidente da Associação Rio-Grandense de Imprensa (ARI).

Eu conheci Fortini em 1970, quando fui trabalhar na Caldas Júnior. Era repórter de polícia da Folha, mas sempre frequentei a redação do Correio, que era considerada o Olimpo, a residência dos Deuses na Macedônia, onde estavam os jornalistas mais experientes da Casa. Conversava com Lourival Vianna, editor de Ensino, Wilson Zin, Tito Tajes, Bruno Ferreira, encarregado do Interior e Santa Catarina, Jayme Copstein, Salzano Vieira da Cunha, da página de Política, entre outros. Referências para mim. A mesa de Archymedes ficava contra a parede, no lado direito de quem entrava na redação. A escrivaninha com pilhas de jornais, papéis e alguns livros.

Baixo, gordo, bem envelhecido aos 83 anos, viúvo duas vezes, quatro filhos, Fortini usava suspensórios, a cintura da calça escura lá em cima, pouco abaixo dos mamilos, camisa clara sem gravata, no verão de mangas curtas, voz de ancião. Suas lágrimas em 1945 eram para dizer que era isso que queria para sua vida: trabalhar no jornal de Caldas Jr. até o fim de seus dias, súplica prontamente atendida por Breno. O octogenário editava a página de Diversas, com informações úteis, desde o resultado das loterias até informações mais específicas, como abertura de concorrência para obras públicas, novas legislações, suspensão e demissão de funcionários, informações que ele tirava da leitura criteriosa dos Diários Oficiais. Na editoria de Polícia da Folha era comum nós recebermos informe do Fortini sobre demissão de policiais para aprofundarmos a reportagem. González me mandava em busca dos detalhes no Conselho de Polícia, para a montagem de uma matéria mais longa, com o relato de crimes ou arbitrariedades cometidos pelos agentes.

No fim de 1972, com a saúde mais debilitada, ele se convenceu de que tinha de trabalhar em casa. Meu sogro, Antônio Alves, era técnico no telex e soube que ele queria uma datilógrafa para ditar a coluna de necrológios, sua última atribuição no jornal. Sugeriu o nome de sua filha de 17 anos, que estava concluindo o segundo grau e tinha curso de datilografia. A Wolmy foi quem datilografou suas últimas matérias, em seu amplo apartamento na Rua 24 de Outubro, no bairro Moinhos de Vento, onde ele morava com uma governanta e uma cozinheira. Em pé, caminhando em volta, segurando os suspensórios, ele ditava com sua voz grave de idoso os necrológios para a jovem, redigidos numa antiga máquina de escrever, de teclas redondas. Os dedinhos curtos saltitantes. "Filho de fulano e fulana, nasceu...", ela lembra. As próprias funerárias enviavam o resumo; baseava-

-se também em cartas de familiares, informes de colegas e correspondentes do interior, acrescidos de sua longa experiência de quem conhecia detalhes da trajetória de vida, profissional e assistencial de todas as pessoas importantes nos mais diversos segmentos sociais, políticos e nas artes. A vida toda um homem de imprensa.

Um dia ela apareceu para trabalhar e recebeu a notícia: o senhor sofrera uma hemorragia de úlcera e estava muito mal. Fortini morreu em 13 de junho de 1973, Dia de Santo Antônio.

Outro notável jornalista que morreu trabalhando no Correio do Povo: João Otávio Nogueira Leiria. Nascido em São Francisco de Assis, em 1908, ele era filho de uma família tradicional de fazendeiros naquele município e em Alegrete. Advogado, vinculado ao Partido Libertador (PL), assinava artigos na imprensa como J.O. Nogueira Leiria. Quando o santa-mariense Walter Jobim (1892-1974) venceu o favorito Alberto Pasqualini, do PTB, e assumiu o Palácio Piratini em 1947, nomeou o doutor Leiria como seu chefe de imprensa.

Como porta-voz do governador, Leiria era obrigado a contatos frequentes com o doutor Breno. Gentleman e refinado, ele logo conquistou a simpatia do dono do Correio do Povo. "Vem trabalhar aqui como colunista", convidou Caldas. "Será uma honra", respondeu-lhe. Em pouco tempo era editorialista de confiança, junto com Adail Morais, cabeça branca, cabelos revoltos, e Carlos Rafael Guimaraens, mais jovem, progressista, culto, inteligente, cortês, sempre de gravata-borboleta. Conheci o "trio de ouro" da página de Opinião.

Outro jornalista emblemático do Correio do Povo foi o porto-alegrense Alberto André (1915-2001), de origem libanesa, signo de Sagitário. Formado em Direito e Economia, ele começou a trabalhar no jornal aos 26 anos de idade, coincidentemente durante a famosa enchente de 1941, que inundou o centro de Porto Alegre. Como um desiderato, dedicou sua atividade de jornalista e vereador por três vezes aos problemas da cidade. Trabalhou no Correio sempre como repórter durante 44 anos, até o fechamento definitivo da empresa em 1985. Publicava aos domingos uma longa reportagem de página inteira. Foi presidente da Associação Rio-Grandense de Imprensa (ARI) durante 34 anos, de 1956 a 1990. Ficou marcado positivamente como diretor da Faculdade dos Meios de Comunicação Social (Famecos), de 1970 a 1975, por ter construído, em sua gestão, o prédio 7 da PUCRS, destinado exclusivamente ao ensino da comunicação, quando o reitor era o irmão marista e engenheiro José Otão.

A posse do governador Jobim em 26 de março foi noticiada pelo novo matutino Jornal do Dia, que circulou em formato *standard* pela primeira vez em 23 de janeiro daquele ano de 1947, uma quinta-feira. O diário de orientação católica foi montado na Rua Duque de Caxias, 934, na frente da antiga Assembleia Legislativa, próximo do Palácio Piratini e da Catedral. Pertencia à Associação Católica da Difusão Cultural, organismo vinculado ao Episcopado. Uma orientação começava a crescer no Vaticano: a Igreja deveria investir nos meios de comunicação social, em veículos e faculdades para a formação de jornalistas cristãos. À frente da redação, para dar credibilidade, estavam os professores Armando Câmara (1898-1975), filósofo católico, reitor da UFRGS, de origem nobre, último morador do Solar dos Câmara, espaço cultural preservado próximo à Praça da Matriz, e Ruy Cirne Lima (1908-1984), jurista e intelectual. Como representante direto da Igreja no Conselho Editorial figurava monsenhor Vicente Scherer (1903-1996), que viria a ser bispo e cardeal. Com o apoio do clero nas paróquias da capital e do interior e assinaturas dos fiéis, o impresso circulou durante quase 20 anos, numa convivência pacífica com o Correio do Povo. Breno jamais realizou ações para aniquilar os concorrentes, boicotando ou comprando, numa característica do capitalismo predador, centralizador e não liberal, tão presente inclusive entre veículos de comunicação.

Apesar da clara orientação católica, o Jornal do Dia tinha um noticiário variado, editorias de mundo e de esportes, espaço para publicações legais como a página Diversas do Correio, crônica policial, espaço sindical, coluna social a cargo de Ruth Martins, cinema por H. Didonet, um suplemento em alemão na quarta-feira e outro de Agropecuária na quinta. A presença da Igreja via-se claramente na página de opinião, com articulistas como Tristão de Ataíde, o historiador Walter Spalding e a publicação da coluna A Voz do Pastor, que teve como redatores Vicente Scherer e o padre Augusto Dalvit. Quando fechou o Jornal do Dia, Breno Caldas abriu espaço para que a Voz do Pastor fosse publicada no Correio do Povo.

O Jornal do Dia teve 5.495 edições. Para compensar sua tiragem insuficiente para cobrir os custos, utilizava o tempo ocioso da gráfica para realizar impressos para terceiros. Décadas depois, Zero Hora usou o mesmo expediente ao criar o Comercial Gráfico, tendo à frente Anderson Cerva e Paulo Motta, com a impressão de pequenos jornais nos parques gráficos de Porto Alegre e do Pioneiro, em Caxias do Sul. O último diretor do JD foi Ruy Rodrigo Azambuja. Entre os repórteres se destacaram Pércio

Pinto, contratado pelo Diário de Notícias, professor da PUC, e Adão Carrazzoni, que também passou pelo jornal dos Associados e depois foi chefe de reportagem na Zero Hora, meu primeiro editor.

Na edição de 21 de dezembro de 1966, o matutino católico anunciou que deixaria de circular diariamente, para se tornar semanal, por questões financeiras. Duas semanas depois, em 11 de janeiro de 1967, informou que estava fechando definitivamente. Talvez por sua linha cristã e de direita, o JD é pouquíssimo referido na história da imprensa de Porto Alegre e na Universidade. Eu me incluo. Sabia da sua existência, mas pouco conheci de sua trajetória antes de pesquisar para escrever este livro sobre Breno Caldas e o meio jornalístico em que ele viveu.

Assim como o Jornal do Dia reservava a página dos editoriais para o proselitismo religioso, no Correio do Povo a página 4 de Opinião era nobre e sintetizava o pensamento do jornal. Tão importante que foi editada pelo próprio Breno Caldas durante quase meio século, com apoio de Antônio Carlos Ribeiro (1921-2012).

"Não havia nenhum ruído entre os editorialistas e o doutor Breno; eles eram conservadores", relata o procurador da República Luiz Carlos Leiria, filho de João Otávio. Fui colega do pai e do filho. Lembro-me da elegância de Nogueira Leiria, de terno escuro, gravata, lenço no bolsinho do paletó e chapéu. Invariavelmente de chapéu. No sábado, ao meio-dia, participava do drinque semanal dos jornalistas no Bar da Associação de Imprensa. Era um lorde e tratado pelos colegas com reverência.

Leiria trabalhou como editorialista até morrer, em 1972. O filho fazia reportagem policial junto comigo, eu pela Folha e ele pelo Correio. Ficamos amigos. Em 1973, ele procurou o doutor Breno, pedindo para ser demitido. Havia se formado em Direito e queria fazer carreira jurídica. "Precisava do Fundo de Garantia", me contou na noite de 8 de julho de 2019, por telefone. "Como eu vou demitir o filho do Leiria?" Esquivou-se Caldas. Ele se emociona até hoje com o apreço que o doutor Breno tinha pelo pai dele. Relutante, o czar acabou assinando a demissão. Luiz Carlos fez exitosa carreira como jurista, chegando a desembargador. Combinamos um chope.

Outros tantos trabalharam no Correio do Povo até a aposentadoria. Foi o caso do italiano Gentile, que era chamado de Gentil. Entrou jovem na oficina e ficou com os cabelos totalmente brancos, comandando com mão de ferro os gráficos que trabalhavam com lingotes de chumbo. Sua atividade exigia ser duro, ríspido, para manter a disciplina e o horário da rodagem do jornal, mas era capaz de sorrir quando falava de seu Internacional. Gentil ganhava relativamente bem, o que lhe permitia morar num bangalô classe média, numa travessa da Rua Silveiro, bairro Menino Deus, perto do antigo Estádio dos Eucaliptos, do Colorado. Para ir ao Beira-Rio eu continuei passando pela frente da casa dele, fazendo questão de cumprimentá-lo, quando ele já estava aposentado.

Aprendi com Antônio González a editar as páginas e ir até a oficina acompanhar a montagem. Lembro-me de imediato de dois linotipistas. Um deles era corpulento, cabelos grisalhos, origem italiana, aparentando 60 anos, conversador, sempre contando histórias de pescarias. Cuidava da preta linotipo dele como se fosse um carro, impecável. Brilhando. O outro era o Ivaldo Roque, um negro bonito, sorriso suave, dentes perfeitos; compunha textos no chumbo e dedilhava um violão. Era cantor da noite. A dupla jornada e a bebida para lhe arredondar a voz o mataram cedo.

Fiz amizade com inúmeros gráficos tanto na Caldas Júnior quanto na Zero Hora. Entendia a oficina como uma extensão da redação, a união estabelecida pelas tarefas de cada um. Assim como via na Universidade a cátedra, meios auxiliares e alunos como partes de um mesmo processo, numa relação de serventes, secretários, técnicos, professores, gestores e estudantes. A revelação mais primária da minha ideologia trabalhista. O respeito ao empregador, a fidelidade à empresa e a identificação entre os trabalhadores. Sei que uns se acham melhores que os outros em todos os locais. Aliás, nem a morte é capaz de igualar na ostentação dos túmulos.

Em 18 de julho de 1953, Breno Caldas chamou ao seu gabinete o editor de cultura Oswaldo Goidanich, para informar que o poeta Mario Quintana (1906-1994), um homem já de 47 anos, autor de traduções literárias e cinco livros de poemas, entre eles *Sapato Florido* e *Espelho Mágico*, estava sendo contratado como redator. "Para fazer o que quiser, quando quiser", desenhou. O tradutor de *Em Busca do Tempo Perdido*, de Marcel Proust, poderia traduzir telegramas em inglês e francês, idiomas que ele dominava, mas o importante era que tivesse um salário para viver e pudesse se dedicar à poesia. Atitude clássica de Mecenas, como Roberto Marinho em relação a Nelson Rodrigues, *O Homem Proibido*.

A mesa de Quintana ficava junto a uma janela da Rua da Praia, no fundo da redação, onde traduzia telegramas das agências internacionais e compunha poemas numa máquina de escrever, como um repórter que redigisse sua matéria, e rabiscava correções com caneta esferográfica comum distribuída gratuitamente entre os profissionais. Era obrigado a cortar a inspiração de um verso para receber visitas principalmente de escolares e grupos de senhoras, que iam conhecê-lo e ele tinha de responder às repetidas perguntas, com uma cortesia no limite do tédio, mastigando as respostas. Quintana não tinha muita paciência com a impertinência das pessoas e exposição pública.

Mario morou em apartamentos alugados na Rua Duque, depois na Riachuelo, entre outros endereços. Sergio Faraco relata em seu conto *O Ferreiro e a Forja*, no livro *Quintana e Eu*, uma recorrente piada de Quintana. Ele e Athos Damasceno (1902-1975) eram jovens e moravam na Duque. Quando um passava pelo outro, na calçada, repetiam a brincadeira: eu sou o melhor poeta da rua. Ambições de grandeza bem restritas. Um dia, Mario cruzou pelo amigo e lascou: "Reconheço que tu és o melhor poeta da Duque". O outro abriu um sorriso: "Enfim reconheces o meu talento". Maroto como sempre: "Nada disso, me mudei para a Riachuelo".

Como colunista do suplemento Caderno de Sábado e, depois, colaborador da quarta página do jornal, Faraco estava quase diariamente na redação e costumava conversar com Quintana. Sergio sentava-se numa mesa da Editoria de Cultura ao lado da ocupada pelo poeta. No livro dedicado a Quintana, o escritor transcreve cartas que recebeu do Mario. Em vez de tentar localizá-lo por telefone, ele escrevia para o endereço do amigo ausente. Numa delas, ele estranha a prolongada ausência de Faraco da redação. "Na verdade, eu continuava fazendo meu trabalho em casa, mas o entregava na sede da Embrafilme, onde o editor do caderno, Paulo Gastal, passou a fazer meio expediente", explicou-me Sergio em entrevista. Perguntei-lhe como foram seus encontros com Quintana depois do fim do jornal. "O fechamento do Correio do Povo não impediu meus encontros com o poeta e até pude vê-lo com mais frequência", relatou-me.

No início da década de 1980, mais de 70 anos de idade, as pernas fraquejando, pesadas, Mario não usava a escada de mármore. Subia de elevador até o terceiro andar para tomar café preto com pão e manteiga no bar da Maria. Pouco carboidrato e restrita proteína na rodinha de manteiga. Sentado num banco alto, no balcão, ficava olhando para o café, encantado como um poeta, até esfriar. "Quem pensa não casa!" Brincou certa vez Lauro Quadros, em diálogo ouvido pela Wolmy, que era revisora. "É por isso que eu continuo pensando..." Ele respondeu. Passado algum tempo, começava a beber o café frio com pequenos pedaços do pão, separados com os dedos antes de levar à boca. Inúmeras vezes bebi um cafezinho ao lado do Quintana, com o cuidado de não distraí-lo em suas divagações. Uma vez alguém me apontou e disse a ele: "Este aqui também é de Alegrete". Ele deu seu sorriso sacana e comentou quase sem abrir a boca: "Cheguei à conclusão de que tem mais alegretenses do que gente". Outro dia, comentou com o mesmo Lauro Quadros. "Eu gosto de te ver na televisão". O comentarista de esportes na TV Guaíba abriu um sorriso. "Que honra, poeta!" Mas logo perdeu a graça: "É que eu gosto de ver televisão sem som e tu fazes muitos gestos que me distraem..." Quintana era assim: sensível, irônico, ferino.

Solteirão convicto, ele teve muitas musas platônicas na vida, desde artistas do cinema, capas de revista no passado, a artista Bruna Lombardi e a fotógrafa Dulce Helfer na velhice. O poeta na maturidade, 62 anos de idade, mudou-se em 1968 para o já decadente Hotel Majestic, que teve seu auge na primeira metade do século 20, com passarelas sobre a rua, unindo os dois blocos, como alguns dos hotéis luxuosos no passado em capitais de diversos países. Meus avós Eduardo e Odith se hospedavam lá nos anos 40 e 50 quando vinham de Alegrete.

A localização do velho hotel próxima do jornal era conveniente para Mario e o preço razoável. Ele ficou morando lá até 1980, 74 anos de idade, quando o empreendimento faliu de vez. Os móveis do Majestic foram a leilão. O quarto do Quintana hoje está preservado. O prédio eclético do início do século 20 combinava elementos clássicos, renascentistas e neoclássicos, e foi encampado pelo Estado no governo de Pedro Simon. Hoje é a Casa de Cultura Mario Quintana, com a utilização de todas as dependências da antiga hospedaria, com salas de cinema e auditórios para debates, exposições, *atelier*, laboratórios de criação e acervos de arte.

Com o fim definitivo do histórico Majestic, Mario foi morar no Hotel Presidente, também no centro, que igualmente não existe mais. Em 1984, com a falência da Caldas Júnior, sem salário, ele começou a atrasar o pagamento do quarto e foi despejado. Ninguém ofereceu emprego para um velho poeta de 78 anos, quase octogenário. Mais triste que as três derrotas em sua tentativa de entrar na Academia Brasileira de Letras que tanto indignaram os gaúchos, perdendo para o educador Eduardo Portella em 1981, aos 75 anos de idade, e para os jornalistas Carlos Castello Branco, em 1982, e Arnaldo Niskier, em 1984. Houve uma quarta oportunidade em 1986: diante da repercussão negativa, a ABL ofereceu a vaga por unanimidade, mas o poeta de 80 anos não aceitou. A cadeira número dez acabou sendo ocupada por Lêdo Ivo. Mario e Erico, os expoentes do Sul, não chegaram à Academia.

Um dos filhos ilustres de Alegrete, junto com Oswaldo Aranha e Ruy Ramos, Mario morreu morando de favor no apart-hotel Royal, na Rua Marechal Floriano 631, centro da capital, em quarto com banheiro, cedido pelo proprietário Paulo Roberto Falcão, na época do oferecimento jogador do Roma. As instalações do hotel simples eram pequenas, mas o poeta não se importava com o reduzido lugar: "Eu moro dentro de mim mesmo", respondia resignado. Ficou residindo lá sem pagar até a morte. Belo gesto de Falcão, o jogador-símbolo do Internacional. Depois de Caldas, não houve nenhum mecenas em Porto Alegre. Eles ficaram com os leitores, a audiência da Caldas Júnior, mas sem o espírito magnânimo do doutor Breno.

Caldas foi fiador no aluguel de um apartamento para que um repórter da Folha da Tarde pudesse se casar. Conversei com Nelson Moura (1931-2021), por telefone, na noite de 21 de setembro de 2019, um sábado. A filha dele, Aline, também jornalista, foi minha aluna na faculdade e me forneceu o telefone do pai, então com 88 anos. Natural de Passo Fundo, ele veio para Porto Alegre em 1961 tentar a vida, junto com o radialista Maurício Sirotsky (1925-1986), antigo colega de colégio e amigo, que acabou se dando muito bem, construindo o império Rede Brasil Sul (RBS). As conquistas de Moura foram mais modestas, mas também dignas de louvor. Seu primeiro emprego na Caldas Júnior foi de porteiro, em 1961, aos 30 anos de idade. Atencioso, solícito, como sempre foi até chegar à plenitude dos 90 anos, ele chamou a atenção de Arlindo Pasqualini, o diretor da Folha da Tarde. Ao saber que o rapaz da portaria tinha segundo grau completo, o levou para trabalhar no vespertino. Primeiro como plantão da redação, atendendo telefonemas. Com as informações recebidas, passou a redigir as primeiras matérias, entregues ao editor Manuel de Albuquerque para correção. Em pouco tempo foi efetivado como repórter. Fez polícia, cobertura do Aeroporto durante dez anos e reportagem geral pela manhã, sempre na Folha. Prestou concurso público no DAER (Departamento Autônomo de Estradas de Rodagem), onde se aposentou como jornalista.

Fala mansa, respeitoso, Nelson teve coragem de pedir ao dono da empresa para ser seu fiador no aluguel de apartamento quando ia casar. "O doutor Breno concordou e assinou o contrato com sua caneta verde. Ao levar na imobiliária, o documento foi imediatamente aceito, passando na frente de outros pretendentes pelo imóvel; ninguém tinha um fiador melhor", sorriu Moura ao me contar.

Em 1962, quando já havia trocado a portaria da Caldas Júnior pela redação da Folha da Tarde, o envolvente e habilidoso Nelson Moura conseguiu que seu irmão Paulo, quatro anos mais moço, que trabalhava numa livraria na Rua da Praia, fosse admitido numa vaga de auxiliar de redação na editoria de Esportes do Correio. Os dois irmãos ficaram trabalhando na empresa, cada um num jornal, Nelson pela manhã, Paulo à noite.

Quando a CJCJ fechou, Nelson requereu sua aposentadoria no setor privado, continuando no emprego público até completar o tempo de serviço. Ao retornar a circulação do Correio do Povo, com novo proprietário, o irmão Paulo Moura voltou a trabalhar na edição de esportes do jornal. Morreu do coração em 2010, aos 80 anos de idade, sem nunca ter saído do jornal, com 48 anos de casa.

A Covid-19 levou Nelson Moura onze anos depois, em 20 de março de 2021. Ariano, faria 90 anos no dia 8 de abril. Com suas pernas finas e exercícios regulares de uma fisioterapeuta, ele andava pelas redondezas do Menino Deus sozinho. Na pandemia, tomava cuidados, usava máscara, de discutível eficiência para muitos médicos, passava álcool gel nas mãos, "mas não deixava de ir até a lotérica pagar as contas, fazer uma fezinha, tomar um café numa lanchonete", conta sua filha Aline. Acabou contaminado e não resistiu. Apaixonada pelo pai, ela se conformou: "Ele não iria suportar ser um velhinho".

O também ariano Dirceu Chirivino, que faz aniversário dia 12 de abril, aproveita a aposentadoria depois de trabalhar 40 anos no Arquivo Fotográfico do Correio do Povo, desde a época em que eram guardados clichês, depois pastas, contatos e filmes, ainda no tempo de Breno Caldas. Continuou como chefe do setor com os novos proprietários, participando da digitação de todo o acervo do jornal, num total de 52 anos dedicados à empresa. Atencioso, prestativo, Dirceu estava lá, no terceiro andar, disposto a auxiliar nas pesquisas dos repórteres com sua memória privilegiada. Sempre me recordo de uma piada do Dirceu. Quando começaram a surgir os motéis com refeições, hidromassagem, pista de dança e outros atrativos, ele balançava a cabeça: "No meu tempo eram somente para fazer sexo".

O último funcionário longevo foi Ema Reginatto Belmonte. Trabalhou mais de 50 anos na empresa, apenas uma interrupção, quando desempenhou o jornalismo em Brasília e o Correio estava fechado. Entrou em 1967 na Folha da Tarde, no último ano da faculdade, e permaneceu no vespertino até seu fechamento, em 1984. Fazia reportagem geral, especializada em trânsito. Na volta do Correio do Povo, em 1986, Ema foi aproveitada por Renato Ribeiro, no mesmo setor, resistiu por sua história e competência à passagem do controle para a Record e se aposentou em 2018, numa despedida na redação com aplausos e lágrimas dos colegas. E repercussão carinhosa nas redes sociais. Uma pessoa querida, amiga; impossível haver alguém que tenha queixa dela.

Ema fez parte da primeira turma da PUCRS com o nome Famecos, formada em março de 1965, e colou grau em dezembro de 67. Levei-a para um depoimento no Núcleo Memória da faculdade, do qual fiz parte desde o seu lançamento, em março de 2013, por indicação direta da pró-reitora de Graduação, professora Solange Medina Ketzer. Durante festa de confraternização de fim de ano dos professores da Universidade, em dezembro de 2012, conversamos sobre ícones da Faculdade de Comunicação, e ela se mostrou preocupada que estes personagens estavam se perdendo na memória. A amizade entre Solange e eu vem desde o tempo em que a Faculdade de Letras funcionava no segundo andar da Famecos. Ela era vice-diretora, conversávamos e bebíamos café no bar do prédio 7. E nutríamos uma admiração mútua pelos nossos diretores Irmão Mainar Longhi e Antônio González, meus parceiros de vida profissional e de cerveja.

A ideia de Solange era editar um livro digital com o passado da Famecos. Quando ela deixou o cargo, a proposta foi arquivada. Permanecem os textos que produzi durante quatro anos com exaustivas pesquisas e interessantes descobertas. O conhecimento da pesquisa histórica, que fui obrigado a adquirir, eu passei a utilizar na disciplina de Memória Institucional, para a qual fui convidado pelo Curso de Relações Públicas. Técnicas para a reconstituição do tempo passado também utilizei na literatura, ao elaborar meu segundo romance, *Sombras Douradas*, publicado em 2015, cujos personagens vivem no Renascimento, na Europa, no século 16, e na era da tecnologia no século 21, em Porto Alegre. Meu primeiro romance, de 2012, *Acrobacias no Crepúsculo*, é uma obra memorialista. Enquanto escrevia, pensava: se não interessar a ninguém, o tempo em que vivi não tem nenhum significado; afinal, não participei de guerras, nem de movimentos migratórios, exílios, não fui terrorista nem *hippie*. Felizmente, o livro foi bem aceito.

Raízes de uma empresa familiar permanecem no histórico edifício Hudson. Ex-funcionários da Caldas Júnior seguem trabalhando no Correio do Povo sob o comando da Record: Hiltor Mombach, no mesmo cargo de colunista e Editor de Esportes; Eloisa Kirsch no setor de Economia; Eugênio Bortolon, viajante pelo mundo, trabalhou até janeiro de 2022, como editor; e Renato Bohusch, funcionário do Arquivo, continua responsável pela coluna diária "Há um Século", que reproduz notícias divulgadas pelo jornal 100 anos atrás, mantida a ortografia da época. Resgate interessante e ilustrador.

Breno manteve todas as edições encadernadas, no Arquivo dos Jornais, num dos prédios antigos que possuía na Sete de Setembro, no outro lado da rua, o espaço cuidado por dois funcionários idosos, um senhor e uma senhora, magros, faces encovadas, salvos do passado. No mesmo sobrado funcionava a Associação dos Funcionários. Quando surgiu a tecnologia do microfilme, Caldas mandou reproduzir toda a coleção, em duas versões, o que facilitou a posterior digitação do acervo.

7. Classe especial

Breno preocupava-se diretamente não só com o conteúdo do Correio do Povo, mas também com a qualidade da Rádio Guaíba. Os dois veículos deviam ter a cara da Caldas Jr. A emissora não permitia *jingle*; toda a publicidade era lida ao vivo por dois locutores. A voz modulada era definida e treinada por José Fontella, nascido em São Borja; belo timbre, fina estampa, tornou-se apresentador de televisão. Marne Barcelos, da Rádio e TV Pampa, foi um dos locutores comerciais; ele lembrou no programa televisivo Atualidades, em julho de 2019. Em 2020 um AVC o matou. Destacaram-se, entre outros, Ronald Pinto, Ênio Berwanger e Mário Mazeron, os três já falecidos. O timbre padrão era quebrado, propositadamente, para reforçar a alternância, com a masculinidade de Euclides Prado ou a voz feminina de contralto de Leonor de Souza, mais tarde contratada para ler comerciais na Rádio Gaúcha. Ao perder Leonor, a Caldas Júnior descobriu na própria RBS TV, em Bagé, Maria Luiza Benitez, cantora nativista, uma das vozes mais marcantes do cancioneiro gaúcho. Sua bela voz continua até hoje na Guaíba.

Sem a hegemonia e o brilho do passado, a rádio segue diferenciada. Jurandir Soares, remanescente da editoria de Mundo da Folha da Tarde, no início da década de 1970, se mantém trabalhando no jornal e na emissora, especialista em política externa. Os departamentos de notícias e esportes continuam fortes, mas não lideram mais como no tempo do doutor Breno.

Em 2019, a Guaíba perdeu para a Bandeirantes o lendário Rogério Mendelski, que trabalhou no Correio da Manhã, do Rio, foi correspondente do Estadão em Porto Alegre, um dos talentos da Folha da Manhã e estrela da TV Guaíba. Ele é um dos que atestam que Breno conhecia e acompanhava o trabalho de todos os jornalistas da Caldas Júnior. "Uma vez ele passou por mim, com o suéter nos ombros, como ele usava, e me disse que estava gostando dos meus *escritos* na Folha da Manhã", relembrou Rogério, no programa Valvulados, na Rádio Press, com Júlio Ribeiro, dia 13 de janeiro de 2020. (Júlio hoje tem o programa Boa Tarde, Brasil, na Guaíba). Mendelski chegou a redigir até o horóscopo da Folhinha. Sempre moleque e bem-humorado, ele descobriu qual era o signo do Tonho Caldas, diretor do matutino, e mandava recados para ele: "Dia bom para dar aumento aos funcionários".

Mendelski comandou o programa canhão de audiência da Rádio Gaúcha pela manhã, da líder RBS, passou pela Rede Pampa, voltou à Guaíba e ao Correio do Povo e atualmente apresenta o programa Primeira Hora, na Rádio Bandeirantes. Um dos ícones da minha geração. No regime militar, ele era dos raros repórteres que lia o Manual do Exército e por isso sabia quem eram os generais quatro estrelas que podiam ser presidentes da República, antecipando escolhas em suas matérias exclusivas para o Estadão, feitas em Porto Alegre e com repercussão em todo o País.

Em longos espaços na manhã e à tarde, na antiga Guaíba, o "Trabalhando com Música" alternava apenas três propagandas com duas composições seguidas, preferencialmente orquestradas com conjuntos internacionais, tipo Glenn Miller, Paul Mauriat e Franck Pourcel. Eram rodados cantores estrangeiros ao nível de Frank Sinatra, Charles Aznavour, Shirley Basscy e Johnny Mathis, e as fases *country* e romântica de Elvis Presley, sem preocupação nenhuma com "paradas de sucesso". Também rolava *jazz* e *blues* executados pelas grandes orquestras e grupos musicais. A bossa-nova aparecia no piano, contrabaixo e escovinha da bateria do Zimbo Trio e na banda de Sérgio Mendes. Entre os cantores, a música brasileira com influência do *jazz* era mais programada na voz redonda do cantor Dick Farney do que na sussurrada de João Gilberto, questão de preferência do discotecário Fernando Veronezi. O vocal MPB-4 interpretava Chico Buarque, cuja voz não passava no crivo do exigente programador musical. O samba tradicional estava presente, numa preferência por Miltinho, Elza Soares e Cauby Peixoto sem muita afetação. Ao final de cada bloco, o locutor identificava as composições executadas, nomeando os autores, intérpretes, orquestra ou banda e, eventualmente, trilhas sonoras de filmes.

Veronezi, que trabalhou desde o lançamento da Guaíba, vindo da Farroupilha, tinha suas idiossincrasias: programava Julio Iglesias e jamais Roberto Carlos, a não ser em execuções dos Velhinhos Transviados. Os dois são cantores românticos com qualidades equivalentes no juízo dos críticos. No carnaval, ele abria espaço para marchinhas do passado e sambas-enredos históricos. Na Sexta-Feira Santa ou Dia de Finados, rodava música sacra. A ideia era se identificar com o espírito do ouvinte e em hipótese alguma agredi-lo com uma canção desproposidada para o momento vivido.

A rigorosa seleção somente era quebrada no programa Discorama, das 13 às 14h, com Osmar Meletti, que entrevistava ao vivo, no estúdio do terceiro andar, cantores e bandas que vinham a Porto Alegre realizar *shows* e aproveitavam para anunciar os lançamentos de discos, dando oportunidade de divulgação na emissora, com ênfase na MPB. Na saída, os convidados passavam pela redação da Folha da Tarde, no segundo andar, para uma entrevista com Osvil Lopes. Meletti morreu de insuficiência renal, depois de uma longa luta sem se afastar do microfone, pele tristemente amarelada; lembro-me dele entrando ou saindo do prédio da Caldas Júnior. Seu substituto Paulo Deniz mostrou-se mais aberto no agendamento de entrevistados, com a apresentação, às vezes, de cantores e composições impensadas para o padrão Guaíba; tipo: jovem guarda e música brega.

O Rio Grande acordava com as declamações do *payador* e poeta missioneiro Jayme Caetano Braun (1924-1999) na Guaíba, e "Teixeirinha Amanhece Cantando" na Farroupilha, com Vítor Mateus Teixeira (1927-1985) e Mary Terezinha. A comparação não carrega nenhum preconceito, Jayme foi um ícone do folclore latino-americano e Teixeirinha, mais povão, deixou algumas músicas antológicas no cancioneiro regional, como *Querência Amada, Tordilho Negro* e *Tropeiro Velho*, mas serve para exemplificar a sofisticação da emissora da Caldas Júnior, sua *classe especial* em todos os horários e segmentos.

O rádio FM, que surge nos Estados Unidos em 1933, somente chegou a Porto Alegre meio século depois, em 1972, na Rádio Itaí, com música orquestrada. *Música de elevador*, dizia-se antigamente. Na grande reformulação da empresa, em 1980, com o fechamento da Folha da Manhã, demissões e reorganizações, Breno Caldas criou em 22 de fevereiro a Guaíba FM 101,3, migrando para o novo sinal a música e as propagandas lidas por locutores. Na AM 720 ficou o jornalismo e esportes, 24 horas de notícias, entrevistas, programas especiais, documentários e comentários, numa época em que a concorrente Gaúcha ainda apresentava à tarde entretenimento, telefonemas, o locutor conversando com os ouvintes, e música brega, até o início da década de 80.

Trinta anos depois da divisão da Guaíba em duas emissoras, AM e FM, o jornalismo e o esporte passaram a ser transmitidos em 2010 nos dois sinais, acabando com a Música da Guaíba, um segmento forte de bom gosto, nunca mais contemplado em Porto Alegre, apesar de algumas tentativas malogradas da Rede Pampa e da RBS. A diferença não era a Guaíba em si, mas Fernando Veronezi, que não tocava nenhum instrumento nem cantava, fumava o tempo todo, a fumaça encobrindo os olhos, mas tinha ouvidos exigentes por som classe A. O fim da Guaíba FM matou de desgosto o programador musical de 85 anos, rigoroso e obstinado. Tive o privilégio de ser professor da filha caçula dele, a Márcia, jornalista.

Guardo com carinho a placa que ela me entregou em nome da turma, na noite de formatura, como Professor Homenageado, em 1996. Na cerimônia, foi a última vez que vi o pai dela, meu colega lá atrás, na Caldas Jr. Conversamos rapidamente entre felicitações. Os velhos guaibeiros, como eu, ficaram sem rádio para ouvir, tão órfãos do Veronezi quanto a Márcia.

Eu sintonizava a Guaíba FM em viagens, dirigindo, ou escrevendo livros em casa, 100 kW na antena, transmissão límpida. No sábado à noite, bebia vinho ouvindo o programa da Magda Beatriz, com informações culturais e seleção musical do Veronezi, que aceitava, *numa boa*, sugestões *mais modernas* da apresentadora, ela contou em entrevista na Rádio Press, em 2020. Novas alternativas foram abertas pelo rádio na *web*, com música segmentada em diversos estilos em todos os continentes. Posso ouvir música regional latino-americana na Nacional Folklorica de Buenos Aires e o cancioneiro gaúcho na Nativa FM de Santa Maria, quando estou com nostalgia do pampa. Mas a *música da Guaíba* nunca mais.

A chamada militar em edição extraordinária do Correspondente Renner, na voz forte e cadenciada de Milton Ferretti Jung (1935-2019), eletrizava o Rio Grande do Sul, à espera da divulgação de alguma tragédia. Tínhamos calafrios. Havia dois horários fixos diários, às 9h e às 20h. Milton era também locutor esportivo, identificado com o Grêmio e narrou o gol mil de Pelé, no Maracanã, contra o Vasco, em 19 de novembro de 1969. Ele faleceu 50 anos depois, em 2019, aos 83 anos.

Ao meio-dia havia a resenha Rádio Notícias Folha da Tarde, durante 15 minutos, e à noite, o Grande Jornal Correio do Povo, uma hora de duração, com Euclides Prado. Em 1970, a Guaíba abriu um concurso para descobrir uma nova voz para os noticiários. O comunista Lauro Hagemann (1930-2015), o antigo Repórter Esso da Rádio Farroupilha, deputado estadual eleito pelo MDB, em 1966, e cassado no ano anterior, 1969, se inscreveu humildemente. Ao saber, Breno Caldas mandou acabar com a promoção e contratá-lo de imediato. Lauro passou a apresentar Rádio Notícias Folha da Tarde. Fechada a Caldas Júnior, ele fez carreira política como vereador, tendo origem no PSB. Não voltou a conseguir emprego como locutor.

Os bastidores da notícia, busca de informações, coordenação dos repórteres e edição dos boletins na Guaíba ficavam a cargo da dupla Florianinho e Florianão, como se fossem cantores sertanejos. Floriano Soares, negro e baixo, sorriso cativante, cordial, e Floriano Correa, alemão alto, vozeirão retumbante, ex-sargento do Exército. Os dois sob a supervisão geral do capitão Nascimento, mais idoso, pele clara, franzino, convicções de aço, disciplinado e disciplinador.

Florianinho protagonizou uma bela história de amor na empresa. Os envolvimentos entre colegas eram proibidos, mas a partir da década de 1970 plenamente liberados pela abertura natural dos costumes, a despeito do regime militar. Ele se apaixonou pela Maria Regina Paz, pele azulada de tão clara, voz macia, cabelos castanhos bem lisos, longos, olhos de mel, setorista da Folha da Tarde na Câmara de Vereadores, casada com um colega da redação, da editoria de Economia. Amor correspondido. Andavam enamorados pelos corredores da Companhia ou jantando no Restaurante Copacabana, típico italiano, no início da Getúlio. Ambos casados, eles largaram tudo para viverem um tórrido e rápido romance. Maria Regina morreu pouco tempo depois; o coração a traiu.

Na ala feminina da Guaíba destacaram-se Ivete Brandalise, cronista e entrevistadora na área cultural, e Tânia Faillace, criativa produtora de programas dramatizados com sonoplastia. Além, claro, das inigualáveis locutoras Leonor de Souza e Maria Luiza Benitez. Na segunda fase da Guaíba, já sob o comando do empresário Renato Ribeiro, suas tardes eram abrilhantadas por Maria do Carmo.

No jornalismo, a audiência máxima da emissora, liderança absoluta, foi atingida com o Programa Agora, de Flávio Alcaraz Gomes (1927-2011), o primo de Breno, repórter internacional, com entradas ao vivo de correspondentes na Europa e Estados Unidos. No futebol, supremacia total na voz do locutor titular das jornadas esportivas Ipiranga, Pedro Carneiro Pereira (1938-1973). Advogado e publicitário, ele narrava os jogos com os repórteres Lauro Quadros, irmãos Lasier e Lupi Martins, Edegar Schmidt e João Carlos Belmonte, o comentarista Ruy Carlos Ostermann e o plantão de estúdio Antônio Augusto. Depois veio a voz incomparável de Armindo Antônio Ranzolin, narrador de futebol na Rádio Farroupilha. Lasier e Lauro se tornaram comentaristas.

Breno só deu oportunidade a três estrelas do esporte da Guaíba para escrever no Correio do Povo. Ali era o seu santuário. O único que teve coluna diária foi Lasier Martins; somente muitos anos depois ele admitiu torcer pelo Internacional. O futuro senador entregava o comentário esportivo diretamente ao diagramador Paulinho, sem passar pelo editor. As 40 linhas sem nenhuma rasura. Seguramente passava a limpo para entregar o texto impecável, como o doutor Breno esperava dele.

Na edição de domingo, Milton Ferretti Jung, o Correspondente Renner e locutor esportivo gremista, publicava uma crônica no caderno de esportes e Belmonte assinava coluna de tópicos alimentada pelo seu trabalho de repórter atento e bem informado. Lauro Quadros teve espaço de *insight* esportivo na Folha da Manhã e depois na Folha da Tarde, sempre procurando equilibrar as interpretações entre Grêmio e Inter, que dividem os gaúchos, apesar de ele ser aparentemente tricolor. Quando ele foi para a Gaúcha, passou a publicar coluna semelhante na Zero Hora e com a mesma prudência. Sua preocupação foi admitida em Seminário sobre Crônica Esportiva, promovido pelo Instituto de Letras da PUCRS, no qual fui debatedor.

A emissora criada por Breno para ser apenas um suporte na divulgação dos jornais acabou se tornando uma de suas iniciativas mais lucrativas, mesmo com o alto custo da programação, com repórteres no exterior, viagens e ligações internacionais caras na época, antes da Internet. Flávio na faixa dos 40 anos, quando eu o conheci, era excêntrico, diferenciado. Vinha das viagens de coturnos, uniformes de combate e atravessava os corredores da Caldas Jr. com passadas fortes, em cadência militar. Dramático, Alcaraz era muito melhor no rádio do que em reportagens escritas para o Correio do Povo. Repetições que usava para dar ênfase aos fatos funcionam muito no discurso oral, não na linguagem escrita. Em sua casa, o correspondente de guerra tinha uma coleção de armas e granadas de antigas batalhas, me contou Edmundo Soares, ao retornar de uma visita de solidariedade quando ele se envolveu em terrível incidente.

Flávio matou a tiro de espingarda calibre 12, cano serrado, na cabeça, a estudante Maria José Alberton e Silva. O crime ocorreu numa madrugada de domingo, à 1h, 11 de abril de 1976. A garota namorava dentro de uma Brasília estacionada na frente da mansão do jornalista, cercada de árvores e folhagens, a bandeira do Brasil tremulando num mastro, numa rua deserta do Morro Santa Tereza, Rua Sinke, na capital gaúcha. O radialista chegou de táxi de um jantar na casa de amigos, na companhia da esposa, Maria Clara, e ordenou ao motorista da pequena caminhonete, o jovem médico Paulo Eduardo Freitas, que saísse da frente de sua casa. O casal entrou na residência e como o automóvel não se afastou, Flávio retornou armado. "Eu sofria muitas ameaças", explicou mais tarde à polícia.

Na versão de Alcaraz, durante a discussão com o médico, o cano bateu na capota e a arma disparou. O motorista estava recostado para trás, no banco do volante, e a carga de chumbo acertou em cheio no rosto da moça, que olhava a cena de frente. O médico arrancou a Brasília em alta velocidade, conduzindo a namorada gravemente ferida ao Hospital de Pronto Socorro (HPS), onde ela faleceu enquanto recebia os primeiros atendimentos. Flávio se apresentou no plantão do Palácio da Polícia.

No dia seguinte, as edições de segunda-feira da Folha da Manhã e da Folha da Tarde saíram com uma pequena nota em duas colunas, com o mesmo título (Tiro de espingarda mata jovem) e o mesmo texto, em que o autor é identificado como Flávio Gomes. Supostamente porque o sobrenome Alcaraz é também de Breno Caldas. Não há como definir se a decisão foi do próprio Breno ou dos prepostos na suspeição de que ele não gostaria de ver seu sobrenome envolvido no crime. Na Caldas Júnior, a interpretação do que "o doutor Breno não gosta" era muito subjetiva. O certo é que o Correio do Povo, que não circulava nas segundas-feiras, saiu na terça com a notícia em duas colunas, na página de polícia, com repercussão do sepultamento da vítima no Cemitério São Miguel e Almas com grande acompanhamento, e o nome do autor do crime completo, Flávio Alcaraz Gomes.

O assassinato rompeu de vez o relacionamento entre os dois primos. Breno não se referia ao incidente, mas Flávio acusava Caldas de tê-lo julgado e condenado antes de qualquer pronunciamento da justiça. Ele foi afastado de imediato de suas funções e logo demitido. Toda vez que Alcaraz se referia a Breno era com extremo desprezo e ojeriza.

Três anos e quatro meses depois, em 28 de agosto de 1979, uma terça-feira, Flávio Alcaraz Gomes enfrentou o Tribunal do Júri de Porto Alegre, a partir das 14h, sob a presidência do mitológico juiz Luiz Carlos Castello Branco dos Santos. Foi acusado pelo promotor Amaro Borges Moreira e o advogado Amadeu Weinmann, representando a família da vítima, e defendido pelo advogado Eloar Guazzelli, defensor de presos políticos e deputado federal pelo MDB. O julgamento começou com o depoimento de testemunhas e de peritos em criminalística e armas. Os debates entre a acusação e a defesa somente iniciariam à noite, segundo as estimativas. O doutor Breno telefonou no final da tarde para o secretário de redação da Folha da Tarde, Edmundo Soares. "Pelas previsões, o resultado do júri do Flávio somente vai ser divulgado pela Folha da Tarde", comentou. "Sim, tudo indica, doutor Breno", respondeu Edmundo. "Quem está fazendo a cobertura para a Folha?" Ele quis saber. "Para nós, somente o Tibério", informou. "Está bem", aprovou laconicamente. "Alguma orientação, doutor Breno?" Ele não gostava de ser explícito, mas abriu um precedente: "A reportagem deve ser publicada no espaço que precisar".

Saiu em duas páginas. Flávio condenado a 12 anos de prisão. Por unanimidade, 7 a 0, o conselho de sentença decidiu que ele era culpado pela morte de Maria Alberton e por 5 a 2 foi reconhecida a tentativa de homicídio contra o médico. O depoimento do perito que garantiu que o dispositivo de segurança da arma Rossi não dispararia sem apertar o gatilho com uma força superior a 1 kg de pressão, foi definitivo para a sentença, derrubando a versão da defesa de "disparo acidental, sem dolo".

Após a oitiva das testemunhas, assisti aos debates entre a acusação e defesa, e fui para a redação da Folha da Tarde redigir a matéria. Haveria uma pausa entre os trabalhos. Retornei ao tribunal a tempo de acompanhar o final da réplica e da tréplica, aguardar o veredicto dos jurados e a leitura da sentença às 6h17min de 29 de agosto, quarta-feira. Voltei ao jornal. Redigi o primeiro parágrafo e o último do texto principal e dei a reportagem como encerrada. Estava exausto, tenso; foram 16 horas de júri. Escrevi cada palavra com cuidado, isenção, fidelidade, sem ressentimento nem subserviência, como imaginava que o doutor Breno esperava de mim ao dar aval para eu realizar, sozinho, a cobertura para a Folha da Tarde, o jornal que daria o resultado do julgamento antes de todos. "Queres assinar?" Perguntou González. "Não, não vou assinar matéria contra jornalista"; respondi; tinha consciência de que estava escrevendo a minha história. Não trocaram nenhuma palavra no texto. O conteúdo não foi submetido para análise superior. A aquiescência de Caldas para que eu fizesse a cobertura do júri era suficiente a todos. No dia 30, quinta-feira, o Correio do Povo publicou uma ampla matéria na última página e mais detalhes na editoria de polícia, os dados retirados da minha reportagem na Folha, sempre tratando o réu de Flávio Alcaraz Gomes.

Dez anos depois do crime, de 1986 a 1988, fui colega no 5.º andar da Reitoria da PUC do irmão mais velho de Maria Alberton, o procurador Geraldo Coelho e Silva, ex-diretor da Faculdade de Direito. O jurista era advogado do reitor e eu assessor de imprensa. Ficamos muito amigos, conversávamos na sala do cafezinho, junto com as secretárias, e jamais falamos do assassinato.

O destino teve um acerto de contas com o festejado e polêmico Alcaraz, autor de reportagens na Rádio Guaíba e no Correio do Povo que foram publicadas em livros, a Guerra dos Seis Dias em 1967 (*Morrer por Israel*), o levante dos jovens em maio de 1968 em Paris (*A Rebelião dos Jovens*), e a construção da Transamazônica em 1970 (*Transamazônica: a Redescoberta do Brasil*), fatos que presenciou. Dois anos após o veredicto dos jurados, superados os recursos da defesa, Flávio cumpriu dois anos de pena, de 26 de junho de 1981 a junho de 1983. No Presídio Central de Porto Alegre, escreveu memórias do cárcere, *Prisioneiro 39310*, e ainda na cadeia passou a trabalhar na concorrente, a Rádio Gaúcha, com boletins transmitidos da cela. Deu a volta por cima, foi âncora de prestigiado programa na televisão local, morrendo aos 84 anos em plena atividade, trabalhando ao lado da filha Laura, que foi minha aluna. Seu filho Alcides, o nome do avô, é juiz militar.

Na véspera de completar 80 anos, estudantes do Jornal da Manhã da faculdade foram entrevistá-lo em 2007 por minha sugestão. Perguntado sobre o que esperava do futuro, respondeu: "A única certeza é que vou fazer 80 anos". Ele foi atencioso com os universitários. Ficou uma boa entrevista de página inteira na contracapa do jornal-laboratório em formato *standard*. "Não perguntem sobre o crime, já se passaram mais de 30 anos, ele cumpriu pena e tem direito ao esquecimento", orientei os alunos.

Automobilista de *stock-car*, piloto do Opala n.º 22, Pedro Carneiro Pereira morreu aos 35 anos de idade, em acidente no Autódromo de Tarumã, em Viamão, RS. Eu estava na social do Estádio Beira-Rio, em jogo do Internacional contra o São Paulo, naquele domingo à tarde, 21 de outubro de 1973. Uma tarde quente e ensolarada de primavera, e bom público nas arquibancadas, sem estarem lotadas. A notícia de sua morte causou um silêncio tão absoluto no estádio que o juiz, sem saber o motivo, parou o jogo, imaginando que alguma coisa muito grave tinha acontecido. Armindo Antônio Ranzolin, que narrava o jogo na Guaíba, havia pedido no ar para o plantão de estúdio, Antônio Augusto, checar todas as fontes antes de dar a informação, já transmitida pela linha de serviço. Em instantes veio a confirmação. Pedrinho estava morto. A torcida calou, estarrecida. Ele era torcedor do Grêmio, absolutamente isento, o retrato da Caldas Jr., e os colorados o amavam. A Guaíba passou a transmitir música sacra. Samuel de Souza Santos, no microfone da Gaúcha, registrou. "Estamos com audiência total, neste final de domingo, porque morreu Pedro Carneiro Pereira, da Rádio Guaíba", a partida continuou, o jogo terminou 2 a 2.

8. Linguagem e conteúdo

Em sua obsessão pelo Correio do Povo, o jornalista Breno Caldas era rigoroso não só com o conteúdo, mas com o texto em si: não devia conter erros de ortografia e pontuação, além de apresentar linguagem discreta e objetiva. Mas ele também acompanhava diariamente os outros jornais da empresa, FM e FT, com formatos alternativos e liberdade para ousadias e promoções, até oposição política, para diversificar o público-alvo.

Breno lia as matérias principais dos dois tabloides da Caldas Jr. e procurava identificar os jornalistas que se destacavam, para eventualmente levá-los para o Correio. Uma vez ele passou por mim num corredor e murmurou: "Tibério, holofote tem H". Eu fiquei surpreso. Não tinha a menor ideia de que o doutor Breno lia as minhas reportagens na Folha da Tarde e muito menos que havia decorado o meu nome. Engasguei um grunhido envergonhado. Não aguentei. Passei atestado de analfabeto, mas revelei o incidente na redação (lá na página estava o erro, que vexame!) "A partir de hoje meu copidesque é o doutor Breno", zombei da minha própria ignorância.

Meu colega Marques Leonam Borges da Cunha, Professor Emérito da PUCRS, gostava tanto da história que a repetiu por toda a vida acadêmica, diante das mais diferentes plateias, inclusive em solenidades de formaturas, acrescentando detalhes imaginosos, tão verossímeis, que até eu ficava na dúvida se de fato ocorreram, chorando de rir junto com o público. Adoro histórias contra mim: mostram ao ego nossa vulnerabilidade. O jornalista Plínio Nunes costumava dizer: "Aprendi muito com o Tibério; tudo o que ele faz, eu não faço".

Fui levado para a Folha pelo meu professor Antônio González, editor de polícia, e tive a oportunidade de indicar também alunos, inúmeras vezes, quando passei a lecionar na mesma faculdade. Destacaram-se dois estudantes de Jornalismo que eu levei para o vespertino: Nilson Mariano, posteriormente repórter premiadíssimo pela Zero Hora, e Carlos Gerbase, que abandonou a imprensa para se tornar um dos cineastas mais respeitados do País. Fico grato porque ambos lembram com frequência meu pontapé inicial.

Gerações se alfabetizaram e desenvolveram o vocabulário lendo o Correio. Pessoas recorriam às páginas do matutino para ver como se escrevia determinada palavra. "Procura no Correio do Povo", conselho repetido a gerações no Rio Grande do Sul antes de qualquer consulta ao dicionário. Essa referência era um dos desafios permanentes perseguidos pela redação, por orientação expressa de seu proprietário.

Na entrevista a Pinheiro Machado, Breno lembra que quando era adolescente e estudava no Colégio Anchieta, um colega contava um filme do Carlitos, que acabara de assistir. Ao chegar na cena em que o protagonista folheava um jornal, o menino descreveu: "aí o Carlitos abriu o Correio do Povo". O relato singelo do amiguinho deu a dimensão da importância do jornal que seu pai criara e que ele teria de tocar em frente quando crescesse.

Os textos de capa, resumo das principais matérias em 20 a 10 linhas, tinham de ser impecáveis. No último ano do Correio do Povo, fui o redator, antes de ser promovido editor de Nacional. Os editoriais e artigos de fundo eram submetidos a duas revisões, para evitar que na correção o linotipista pudesse cometer outro erro. Mesmo assim, aconteciam os equívocos, claro. No texto impresso, o "erro zero" deve ser um objetivo, mas raramente alcançado. O resultado final dependerá da qualificação do autor, da atenção e de evitar pequenas vaciladas inerentes à pessoa. Substratos de distração. Escrever nos ensina a humildade; nós vamos cometer erros. Pode acreditar. E o erro impresso em papel é tão eterno quanto em bronze, não se perde ao final da mensagem no rádio ou na televisão, ou pode ser facilmente corrigido como no meio digital. Fica para sempre na folha amarelada. Ensinamento que passava aos alunos.

O Correio procurava ser um jornal robusto, com conteúdo. Publicava longas reportagens aos domingos e cadernos especiais. O primeiro encarte foi o "Correio do Povo Rural", em 1958, em formato tabloide, que circulava nas sextas-feiras, junto com a edição *standard*. Era semelhante aos suplementos argentinos do segmento. Tinha redação separada, numa sala no terceiro andar. O diretor do caderno, Júlio Duarte, era um dos homens de ferro de Breno Caldas, dos poucos funcionários que privavam de sua intimidade, depois da morte de Pasqualini. A equipe agregava experimentados profissionais, como Geraldo Kessler e Luis Noeli, o Cachorrão, e novos repórteres, como Eduardo Teixeira e Marinória Osório. O fotógrafo preferencial era Edgar Planela e diagramador o Suíço, com uma mancha no rosto e a boca calada. Nas horas vagas diagramava na Folha da Tarde.

Os repórteres e redatores do Rural produziam matérias para a edição diária e para o suplemento. O foco no agronegócio, na produção, comércio interno e exportação, com ampla cobertura regional, nacional e no exterior da agricultura, pecuária, fertilizantes, defensivos, maquinário, feiras, exposições e debates do setor. Destaque para gado, soja, arroz, trigo, milho e viticultura, produtos essenciais da economia gaúcha e do Sul, do Paraná para baixo, área de abrangência da circulação do periódico. Abria espaço para a indústria voltada ao campo, remates de animais e entidades do setor, que respondiam ao apoio com noticiário privilegiado e anúncios. O suplemento rural se pagava com a propaganda veiculada em suas páginas.

O escritor alegretense Alcy Vargas Cheuiche iniciou como colaborador do caderno em 1964, quando fazia pós-graduação em Veterinária na França e cobriu para o Correio Rural os Salões de Agricultura de Paris de 1964/65. "O doutor Breno gostou do meu trabalho e abriu espaço para eu escrever semanalmente uma coluna de crônicas intitulada Cartas de Paris", recorda o escritor em entrevista concedida na manhã de sol de 10 de dezembro de 2019, em sua biblioteca de trabalho, de onde avista da janela o Parque Moinhos de Vento, em Porto Alegre. É autor dos romances *O Mestiço de São Borja* e *O Velho Marinheiro – A história da vida do Almirante Tamandaré*, entre tantas obras, além de ser professor em narrativa literária. Somos primos e foi uma conversa muito agradável sobre Caldas. Ele sublinhou a importância que Breno dava para o agronegócio, não só pela criação de um caderno para dar destaque ao setor, mas por outras ações concretas. "Ele cedeu espaço, em prédio do Correio do Povo, para a instalação do primeiro laboratório da vacina da febre aftosa; estava preocupado com a saúde e a qualidade genética não só de seus rebanhos como da pecuária gaúcha", sublinhou.

Apesar de ser profundo conhecedor da área e interessado por ter fazendas dedicadas à agricultura e pecuária, o doutor Breno não opinava sobre a pauta do Rural. Limitava-se a exigir cobertura do arremate anual que promovia no Haras Arado, somente com gado da raça Devon. Nessas ocasiões, indicava o repórter que desejava que fizesse a matéria. Era sempre Eduardo Fehn Teixeira, que ingressara no suplemento aos 19 anos de idade, ainda durante a faculdade de Jornalismo na PUC, e ganhou a confiança do dono do jornal. O fotógrafo era o Planela, profissional competente, miúdo, elétrico, muito louco e desbocado. "O retratista das vacas é a mãe", ninguém resplandecia tanto ao pronunciar um palavrão.

O corredor do terceiro andar da Caldas era um cenário de guerra, ou melhor, de brincadeiras perigosas, pela localização do Laboratório Fotográfico e da sala da Fotografia e seus alegres profissionais no retorno das pautas. Entre eles, os jovens acelerados Paulo Dias e Floriano Bortoluzzi e os veteranos ainda mais loucos, Edgar Planela e o espanhol José Abraham, diante da perplexidade do conciliador chefe Alberto Etchart. No caos, a fleuma de Baru Derkin, o comportamento de João Carlos Rangel e a responsabilidade de Milton Carvalho, que chegava ao Departamento Fotográfico às 6h, para render o plantão da madrugada da polícia, o Prego (Valmoci Vasconcelos). Surgem novos fotógrafos talentosos, como Adolfo Gerchmann, judeu, que se tornou *gourmet* de casas sofisticadas, falecendo em junho de 2022, aos 69 anos, de ataque cardíaco num quadro de Covid. Uma vez o Planela pegou a vassoura da faxineira e tentou acertar alguém que vinha do outro lado do corredor. O alvo esquivou-se e atrás caminhava o doutor Breno. Rápido, o presidente da empresa também conseguiu se desviar do petardo. Eu assisti à cena, apavorado. Nada aconteceu ao Planela, afinal ele era, sim, o retratista dos touros Devon do Arado.

Na verdade, Breno jamais demitiria um funcionário por suas brincadeiras, por mais desagradáveis e radicais. Tinha senso de humor não só quando contava piadas a bordo do iate Aventura. Nos anos 70, tornou-se uma febre colocar rabos de papel nos colegas, fixados com clipes ou durex. Achava aquilo ridículo, como os trocadilhos, que desprezo. Eduardo Teixeira jura que botaram rabo até no doutor Breno, e ele, ressabiado, passava a mão nas costas antes de entrar na redação, interagindo na brincadeira, sem tomar atitude drástica.

Eduardo era jovem e atlético, e o Júlio Duarte o convocava para acompanhá-lo quando ia ao banco sacar dinheiro. Uma tarde, desciam os dois pelas escadas de mármore e encontraram o doutor Breno na saída do elevador. "Aonde vocês vão?" Ele perguntou. "No Banrisul", Júlio respondeu. "Então eu vou junto", Caldas estava saindo com o mesmo destino. No retorno, os três passaram por dois funcionários que saíam com estranhos carregamentos. Um levava lingotes de chumbo e outro uma lata de gasolina. "Estão te roubando", comentou Júlio. "Deixa pra lá", Breno tinha mais problemas para se preocupar, acabara de vir do banco.

Breno e Júlio, dois senhores idosos, já haviam sido assaltados no centro e procuravam tomar precauções. "Eles costumavam ir ao Mercado Público comprar azeite de oliva e outros produtos importados", relembra Eduardo. Havia obras ao redor do Mercado para a troca do encanamento hidráulico e do esgoto. Para atravessar os valos abertos, tinham sido colocadas pequenas travessias de madeira. Quando eles foram cruzar uma, notaram uns pivetes suspeitos do outro lado. "É melhor não", disse Caldas. O menino risonho no outro lado procurou tranquilizá-los. "Pode passar doutor". Relutantes, eles foram. Outros pivetes se aproximaram pelas costas, e eles foram facilmente assaltados. Perderam todo o dinheiro e naquele dia tiveram de desistir das compras, como muitos transeuntes do centro histórico de Porto Alegre até hoje. Ao retornar à redação, Júlio Duarte relatou a desagradável experiência e lamentou que naquela tarde o Eduardo, atleta das novas academias, não tivesse ido junto, como segurança deles.

O Correio Rural é uma referência na vida profissional de Eduardo Teixeira, assim como está presente em sua memória afetiva. Ele destaca que o suplemento não só reproduzia a realidade, problemas e reivindicações do agronegócio gaúcho, como tinha a linguagem do homem do campo, "legítimo representante da cultura regional", sublinhou. "Nada era parecido; quando o Correio do Povo fechou e com ele o Rural, perdeu-se o elo do campo através da imprensa", lamenta. Os jornalistas do caderno eram especialistas; "sabíamos tudo sobre agronomia e veterinária para reproduzir as informações e análises numa linguagem acessível", disse. Ele lembra que Caldas exigia que o Correio não errasse nomes de entrevistados e cargos, "era um erro imperdoável que podia determinar a demissão". Na Expointer, era uma tradição: edição especial com a foto de todos os animais vencedores e o nome de seus proprietários e cabanhas. Assim os laços com os produtores eram reforçados. Nós da fronteira, de Alegrete e Quaraí, torcíamos pelos touros e carneiros da Cabanha Azul como se fosse um time de futebol.

A Zero tentou fazer frente com o caderno Campo & Lavoura, publicado no mesmo dia, mas nunca conseguiu desbancar o Rural. Apesar de ter um programa na televisão com o mesmo nome para alavancar a edição impressa, sofria de um erro de origem. As matérias reproduziam a lógica da televisão, com reportagens lúdicas, como apicultura, cultivo de rosas, criação de chinchilas, sem uma pauta voltada ao agronegócio. Publicava reportagens com enfoques interessantes e insólitos, como são as coberturas dos eventos do ruralismo na TV, histórias humanas da agricultura familiar, sem ir fundo na realidade estrutural do setor. O Correio Rural continuou soberano.

Quando a Caldas Jr. fechou, Eduardo Teixeira foi contratado em 1985 para o Campo & Lavoura para levar sua experiência de 15 anos de Rural. Assim como eu e tantos outros do Correio do Povo e da Folha da Tarde ingressamos na Zero. "Aguentei três anos, o editor era um crítico de cinema, entendia tudo de filmes e nada de agronegócio". Hoje Eduardo tem sua própria agência, a Ciranda, e edita há 20 anos o jornal Angus@ newS. Ao conversar comigo por telefone, na noite de 12 de julho de 2019, estava trabalhando até tarde para finalizar uma edição com 64 páginas. "O Angus é o que há de mais parecido com o Rural no Rio Grande do Sul", declarou orgulhoso.

A página de turfe era outro setor imexível do Correio. Seu último editor foi Nestor Cavalcanti de Magalhães, já falecido, tendo como repórter Adroaldo Guerra Filho, hoje o Guerrinha da Rádio Gaúcha, e Mário Mazeron, narrador de turfe e locutor comercial na Guaíba. Nestor, um sujeito elegante, cordato, trabalhava também no Jockey Club e era encarregado de todos os negócios envolvendo os cavalos do doutor Breno. Homem de inteira confiança. Em entrevista por telefone, na tarde de 13 de agosto de 2019, após o término do programa Sala de Redação, no qual ele é um dos debatedores, Guerra contou que só tem boas lembranças do antigo Correio do Povo. "Ganhávamos por quinzena", sorriu. "Em dinheiro vivo dentro de um envelope, até com as moedas", completei. Ele considerou uma justa homenagem eu escrever sobre Breno Caldas.

Aficionado por turfe até hoje, Guerra dormia às dez da noite e acordava às 5h30min para assistir aos treinos no Hipódromo do Cristal, no tempo em que era repórter do Correio. Os treinamentos são realizados apenas na parte da manhã, no máximo até as 10h. "Tínhamos de acompanhar a preparação dos cavalos importantes para fazer indicações para o fim de semana"; os leitores se baseavam muito nas informações do jornal para fazerem as apostas. "Era muita responsabilidade", completa. Apesar de ser proprietário dos melhores PSI do turfe gaúcho, o doutor Breno nunca encomendou uma única matéria sobre seus cavalos, assegura o antigo repórter. "Ele curtia a página, gostava, mas não tinha a mínima interferência", referenda.

O repórter Mazeron, dado a chiliques, detestava o tratador dos puros-sangues do doutor Breno, Erandil Lopes. "Ele era um homem do interior, caladão, e o Mazeron falava demais", explica Guerra. Certa vez, ao redigir uma matéria sobre um craque do Haras Arado, Mario escreveu entre parênteses após o nome do tratador Erandil (cavalo), dito seria ca-va-lo, na certeza de que o editor iria cortar o substantivo que funcionava como adjetivação. Mas o responsável pela página, que naquele dia não era o Nestor, desatento ou por confiar no texto do repórter, lendo rápido, deixou passar. Não há dúvida de que Breno leu a reportagem, pois falava de um potro dele, mas nada aconteceu ao Mazeron. O tempo contornou a animosidade, e o sensível e linguarudo repórter se tornou amigo do *cavalão*.

Outro suplemento emblemático do Correio do Povo foi o Caderno de Sábado, produção cultural com ênfase em literatura, história, arquitetura, artes plásticas, teatro, espetáculos de ópera, música erudita em geral. Eu era um leitor cativo. Os editores culturais Paulo Fontoura Gastal (1922-1996), parecido com Chaplin e aficionado por cinema, e o gigante Oswaldo Goidanich (1917-1995), morto por um garoto de programa, vinham tentando convencer o doutor Breno da importância de lançar um caderno de leitura no fim de semana. No dia 28 de setembro de 1967, uma quinta-feira, ele chamou os dois em seu gabinete. Foi curto e claro. "Vamos fazer o caderno que vocês querem a partir de sábado". Gastal e Goidanich levaram um susto. Olharam-se como se um perguntasse ao outro: como vai ser? Era assim que Caldas decidia. Agiu, intempestivamente, na criação da Folha da Tarde em 1936 e no lançamento da segunda edição do vespertino em 27 de junho de 1974, a Final, para enfrentar o Hoje, que a RBS preparava em demorado planejamento secreto que acabou vazando; jornalista é boca grande.

"Qual será o nome, doutor Breno, Caderno de Cultura?" Perguntou Goidanich com sua voz de barítono. "Não, muito erudito e restritivo, Caderno de Sábado, o óbvio", decidiu. Pessoas podem não entender, mas Caldas levava muito a sério o nome do jornal criado pelo pai dele, Correio do Povo. Os editores responderam positivamente ao desafio. Em 48 horas o primeiro exemplar do suplemento, em formato tabloide, foi produzido e rodou encartado no jornal na edição do dia 30, com crônica de Clarice Lispector; estreia melhor seria impossível.

O Caderno de Sábado se tornou uma referência. O suplemento cultural não tinha espaço físico próprio na empresa, como o Rural, porque seus textos eram produzidos por colaboradores que na maioria escreviam em casa, cercados de livros para poderem consultar. Em todas as edições, a página 2 trazia uma poesia inédita de Mario Quintana, este sim com mesa na redação.

Um dos textos mais cultos do Caderno era o do doutor Paulo Gouvêa, em página inteira, com uma diagramação leve e de bom gosto, como seu conteúdo. Ele escrevia como se vestia: com elegância, ternos cinza-claro, gravatas azuis. Chegou a ser secretário de redação no passado, mas atualmente trabalhava em *home office*, como se diz modernamente.

O doutor Gouvêa aparecia na redação com o artigo já escrito com caneta Parker, numa letra pequena, arredondada, bem legível; ele não conseguia raciocinar na máquina de escrever. Entregava o texto diretamente ao secretário de redação, Antônio Carlos Ribeiro, funcionário do jornal desde 1940, formado em Direito e Jornalismo pela UFRGS. Óculos de lentes grossas, aros negros, pele morena, cabelos crespos alisados com creme perfumado, rosto bem barbeado, boca grande, lábios grossos, ombros, braços e punhos de pugilista, ele erguia com nervos de aço a leve capa de sua máquina portátil Remington para datilografar o texto do colaborador antes de enviá-lo à diagramação e oficina para compor. Torcedor do Internacional e galante com mulheres bonitas, ele era discreto. Como todo o marido de bom senso, temia a esposa ciumenta.

A pequena Remington ficava numa mesinha auxiliar, junto da mesa que Ribeiro usava para trabalhar durante mais de dez horas, diariamente. A maioria da redação usava Olivetti e poucos redatores tinham direito a máquinas exclusivas. Ele percorria pela manhã seu emprego público na Companhia Estadual de Energia Elétrica (CEEE), era advogado da empresa, e passava o resto do dia, até a noite, na redação do Correio do Povo, quase sempre de terno e gravata, às vezes com elegantes camisas de mangas longas, de grife. Produzia a última página, com notícias locais e regionais, auxiliava o doutor Breno na edição da página 4 de Opinião, e ainda desempenhava o cargo de subsecretário da redação, logo abaixo do doutor Adahil.

A página Opinião abria à esquerda com o editorial principal, seguiam-se outros dois secundários e pequenos *sueltos*, notas opinativas sobre os mais variados assuntos e abrangência. Naquela página, o jornal se posicionava sobre todos os assuntos relevantes, estilo New York Times, descrito no livro *O Reino e o Poder*, de Gay Talese. O procurador e historiador Sérgio da Costa Franco (1928-2022) tinha uma coluna de 20 linhas, pequena crônica analítica, paginada em uma coluna. A página 4 ainda publicava artigos de figuras sociais, políticas e econômicas. No rodapé, o Correio do Leitor (cartas enviadas à redação). Quando do fechamento do Correio, ele se tornou editorialista e articulista da Zero Hora.

Em suas atribuições diárias, Ribeiro não usava máquina de escrever. Com letra grande irregular, redigia com uma caneta esferográfica as legendas das fotos e os títulos, nas laudas, contando os caracteres e espaços com tracinhos para conferir o número máximo definido pela paginação. Ele usava a máquina somente duas vezes por semana: para passar a limpo o artigo do doutor Gouvêa na quinta, numa deferência especial, e escrever sua crônica dominical na sexta-feira, na coluna Ribalta das Ruas, vencedora várias vezes do Prêmio ARI de Jornalismo, promovido pela Associação Rio-Grandense de Imprensa.

Autor de *Ferro em Brasa*, entre outros livros de crônicas, indiquei a obra aos meus alunos, Ribeiro tinha um texto lírico, bem diferente de sua aparência de lutador de boxe peso pesado. Tinha restrições a ele, mas não deixava de admirar suas qualidades. Passadas de um elefante e o bater de asas de uma borboleta, criando vácuos, onde deslizam partículas do tempo. Nutro a sensação de que os nossos sentimentos eram recíprocos, atenuados pelo fato de ambos sermos colorados. Eu assinava minha coluna na página de polícia do Correio apenas com as iniciais (T.V.R.) e ele sugeriu que eu colocasse o nome completo, numa gentileza. "Não Ribeiro, obrigado pelo reconhecimento, mas assim está legal", respondi. "Quem me conhece, me identifica", brinquei. Na verdade, eu continuava experimentando, havia definido um estilo, mas ainda procurava um formato mais homogêneo e original para a crônica.

Entre os articulistas regulares do Caderno de Sábado, base de sua garantia de qualidade, estavam Francisco Riopardense de Macedo, engenheiro e urbanista, especialista em história do Rio Grande do Sul, e os veteranos jornalistas Guilhermino César e Rivadávia de Souza. O suplemento trazia também intelectuais reconhecidos na cidade, como Moysés Vellinho, Paulo Hecker Filho, Décio Freitas e Armindo Trevisan. Abria espaço também para os novos talentos, como Assis Brasil, Alcy Cheuiche, Sergio Faraco, Carlos Nejar e Sergius Gonzaga. Antônio Hohlfeldt, repórter da editoria de cultura, também publicava entrevistas e críticas culturais.

Assim como fez com Mario Quintana em 1953, o mecenas Breno Caldas autorizou em 1965 a contratação do romancista e poeta Alcy Cheuiche, como colaborador do Rural, e três anos depois, em 1968, o contista Sergio Faraco, como funcionário do Caderno de Sábado. Os três tinham em comum, ainda, o fato de coincidentemente terem nascido em Alegrete. O trio somente saiu da empresa quando o jornal foi à falência, em 1985.

No começo, o material enviado pelos colaboradores era selecionado por Oswaldo Goidanich. "Era para ele que eu enviava inicialmente contos e outras matérias", relata Faraco em respostas dadas por *e-mail*, em 1.º e 2 de dezembro de 2019. Em pouco tempo, P. F. Gastal passou a coordenar o suplemento por ficar mais tempo na redação. Ele tinha uma longa jornada na empresa. Além de ser o editor de cultura do Correio, escrevia a coluna Bric-à-Brac no jornal, com informações curiosas, pensamentos curtos e poesias, e ainda redigia a página de cinema na Folha da Tarde, com o pseudônimo de Calvero, o palhaço de Chaplin. Por cultivar o mesmo bigode recortado do artista e cineasta, fazendo uma paródia crítica de Hitler, Gastal era parecido com o próprio pseudônimo.

"Nos últimos anos eu auxiliava o Gastal, fazendo a seleção dos contos recebidos e mantendo uma coluna, *Lugar do Conto*, em que comentava os textos que seriam publicados e explicava por que outros não o seriam", o autor de *Dançar Tango em Porto Alegre* e *A Dama do Bar Nevada*, entre outras obras de sucesso, acabou desistindo do trabalho porque lhe tomava muito tempo "justamente na época em que eu produzia minha melhor ficção", explica o escritor Sergio Faraco. Foi substituído por José Eduardo Degrazia, que manteve o título da coluna até o fim do caderno, em 1981, devido ao corte de gastos que a empresa começou a realizar, com o fechamento da Folha da Manhã no ano anterior e lamentáveis demissões de colegas.

Faraco destacou a força que o caderno cultural do antigo Correio do Povo dava para a literatura e inclusive aos novos autores. "A divulgação de títulos de autores jovens era tão frequente quanto de obras de autores já bem conhecidos e admirados", relatou. "O Caderno de Sábado chegava a publicar eventualmente artigos e trechos de livros de ficção antes mesmo da edição do livro, de modo que seu lançamento passava a ser aguardado com certa expectativa"; ele sublinha que as resenhas das obras, quando lançadas, "não eram meros registros, eram matérias de página inteira, com as fotos correspondentes". Em sua opinião, "tempos melhores, mais propícios", proporcionados pelo suplemento, "para quem começava a escrever". Hoje há uma pequena confraria de escritores referendados pela imprensa gaúcha, acrescento eu. Uma ação entre parceiros com cadeado fechado. Só metendo o pé na porta.

Para Sergio Faraco, não existiu na história cultural do Rio Grande do Sul "publicação mais relevante que o Caderno de Sábado, em grande parte devido à amplitude pluricelular que lhe dava o excepcional editor que foi Paulo Gastal". Ele cita que as páginas do semanário incorporavam todas as manifestações da cultura: literatura, teatro, cinema, pintura, história, arquitetura, etc. "No caso da literatura, teve um papel cardeal no surgimento e no crescimento de autores gaúchos que hoje estão ou estariam com seus 70 ou 80 anos", acrescentou.

A publicação semanal deixou de circular em 10 de janeiro de 1981, dentro de toda uma política da empresa em crise para economizar papel. Os colaboradores do caderno com vínculo na empresa, como Quintana, Goidanich e P. F. Gastal, entre outros, continuaram na Editoria de Cultura. Sergio Faraco já publicava artigos na página de Opinião editada pelo doutor Breno e seguiu vinculado ao jornal. "Cheguei a conversar com o doutor Breno três ou quatro vezes, uma delas pouco antes de o jornal fechar", porque "ele centralizava muito a administração da empresa".

Em março de 2014, voltou o Caderno de Sábado no Correio do Povo, sob a orientação do escritor Juremir Machado da Silva. A pauta se tornou quase sempre temática, com motivação datada, os assuntos abordados por especialistas, intelectuais, escritores e acadêmicos. Traz longas entrevistas feitas por jornalistas com pensadores, artistas e cineastas nacionais e internacionais, valendo-se da circulação de Juremir no exterior, em especial na França. Em 2022 ele foi afastado da empresa.

Na reestruturação da Caldas Júnior em 1981, Walter Galvani voltou à direção da Folha da Tarde, em 30 de março. Ele havia sido o último diretor da extinta Folha da Manhã, em 1980, e desde então editava a página de Diversas do Correio do Povo, no passado sob a responsabilidade do Fortini, com informações legais e úteis. Nessa época, Galvani deixou um bilhete para o paginador: "Se o resultado da loteria não vier até as 22h, azar, não publica". O bilhete foi publicado no outro dia no lugar dos números sorteados.

Três semanas após Walter assumir a direção da Folha, o vespertino foi às bancas, em 20 de abril, com uma nova estrutura gráfica. Em 12 de janeiro de 1982, mudou o *layout* novamente. O jornal ganhou novo logo e outras mudanças na paginação. Jornais em crise estão sempre transformando a diagramação e descuidam de rever o conteúdo. O projeto elaborado por Luiz Adolfo trouxe fios pretos pesados. O doutor Breno chamou Galvani em seu gabinete à tarde e mandou reduzir a intensidade dos fios com a utilização do tom cinza. Caldas também sabia de artes gráficas e opinava sobre tudo. A capa ficou de fato mais leve no dia seguinte.

Os artigos da página de Opinião, editada pelo doutor Breno, eram entregues ao Ribeiro. Eventualmente, Alcy Cheuiche, um dos colaboradores contratados, se encontrava com Caldas na redação. "Ele próprio me convidava a entrar em seu gabinete, para comentar novidades do meio rural"; nessa época, o escritor tinha uma fazenda. Uma das conversas entre os dois rendeu o artigo *Com um olho na fumaça do charuto*, publicado no Correio em outubro de 1980 e depois no livro *O Planeta Azul*.

Transcorria o segundo semestre de 1937. O governador Flores da Cunha entrara em rota de colisão com o governo central. Havia o boato de que ele poderia ser demitido. Getúlio Vargas pensava mais longe. Planejava um golpe de estado, que seria decretado em 10 de novembro. Com o país em ebulição, Breno Caldas conseguiu uma audiência privada com o presidente, no Palácio do Catete, no Rio, no início do mês de outubro de 1937, em plena efervescência política e preparação do Estado Novo, que manteve Getúlio no poder até 1945. Queria sair do encontro com uma notícia exclusiva para o Correio do Povo. Trecho da crônica publicada por Cheuiche:

"O Presidente recebeu-me com grande amabilidade. Sorridente, o indefectível charuto ao alcance dos lábios, logo começou a sabatinar-me sobre a situação política gaúcha. Respondi a tudo na ponta da língua. Tracei-lhe um quadro atual e realista de tudo que se passava. Ele me ouvia atento e logo colocava outra pergunta. Quando pareceu satisfeito, criei coragem e desfechei-lhe a minha:

– Presidente, o senhor vai mesmo derrubar o General Flores?

Ele deu uma longa aspirada no charuto e deixou a fumaça fugir para o teto, acompanhando-a com um olho, enquanto o outro não se despregava de mim. Depois de alguns segundos em que pareceu mergulhado em total alheamento, perguntou-me delicadamente:

– Breno, como vai passando a tua mãe?

Breno reconheceu que foi uma pergunta ingênua e inapropriada. Dias depois, em 17 de outubro de 1937, Flores era deposto pelo comandante do III Exército, general Daltro Filho, e seguia para o exílio em Montevidéu.

Cheuiche entregava a coluna para o Ribeiro na quarta-feira e no dia seguinte era publicada. Uma não saiu. Era uma crítica a Delfim Netto, ministro da Agricultura em 1979. Deixou passar mais um dia e na sexta-feira foi até o jornal para saber por que seu artigo não fora publicado. No corredor para a redação, encontrou Caldas por acaso, que saía. "Como estás, Cheuiche?" Cumprimentou-o. "Chateado, doutor Breno, o senhor censurou o meu artigo". Ele abriu a porta secundária de acesso ao gabinete, que ficava no meio do corredor, e fez sinal para que Alcy o acompanhasse. Passaram pela sala de estar anexa para receber convidados e entraram no gabinete. Pegou em sua mesa o artigo vetado e devolveu-o ao autor. "No Correio do Povo não se deve escrever com raiva, mas com inteligência", disse.

A explicação curta e dura para o veto calou fundo em Cheuiche. "Eu repito a frase até hoje para os meus alunos; é um ensinamento perfeito"; o colunista reescreveu o texto com sutileza e Breno o publicou com o título *O caminhão de repolhos*, incluído mais tarde no livro *Na Garupa de Chronos*. Uma crítica irônica ao ministro, especialista em economia, não em agricultura.

Por exagerar na retórica, o jornalista Érico Valduga foi demitido por Breno Caldas naquele ano dramático para muitos profissionais, 1981. Repórter da Folha da Tarde desde 1968, ele editou turfe e depois política, substituindo o decano Joseph Zukauskas, profissional reconhecido, que também trabalhava na Sucursal do Jornal do Brasil em Porto Alegre. Como redator da editoria, Érico indicou Marcelo Villas-Bôas, que fez longa carreira no jornalismo político, em especial na Assembleia Legislativa, e hoje é escritor. "Ao contrário do que pode parecer, quando eu editava turfe raramente falava com o doutor Breno", proprietário dos melhores cavalos da cidade; "nossos encontros se tornaram mais frequentes quando passei a ser responsável pelo noticiário político", me revelou Valduga por telefone, em 29 de janeiro de 2020.

Ele está aposentado depois de longa atividade como jornalista, na Folha da Tarde, editor da revista Granja, superintendente de comunicação na Assembleia e comentarista da Televisão Educativa (TVE). Mora, sozinho, numa fazenda de morros e Mata Atlântica, em área preservada e monitorada; "não posso cortar uma árvore", no distrito de Guabiroba, a 9 km de São Francisco de Paula. Faz as lidas do campo e cozinha, sem nem peão para ajudá-lo. Completo ermitão. Anda com dor num dos joelhos pelo trabalho duro. "Colhi um pé de rúcula e vou fazer *pizza* e uma ambrosia", me revelou seu jantar. "Somente as roupas levo para lavar em Porto Alegre." Não perguntei se continua fumando.

"Na época em que eu editava turfe na Folha, abri espaço para a oposição que se articulou para tirar Olinto Streb da presidência do Jockey Club, muitos anos no poder", exemplificou. "O doutor Breno me chamou em seu gabinete, conversamos sobre o assunto, mas ele não interferiu na cobertura." Matérias mais polêmicas de política, no entanto, sempre passavam por Caldas. "O ministro do Trabalho, Arnaldo da Costa Prieto, gaúcho, foi acusado de mordomias pelo Estadão. Encaminhei o assunto ao doutor Breno, argumentando que a Folha da Tarde não podia ficar alheia"; depois de alguns instantes refletindo, em silêncio, ele permitiu a publicação, mas vetou uma charge do Santiago como ilustração. "Melhor ser acusado de mordomia do que de sodomia", Caldas riu da própria piada. "Foi o censor mais liberal que eu tive", afirmou Valduga.

Em outra ocasião, o ministro da Justiça, o ex-senador gaúcho Mem de Sá, veio a Porto Alegre e concedeu entrevista no Clube do Comércio. Érico participou da coletiva. "Mem de Sá foi extremamente irônico e debochado e fiz uma matéria sacaneando ele. Resolvi mostrar para o doutor Breno. Encontrei-o perto do elevador." Estava indo para casa, mais de dez da noite. "Entreguei-lhe o texto." Ele colocou os óculos e se encostou na porta de vidro da sacada para ler a matéria. "O ministro foi muito deselegante na entrevista, procurei justificar", Caldas devolveu o texto com uma pergunta: "Achas que deves dar?" Abriu as duas portas de correr do elevador-gaiola e entrou. Ele o ajudou a fechá-las. Ficou olhando o arcaico elevador descer. A cabeça calva e os cabelos brancos do imperador desapareceram no nível do chão. Não publicou.

Sua demissão ocorreu em 9 de agosto de 1981. No dia anterior, o general Golbery do Couto e Silva (1911-1987) abandonou a vida pública, substituído na Casa Civil da Presidência da República pelo jurista Leitão de Abreu (1913-1992), ministro do Supremo Tribunal Federal (STF) e Conselheiro Emérito do Grêmio. Ambos gaúchos. Na notícia da Folha da Tarde, Érico escreveu que saiu "um militar com alma civil e entrou um civil com alma militar". Ao chegar no jornal para trabalhar, foi recebido com a informação de que Caldas determinou que ele fosse demitido e deveria se apresentar no Departamento de Pessoal. Valduga percebeu certo tom de satisfação do secretário de redação ao transmitir a informação. A linha independente que ele seguia na editoria de Política, tratando os temas polêmicos diretamente com Caldas, criou mal-estar entre os responsáveis pela Folha.

Antes de subir ao terceiro andar, onde ficava o RH, o funcionário demitido passou pelo gabinete do doutor Breno. "Ele me recebeu com naturalidade, sem nenhuma grosseria, mas foi duro", e sentenciou: "Se quiseres escrever o que queres, compra um jornal para ti", assunto encerrado. "Dona Dolores foi uma mulher forte e ele era o filho queridinho, foi forjado achando que podia tudo na direção da Caldas Júnior." Passados quase 30 anos, Érico reconhece que Caldas tinha razão. "Avancei o sinal e paguei o pato." Com um agravante não avaliado: Leitão era dos poucos amigos de convivência pessoal com o doutor Breno, convidado para ir ao Arado, raro privilégio. E ele era muito fiel aos escolhidos.

9. A confiança dos leitores

A credibilidade transformou-se numa diretriz perseguida pelo Correio do Povo desde sua fundação, no século 19. O bem maior da imprensa. Credibilidade é uma questão de fé, confiança, confiabilidade; a realidade narrada não pode ser comprovada diariamente. O receptor crê ou não em quem emite a informação. A imparcialidade não significa total neutralidade. O repórter não deve abdicar do sentimento, mas manter isenção. A emoção, porém, não pode turvar o olhar. São limites tênues que cada um deve definir na escolha das palavras, na apresentação dos dados, reprodução dos diálogos, descrição de ambientes, pesquisas, enquetes, conexões, contextualização, análises, interpretações, apuração criteriosa e responsável, eventual exclusão de informações, seleção de fontes, mas sem interferência da defesa de uma causa ou militância ideológica. Manter o compromisso com o jornalismo e a possível verdade.

Independência, informar, criticar. A opinião panfletária é fácil, retórica, não substantiva. O jornalismo chapa-branca, a favor do governo, pode ser de direita ou de esquerda. Stalin, ditador e genocida comunista, começou como escriba medíocre, editor-chefe do Pravda, porta-voz do governo Lenin na União Soviética. Há jornalista que tortura o fato até ele confessar sua tese. Agem como o delegado Sérgio Fernando Paranhos Fleury (1933-1979) do DOPS (Departamento de Ordem Política e Social) de São Paulo na ditadura.

"Jornalismo é oposição, o resto são negócios de secos e molhados", dizia o provocador Millôr. Durante os longos governos castilhistas de Flores da Cunha e Borges de Medeiros, quando o Correio dividia a cena da imprensa com o oficialista A Federação, Breno reconhece que o "róseo" chegou a ser quase de oposição, mas "a crítica deveria ser embasada em dados concretos, comprovados". Apesar da aparente neutralidade do jornal, a família Caldas demonstrou simpatia aos maragatos ao longo dos anos. Desde o avô, juiz liberal assassinado.

O jornalista Érico Valduga tem a convicção de que Breno era, sim, maragato. O deputado Júlio Brunelli, também criador de cavalos de corrida e proprietário de tambo de leite vizinho ao Arado, amigos de toda uma vida, lhe garantiu. Nem sempre Caldas ia até o gabinete de Brunelli, na direção do Banrisul, para tratar de créditos e débitos. "Na época da safra de verão, os dois sentavam-se à mesa de reuniões, na presidência do banco, porta fechada, para comerem melancia bem gelada, armazenada no refrigerador do gabinete", revela Érico.

A confiança conquistada pelo jornal ao longo dos anos era tanta que os gaúchos só acreditavam no que o Correio publicava. O fato mais emblemático ocorreu na morte do Papa Pio XI, na madrugada de 10 de fevereiro de 1939. O Diário de Notícias deu o maior furo da história, publicando, sozinho, a morte do Papa, enquanto o matutino da Caldas Júnior anunciava o agravamento da enfermidade do Sumo Pontífice. Os transeuntes olhavam, espantados, as capas dos dois jornais nas bancas e ficavam em dúvida: Será que o Papa morreu mesmo? O Correio não deu.

Era uma sexta-feira. O Correio do Povo chegou às bancas e aos assinantes com a manchete: "Informam que se estaria esboçando um rompimento entre o General Franco e Mussolini". No passado, os títulos dos jornais não eram diretos. O verbo no condicional usado antigamente foi vetado no meu tempo de jornalismo diário, mas voltou agora a ser utilizado. As novas gerações não sabem que "assegura", "garante", "denuncia", "acusa", "segundo", "prevê", "projeta", "planeja" etc. substituem perfeitamente o "seria", "estaria" "poderia", e suas variantes titubeantes, que passam a dúvida ao leitor. Em pequena nota, à esquerda, na primeira página do róseo, a atualização atrasada sobre a enfermidade de Pio XI: "Tornou-se a agravar o estado de saúde do Papa, criando preocupação". A manchete do Diário, naquele dia, se transformou em seu grande furo: "Faleceu às 5,31 horas da manhã de hoje o Papa Pio XI", relata o livro *Diário de Notícias – O romance de um jornal,* de Celito De Grandi.

O matutino de Assis Chateaubriand em Porto Alegre funcionava em pequeno prédio neoclássico de três pavimentos na Rua da Praia, ao lado do primeiro (existiu outro na Sete de Setembro) cinema Rex (posteriormente chamado Guarani, prédio histórico conservado por um banco agrícola), na frente da Praça da Alfândega, no Largo dos Medeiros, local de passeios e da boemia no passado. No térreo, havia quatro portas. Ali funcionava a administração e circulação. Nos fundos, estava instalada a gráfica. No primeiro andar, ficava a redação, com quatro sacadas de ferro abertas para os jacarandás da Praça da Alfândega. Os jornalistas, cansados, apagavam o cigarro no cinzeiro da mesa e se dirigiam à sacada para respirarem ar puro. Não é como hoje, que saem à janela para fumar. Sobre suas cabeças estava o letreiro com o nome Diário de Notícias. Acima da placa de metal, perfilavam-se mais quatro sacadas de ferro do segundo andar. No último pavimento estava o gabinete do diretor, sala de reuniões, laboratório fotográfico e arquivo de jornais, retratos e clichês, entre outras peças de serviço.

O diretor Ernesto Corrêa, com pericardite e necessitando de repouso, mandou colocar uma cama em seu gabinete, para não se afastar do jornal durante a enfermidade de Pio XI. O piso de madeira entre o teto da redação e o segundo andar permitia-lhe ouvir o ruído das máquinas de datilografia lá embaixo e as conversas abafadas dos redatores. Tétricos pássaros de cimento pousados no alto do prédio pareciam olhar para a sombra das árvores. Pequenas colunas greco-romanas alinhadas na cornija tinham um friso de concreto para dar acabamento à cimalha. Nas duas extremidades, peças de cerâmica, semelhantes ao peão do jogo de xadrez. Mistura de elementos arquitetônicos de gostos duvidosos.

Insone, com dor no tórax, calafrios e febre, Ernesto Corrêa passava a madrugada lendo as mensagens de telex da agência United Press International (UPI) sobre a tensão mundial e o estado de saúde do papa. Japão e China em guerra. As ditaduras sociais de direita da Alemanha e Itália estavam quebrando a paz da Europa. Naquele mês de fevereiro de 1939, Hitler invadira a Checoslováquia, dominada em março, e Mussolini ameaçava anexar a Albânia, concretizada em abril. Ernesto tinha frio e ao mesmo tempo suava nas noites quentes do verão. Nos telegramas que o estafeta levava até sua cama, acima da redação, estava a notícia sobre a morte do Papa, e Ernesto proferiu, deitado, a famosa frase do jornalismo impresso: "Parem as máquinas". E mandou trocar a primeira página. O Correio estava rodando sem a informação, com o telegrama atrasado de que o estado de saúde do Papa se agravara.

Ao contrário do diretor do Diário, o plantonista do Correio do Povo não estava dormindo no andar acima da redação, e foi embora para casa antes que a Associated Press, que o Correio assinava, transmitisse a informação. O teletipo bombástico ficou no terminal, na madrugada. O papel branco saído da máquina, as letras em caixa-alta, na sala escura. O Papa morreu. Breno Caldas sempre preferiu a AP; achava a agência mais sóbria, cautelosa, "mais Correio do Povo", segundo suas próprias palavras. Naquela madrugada, a UPI se antecipou, deu o informe em primeira mão, enquanto a AP se preocupava em confirmar a notícia em outras fontes.

A omissão do jornal colocou em dúvida a morte do Papa. Afinal, morreu ou não? Não saiu no Correio, não pode ser verdade. Até o arcebispo de Porto Alegre, Dom João Becker (1912-1946), telefonou para Breno Caldas para confirmar a informação. "Morreu, sim, Dom João, pode mandar dobrar os sinos e decretar luto oficial", disse o jornalista, degustando a credibilidade adquirida ao longo dos anos pelo jornal de seu pai, mas tendo de reconhecer o lamentável furo, com o telex em sua mesa.

Quando eu trabalhava na Caldas Júnior, havia uma sala apenas para os teletipos e recepção das telefotos. O grupo não assinava apenas a AP, como no tempo do furo na morte do Papa, mas a própria UPI, mais as europeias France-Presse e Reuters, além das agências nacionais AG, JB, Estado e a Imprensa Oficial, completadas por uma rede de correspondentes no interior do RS, Florianópolis, São Paulo, Brasília e no exterior. A Caldas Júnior mantinha sucursal no Rio de Janeiro desde a época em que era a capital do País. Mais tarde fechada, teve como último correspondente na cidade o jornalista Gustavo Victorino, principal comentarista da Rede Pampa e Prêmio Press de Melhor Jornalista de 2021. "No fim da empresa, com dificuldades financeiras, a equipe esportiva da Rádio Guaíba, quando ia transmitir jogos no Rio, ficava hospedada no meu apartamento", contou Victorino na TV em 2020, no programa Atualidades.

Poucas semanas depois da morte do Papa, nos últimos dias do verão de 1939, o cronista Rubem Braga (1913-1990) chegou clandestino em Porto Alegre, em viagem de trem-leito, numa lua de mel com Bluma Chafir, uma bela mulher de cabelos castanhos volumosos, alta, olhos expressivos, sobrancelhas finas, bem desenhadas, e a boca menor do que seria a combinação com o formato do rosto. Ela era a esposa de Samuel Wainer, o proprietário da revista mensal Diretrizes. Casado com a militante comunista Zora Seljan e pai do menino Roberto, o lírico escritor capixaba, autor do livro *O Conde e o Passarinho* (publicado três anos antes, 1936), trabalhava na revista de Samuel e imprudentemente se apaixonou pela mulher do chefe.

Descoberto o romance, o casal escapou para o Sul, numa romântica aventura malsucedida. Ao chegar à capital gaúcha, Rubem foi preso, acusado de ser comunista, quando na verdade ele não passava de um iluminista; sua mulher Zora, sim, era stalinista. Diante do constrangimento ocorrido em Porto Alegre, Bluma voltou para a companhia do marido, que ela chamava carinhosamente de Sam, e viveram juntos mais alguns anos.

Em sua revista carioca, Wainer lançou na imprensa dois jovens talentosos: Carlos Lacerda e Rubem Braga. O primeiro a decepcioná-lo não foi o cronista sedutor, mas o futuro político polêmico. Lacerda era talentoso, mas arrogante. Testou ao máximo a paciência do patrão ao realizar matérias de acordo com seu ponto de vista. Até que um dia, agastado, Wainer o demitiu em 1937.

O jornalista não teve dificuldade em arrumar emprego no Observatório Econômico, publicação concorrente. Numa reunião de pauta, foi definido que a próxima grande reportagem seria sobre o Partido Comunista. Lacerda se prontificou a realizar a matéria, não porque já fosse anticomunista, como seria no futuro, mas porque desejava proteger seu tio Fernando Lacerda, um dos membros do comitê central do PCB. Sua intenção era limitar a matéria a um levantamento histórico e assim não comprometer os marxistas atuais.

Carlos sabia tudo sobre o Partidão. Ele teve sua formação estudantil como comunista e continuava filiado ao PC. Na Faculdade de Direito, destacou-se pelo raciocínio rápido e a palavra fácil, e seu direcionamento para o jornalismo foi natural. Apesar de proteger a cúpula na reportagem, a matéria foi considerada injuriosa, e Lacerda foi expulso do Partido. De marxista e ateu passou a conservador e católico, influenciado pelos pensadores cristãos Gustavo Corção e Tristão de Athayde.

"Caiu em Porto Alegre um emissário do Partido enviado do Rio de Janeiro", a informação chegou ao comitê central do PCB. A prisão foi checada. "Ninguém da Capital Federal foi mandado ao Rio Grande do Sul em missão especial", veio a resposta. "Qual é o nome do camarada?" Policiais infiltrados revelaram a identidade. Era apenas um simpatizante, não filiado ao partido. Prestes foi informado na prisão. Na sua mesa, na cela, havia uma pilha de jornais, todos eles Correio do Povo. "O Breno Caldas é um jovem burguês da oligarquia da imprensa, mas emprega vários camaradas na redação do jornal e só ele pode se interessar pelo Rubem Braga", sugeriu Prestes ao interlocutor. O telefone tocou no gabinete. "Vou ver o que posso fazer", Caldas colocou o fone no gancho.

Desdobrou as mangas da camisa, abotoou os punhos, foi até o espelho, pegou uma das duas gravatas dependuradas, deu a laçada, penteou os cabelos e vestiu o paletó do terno de linho cinza-claro que usava. Ao passar pela redação, avisou que ia até o Palácio do Governo. "O senhor quer que eu vá junto?" Perguntou o doutor Paulo Gouvêa, sempre vestido para uma ocasião solene, de terno verde-água com colete. "Não precisa, eu vou sozinho", liberou o acompanhante. "Melhor não ter testemunha", pensou consigo mesmo.

Breno arrancou o Ford Modelo A Phaeton, cor creme, capota preta de lona. Cruzou a Rua da Praia, subiu a Ladeira, contornou a Praça da

Matriz e estacionou na frente do Palácio Piratini. O interventor Cordeiro de Farias o recebeu. "Venho numa missão espinhosa, coronel. Recebi a informação de que o Rubem Braga foi preso em Porto Alegre. O rapaz é um cronista talentoso do Rio de Janeiro, da nova geração, ideais da juventude, veio para cá por se envolver com uma *senhora* na Capital Federal, nada a ver com política e muito menos com o Partido Comunista", argumentou o jovem dono do Correio do Povo. Como cavalheiro, não citou os nomes relacionados ao adultério.

O militar passou a mão na cabeça raspada. Era da confiança de Getúlio, a ponto de ser nomeado governador do Rio Grande do Sul, mas somente três anos depois, em 1942, chegou ao posto de general. As promoções do Exército não são de fácil compreensão. "Se o senhor mandar libertá-lo, estou disposto a lhe dar um emprego na Folha da Tarde, até que a poeira baixe e ele possa voltar para o Rio", propôs. "Está bem, ele tem um ótimo advogado, vou mandar libertá-lo, doutor Breno". Cordeiro de Farias levantou-se para se despedir do visitante.

Rubem Braga trabalhou quatro meses na Folha da Tarde. O primeiro artigo foi publicado em 11 de julho de 1939, informa Galvani, no livro *Olha a Folha*. O vespertino gaúcho publicou 91 crônicas do capixaba, sem censuras. Ele escrevia com sutileza, inspiração e inteligência contra o nazismo e o próprio Estado Novo. Somente depois de sua morte, as crônicas da Folha foram reunidas em livro, em 1994, com o título *Uma Fada no Front*. Decididamente ele não era um revolucionário no sentido literal da palavra.

Iniciou-se a Segunda Guerra Mundial, com a invasão da Polônia por tropas alemãs, em 1.º de setembro de 1939. Em dezembro, o encouraçado *fantasma* Graf Spee, pintado de verde-escuro e sem desfraldar a bandeira nazista, começou a percorrer a costa brasileira, desde o Rio Grande do Norte. Na altura de Pernambuco, o barco de guerra abordou o navio inglês Clement, que fazia a rota Nova York-Rio de Janeiro. Todos os passageiros e bagagens de mão foram resgatados pelos alemães, enviados em barcos de salva-vidas ao porto de Recife, e a embarcação colocada a pique, somente como ato de provocação. Ao longo da costa brasileira, os nazistas afundaram mais oito barcos mercantes, todos com a bandeira britânica.

O primeiro-ministro da Inglaterra, Winston Churchill, enviou uma frota para caçar o navio fantasma. No Sul, o porto de Rio Grande estava guarnecido por navios de guerra brasileiros e a embarcação germânica passou ao largo, seguindo para a costa do Uruguai. Na altura de Punta del

Este, foi cercada por seis cruzadores e bombardeada, em 13 de dezembro. Avariado, o Graf Spee desceu para Montevidéu, entrando no Rio da Prata.

O Uruguai continuava neutro na Guerra. O presidente Alfredo Baldomir Ferrari (1884-1948), do Partido Colorado, permitiu que os 37 mortos da tripulação alemã fossem sepultados em solo uruguaio. O capitão Hans Langsdorff se apresentou às autoridades de Montevidéu com uma faixa na cabeça, manchada de sangue, havia sido baleado. Ele aceitou a determinação para o encouraçado abandonar o país. Não tinham para onde ir. A frota da monarquia inglesa estava se dirigindo para a Foz do Prata. Os alemães embarcaram no dia 17 de dezembro, retiraram o encouraçado do porto e voltaram em barcos salva-vidas. De repente, o navio explodiu. Tinham deixado uma carga de dinamite.

O comandante acompanhou seus subordinados até o último momento. Desembarcou com eles no cais. Retornou ao seu quarto no City Hotel, em Montevidéu, e se matou com um tiro de Mauser 7.65 na boca; há outras versões fantasiosas. Sua missão estava concluída. Os marinheiros germânicos ficaram perambulando pelo cais, à procura de uma carona para abandonarem o país. Alguns desertaram e se quedaram por lá. Aprenderam a tomar mate, aproveitaram a boa carne de origem inglesa e trocaram o vinho branco pelo tinto.

O fotógrafo uruguaio Santos Vidarte (1911-1975), de 28 anos de idade, retratou a explosão e o naufrágio do Graf Spee na frente do porto de Montevidéu e vendeu as fotos para a Caldas Júnior, publicadas primeiro na Folha da Tarde. Um furo nacional do vespertino. Breno não guardou as imagens para dar em primazia no Correio do Povo. A agilidade era a razão de ser de seu tabloide. O *standard*, jornal de referência, devia primar pela austeridade.

No verão de 1940, o fotógrafo veio a Porto Alegre se aventurar. Apresentou-se na redação do Correio com a credencial de ter sido o repórter fotográfico que fez as imagens do navio nazista encoberto de fumaça nas águas do Rio da Prata. O editor Adahil entrou no gabinete do diretor. "Breno, o uruguaio que fotografou para nós o Graf Spee está aqui pedindo emprego." Caldas bateu o cigarro na mesa para apertar melhor o fumo. "Manda ele entrar." Girou a pedra do isqueiro para acender o cigarro. Conversaram em espanhol sobre o fato; Breno queria detalhes de todo o trabalho da imprensa no episódio. Vidarte voltou para o hotel contratado. Mais tarde se naturalizou brasileiro, tornou-se chefe do Departamento Fotográfico da Caldas Júnior. Em paralelo, desempenhou a mesma função no Palácio Piratini e lecionou no Curso de Jornalismo da Universidade Federal.

Passados 34 anos da contratação de Vidarte, o doutor Breno foi pressionado, em 1973, pelo diretor da Folha da Manhã, José Antônio Severo, a colocar na chefia da Fotografia da Caldas Júnior Assis Hoffmann, novo talento forjado na Última Hora e Zero. Fala mansa, uma visão plástica da foto, ele imaginava a ilustração como denúncia, mais que um simples documento. O fotógrafo Olívio Lamas (1949-2007) esperou uma noite inteira, até o engenheiro Telmo Thompson Flores, prefeito de 1969 a 1975, bocejar assistindo ao carnaval de Porto Alegre. Foto de capa na Folha da Manhã, com matéria crítica à qualidade sofrível do desfile porto-alegrense. Caldas não quis ser um óbice do jornalismo em busca de novos caminhos, até porque o filho Tonho, diretor da Folhinha, encampou a ideia da troca de Vidarte por Assis.

No entanto, Breno não permitiu a demissão do veterano fotógrafo uruguaio, mais de três décadas na casa. Assis se tornou o chefe da Fotografia e Santos Vidarte ganhou o cargo honorífico de *supervisor*. Quem fotografou guerras e a construção da Transamazônica ao lado de Flávio Alcaraz, entre tantos feitos, tinha de continuar preservado e reverenciado. Breno sabia valorizar a trajetória dos profissionais.

A última grande foto de Santos Vidarte, um ano depois, em 1974, foi um simples fato policial e, por ironia, uma das fotografias mais plásticas publicadas na Folha da Tarde. Os novos talentos fumavam um baseado, bebiam, e apareciam mais tarde no jornal. Quando chegou a informação de manhã cedo de que o ex-policial Luiz Hervelha, que enveredou para o mundo do crime, tornando-se assaltante e traficante, havia sido morto pelos ex-colegas da polícia, apenas o veterano madrugador estava no Departamento Fotográfico. Pegou o equipamento e seguiu o repórter da Folha, Rui Carvalho, como se estivesse em 1939 e se dirigisse ao porto de Montevidéu para flagrar o naufrágio do Graf Spee.

Numa posição ao alto, ele fotografou o cadáver de Hervelha, com os braços e as pernas abertas, cercado por um círculo de sombras projetadas pelas pessoas paradas ao redor olhando o corpo. Luz e sombras como uma pintura de Rembrandt. Foto trágica e plasticamente bela.

No ano seguinte, o coração matou Vidarte. Estatura mediana, cardíaco e obeso, morreu aos 64 anos de idade, os últimos 35 como funcionário da Caldas Júnior. Entre tantos que ficaram trabalhando na empresa jornalística até a morte.

Desde 1942, quando o Brasil entrou na Segunda Guerra ao lado dos Aliados, Diretrizes passou a publicar perfis de figuras polêmicas e entrevistas provocadoras a favor da liberdade e da democracia, num Brasil com governo certamente autoritário, mas não tão totalitário como o fascismo. Em julho de 1944, quando A Força Expedicionária Brasileira (FEB) seguiu para a Europa, para participar no aniquilamento do nazismo e do fascismo, o ex-ministro Lindolfo Collor deu uma entrevista para a revista prevendo que a vitória dos Aliados poria fim ao Estado Novo.

Indignado com a matéria e a petulância da revista, Getúlio Vargas mandou cortar a cota de papel importado sem imposto concedido à Diretrizes. Sem bobinas para rodar a publicação e dificuldade financeira permanente, Samuel Wainer fechou o semanário e partiu para o autoexílio em companhia da Bluma. Viajaram a Montevidéu, Buenos Aires e finalmente Nova York. Ela aproveitava o tempo livre para escrever um diário e cartas, enquanto Wainer vivia de *freelancer*. Seu inglês rudimentar era suficiente para escrever matérias simples em português para a imprensa brasileira. Vem dessa época a predileção pelo modelo de imprensa americano; direto, claro e objetivo.

Em 1945, com a vitória dos Aliados contra os nazistas, Wainer viajou para a Europa para cobrir o pós-guerra. Alugou em Paris dois pequenos quartos conjugados com banheiro coletivo no corredor e mandou buscar Bluma. Uma das peças usada para escritório e a outra como dormitório. Foi o único jornalista brasileiro credenciado para cobrir os julgamentos de Nuremberg, de 1945 a 1946. Publicou uma série de cinco reportagens no prestigiado jornal francês Ce Soir sobre a nova Iugoslávia do marechal comunista Tito e o conflito de fronteira com a Itália. Bluma seguia escrevendo o diário e publicando matérias na revista O Cruzeiro sobre comportamento e moda na Europa. Trocava correspondência com Clarice Lispector. No fim do ano, quando Sam decidiu voltar ao Brasil, ela avisou que ficaria em Paris. Terminou o conturbado e apaixonado casamento de 12 anos. Houve algumas tentativas frustradas de retorno do casal.

De volta ao Rio, Wainer foi contratado por Chateaubriand como repórter especial de A Noite, mas suas matérias eram publicadas também nos outros 25 jornais do grupo e na Agência Meridional dos Diários Associados. Ele se tornou, enfim, uma figura nacional. Bluma retornou ao Brasil algum tempo depois e casou de novo. Diagnosticada com câncer, Samuel pagou sua viagem aos Estados Unidos para consultar. Voltou desenganada, com fortes dores. Em outubro de 1951, convenceu um médico a lhe provocar a eutanásia.

Bluma foi perpetuada em duas esculturas. Um gesso de Alfredo Ceschiatti e um busto de mármore de José Pedrosa. Somente seis anos após sua morte, Rubem Braga teve coragem de escrever uma crônica sobre ela, intitulada "O gesso" e baseada nos olhos eternos da escultura de Ceschiatti, que comparou a uma deusa.

A antiga redação do Diário de Notícias em Porto Alegre, onde Ernesto Corrêa se mantinha insone numa cama no segundo andar, em 1939, na época da morte do Papa Pio XI, foi incendiada 15 anos mais tarde, na manhã de 24 de agosto de 1954, por multidão comovida e enfurecida por Getúlio ter sido levado ao suicídio. O estreito prédio de três andares em chamas, os lingotes de chumbo derretido escorriam incandescentes pelo chão. A malta subiu a Avenida Borges de Medeiros. Em cima do viaduto Otávio Rocha tocou fogo nos estúdios da Rádio Farroupilha, emissora dos Associados, jogando pela janela os discos retorcidos pelas labaredas. A morte do presidente fez os getulistas se voltarem contra o jornal e a rádio de Chateaubriand, identificados como de oposição.

Em Santa Maria, o conglomerado nacional de comunicação tinha A Razão. Lembro-me dos jornaleiros gritando o nome do jornal numa palavra ininteligível. Apenas um guincho nos meus ouvidos de criança. Vindos da fronteira, estávamos em viagem pela cidade grande e meu pai comprava o diário local, na frente do hotel na Avenida Rio Branco e lustrava os sapatos na Praça Saldanha Marinho, do antigo Cinema Independência. Santa Maria, centro ferroviário do Estado, era a menina dos olhos de Getúlio. Assis, astuto, não deixaria de colocar na cidade um jornal dos Diários Associados.

A imponente Caldas Júnior, toda uma esquina, a meia quadra de distância do jornal em chamas, foi poupada pela malta, reconhecida pelo público como uma companhia de comunicação isenta. Sem o principal concorrente, o Correio do Povo ficou ainda mais poderoso.

A comoção nacional provocada pelo suicídio de Vargas levou seus seguidores a acreditar que não era momento de neutralidade, como a Caldas Júnior, mas de criar um jornal que se identificasse claramente com os sentimentos getulistas. O empresário, industrial e produtor rural Annibal Di Primio Beck (1902-1971), amigo de João Goulart, era simpatizante do trabalhismo com a conciliação entre capital e trabalho através do entendimento, não do conflito, e se propôs a procurar investidores. Em poucas semanas o projeto saiu do papel com a construção de um prédio planejado especialmente para o funcionamento da redação e instalação da gráfica, na Avenida São Pedro, 723, bairro Navegantes-São João. O acesso ao laboratório fotográfico era através de um labirinto, sem necessidade de porta para cortar a luz. O engenheiro Leonel Brizola, deputado estadual, avalizou a planta. Com muitos recursos disponibilizados, a obra realizou-se rapidamente.

O matutino **a HORA** (assim grafado) foi lançado em 30 de novembro daquele fatídico ano de 1954, um cruzeiro o preço de capa, 20 páginas. A publicação do Diário de Notícias estava suspensa temporariamente em razão do incêndio. Somente voltou a circular, de forma precária, em março de 1955, mas nunca mais foi o mesmo veículo forte de antigamente, apesar de ter revelado grandes talentos para a imprensa, aproveitados em sua maioria pela Caldas Júnior.

Em sua primeira edição, a grande reportagem do A Hora era o incêndio da Casa de Correção, na beira do rio, adiante da volta do Gasômetro. As celas foram abertas, os mil presos escaparam das chamas, mas não conseguiram fugir do pátio da cadeia, contidos pela Polícia de Choque e o Exército. O fogo começou no fim da tarde de domingo, dia 28, e se prolongou até o início da tarde de segunda-feira. Conheci o tétrico prédio já em escombros. Como uma imagem de terror tendo ao fundo o lindo Guaíba.

O fogo colossal foi capa na Folha da Tarde na segunda-feira, dia 29. O novo jornal, A Hora, rodou pela primeira vez na terça-feira com o incêndio na capa e ampla reportagem sobre o fato, com muitas fotos, garantindo um lançamento literalmente quente. "Graças a Deus Queimou a Casa de Correção", foi a chamada de capa. No título opinativo, o incêndio era saudado como o fim da masmorra criada no século 19. Na última página, a ideia se completava: "O fogo saneou a Casa de Correção". Na estratégia de concorrência, apostando no diferencial, A Hora optou por títulos opinativos que o jornalão do doutor Breno jamais utilizaria.

No livro *Uma Revolução na Imprensa*, o autor Lauro Schirmer (que foi secretário de redação e mais tarde diretor da Zero Hora) critica o fato de o Correio não dar o incêndio da penitenciária na capa naquela terça-feira. Mas a orientação de Caldas era de que a manchete deveria ser internacional ou nacional, para que o jornal desempenhasse seu papel de referência na imprensa do País. As notícias locais e regionais iam para a última página. Era uma norma. O jornal eletrizante era a Folha da Tarde; o Correio devia ser sóbrio. Cada um no seu papel. E o mentor de tudo, a mesma pessoa: Breno Caldas.

Naquele ano de 1954, em 7 de maio, estreou na Folha um de seus maiores cronistas de todos os tempos: João Bergmann, que assinava seus artigos com o pseudônimo de Jotabê. Sua última coluna foi publicada em 11 de julho de 1960. Morreu dia 12, aos 38 anos de idade.

A direção do A Hora foi entregue a João Maia Neto, um redator formado em medicina. Assim como os médicos Mário Totta, que fez história no Correio, e Carlos Fehlberg (1934-2023), na Zero. Para chefe de reportagem o escolhido foi o capitão do exército Erasmo Nascentes, mais tarde diretor da Rádio Guaíba e Folha da Manhã. Josué Guimarães teve a oportunidade de demonstrar todo o seu eclético talento como redator, ilustrador e diagramador. O autor de *A Ferro e Fogo*, entre outros romances, nunca abandonou o jornalismo. Quando morreu, em 1986, aos 65 anos, uma barba branca como a de Hemingway, o escritor publicava crônica política diária na Folha de São Paulo.

Iara de Almeida Bendati, bem jovem, recém-formada em Jornalismo pela Universidade Federal, foi repórter e colunista do A Hora. Ela se casou com o ilustrador e diagramador argentino Anibal Bendati (1930-2009), importado de Buenos Aires pela Última Hora para trabalhar no Rio de Janeiro e depois transferido para o vespertino lançado no Sul em 6 de maio de 1960. Iara e Bendati, trabalhando em jornais concorrentes, se conheceram no outono de 60 e namoraram nas rodas de jornalistas no restaurante Dona Maria, na frente do Abrigo dos Bondes, e nas mesas de mármore do Bar Pelotense, perto da Praça da Matriz. Casados, ficaram juntos até que a morte de Iara os separou, de acordo com os preceitos cristãos, apesar de ambos serem ateus e comunistas. Tiveram duas filhas, Lúcia, atriz, já falecida, e Maria Mercedes. A família morava num bangalô no bairro Três Figueiras. Bendati teve durante anos um casal de cachorros, o Cícero e a Paica, seus companheiros nas suas idas à casa de veraneio em Capão Novo.

Em formato *standard*, todo diagramado, fotos coloridas, com um caderno de notícias e outro de variedades, A Hora inovou na apresentação gráfica e conteúdo, destaca Lauro Schirmer em seu livro. Na equipe de ilustradores figuravam os artistas plásticos Xico Stockinger, escultor dos guerreiros de ferro, e Vitório Gheno, pintor urbano de sensibilidade e plástica. O novo matutino lançou o humorista Carlos Nobre e o chargista SamPaulo. Na crônica social surgiu a irreverência, o charme e o carisma da esfuziante Gilda Marinho, com suas piteiras e gestos afetados. Eu a conheci nos coquetéis da ARI, como estudante do primeiro ano de jornalismo. Todos paravam para referenciá-la. No ano seguinte, fomos colegas na Zero. Uma personagem deslumbrante, afetada, criada por ela mesma. Quem conviveu mais com Gilda Marinho e sobrevive, deveria escrever um livro sobre ela. Uma figura enigmática.

O Diário de Notícias voltou a circular um ano após o lançamento do A Hora, em março de 1955. Passou a ser impresso num barracão na Rua Siqueira Campos, onde foi instalada uma velha rotativa Marinoni, "emprestada num gesto de grandeza do Dr. Breno Caldas", segundo relato do ex-diretor dos Associados em Porto Alegre, Cláudio Candiota, publicado no livro de Schirmer.

Dois anos mais tarde, em março de 1957, Assis Chateaubriand enviou para Porto Alegre João Calmon (1916-1999), magro, alto, cabelos ralos, sobrancelhas espessas, para comprar A Hora. O jornal vinha dando prejuízo e Di Primio Beck, raciocinando mais como empresário do que trabalhista, colocou-o à venda. Em junho do ano anterior, ele havia assumido a vaga de senador do PTB, como suplente de Pasqualini, gravemente enfermo.

Calmon encontrou-se com Di Primio no escritório do empresário, na Rua da Praia, de onde ele acompanhava da janela as obras de construção da galeria que levaria seu nome. O dono do A Hora foi sincero, explicou que queria vender o jornal porque estava dando prejuízo, "mas transfiro sem dívidas, apenas com os funcionários, e quero o valor do prédio e da rotativa, apenas isso", sublinhou. O emissário dos Diários Associados pediu o telefone e ligou para São Paulo. As avaliações do imóvel e da gráfica estavam somadas numa folha de papel, referendadas por três imobiliárias. "Pode fechar o negócio", recebeu a autorização de Chateaubriand.

Assinada a documentação, Candiota recebeu um telefonema em sua casa de veraneio na praia de Torres, onde aproveitava alguns dias de férias no fim do verão. "Vais acumular a direção do Diário com a de um jornal que comprei em Porto Alegre", anunciou o poderoso proprietário dos Associados. "Quando terminam as tuas férias?" Perguntou Chateaubriand. "Na segunda-feira, doutor Assis". A ligação péssima, mas deu para ouvir, "podes descansar mais uns dias". Candiota balançou a cabeça, "não precisa, doutor Assis, volto a trabalhar imediatamente".

Na segunda-feira, pela manhã, Cláudio Candiota chegou à redação improvisada do Diário, na Sete de Setembro. Os cabelos bem penteados, o bigode aparado com cuidado, vaidoso, de terno de linho bege, gravata listrada em tons vermelho e laranja, sapatos bicolores. Deu alguns telefonemas, recebeu a anuência de Di Primio para tomar posse no A Hora e se dirigiu à sede da Av. São Pedro já acompanhado de um empreiteiro, para planejar a divisão da redação, com uma parede de compensado, para acomodar os jornalistas do jornal vendido no espaço menor e reservar a área maior para o Diário de Notícias.

Durante a semana, alguns redatores foram demitidos para que a equipe ficasse mais enxuta. Seus principais nomes, Xico, SamPaulo e Josué, foram transferidos para o Diário. Candiota decidiu que o Diário seria matutino, voltando a concorrer com o Correio do Povo e A Hora, vespertino, disputando público com a Folha da Tarde. O parque gráfico da São Pedro imprimiria um jornal pela madrugada e outro ao meio-dia. Os Diários Associados novamente decididos a lutarem ombro a ombro com a Caldas Júnior.

Disputando leitores com a poderosa Folha da Tarde, A Hora não se firmou. Em 1960, com a chegada da Última Hora, também circulando no horário do meio-dia, não havia público para três vespertinos em Porto Alegre e a situação somente se agravou. Em 15 de março de 1962, os Associados decidiram fechar o jornal.

Breno acompanhava atento a todas as movimentações de seus concorrentes e contratou do extinto A Hora o capitão Erasmo e Carlos Nobre. Xico e SamPaulo vieram do Diário. A Caldas Júnior pagava melhor e em dia, e não tinha nenhuma dificuldade em buscar os destaques dos concorrentes. Até porque o sonho dos jornalistas era o de trabalhar nos veículos da empresa.

10. "O Reino e o Poder"

Apropriei-me do título de Gay Talese na obra sobre o New York Times, para colocar como intertítulo no relato sobre a relação paralela, amistosa e beligerante do Império Correio do Povo com os governos e os políticos do Rio Grande do Sul e do Brasil, durante quase meio século, quando o czar era Breno Caldas e seu jornal um dos cinco mais importantes do país. O reino absolutista da imprensa e os poderes públicos transitórios. Porto Alegre no extremo sul, tendo como porta-voz o Correio do Povo, rivalizava com Minas Gerais, mais ao centro como o terceiro ponto no poder político e econômico dividido no leste centralizador pelo Rio de Janeiro e São Paulo.

No âmbito regional, a primeira grande rusga foi com Flores da Cunha, nomeado Interventor do Rio Grande do Sul em 1930. No ano de 1935 foi eleito governador do Estado, exercendo o mandato até 1937. Trinta anos mais velho do que Breno, com idade suficiente para ser seu pai, o general nasceu em Santana do Livramento no dia 5 de março de 1880. Intendente de Uruguaiana de 1917 a 1924, ele foi participante ativo na Revolução de 1923, de lenço branco e a cavalo, como um dos líderes das forças legalistas no campo de batalha ao lado de Oswaldo Aranha, contra os liberais maragatos.

O caudilho considerava o dono do Correio do Povo um jovem "petulante e arrogante". A esposa do general, dona Irene, procurava conter os rompantes do marido contra o *rapaz*. Ela era amiga de infância da rainha-mãe Dolores Caldas. As duas foram crianças, adolescentes e jovens na fronteira com Rivera, no Uruguai. Estiveram muitos anos afastadas, mas quando Flores veio morar em Porto Alegre, em 1925, após o fim de seu mandato como prefeito de Uruguaiana, as duas amigas voltaram a se encontrar com regularidade.

As duas senhoras conversavam preferencialmente sobre os filhos, vangloriando seus feitos na escola, lamentando contratempos e enfermidades. Dolores ficou viúva com três filhos pequenos e teve de criá-los sozinha, além de manter o jornal e arbitrar as brigas pelo poder na redação. Dona Irene perdeu os dois primeiros filhos ainda bebês (Estela e Miguel) e teve mais cinco: Luiz, José Bonifácio, Marco Aurélio, Antônio e Maria Emília, a Mariazinha, a caçula e mimosa da família.

No ano seguinte, em 1926, as duas amigas voltaram a se separar, devido à viagem de Dolores com os filhos para a Europa. Em 1927, o general elegeu-se deputado federal e no ano seguinte senador. Passava a maior parte do tempo no Rio de Janeiro, na capital federal, e sua esposa manteve a casa em Porto Alegre para que os filhos frequentassem a escola. Em 1928, a matriarca Dolores retornou da Europa com a família, e recomeçaram os encontros frequentes com a Dona Irene. As duas juntas, tricotando, era como se a vida voltasse atrás, e ao mesmo tempo desfrutavam o presente e planejavam o futuro.

Flores da Cunha participou ativamente da Revolução de 1930, ao lado de Aranha e Getúlio, e com a vitória do movimento, foi nomeado interventor do Rio Grande do Sul, em 28 de novembro. Em 1935, em eleição direta, elegeu-se governador, continuando no cargo que ocupava, agora com o respaldo das urnas. Na época em que Flores foi governador, de 1930 a 1937, Dolores e Irene continuaram tomando juntas o chá da tarde, em encontros que alternavam a mansão dos Caldas, na Duque, e a ala residencial do Palácio Piratini, na mesma rua. O reino e o poder.

Apesar da intensa atividade conjugal do casal, sete vezes grávida, dona Irene garantia aos netos, anos mais tarde, que o marido nunca a viu em completa nudez. Católica fervorosa e puritana, ela fazia vistas grossas às públicas relações extraconjugais do esposo para manter o casamento. A esposa recriminava no marido seu comportamento extravagante, sem nenhuma discrição para preservá-la. As duas amigas de infância degustavam o chá da tarde com tortas recheadas de ameixa, doce de leite, ovos moles e cobertura de glacê. Adoçavam as amarguras.

Os diretores Carrazzoni, do Correio, e Moog, da Folha, tinham sido demitidos por Breno pelo mesmo motivo: a proximidade com Flores. Sem nunca se posicionar publicamente, Caldas parecia ser mais simpático, mesmo, à oposição, inspirada no liberalismo de Joaquim Francisco de Assis Brasil (1857-1938) contra o autoritarismo castilhista e positivista dos seguidores de Júlio de Castilhos, os chimangos, que passou por Borges de Medeiros e Flores, continuou em Aranha e Vargas e chegou a Jango e Brizola. Entre todos dessa vertente, Breno somente demonstrava proximidade fraterna com Oswaldo e Goulart. Os cavalos de corrida uniam-no a Aranha e os touros, a Jango.

Filho de fazendeiro, criado na Estância de São Miguel, em Livramento, Flores estudou em Porto Alegre, começou o curso de Direito em São Paulo e concluiu o último ano no Rio de Janeiro. Tornou-se um campeiro com verniz cultural. Fazia questão de forçar o dialeto gaúcho, mas falava francês, tinha hábitos aristocratas, gosto refinado, bom cavaleiro e cortês cavalheiro, especialmente com as belas damas. Peleador destemido, ele conquistou o título de general não na caserna, mas no campo de batalha. No governo, comandava com rédea curta.

O róseo não se curvava e publicava matérias críticas à administração centralizada de Flores. Jornalistas do Correio eram detidos e encaminhados à chefatura de polícia para interrogatórios, a fim de revelarem as fontes. O clima pesado na sala, perguntas repetidas, um escrivão espancando a máquina de escrever com cada palavra proferida. É possível que alguns, assustados, abrissem o bico, mas outros seguravam a pressão e mantinham o anonimato do informante. Como represália, o governador vetou a remessa do jornal para o interior nos trens da Viação Férrea do Rio Grande do Sul. Era o principal meio de transporte e criou um entrave insuperável na circulação do maior jornal do Estado.

O delegado de polícia Plínio Brasil Milano (1908-1944 – uma das principais travessias de Porto Alegre), cunhado de Breno, casado com sua irmã Lúcia, era correligionário de Flores e se prontificou a promover uma aproximação entre os dois. Caldas estava relutante de ir até o Piratini, mas acabou concordando. O boicote do jornal nos trens era um problema seriíssimo. Deputados da situação e oposição, não querendo se indispor com o principal jornal do Estado, tentavam convencer o governador a reverter sua decisão. "Se tu prometeste a ele me levar até o palácio, eu vou." Plínio puxou e soltou o suspensório, satisfeito por ter conseguido dobrar a cabeça dura do cunhado.

Eles subiram a íngreme Rua da Ladeira, na direção da Praça da Matriz. Breno dirigia uma barata Ford cupê; o cunhado sentado ao seu lado. O carro cor de vinho, reluzente, capota clara, comprado no ano anterior, modelo 1935, estalando de tão novo, estacionou na frente do palácio. Na antessala do Piratini, eles se apresentaram e foram encaminhados ao gabinete do governador. Era uma tarde amena e Caldas abriu a exceção ao colocar gravata e vestir *blazer* de outono quadriculado para não parecer desrespeito nem desejo de intimidade. Plínio usava terno escuro e gravata borboleta. O governador despachava fardado de general, túnica marinho, botões dourados no peito, as insígnias bordadas nos ombros. Estendeu a mão a Breno com uma saudação provocativa, o dialeto da fronteira bem marcado: "Como é que vai este jornalista o-p-o-s-i-c-i-o-n-i-s-t-a?" O insolente rapaz de 26 anos respondeu no mesmo tom: "E esse governador, como é que vai? Meio malito, não?" A réplica veio rápida: "Sim, malito pelas tuas intrigas". Pronto! Estabeleceu-se uma discussão aos gritos entre os dois. Milano teve de arrastar o cunhado para fora do gabinete. Sua iniciativa de reconciliação não podia ter desfecho pior. Não chegaram a sentar para dialogar, batendo boca em pé.

Caldas arrancou cantando pneus, furioso. Contornou a Praça da Matriz e desceu a Paissandu (hoje Caldas Júnior). No movimento da Rua da Praia, moderou a velocidade. Estacionou na frente do jornal, despediu-se de Milano, dispensando-o literalmente, e subiu para o gabinete. Na máquina de escrever redigiu um artigo assinado, publicado no dia seguinte, dizendo que Flores "só não conseguia mandar no Correio do Povo e na dona Irene". Colocou mais lenha na fogueira de vaidades.

Dona Irene e dona Dolores balançavam a cabeça, as agulhas cruzadas. A mulher do governador não conseguia disfarçar um sorriso nos lábios quando lembrava a frase que Breno escreveu no jornal. "Menino medonho este teu..." Suspirou. "São dois teimosos, difíceis de lidar", concordou a amiga. "Só eu sei, Dolores."

O impasse do Piratini com o Correio terminou por motivos aleatórios. Flores entrou em rota de colisão com o presidente Vargas, por se opor ao endurecimento do regime, e foi destituído do cargo de governador, em 17 de outubro de 1937. No dia seguinte chegou ao Uruguai e pediu exílio, concedido pelo presidente Gabriel Terra, do Partido Colorado. Em 10 de novembro, Getúlio decretou o Estado Novo, revogando as liberdades constitucionais.

Flores da Cunha só voltou ao Brasil cinco anos mais tarde, em 1942, em avião da Panair, com escala em Porto Alegre, sem que ele saísse da aeronave, e desembarcou no Rio de Janeiro. Foi preso na alfândega e encaminhado à Penitenciária de Dois Rios, na Ilha Grande, litoral fluminense. Ele permaneceu detido nove meses. Como a prisão era uma colônia penal agrícola, teve a oportunidade de cultivar uma horta. O cavaleiro destemido do pampa confinado em solo carioca, como um agricultor familiar, de enxada e botinas, as calças dobradas na canela, virando a terra e para plantar verduras. Leu muito na cela e escreveu o livro de memórias *A Campanha de 1923*. Acabou sendo indultado por Vargas por intercedência do amigo comum Oswaldo Aranha, ministro das Relações Exteriores do Estado Novo de 1938 a 1944.

Flores somente retornou à política com a redemocratização e a queda de Getúlio, em 45. Elegeu-se deputado federal pela UDN, de oposição.

Fez as campanhas do brigadeiro carioca Eduardo Gomes (1896-1981) em 1945 e 1950 e do marechal cearense Juarez Távora (1898-1975), candidato à presidência em 1955, em sucessivas derrotas da UDN e seus aliados à direita para a coligação PSD-PTB, de centro-esquerda.

O ex-governador gaúcho se sentia desconfortável no partido, porque não aceitava a liderança udenista emergente do deputado carioca Carlos Lacerda, e entrou no PTB após o suicídio de Vargas, em 54, levado por Jango e Brizola, sendo eleito deputado federal pela sexta vez (1912-1917-1924-1945-1950-1954), em meio século de vida pública, que começou como deputado estadual em 1909. Chegou a presidente da Câmara dos Deputados no ano seguinte, em 1955, e garantiu a posse de Juscelino Kubitschek em janeiro de 1956, com Goulart de vice, vencedores da eleição. A palavra forte do velho Flores, a voz embargada pela idade, contornou uma crise institucional e tentativa de golpe no parlamento, sob o argumento de que JK não atingira a maioria absoluta dos votos, o que não era exigido na época; bastava chegar em primeiro lugar no único turno eleitoral.

O golpe cívico-militar vitorioso de 64 foi tentado primeiro em 56, via parlamento e depois na renúncia de Jânio, em 61. Deu certo quando colocaram multidões nas ruas em defesa de Deus, família e a propriedade, e os tanques, naturalmente.

Concluído o mandato na Câmara dos Deputados, na antiga capital, no Rio, em dezembro de 58, o velho caudilho de 23 foi obrigado a se afastar em definitivo da vida pública por doença. Com grave enfermidade nos rins, tinha menos de um ano de vida, segundo a avaliação dos médicos. Ele se dirigia a passos lentos ao encontro da morte. Em janeiro de 1959, Flores da Cunha voltou a Porto Alegre com a dona Irene, que estava cega devido a um glaucoma. A amiga Dolores já havia morrido dois anos antes. O idoso casal queria aguardar o fim no amado Rio Grande. Último ato de um dos capítulos de heroísmo, bravatas e autoritarismo na história do Sul.

As células do corpo em deterioração retiraram a têmpera do guerreiro e a força do homem intempestivo e sedutor. *O General em Seu Labirinto*, como no livro de Gabriel García Márquez sobre Simón Bolívar, outra inspiração desta minha novela. Flores mandou uma mensagem a Breno Caldas: queria se encontrar com ele. Um acerto de contas com o passado.

Dessa vez o encontro não ocorreu no Piratini, mas no gabinete do diretor do Correio do Povo. Um automóvel Dodge, quatro portas, painel de jacarandá, estacionou na frente do edifício Hudson. O general desembarcou caminhando com dificuldade, de bengala. Não estava fardado como no dia da memorável briga entre eles, aos berros. Vestia terno trespassado, gravata-borboleta, o colarinho folgado pela magreza do pescoço. Um sorriso acanhado no rosto encovado. Quando ele entrou no gabinete, Breno olhou com compaixão para o antigo inimigo. A sorte é que não adivinhamos os desígnios. Trinta anos mais, tarde Caldas estaria na mesma situação, com grave insuficiência renal, que lhe causaria a morte.

"Não podia morrer sem te dar um abraço", Flores abriu os braços. Os antigos desafetos se abraçaram. O doutor Breno com cuidado para não esmagar o corpo frágil do velho caudilho – ele mesmo lembrou em suas memórias. A carne magra e flácida pelos anos e a enfermidade encobrindo os ossos. Dona Irene e Dolores, as meninas de Livramento que nunca se afastaram, bem que gostariam de ter visto em outros tempos aquele abraço comovido do marido de uma com o filho da outra, bicudos intransigentes ao longo da vida.

Os dois sentaram-se nos sofás de couro do gabinete. No relato a Pinheiro Machado, Caldas lembra cada palavra de Flores. "Eu não poderia deixar de vir, tivemos nossas divergências, tu eras um guri de merda... um guri muito atrevido... Mas eu sempre te respeitei como um homem de brio." O general começou a chorar. "Tu te portaste com muita generosidade comigo. Quando eu caí, foste incapaz de me espezinhar, ou me atacar no teu jornal."

Caldas descreve Flores da Cunha como um homem contraditório: era um tirano que se opunha a outro tirano, Vargas. Ele morreu na Beneficência Portuguesa em 4 de novembro daquele mesmo ano de 1959. Foi velado no salão Negrinho do Pastoreio, no Piratini, com as presenças do vice-presidente Jango e do governador Brizola a noite toda. Foi sepultado no dia seguinte em sua terra natal, Livramento, levado em avião da Varig. Familiares, políticos e até o presidente da companhia, Ruben Berta, viajaram juntos no mesmo voo. Na despedida, antes de fechar o caixão, dona Irene acariciou suas mãos, de óculos escuros, sem nada ver. A derradeira vez que o perdoou.

Mulherengo e turfista, Flores da Cunha deixou uma frase folclórica repetida até hoje. Perguntado por que não enriquecera, em cinco décadas de cargos públicos (intendente, caudilho, governador, deputado, senador...), continuando a vida toda apenas com a estância que herdou do pai, sem adquirir nada, ele respondia: "Porque em toda a minha vida sempre me deparei com mulheres ágeis e cavalos lerdos".

Getúlio era um homem difícil, escorregadio. O contato com ele era feito através das pessoas que o cercavam. Ele mantinha ao redor de si uma barreira que o protegia. Nem Breno Caldas conseguia uma aproximação direta. A convivência e intimidade com Vargas era rara desde o tempo em que ele foi deputado estadual, na Assembleia Legislativa do Rio Grande do Sul, pela primeira vez, em 1909, formando a bancada da situação republicana com Flores da Cunha, no governo de Carlos Barbosa (médico, 1851-1933), preparando a volta de Borges de Medeiros (1863-1961) ao poder. Jamais frequentava redações ou procurava bajular diretamente jornalistas. A estrutura ao redor dele se encarregava de cooptar ou pressionar a crítica. No governo estadual e, mais tarde, na Presidência da República, a dificuldade de acesso a Vargas somente aumentou. Breno utilizava Aranha e Jango como interlocutores.

Poucos conviviam com Getúlio na ala residencial do Palácio do Catete e tinham o privilégio de dividir o chimarrão e o carreteiro de linguiça, seu prato preferido, me contou o antigo cozinheiro, em certa madrugada nos anos 1970, num cabaré, na Vila Alegre, em São Borja, antigo reduto da boemia de sarjeta que descrevo em *Acrobacias no Crepúsculo* e que sumiu do mapa da cidade, me relataram. O ancião, protegido na velhice pela dona da casa, preparava uma sopa de dourado do Rio Uruguai para as bailarinas e os clientes, forte e deliciosa, capaz de levantar um defunto.

"O Doutor Getúlio também gostava de sopa de peixe", me disse o cozinheiro, orgulhoso, quando eu elogiei o prato fumegante. Entre goles de cerveja, conversei longamente com o idoso, recordo em detalhes sua aparência, a barba branca por fazer, os cabelos ralos, o corpo mais flácido do que gordo, uma névoa de catarata nos olhos castanhos, mas não lembro o seu nome. Meu amigo, o advogado Dino Lopes, me confirmou que ele fora, mesmo, cozinheiro de Vargas no Catete. Ouvi histórias pitorescas, sua vida servindo o ditador e a volta à terra natal, amparado finalmente pelas prostitutas dos bordéis, mulheres de caras pintadas, o corpo à venda, tristeza na alma, mágoas e bondade no coração.

Posso garantir que é agradável jogar conversa fora num cabaré durante a tarde, enquanto elas pintam as unhas. Café preto e rosquinhas, nada de cerveja. Rendeu-me até uma reportagem de duas páginas na Folha da Tarde, em 30 de agosto de 1976, sobre prostituição na beira da estrada, com fotos de João Carlos Rangel. Durante apenas uma tarde percorremos alguns quilômetros da BR-116 ao sul e ao norte de Porto Alegre, e a matéria estava pronta, redigida durante a noite e publicada no dia seguinte, com sabor, frustrações, tristeza, esperança e dramaticidade, com base na percepção e no sofrimento das personagens, segundo o próprio relato.

Nada das intermináveis *elaborações* de hoje, *apurações, checagens*, a opinião de especialistas, estatísticas policiais e sociais. O discurso didático das faculdades de jornalismo, os alunos passam semanas apurando uma reportagem que pode ser concluída em algumas horas no jornalismo diário, custo e benefício.

No Estado Novo, o governo mantinha a imprensa dominada através do fornecimento de papel, administrado pelo DIP (Departamento de Imprensa e Propaganda). Caldas ia pessoalmente à Capital Federal, com certa assiduidade, para garantir a circulação do Correio e da Folha. Sempre era necessário criar uma estratégia para a liberação de grande estoque de bobinas, capaz de suprir as necessidades durante meses de dois periódicos com altas tiragens.

Em agosto de 1942, em plena Segunda Guerra Mundial, Breno planejou se encontrar com o ministro da Guerra, marechal Eurico Gaspar Dutra. O motivo não interessava, valia qualquer pretexto, o importante era a audiência. Se ele passasse pelo gabinete de Dutra, no dia seguinte o DIP liberaria enorme quantidade de papel. Estar bem com o Ministério da Guerra era uma espécie de sinal verde. Os bajuladores do sistema queriam ser bem-vistos pelo poder militar, procurando antecipar suas intenções. A ditadura civil de Vargas, um advogado, se apoiava nos militares. Era uma simbiose difícil, movediça, contornada pela artimanha do presidente.

Coincidências facilitaram o contato. Naquele mês de agosto, a temperatura no Rio era de 20 graus, amena para os padrões do Sul. A elite carioca de veludo, flanela e estolas de pele, como na época da monarquia. Pela manhã, Caldas passou pela Sucursal, localizada no centro histórico. Encontrou casualmente o coronel Eurico de Souza Gomes, que Getúlio havia nomeado diretor da Central do Brasil. O militar gaúcho costumava ir com frequência até lá para ler o Correio do Povo e ficar a par das notícias de sua terra. "Foi Deus quem te mandou", brincou Breno. "Preciso uma audiência com o marechal Dutra", estendeu a mão para cumprimentá-lo. "Faço melhor, te levo até a casa dele, somos amigos." Caldas exultou. "Eu sei, por isso estou pedindo a tua interferência."

Naquela mesma noite, Breno foi recebido pelo marechal em sua casa, na Rua Gustavo Sampaio, no Leme. A esposa do ministro, dona Santinha, nascida em São Gabriel, assinante do Correio, fez questão de recepcioná-lo. O encontro do coronel Gomes e Breno com o marechal foi regado a bom uísque, e Dutra "soltou a língua", lembrou Caldas em suas memórias. Confidenciou que o Brasil entraria na guerra no fim do mês. "O senhor me desculpe, marechal, mas estou diante de uma grande notícia, gostaria de formalizar este nosso encontro como uma entrevista", ponderou. "Não costumo dar entrevistas", quis esquivar-se. "Estamos iguais, eu também não costumo fazer entrevistas", insistiu. "Está bem, aparece amanhã no Ministério da Guerra às cinco da manhã", concordou. Suas atividades começavam muito cedo, coisa de milico.

Caldas não dormiu para não se atrasar. Passou a noite na boate Vogue, em Copacabana, ouvindo música e bebendo com parcimônia para não se embriagar. Antes de o sol nascer foi até o hotel, localizado próximo, tomou longo banho, purificou o hálito, colocou outro terno, camisa engomada. O restaurante do hotel ainda não havia aberto para o desjejum. "Na volta eu tomo café", pensou. Chegou na hora marcada no Quartel-General, na Praça da República. O fotógrafo da Sucursal, convocado para a reportagem, se atrasou. O oficial-ordenança conduziu Breno até o gabinete. Dutra o aguardava, lendo despachos. As edições matutinas do Correio da Manhã, Jornal do Brasil, O Jornal (Diários Associados) e O Globo, dobradas sobre a mesa. Passara os olhos apenas nas manchetes, para lê-los mais tarde. Tinha assuntos urgentes a encaminhar.

O país se preparava para a guerra. Na entrevista, Dutra confirmou que o Brasil formalizaria o apoio aos Aliados contra Hitler no dia 31 de agosto de 1942. O fotógrafo chegou atrasado, quando a entrevista já estava encerrando. O marechal concordou em posar novamente para uma fotografia ao lado de Breno, de papel e caneta, na pose de repórter. A notícia redigida pelo diretor do jornal foi manchete de capa no Correio do Povo. O mesmo Breno cobriu como repórter o início da Revolução de 30 em Porto Alegre e agora antecipou a entrada do Brasil na Segunda Guerra, com entrevista exclusiva com o ministro do Exército. Questão de oportunidade e estar no lugar certo na hora exata.

Dias mais tarde chegaram vagões repletos de bobinas na Estação de Porto Alegre, destinados à Caldas Júnior. O papel liberado pelo DIP. O pedido prontamente atendido pelos áulicos do sistema ao perceberem a proximidade do solicitante com o Ministério da Guerra. Aquele tal de doutor Breno tinha direito a regalias; afinal, jantou na casa do marechal e ainda conseguiu entrevista exclusiva no dia seguinte. "Atenda-se", dizia o carimbo do DIP no despacho.

O capitão Luís Carlos Prestes, chamado nos livros de história de Cavaleiro da Esperança, foi libertado em 1945 com a redemocratização ao final da Segunda Guerra. Preso desde 1936, por ter comandado a Intentona Comunista de 35 para derrubar Vargas, ele passou nove anos na prisão durante o Estado Novo. O Partido Comunista Brasileiro (PCB) saiu da clandestinidade e Prestes partiu em viagens de avião pelo Brasil, financiadas pelos simpatizantes e o suposto *ouro de Moscou* enviado pela União Soviética.

O líder comunista desembarcou no aeroporto de Porto Alegre no dia 1.º de outubro. Uma de suas primeiras visitas foi ao Correio do Povo, justamente no dia em que o jornal comemorava seu cinquentenário. O doutor Breno recebeu Prestes no salão nobre, onde recepcionava os visitantes ilustres que iam cumprimentá-lo. O ex-capitão se encontrava acompanhado de seu guarda-costas, o também ex-oficial Trifino Correa (1904-1976, natural de Alegrete), além de membros do PCB que se preparavam para disputar as eleições locais. Prestes tinha um motivo especial para ir até a Caldas Júnior. Quando ele foi preso, incomunicável, sua família entrou em contato com diversos jornais brasileiros pedindo que enviassem exemplares à prisão no Rio de Janeiro, para que ele pudesse ler. Durante os nove anos, ele só recebeu um jornal diariamente em sua cela, cortesia, sem nenhum custo.

"O Correio do Povo foi a minha única ligação com o mundo durante a prisão", agradeceu Prestes a Caldas. O visitante aproveitou para reclamar de *a pedido* publicado na edição daquele dia, contra a sua presença em Porto Alegre, assinado pelos integralistas, *boinas verdes*. Breno explicou que era matéria paga. "Algumas coisas não se pode publicar nem pagando", interpôs o comunista. "Não é assim que administro o meu jornal", respondeu Caldas. Despediram-se com um cumprimento formal. Um libertador e um marxista totalitário nada tinham em comum.

Durante o regime de 1964, Prestes caiu outra vez na clandestinidade. Lembro-me de uma entrevista dele para a revista Realidade, da Editora Abril, publicada na edição de dezembro de 1968, concedida quando ele se encontrava escondido em São Paulo, capital, procurado pelos órgãos de segurança comandados pelo delegado Sérgio Paranhos Fleury (1933-1979), morto aos 46 anos, supostamente por afogamento, na Ilhabela, São Paulo. Seu corpo não foi submetido à necropsia, sua morte interessava tanto ao regime, como queima de arquivo, quanto ao tráfico de drogas ou vingança da esquerda (além de torturador de presos políticos, ele participara da captura e morte do terrorista Carlos Marighella em 1969, o herói no filme de Wagner Moura em 2021).

O repórter da Editora Abril tomou todo o cuidado para não ser obrigado a revelar o paradeiro do comunista. Contou que foi levado encapuzado, num automóvel, para algum lugar na periferia da capital paulista. Pela trepidação dos pneus, descreveu o trajeto de ruas asfaltadas e irregulares; uma obviedade. O capuz foi retirado numa sala em que as janelas estavam cobertas por mantas de lã para que ele não pudesse identificar o local. Prestes, sentado numa poltrona, o aguardava para a entrevista. Tudo devidamente acertado com o clandestino PCB, retratado em forma romântica por Jorge Amado nos três volumes de *Os Subterrâneos da Liberdade*: *Os Ásperos Tempos*, *Agonia da Noite* e *Luz no Túnel*. Sua obra de maior fôlego. Aos 18 anos, li e gostei. Insuficiente para querer entrar no partido. Somente em 1995 o escritor baiano afastou-se publicamente do Partidão, muito depois da desilusão do próprio Prestes, incrivelmente expulso em 1980 do partido que era ele.

O Cavaleiro da Esperança reapareceu com a Anistia, em 1979. Dez anos antes da queda do Muro de Berlim e 16 anos antes da decepção de Amado, o capitão marxista anteviu o esgotamento do comunismo revolucionário e passou a defender a aproximação com forças democráticas de oposição, como o MDB e os exilados que voltaram à pátria. Expulso pelos sectários do partido que era sua própria imagem, Prestes apoiou Brizola na eleição de 1982 para o governo do Rio de Janeiro e na de 1989 para a Presidência da República. Acolhido pelos trabalhistas, foi distinguido pelo ex-governador gaúcho e fluminense com o título de Presidente de Honra do PDT.

Conheci Prestes pessoalmente ao lado de Brizola, frente a frente, na Assembleia Legislativa, antes de um ato no plenário. Senti forte emoção. Para mim, o velho comunista era apenas um nome em livros de história. Não o via em carne e osso, fragilizado pela idade. Estava diante de uma aparição. Na minha perplexidade não havia nenhum juízo de valor de uma ideologia que se mostrou repressora e cruel nos países da Cortina de Ferro, Cuba e na China de Mao, rivalizando-se com o nazismo e fascismo em repressão, espionagem, delação, prisões despóticas e execuções sumárias, baseados num socialismo de estatização dos meios de produção, formação de uma oligarquia partidária e disseminação da pobreza.

Durante o dia desfilavam autoridades, políticos e empresários na Caldas Júnior a posar para fotografias ao lado do doutor Breno. Ele não gostava muito, mas cumpria o ritual, pois sabia que isso era uma consideração ao Correio do Povo, não exatamente a ele, em sua própria opinião. À noite era diferente: só os íntimos entravam. Muitas vezes o deputado Naio Lopes de Almeida (PSD) ia acompanhado do cunhado Jango, que se elegera deputado estadual pelo PTB em 1946, com 4.200 votos, aos 27 anos de idade, o quinto mais votado do partido, uma liderança emergente. Dois políticos do futuro, Vieira da Cunha e Pedro Ruas, frequentavam a redação do Correio, ainda garotos, em visita aos pais (Salzano e Isnar Ruas) que lá trabalhavam.

Uma noite Goulart chegou sozinho perto das 23h. O ano era 1947. No pós-guerra estava muito difícil comprar carros. Caldas tinha um Packard, mas achava muito macio e lhe incomodava ter quatro portas. Ele sempre gostou de carros cupê, duas portas. Foi ao Rio dirigindo o automóvel e trocou na Ford por um flamante Mercury, zero quilômetro, entregue numa revenda de São Paulo. Retornou ao volante, acelerando a máquina nas retas. Ao chegar a Porto Alegre, mandou lavar e lubrificar. O carro estava brilhando na frente do imponente edifício Hudson, comprado três anos antes, a nova sede da Companhia Jornalística Caldas Júnior (CJCJ).

Jango foi logo dizendo: "Vim comprar o carro que tu trouxeste de São Paulo". Breno tentou se esquivar, alegando que o veículo não estava à venda. Goulart abriu uma pasta e colocou sobre a mesa 70 contos. "Não sei quanto tu pagaste, nem quero saber, vou levar o carro; se faltar dinheiro me avisa depois que eu completo." Caldas bateu com as mãos nas pernas. "Só tenho este carro, Jango!" O amigo não se compadeceu. "Tu arrumas outro com facilidade, és o dono do Correio do Povo." Balançou a cabeça, rendido: "Está bem, vou te dar um recibo." Jango fez com a mão que não precisava; "só quero as chaves", acrescentou.

Semanas depois voltaram a se encontrar. "Precisamos regularizar a transferência do Mercury que me compraste", disse Breno. "Faltou dinheiro?" Quis saber. "Não", Caldas o tranquilizou. O outro sorriu: "Não precisa te preocupar, Breno, o Ford está na Argentina, com um coronel de lá, com todos os documentos em ordem..." Quem comercializava gado na Argentina tinha de manter boas relações com os aduaneiros. Alguns presentes valiosos eram indispensáveis.

A relação com Brizola, no entanto, chegava a ser conflituosa. Na Campanha da Legalidade, para garantir a posse do vice-presidente João Goulart, em 1961, após a renúncia de Jânio Quadros, o governador gaúcho encampou a Rádio Guaíba para comandar rede nacional de emissoras de rádio. O Palácio Piratini cercado de trincheiras e ninhos de metralhadoras no telhado. Leonel mandou que Neuza e os filhos saíssem para um lugar seguro. Ela enviou as crianças e ficou ao lado do marido. Era o seu lugar na história do Brasil, não um simples rodapé na biografia do marido.

No início da resistência de Brizola, o governo federal passou a censurar a imprensa para não haver divulgação. Diante do impasse, o governador telefonou de manhã para a Fazenda do Arado, para avisar a Caldas que iria requisitar a Rádio Guaíba, para que passasse a transmitir diretamente dos porões do Palácio Piratini. "Temos de evitar, doutor Breno, qualquer tipo de censura, o País precisa ficar sabendo que o Rio Grande do Sul está em pé de guerra pela posse de Jango". Caldas havia recém-chegado do campo, de culotes e botas, e sentou-se em sua poltrona verde, no *living*, para atender ao telefonema do governador. "Não concordo, doutor Brizola, apesar de a Guaíba ser uma concessão pública, tem uma administração particular respaldada pela lei", se opôs. "A decisão já está tomada, doutor Breno. Os transmissores da Guaíba na ilha estão ocupados e o prédio da Caldas Júnior foi cercado", anunciou. "Então me mande um documento", exigiu. "Será feito", prometeu. "Aguardo", encerrou o assunto.

A escolha da Guaíba era por se tratar da emissora mais potente do Estado, ondas largas, médias e curtas, antenas do outro lado do rio e gerador próprio de energia, capaz de evitar qualquer blecaute. Breno se dirigiu ao Correio e quando chegou o prédio estava mesmo cercado pela Polícia de Choque da Brigada Militar, a força estadual, não o Exército. Deixaram-no entrar. Pouco depois, o assessor Gabriel Obino apareceu no gabinete com o ofício de Brizola, determinando a encampação. Caldas guardou a legalização do ato como um fato histórico. A filha Nilza resgatou o papel anos depois de sua morte entre outros documentos.

O próprio diretor técnico da rádio, engenheiro Homero Simon (1920-1987), brizolista, instalou o estúdio no Piratini. A Guaíba liderou centenas de emissoras em todo o país. A "Cadeia da Legalidade" transmitiu pronunciamentos de Brizola, informes e músicas militares, incitando os brasileiros a apoiarem e garantirem a observância à Constituição, o que acabou ocorrendo. Terminada a Legalidade, o governo fez questão de pagar a utilização da rádio, e Breno mandou a conta com base na tabela de publicidade, sendo um valor relativamente baixo, saldado imediatamente. A mão de Brizola que batia era a mesma que afagava.

Sextas-feiras à noite, ele fazia palestra semanal na Rádio Farroupilha, direto do auditório da sede do PTB, na Rua da Ladeira (General Câmara), lembro-me bem do pequeno edifício, na subida à esquerda. Um dos alvos preferidos de seus comentários cáusticos era o dono do Correio do Povo.

Costumava referir-se diretamente a ele, "doutor Breno, eu sei que o senhor está me ouvindo em seu iate, velejando pelo rio". Acusava-o de fazer parte da "oligarquia da imprensa, defensora dos monopólios, dos trustes internacionais, contra o povo", discursava com uma "retórica populista", na opinião de Caldas. E vociferava no rádio: "Tento conversar com ele, mas o doutor Breno é cabeçudo, muito teimoso".

Caldas entendia os discursos virulentos do governador contra ele como um jogo político, destinado a manter acesa a chama dos trabalhistas. "No domingo pela manhã, o Brizola ia até a casa do Pasqualini, em Ipanema, para repetir que não tinha nada contra mim, queria uma aproximação com o Correio do Povo", revelou Breno em suas memórias. "Era assim. Não posso dizer que ele me queria mal..."

O levante do Exército em 1964 começou com o general Olímpio Mourão Filho (1900-1972), comandante da 4.ª Região Militar/Divisão de Infantaria de Juiz de Fora, Minas Gerais. Ele precipitou a eclosão do golpe planejado para a segunda quinzena de abril. Marchou com suas tropas para o Rio de Janeiro, em 31 de março, ganhando a adesão do general Amaury Kruel (1901-1996), comandante do II Exército, com sede em São Paulo. O Serviço Secreto da Presidência da República informou com antecedência a João Goulart da latente insubordinação das Forças Armadas. Brizola propôs que Jango o nomeasse ministro da Justiça, para ele refrear o golpe. O presidente imaginou que poderia contornar a situação com sua locução natural com o generalato. Contava com a amizade de muitos oficiais. Mesmo assim, tomou a providência de enviar dias antes a Porto Alegre o general Ladário Pereira Telles, três estrelas, para assumir numa eventualidade o comando do III Exército, apesar de sua patente não permitir, pois a hierarquia do cargo exige que o comandante seja quatro estrelas.

No dia 31 de março, ao saber da movimentação das tropas de Mourão, Goulart ainda tentou manter fiéis os I e II Exércitos, do Rio e de São Paulo, e assinou a nomeação de Ladário para a chefia do III Exército em Porto Alegre, pois não confiava no general Adalberto Pereira dos Santos (1905-1984), que mais tarde veio a ser vice-presidente da República durante o regime de exceção. No dia 1.º de abril as guarnições federais do Distrito Federal aderiram aos golpistas e os oficiais do Palácio do Planalto informaram ao presidente que não tinham mais condições de garantir sua segurança.

Vi tantos vultos da história política brasileira como Pasqualini, Ferrari, Magalhães Pinto, Lacerda, Lott. Olho para trás e constato: nunca estive diante de JK e João Goulart. Através de fotos, filmagens e gravações, sei exatamente como eram, reagiam, falavam, sorriam, caminhavam, Jango puxando a perna esquerda. Goulart esteve na minha casa, na Mariz e Barros 74, em Alegrete, justamente na campanha de 1955, quando a dobradinha carismática JK-JG venceu as eleições para presidente e vice da República, com votação separada, como ocorria na época, o candidato trabalhista, o afilhado político de Vargas, o mais votado dos dois. Jango visitou à tarde o meu avô, prefeito pelo PTB. Estava em companhia de Maneco Vargas (1916-1997), filho de Getúlio. Tenho até hoje, reformada, em perfeito estado, a bomba com que os três tomaram chimarrão naquela ocasião. Na época, aos 7 anos de idade, eu morava com meus pais a uma quadra de distância, na Tamandaré, 349; não vi os visitantes. Terminado o comício, Jango decidiu voltar para São Borja, de carro, à noite. Maneco preferiu pernoitar na casa do primo Eduardo, meu avô, atendido com toda a pompa pela minha avó Odith. Tal como o pai presidente, Maneco matou-se com um tiro de revólver no coração, na estância dos Vargas, em Itaqui. Domingo à noite eu saio para tomar cerveja para não ter o mesmo destino.

O dia 1.º de abril foi de muita tensão no Palácio da Alvorada, em Brasília. Perto da meia-noite, o presidente deixou Brasília num Avro da Varig, para evitar o uso de aeronaves da FAB. O voo *charter* decolou do aeroporto de Brasília com destino a Porto Alegre. Não quis viajar com a mulher e os filhos por medo de um atentado. A aeronave mudou de rota várias vezes.

Na mesma hora, quase simultaneamente, Maria Thereza e o casal de filhos pequenos, João Vicente e Denise, embarcaram num avião militar, na pista da Granja do Torto, onde Jango morava com a família. Ele usava o Palácio da Alvorada apenas para despachos. Dois pilotos de confiança decolaram com destino não registrado. Fizeram escala no Salgado Filho, em Porto Alegre, para abastecer, na madrugada; ninguém desembarcou; a imprensa de plantão no aeroporto foi avisada que a primeira-dama estava muito cansada, e seguiram para São Borja. Cinco horas de viagem no total. Os pilotos cumpriram a missão. Como o avião era militar, eles não podiam atravessar a fronteira com a família do presidente, para colocá-los em segurança.

Goulart desembarcou no Aeroporto Salgado Filho às 4h da madrugada do dia 2. O último número do vespertino Última Hora, da capital gaúcha, saiu com a foto do desembarque e a manchete "Reagirei ao golpe", mais um desejo da redação, decisão que nunca foi tomada por Goulart. No dia seguinte, 3 de abril, o jornal não circulou mais, fechado pela Revolução, reaberto um mês depois com o nome Zero Hora.

No aeroporto, o presidente foi recepcionado pelo general Ladário Pereira Telles e o deputado Brizola, que cochilavam sentados num espartano banco de madeira no espaço exclusivo da Aeronáutica. Refugiar-se no Sul fazia parte do plano de emergência montado pelo governo nos últimos dias diante da iminência do golpe, mas Jango vivia um dilema: resistir ou partir para o exílio?

Na manhã do dia 2, João Goulart chegou a se encontrar com Breno Caldas, na residência oficial do comandante do III Exército, na Rua Cristóvão Colombo, bairro Auxiliadora. O dono do Correio do Povo foi convidado para a seleta reunião, por sugestão do presidente. O general Adalberto havia fugido para Passo Fundo na companhia do governador Ildo Meneghetti e Ladário assumiu o comando e se instalou na casa oficial. Apenas o III Exército se mantinha fiel a Jango.

O Congresso Nacional se reuniu extraordinariamente no dia 2 e, pressionado pelo movimento militar das tropas no País, tanques nas ruas, considerou vago o cargo de Presidente da República. Assumiu de forma interina o presidente da Câmara dos Deputados, Ranieri Mazzilli (PSD), de centro. Em 11 de abril o Congresso elegeu indiretamente o marechal Humberto de Alencar Castello Branco (1897-1967), com 361 votos, 3 votos para Juarez Távora, 2 votos para Eurico Gaspar Dutra e 109 abstenções ou ausências. Entre os votos favoráveis o do senador por Goiás Juscelino Kubitscheck, cassado pouco tempo depois, em 8 de junho. "Foi uma injustiça que a Revolução de 64 cometeu e que precisa ser reparada", disse o presidente Figueiredo à dona Sarah Kubitscheck ao doar o terreno para o memorial JK, em Brasília, revela o jornalista Alexandre Garcia. Castello Branco tomou posse em 15 de abril.

Brizola, na época o deputado federal mais votado do Rio de Janeiro, propôs novamente em Porto Alegre que ele fosse nomeado ministro da Justiça e a Prefeitura de Porto Alegre transformada em quartel-general da resistência, como o Palácio Piratini em 1961, e montada uma nova cadeia de emissoras de rádio. O prefeito Sereno Chaise era do PTB, aliado fiel, até quase o final da vida, quando foi cooptado pelo governo Tarso Genro, com alto cargo no banco do estado, deixando para trás convivência de décadas com Brizola, quiçá a maior traição que ele sofreu, patrocinada pelo PT.

A discussão de Goulart com Brizola, na capital gaúcha, naquele dramático dia 2 de abril de 1964, começou na residência do comandante do III Exército e terminou na Prefeitura. Foi áspera. Passaram dez anos sem se falarem. Dona Neuza, enferma, fez a reconciliação deles no apartamento da praia de Pocitos, em Montevidéu. Sempre ela protagonista ao lado do marido. "Pede para o Jango vir me ver", disse. O marido não respondeu, mas foi ao telefone. "A Neuza está doente e quer te ver", limitou-se a dizer. Quando o cunhado chegou, Brizola se escondeu num quarto. Após cumprimentar a irmã, ele bateu na porta. "Sou eu", anunciou. A porta abriu e voltou a fechar. Outras pessoas conversavam na sala. Os dois cunhados passaram toda a madrugada fechados, acertando as diferenças. No fim do ano Jango morreu em paz com Brizola.

João Goulart talvez conseguisse dividir as Forças Armadas, mas o "banho de sangue entre irmãos seria inevitável", e ele decidiu evitá-lo. Deixou Porto Alegre clandestinamente, num pequeno avião, no dia 2, direto para a Fazenda Cinamomo, em Itaqui. Maria Thereza e as crianças estavam a salvo na Fazenda Santa Luzia, em São Borja. Goulart tinha muitas propriedades rurais, mas a única que estava sendo vigiada era a Granja, na entrada de São Borja, à esquerda, sua residência. Naquele dia 3 de abril, ele não viu a família, para evitar o risco.

No dia 4, partiram para o exílio. A esposa e os filhos viajaram para Montevidéu num monomotor, asa baixa. A aeronave decolou da Santa Luzia e pousou no Aeroporto de Carrasco. Hospedaram-se no Hotel Lancaster. Goulart partiu da estância Cinamomo, num Cessna 310, pilotado pelo fiel Manoel Soares Leães, o Maneco. O bimotor a hélice evitou Carrasco e pousou na Base Aérea de Panda, a 50 km da capital. O desembarque ocorreu na frente do hangar, onde o embaixador do Brasil no Uruguai, o alegretense Leocádio de Almeida Antunes, meu velho amigo, o esperava. Começava o exílio. Jango só voltou ao Brasil morto, num caixão.

Em seus editoriais, o Correio do Povo se posicionou favorável ao Movimento de 1964, ao lado da grande imprensa nacional. No governo de Castello, o interlocutor de Breno Caldas era o general Médici, comandante do III Exército, em Porto Alegre. Durante a ditadura, Breno manteve uma relação próxima com os governos militares, principalmente com os presidentes gaúchos.

Herói da Segunda Guerra Mundial, o marechal cearense, um baixinho de 1m64cm, defendia o restabelecimento da democracia. Castello Branco ficou no poder oficialmente de 15 de abril de 1964 a 15 de março de 1967. Inicialmente ele iria apenas cumprir o final do mandato de Goulart e que terminava em 31 de janeiro 1966, período presidencial de 5 anos sem direito à reeleição. Ele não se perpetuou no poder como os ditadores. Nas duas décadas de autoritarismo, o partido oficialista, a Arena, atingia a maioria parlamentar no Senado e na Câmara dos Deputados, nas Assembleias Legislativas e nas Câmaras de Vereadores, no voto ou em eventuais cassações de oposicionistas do MDB se fosse necessário, num simulacro de democracia. O *ditador-presidente* tinha mandato de cinco anos, Figueiredo seis, todos sem direito de reeleição, ao contrário dos comunistas vitalícios Stalin, Mao e Fidel ou os fascistas Franco, Salazar e Pinochet, que se perpetuaram no poder.

As eleições constitucionais diretas de 1965 foram adiadas para o ano seguinte pelo Congresso, por 205 a 94 votos, e transformadas em indiretas por Ato Institucional (AI-3), decretos com poder de lei durante o regime discricionário. O Congresso Nacional escolheria o presidente e as Assembleias Legislativas, os governadores. Os prefeitos das capitais e cidades fronteiras (definidas como áreas de segurança nacional) seriam simplesmente nomeados.

Estava sepultado o sonho do ex-governador do Estado da Guanabara de ser Presidente da República em eleições diretas. Homem de frases fortes, polêmico, Carlos Lacerda jamais teria seu nome referendado por conchavos políticos no centro do poder militar e no Parlamento. Com a força dos Atos Institucionais e cassações de deputados e senadores, ficou claro que o Congresso Nacional aprovaria, sem problemas, o nome do general escolhido pelo sistema para governar. Assim foi até a vitória de Tancredo em 1985, fim oficial da ditadura, numa abertura política "lenta, gradual e segura" que iniciara com a anistia em 1979 e as eleições diretas para governadores em 1982.

Isolado, Lacerda foi empurrado para a oposição. Organizou a Frente Ampla em outubro de 1966 com os ex-presidentes JK e Jango. Visitou Goulart no exílio no Uruguai e a foto dos dois, reconciliados, saiu nas revistas nacionais. Brizola se negou a receber Lacerda. "O Corvo é um histórico traidor do povo brasileiro", vociferou. Lacerda jornalista cunhou a expressão *mar de lama* para envolver Getúlio, o que o levou ao suicídio em 54. A maioria dos deputados do MDB também não aderiu à Frente Ampla. A avaliação era de que o movimento só favorecia o político carioca.

Castello Branco cumpriu o compromisso de entregar o poder, mas não escondia seu descontentamento ao ver crescer a influência dos extremados do regime. A intervenção de 1964 caminhava para se transformar numa ditadura cívico-militar duradoura. Ele era contra. O marechal morreu um ano depois em desastre aéreo, cuja causa gerou dúvidas.

O segundo presidente, marechal Arthur da Costa e Silva (1899-1969), gaúcho de Taquari, considerado *linha dura*, foi indicado pela cúpula da Revolução e referendado em eleição indireta pelo Congresso Nacional, como o previsto. Havia sido comandante do III Exército, em Porto Alegre, e tinha uma aproximação natural com Breno pelo gosto por cavalos de corrida. Costa e Silva morreu de derrame cerebral, durante o exercício do mandato. O regime de exceção brasileiro teve alternância no poder, num simulacro de democracia.

Alguns políticos conservadores respeitáveis, como Daniel Krieger, Mem de Sá e Jarbas Passarinho, para citar apenas três, davam respaldo parlamentar. A maioria da Arena (Aliança Renovadora Nacional) na Câmara e no Senado era conseguida nas urnas com apoio popular, principalmente nas pequenas cidades, apesar de derrotada nas capitais, e a cassação sistemática de parlamentares da oposição consentida: o MDB (Movimento Democrático Brasileiro). Críticas mais contundentes provocavam a perda do mandato. Alguns oposicionistas de envergadura, como Ulysses Guimarães e Pedro Simon, eram tolerados para não asfixiar demais a oposição permitida e mantê-la respirando. A presença do vilão no palco era indispensável para encenar o teatro político.

11. A retórica de Brossard

A sucessão estadual no Rio Grande do Sul em 1966 serve para ilustrar como a maioria da Arena no regime militar podia ser conquistada sob qualquer circunstância se fosse necessário. O nome indicado por Brasília para ser o novo governador, em substituição ao engenheiro Ildo Meneghetti, o conservador que nunca perdeu eleições, foi o coronel PM Walter Peracchi de Barcellos (1907-1986), derrotado por Brizola em 1958. No entanto, o MDB tinha maioria na Assembleia Legislativa, 29 contra 26, e podia eleger o governador. O urgido pelo poder cívico-militar seria derrotado. Possibilidade impensada.

Em articulação hábil, a oposição escolheu como seu candidato o professor e jurista Ruy Cirne Lima, acima de divergências políticas, humanista, católico e conservador, oriundo do PL (Partido Libertador), cuja maioria aderiu à Redentora. Dois deputados da Arena declararam apoio a ele. Teria 31 votos.

Definido o candidato do MDB, em reunião à noite, o então deputado estadual Paulo Brossard (1924-2015) se dirigiu à redação do Correio do Povo para levar a notícia pessoalmente. O parlamentar também forjado no extinto PL de Cirne Lima era maragato, fazendeiro em Bagé, fazia parte da pequena confraria frequentadora do gabinete de Breno Caldas no final da noite e do grupo ainda mais restrito que comia churrasco no Arado. O doutor Adahil telefonou a Caldas, no Haras, relatando a indicação de Cirne, a presença de Brossard e perguntando qual seria a orientação do jornal. "Tudo bem, deixa o Brossard escrever a notícia", determinou.

O prolixo político sentou-se diante de uma máquina de escrever e redigiu não uma matéria jornalística, mas um verdadeiro manifesto em apoio à candidatura da oposição. O texto foi publicado sem assinatura, como se fosse opinião do jornal, colocando o Correio numa situação constrangedora diante do governo militar. "Não podíamos nos desmentir; a saída encontrada foi divulgar a sucessão estadual e a candidatura Cirne Lima da maneira mais isenta, só com informações", explicou Caldas em suas memórias.

A imprensa não costumava se retratar. A informação retificada ou contornada no dia seguinte ocupava o mesmo espaço e dimensão, mas sem nenhuma referência ao equívoco ou contrariedade com a versão anterior. Nesse caso, um artigo opinativo foi publicado em formato de reportagem. O jornalismo encarava o erro admitido como prova de falta de responsabilidade na checagem da informação ou na avaliação do enfoque do texto. Somente na década de 90 a Folha de S. Paulo consagrou a expressão *erramos*. Quando chefiou Zero Hora, a partir de 1991, Augusto Nunes fazia questão da publicação frequente do pequeno quadro *erramos*, justamente por considerar que essa postura era sinônimo de credibilidade. Os repórteres que cometiam equívocos, execrados no passado, passaram a ser valorizados se admitissem o erro. Entretanto, a retificação em relação a pessoas e instituições não ganhava o mesmo destaque. A norma anterior, a correção no mesmo espaço, mas com a admissão do erro, seria o ideal. A imprensa não pode ser vista como infalível, naturalmente. Muito menos o repórter.

Sete deputados do MDB foram cassados para que o coronel da Brigada Militar vencesse as eleições indiretas na Assembleia Legislativa. Mesmo assim, Peracchi não obteve a maioria dos votos, que seria 25. Três parlamentares dos 26 da Arena votaram em branco. Ele fez 23 votos, e os 22 deputados oposicionistas não compareceram. Foi uma das vitórias mais deprimentes da história política do Rio Grande do Sul.

Em 1969, entrevistei o governador. Eu usava sandálias e bolsa a tiracolo, descolado repórter da Zero, de 21 anos. Ele era um impostor e a mim faltava postura. A favor de Peracchi devo dizer que ele não me discriminou, respondendo todas as perguntas do repórter pirralho, de dentes para fora e difícil dicção. Consola-me o fato de que Machado de Assis era gago e Clarice Lispector puxava os erres. Contraí os defeitos deles e me faltaram as virtudes.

Quando eu começava a trabalhar na Zero, em 1969, meu contemporâneo Liberato Vieira da Cunha trocava o Diário de Notícias pelo Correio do Povo. O rapaz de Cachoeira do Sul chamou a atenção do próprio Breno Caldas. Estava em Porto Alegre o escritor americano John Dos Passos (1896-1970), autor da trilogia *U.S.A.* Liberato conseguiu entrevistá-lo na casa de Erico Verissimo, no bairro Petrópolis. A matéria publicada no Diário encantou Caldas, que era um entusiasta de literatura internacional, lendo em alemão, inglês, francês e espanhol. "Ribeiro, telefona para a redação do Diário e pede para esse rapaz vir falar comigo", apontou a página do jornal.

O jovem vestiu um terno, gravata alinhada, bem penteado como sempre, gel nos cabelos. Ele se dirigiu ansioso à Caldas Júnior, o ideal de trabalho de todos os jornalistas naquela época. Foi encaminhado ao gabinete do doutor Breno. "Acompanho as matérias que assinas no Diário de Notícias, sei que participas da edição do jornal, li a entrevista com John Dos Passos e desejo que venhas trabalhar no Correio do Povo", convidou-o. "O cargo é de copidesque e o salário de 600 cruzeiros", completou. Aceitou na hora. "Eu recebia 300 no Diário, apesar de ser secretário de redação", contou-me em entrevista por telefone em outubro de 2019.

"O doutor Breno era um homem poderoso e rico, mas nunca abusou", disse-me. "Tinha decisões firmes, que ninguém ousava contestar", acrescentou; "diziam que era arrogante, mas eu nunca vi". Liberato apenas não concordava com as ideias conservadoras de Caldas; "eu pensava diferente", enfatizou em novo telefonema, "mas um homem de sua grandeza merecia ser nome de alguma praça ou avenida importante de Porto Alegre".

Breno Caldas é nome de uma pequena praça, pouco mais do que uma rótula, no Jardim Itu-Sabará, Zona Norte de Porto Alegre, próximo do CTG Tiarayú. Um ponto perdido no mapa. Faz parte da intenção de apagá-lo da memória da cidade e dos gaúchos?

Caldas não digeriu o comportamento de Brossard no caso Cirne Lima, em 1966. Em sua avaliação, ele se aproveitou de sua boa vontade para passar de contrabando um artigo opinativo como notícia. Não o perdoou. Dias depois, realizou-se um dos tradicionais churrascos para a confraria que frequentava o Arado. O convidado especial era Mário de Almeida Lima, jornalista e livreiro, diretor da sucursal do Estado de S. Paulo em Porto Alegre e a letra "L" da Editora LPM. Ele compareceu acompanhado do advogado Honório Severo (1929-2012) e de Brossard. "Traga quem tu quiseres para conversarmos", Breno estendeu o convite em telefonema para a sucursal do Estadão, na Borges de Medeiros, próxima do cinema Vitória.

Enquanto a carne assava, o uísque corria solto como os cavalos de corrida em treinamento. Brossard se empolgou. O deputado estadual, futuro senador e ministro do Supremo Tribunal Federal era um orador brilhante, usava bem as pausas e os gestos; entrevistei-o em seu apartamento na Rua Duque de Caxias sobre um caso policial em que ele atuava como advogado de defesa. Uma figura um tanto rococó, a laçada do nó da gravata larga, mas contundente e erudito; Brizola o apelidou de "Rui Barbosa em compota". Eu costumava dizer, provocativamente, que no Rio Grande do Sul só havia dois intelectuais, o Brossard e o jornalista Pilla Vares. Os demais só tinham pose.

Caldas se irritou com o proselitismo do visitante e foi extremamente mal-educado. "Olha, Paulo, me desculpa, mas estás falando como um político, e os políticos, para mim, são todos iguais: vocês todos são uns safados". E aduziu grosseiro: "por isso, não dou importância ao que estás dizendo. Pessoalmente te considero muito, mas essas questões políticas são besteiras... Vamos mudar de assunto", relembrou Breno em suas memórias. A bebida aflorou de seu subconsciente a contrariedade pelo artigo publicado no Correio como notícia.

Passado o efeito do uísque, Caldas lamentou profundamente o que fizera. Mas era tarde demais. A amizade entre eles se quebrara definitivamente. Breno já havia morrido quando Brossard realizou um gesto de muito apreço a ele. Tarde demais. Caldas não ficou sabendo que sua grosseria havia sido perdoada pelo velho amigo.

Somente anos depois do incidente no churrasco do Arado os dois voltaram a se encontrar pessoalmente num voo para Brasília. Paulo Brossard era senador. Na primeira eleição, em 1970, ele perdeu porque Brizola comandou do exílio, no Uruguai, campanha pelo voto em branco, em razão das divergências do passado. A diferença foi pequena, 30 mil votos, e registraram-se 500 mil votos em branco. Eu também ia votar em branco, atendendo à orientação do último caudilho, mas não votei porque estava de plantão na reportagem policial da Folha, em Porto Alegre, e o meu título eleitoral era de Alegrete. Justifiquei a ausência na 2.ª Delegacia, na Azenha. Aproveitei para entrevistar presos no xadrez. A 2.ª, 4.ª e 10.ª eram distritais com celas na época. Sempre davam alguma história curiosa. Os mais perigosos eram recolhidos ao xadrez da Delegacia de Furtos e Roubos, no Palácio da Polícia, onde havia torturas, para o porão da 8.ª (ainda mais sinistro) ou para o Presídio Central. As mulheres por delitos menores eram levadas à Delegacia de Costumes, na Avenida Mauá, ou à Penitenciária Feminina, por flagrante de crime ou ordem judicial. Os repórteres andavam sempre atrás de alguma notícia dramática ou pitoresca.

Em 1974, o então deputado estadual Pedro Simon fez toda uma articulação para que o ex-governador banido apoiasse a segunda tentativa de Brossard ao Senado. Na campanha ao vivo pela televisão, onde o chapéu do candidato no canto da mesa se tornou um personagem, ele pôde usar toda a sua eloquência com paradas e tiradas consagradoras, ao vivo. A Veja publicou foto da redação da Folha da Tarde parada para assistir ao candidato da oposição. Nós sentados nas mesas diante do televisor colocado ao alto. O próprio Brizola indicou o suplente Ney Brito, e a vitória veio por

485 mil votos de diferença, praticamente a votação em branco da eleição passada. A lealdade dos brizolistas ao líder era comovente. Desta vez eu consegui viajar a Alegrete para votar no Brossard. Somente nos anos 80, com o recadastramento obrigatório, reneguei minha cidadania e transferi o título para Porto Alegre.

Por casualidade definida pela numeração das poltronas, Caldas e Brossard sentaram-se lado a lado no avião em 1976, dez anos depois da frustrada candidatura de Cirne Lima ao governo do Estado. Para ser simpático, Breno puxou assunto sobre a situação do país, avanços e recuos na abertura política, o papel da oposição e elogiou o reconhecimento de Brossard como um político nacional. Ele o cortou ríspido. Esperou uma década pela vingança. "Dr. Breno, o senhor me desculpe, mas depois dos conceitos que o senhor manifestou em sua casa, sobre a política e os políticos, eu não discuto mais política com o senhor. Se quiser, falamos sobre pecuária, agricultura, o preço do boi, condições meteorológicas, o que o senhor quiser... menos política."

Palavras duras que nunca saíram da memória de Caldas. "Ele tinha razão de estar magoado", admitiu. "Está bem", puxou assunto sobre pecuária, inseminação artificial para melhorar a genética dos rebanhos e atender o exigente mercado internacional de carnes. Deixou de lado os cavalos de corrida, pois Brossard não dedicava atenção ao turfe. A conversa não fluiu. Houve longos silêncios e leitura de jornais. Os laços de amizade estavam rompidos. Os dois controlavam o relógio. O tempo do voo custou a passar.

Dia 24 de maio de 1982. Viagem tranquila desde Porto Alegre e o pouso forçado em Brasília. Morreu o genro de Breno Caldas. Edgar Degrazia (1939-1982), sobrinho do diretor da Folha da Tarde, Edilberto Degrazia. Ele era casado com a filha mais moça, Alice. Foi meu advogado num processo que respondi por crime de imprensa. Sua atuação no julgamento foi vitoriosa. Eu fui absolvido por unanimidade por um Conselho Militar em Porto Alegre e a decisão ratificada pelo Superior Tribunal Militar, em Brasília, pois o recurso era automático. Nunca busquei indenização da Bolsa-Ditadura. Apenas realizei meu trabalho num período obscuro da justiça. Risco meu. Ninguém me deve nada.

A Justiça Militar em pleno regime de exceção foi mais tolerante que o Ministério Público. Na minha reportagem, publicada na Folha da Tarde em 21 de junho de 1972, denunciei um erro judiciário, libertaram o réu imediatamente, a veracidade comprovada, e quiseram me colocar na cadeia em seu lugar. O MP me enquadrou na Lei de Segurança Nacional por indispor um poder da União (no caso o Judiciário) perante a opinião pública. Não foi arguido erro de informação.

Promotor público de Camaquã me denunciou à III Região Militar, em Porto Alegre. Foi aberto inquérito na Justiça Militar. No julgamento, o jornalista Benito Giusti, chefe de reportagem da Folha da Tarde, prestou depoimento como testemunha de referência do réu. O representante do MP, civil, pediu minha condenação. O juiz auditor, doutor Larry, também civil, terno escuro, camisa branca e gravata azul, ele discordou do promotor, concordou com a defesa e solicitou minha absolvição, definida pela unanimidade do Conselho de Sentença formado por oficiais militares, uniformizados.

O barbeiro Celino Pinto, de 50 anos, estava preso havia 18 anos por ter dado um tapa na mulher, empregada doméstica à época do fato na casa do juiz de Camaquã (RS). Acusado de lesão corporal leve, o magistrado não se declarou impedido de julgá-lo, absolveu o réu, mas o declarou incapaz, aplicando dois anos de medida de segurança. Após o cumprimento da pena, ele teria de ser reavaliado anualmente por um psiquiatra para diagnosticar se estava apto a voltar ao convívio social.

Durante o longo período, com passagem pelo Manicômio Judiciário, em Porto Alegre, ele foi examinado apenas duas vezes, sem laudo de liberação. Enviado de volta ao Presídio Municipal de Camaquã, o Juizado de Execução esqueceu-se dele. Nenhum familiar ou amigo o visitava na cadeia, muito menos a ex-mulher, vítima da agressão. Os assaltantes e homicidas entravam e saíam e o barbeiro continuava lá. Um homem em pena perpétua por ter dado um tapa na mulher, absolvido do gesto agressivo, mas considerado incapaz mentalmente. Uma artimanha cruel do magistrado para punir de forma exemplar o marido de sua empregada.

Celino era quem cortava o cabelo e fazia a barba dos demais sentenciados e até dos carcereiros e brigadianos; nenhuma restrição e sem cometer qualquer desatino. Rosto ensaboado, o apenado com a navalha para escanhoar a barba, e o PM tranquilo, olhos semicerrados. O presidiário tinha o privilégio de guardar uma navalha em sua cela para exercer o ofício de barbeiro. Entrevistei-o na companhia do fotógrafo Damião Ribas, querido colega que nos deixou, responsável pelas fotos que ilustraram a reportagem.

O presidiário era um homem aparentemente calmo, tímido, resignado. Sua cela parecia um salão de barbeiro. O pequeno espelho na parede. Embaixo uma prateleira com a navalha, a tigela de metal para fazer espuma, o pincel, a tesoura e a máquina. O cheiro de creme de barbear, loção, talco. Fios de cabelo dispersos no chão de cimento. A reportagem que assinei na Folha da Tarde repercutiu em O Globo, no Rio, e o Jornal do Brasil chegou a fazer editorial com o título *Justiça Injusta*. Ribas, eu e o delegado Rubens de Abreu, que me deu a informação, fomos processados, julgados juntos e absolvidos. Brossard cita o fato no livro *O Balé Proibido* como um "absurdo jurídico" cometido pela ditadura.

Lembro-me de um final de tarde em que fui ao escritório de Degrazia, na Rua da Praia, passando a esquina da Avenida Borges de Medeiros. Subi de elevador, atravessei o corredor procurando o número indicado e apertei a campainha. Ele mesmo abriu a porta. A dona Alice estava na sala de espera, aguardando o marido. Usava um vestido claro, com estampas de primavera, estava grávida, risonha, me cumprimentou cordialmente. Edgar pediu para eu entrar no gabinete. A porta da antessala ficou aberta. Precisávamos discutir o processo e estratégias da defesa. Éramos jovens, ele com 33 anos e eu com 24, e ficamos amigos. Se o destino não cortasse o curso do tempo, a biografia dele e até a minha podia ter sido outra.

Dez anos mais tarde ele morreu em circunstâncias incríveis. Havia entrado numa família com uma carga pesada, a épica história escrita por sobreviventes desde o século 19. Avião da Vasp fez pouso forçado no aeroporto de Brasília, partiu ao meio bem na altura do trem de pouso, e morreram apenas duas pessoas, justamente aquelas que estavam sentadas nas duas poltronas em cima da asa danificada. Os demais passageiros e tripulação sofreram apenas contusões. No enterro, eu estava em um grupo de pessoas junto com Tonho Caldas. "Deus tirou a vida do Edgar e me deu a missão de cuidar da minha irmã", comentou com sua voz grave.

Naquele ano de 1972, quando denunciei um erro judiciário, também cometi uma inconfidência que me privou durante anos da amizade do delegado Cláudio Cabral Barbedo, titular da Delegacia de Roubos, sedutor de olhos cor de mel, que admirava por sua bravura e cultura, capaz de empunhar uma pistola em batidas policiais e dedilhar músicas clássicas no violão. Em 21 de fevereiro de 1972, presenciei uma conversa dele com o assaltante de bancos Antônio Carlos Moren Pinto. A guerrilha urbana vinha roubando agências bancárias. Ladrões comuns conviviam com presos políticos na prisão, descobriram que era possível atacar um banco e entraram na onda. Assaltantes sem nenhuma ideologia que cinicamente justificasse a *desapropriação* passaram a furtar bancos com sucesso.

Os maiores grupos foram liderados pelo experiente Antônio Gonçalves, o novato Rejanir Ferreira e o charmoso Moren.

O jovem delegado e o criminoso tinham sido contemporâneos e amigos no bairro Ipanema e estudaram juntos no Julinho, o emblemático Colégio Júlio de Castilhos, em Porto Alegre. Um se formou em Direito e se tornou policial. O outro passou a usar tóxicos, deixou de estudar e enveredou para o crime. No reencontro dos dois, como velhos amigos, lembraram o passado. E eu ouvindo, calado. Ao chegar à redação, redigi a reportagem sem ter feito nenhuma anotação. "Barbedo e Moren, dois amigos que o roubo separou", coloquei como título. O delegado não perdoou minha indiscrição. Só reatamos a amizade exatamente 20 anos depois, em 1992, quando eu assumi a direção da Divisão de Comunicação Social da Polícia Civil gaúcha, a convite do chefe de polícia, delegado Newton Müller. Nunca deixei de simpatizar com ele. Minha pena pela inconfidência cometida na reportagem foi equivalente a homicídio qualificado.

12. A proximidade com Médici

Médici, o terceiro militar referendado pelo Congresso Nacional, assumiu em 1969, com mandato até 1974. Tinha um porte alto e os olhos azuis. Quando Médici morreu, em 1985, os herdeiros brigaram por seu espólio na Justiça. Ele deixou apenas dois bens. A fazenda da mulher em Bagé, intacta, e um apartamento na aristocrática e decadente Avenida Independência, em Porto Alegre. O general-presidente do Milagre Brasileiro e da Copa do Mundo de 1970 não fez fortuna. Seu governo, porém, foi o mais brutal na repressão à guerrilha urbana e rural comunista.

Em 19 de setembro de 1972, foi divulgada a cópia de uma carta de Júlio de Mesquita Neto (1922-1996), diretor do Estadão, enviada à Sociedade Interamericana de Imprensa, criticando a falta de liberdade de imprensa no Brasil no governo Médici. O protesto foi lido na Câmara Federal e o líder do governo, senador Filinto Müller, da Arena, subiu à tribuna para dizer que não era verdade. A Voz do Brasil, após o famoso *aviso aos navegantes*, com a divulgação dos ventos e marés em toda a costa brasileira, divulgou a carta e o pronunciamento de Filinto, de passado integralista, extrema direita.

Os noticiários da Câmara e do Senado, com os debates dos parlamentares da situação e da oposição, não eram censurados. Por incrível que pareça, ouvíamos o noticiário oficial das 19h para conhecer opiniões divergentes, a posição do MDB, e saber quem era cassado. Havia mais liberdade na resenha informativa de divulgação obrigatória nas emissoras de rádio, por ter o crivo do Congresso, do que na imprensa. Um governo linha dura com relativa liberdade no parlamento.

Por volta das 20h, Roche Chedid, policial civil estadual cedido à Federal, entrou na redação, como fazia quase diariamente, pele macilenta, com aquele sorriso amarelo. Como um perfeito servidor público, usava calça e casaco de cores diferentes, sem gravata. Preferência pela não combinação de marrom com chumbo. Muitos colegas faziam questão de cumprimentá-lo; eu procurava ignorá-lo. Ele trazia a relação das matérias que não deveriam ser divulgadas. Acompanhávamos a Guerrilha do Araguaia pelas proibições do Chedid, nem tínhamos as informações. Era vetada a transmissão no País de telegramas das agências de notícias brasileiras e internacionais sobre a guerrilha e outros temas considerados atentados à segurança nacional. Somente os censores sabiam de tudo. Entre as proibições do dia estava a denúncia de Mesquita e a negativa de Filinto.

Breno considerou um absurdo censurar o próprio líder do governo e fincou o pé: "Vamos publicar as duas versões". Havia também a identificação histórica dos sobrenomes Caldas e Mesquita na imprensa brasileira, e a denúncia partira do dono do Estadão. O doutor Breno não era nenhum ingênuo. A divulgação da notícia seria, sim, um ato de solidariedade do Correio do Povo com a carta de Mesquita Neto, que defendia a liberdade de imprensa. "A Voz do Brasil já deu", argumentou Breno. Chedid pediu um telefone emprestado para comunicar à Polícia Federal a decisão de Caldas de publicar a informação proibida. Discou o zero para liberar a linha e fez a ligação, em pé, ao lado da mesa de um redator, que não lhe ofereceu cadeira. A resposta era prevista. O veto à notícia era uma decisão nacional a ser cumprida; não havia possibilidade de exceção. Nem o Estadão podia publicar a queixa de seu diretor. Não cabia submeter o assunto diretamente ao ministro da Justiça, Alfredo Buzaid (1914-1991), ou até ao presidente Médici, como propôs Breno.

O superintendente da Federal em Porto Alegre, coronel Solon Rodrigues D'Ávila, compareceu na Caldas Júnior, às 23h. O jornal estava em polvorosa, andávamos de um lado para outro. O Erni Quaresma, da Folha da Manhã, e eu, da Folha da Tarde, excitadíssimos. Sabíamos que estávamos vivendo um dia da história. Vi o coronel no corredor a caminho do gabinete do doutor Breno. Já o conhecia. Era calvo, baixo, retaco, roliço, sem ser exatamente obeso. Usava óculos de grau com armação Ray-Ban, bem ao gosto militar, e vestia um terno escuro. Entrevistei o coronel algumas vezes e nunca respondeu minhas perguntas de forma clara, na maioria das vezes com um "nada a declarar" por escrito em questionamentos previamente apresentados. As *lives* atuais gravadas de políticos e no esporte lembram a ditadura.

Eu detestava cobrir a Federal, diretamente vinculada à comunidade de informação, com restritos protocolos de segurança; sempre tínhamos de nos identificar na portaria, apesar de irmos lá com frequência para a realização de reportagens. Não havia nenhuma disposição em prestar conta de suas ações. No Palácio da Polícia Civil o acesso era livre, menos no segundo andar do DOPS – Departamento de Ordem Política e Social. A Federal e até as Secretarias Estaduais de Segurança Pública eram comandadas por oficiais do Exército. O núcleo duro dos órgãos de segurança era verde-oliva. Policiais criteriosamente selecionados ficavam no campo operacional como subalternos; nas masmorras, recebiam ordens e cumpriam à risca com cruel eficiência.

O coronel dirigiu-se à Caldas Júnior apenas para ratificar a proibição, sem nenhuma proposta de conciliação para contornar o impasse. Caldas o recebeu com cortesia, mas se manteve intransigente. O encontro durou apenas 15 minutos. O superintendente da Polícia Federal foi embora e deixou Chedid de plantão na redação para o cumprimento da ordem de censura. O policial conseguiu se acomodar numa mesa de canto, cujo redator já fora embora.

Por volta da meia-noite, o doutor Breno saiu de seu gabinete. Carregava alguns jornais do Rio e de São Paulo. Adahil deixou sua mesa e se aproximou dele. Ao passar pelo censor, Caldas repetiu: "O Correio vai publicar e eu estou indo para casa", repetiu. "Então o jornal será apreendido, doutor Breno", avisou o policial, que se levantou da cadeira onde se sentara. "Não só o Correio, a Folha da Manhã também vai publicar, já comuniquei a minha decisão às duas redações."

Para que a empresa não ficasse no prejuízo, com o gasto de papel e evitar a logística do recolhimento dos jornais, o policial propôs que fossem impressas edições simbólicas dos dois matutinos; ele colocaria os exemplares embaixo do braço e o problema estava resolvido. Era uma norma utilizada para reduzir custos e evitar o transporte. "Nada disso, as impressões serão normais, com o total de exemplares previstos, 85 mil o Correio e 20 mil a Folha da Manhã"; circulava o sangue espanhol da dona Dolores, de Livramento, nas veias do filho.

"O senhor poderia emprestar os caminhões da empresa, então?" Pediu Chedid. "Nenhum", resposta curta e precisa. Caldas se virou para o Adahil: "Faz com que sejam cumpridas as minhas determinações, vou para casa"; saiu caminhando em passos lentos, sem se despedir de ninguém. Ele era Breno Caldas. Obedientes à censura, o Diário de Notícias e Zero Hora circularam normalmente na manhã seguinte, quarta-feira, Dia do Gaúcho, 20 de setembro de 1972, saudando a Revolução Farroupilha e sem a notícia vetada.

A Polícia Federal arrumou emprestadas caçambas da construção civil sujas de cimento para o recolhimento dos jornais. A carroceria era mais alta e ultrapassava a plataforma para a colocação dos pacotes, dificultando a operação. Sem que ninguém mandasse, o operador da máquina que fazia os pacotes colocou-a no máximo, para que os fardos ficassem altos e pesadíssimos. Era uma guerra silenciosa contra a ditadura. Eu escondi os dois exemplares proibidos entre outros jornais do Rio e São Paulo e fui para casa no meu Volkswagen 68, cor vinho, encantado com a coragem e determinação de Caldas. Sua verdadeira força junto à ditadura se mostrou no dia seguinte.

A apreensão do Correio do Povo durante a madrugada teve repercussão em todo o Brasil. Em Brasília, o problema chegou à mesa de Médici pela manhã, no Palácio do Planalto. Mandou chamar Buzaid no Gabinete Presidencial e determinou que o problema criado com a Caldas Júnior "fosse contornado nos termos desejados pelo doutor Breno".

Uma eventual apreensão da Folha da Tarde ao meio-dia, em pleno centro da cidade, poderia se tornar um evento político sem precedentes, com participação da oposição, solidariedade popular e apoio da imprensa. O vespertino circulou com a notícia da apreensão do Correio e da FM na primeira página. No dia seguinte, 21 de setembro, os próprios jornais apreendidos puderam noticiar o fato, inclusive relatando em detalhes a informação censurada. Foi a noite em que a Censura teve uma vitória de Pirro. Breno guindado às Páginas Amarelas da Veja.

A apreensão do Correio continuava incomodando Médici. A desinteligência criada com a censura podia ter sido contornada se a Polícia Federal houvesse consultado o Presidente da República, como pedira Caldas naquela ocasião. Médici e Breno se conheciam desde sempre. Um telefonema entre os dois teria resolvido facilmente o impasse. O dono do Correio do Povo não tinha nenhuma intenção de fazer oposição ao regime de exceção, que apoiara desde o primeiro momento. No entanto, censurar o líder do governo, que garantia haver liberdade de imprensa, era, sem dúvida, um discurso kafkiano que confirmava a denúncia de Júlio Mesquita.

A entrevista para as Páginas Amarelas foi ponderada e prontamente digerida pelo poder militar. O presidente combinou com o ministro da Casa Civil, Leitão de Abreu, gaúcho de Cachoeira do Sul, entregar uma comenda a Caldas em Brasília. Uma espécie de desagravo. Mas ele não compareceu. Era duro na queda. Mandou o filho Francisco Antônio representá-lo. O protocolo exigia que a comenda fosse entregue diretamente ao homenageado. "O doutor Breno não é fácil", sussurrou Leitão a Médici diante do impasse. Foi aberta uma exceção. Tonho Caldas foi fotografado recebendo a medalha de Médici, ao lado de Leitão de Abreu. "Mas o teu pai me deve um churrasco no Arado", disse o presidente, em voz baixa, ao lhe apertar a mão.

Leitão de Abreu foi enviado a Porto Alegre para contornar de vez o mal-entendido que ficara entre o governo e o Correio do Povo, e acertar a data do churrasco. O ministro foi até o gabinete do doutor Breno. Os dois eram íntimos, e a conversa foi fácil e franca. Caldas ponderou que o melhor era deixar para outra ocasião. Se o evento ocorresse naquele momento poderia ser interpretado como um gesto de Caldas para bajular Médici. E pior: ser visto como uma tentativa do presidente de capitular diante da intransigência do jornal, amenizar a situação, *alisar* o dono do Correio, a expressão usada pelo próprio Breno. "O mais prudente é adiar o churrasco", concluiu. O conselheiro do Grêmio concordou com a cabeça. Despediram-se.

Ainda em 1972, no fim do ano, em dezembro, o governador Euclides Triches (1919-1994) telefonou para o doutor Breno, pela manhã, encontrando-o em seu gabinete no jornal, onde despachava desde cedo, excepcionalmente. Naquela manhã, não percorrera as fazendas, como geralmente acontecia, porque tinha assuntos pendentes para resolver na empresa. "O senhor sabe que o presidente Médici está chegando ao Estado e pretendo aproveitar a ocasião para inaugurar o Galpão Crioulo no Piratini."

Triches mandara construir um galpão rústico, no pátio do Palácio do Governo, para oferecer churrasco e comida campeira, pratos típicos do Sul, aos visitantes ilustres e assim economizar, evitando a realização de banquetes.

"O presidente demonstrou interesse em encontrar-se com o senhor, por isso o estou convidando em cima da hora; desculpe a indelicadeza", acrescentou Triches. "Não vai dar, governador, estou de manga de camisa, não tenho aqui no jornal um terno para vestir", procurou esquivar-se. Era verdade. Na última vez que usara a fatiota guardada em seu gabinete, no aniversário do Correio, voltou para casa vestido a rigor e esqueceu-se de recolocá-la no armário de objetos pessoais no jornal. "Compareça assim mesmo, será um almoço bem informal", insistiu. "Está bem", capitulou.

O doutor Breno desceu ao estacionamento e disse a Colombo que usaria uma caminhonete na hora do almoço, pediu que fosse dado um vale ao motorista para fazer um lanche na Praça da Matriz. O chefe da logística das viaturas recebia diariamente certa quantia em dinheiro vivo para eventuais despesas e no final do dia prestava conta no guichê da tesouraria, no térreo. Embarcou numa Kombi à disposição da reportagem. Sentou-se no banco da frente ao lado do chofer. Na porta do carona, o logotipo da Folha da Tarde.

O veículo estacionou na frente da porta principal do Piratini. Quando Caldas colocou o pé na calçada, ouviram-se sirenes e o ronco de motos potentes. Levou um susto. Era a comitiva de Médici que estava chegando, com batedores da PE (Polícia do Exército), as autoridades em automóveis pretos Galaxie com capota de vinil e Opala Comodoro, e atrás um caminhão de combate reforçando o esquema de segurança.

Caldas ficou parado na calçada, olhando toda aquela movimentação. O motorista arrancou a caminhonete para estacioná-la junto aos carros oficiais, de frente para a praça. Iria comer um cachorro-quente e beber um refrigerante numa carrocinha na calçada, pagos pelo patrão, coisa boa. Quando desembarcou do Galaxie, o general avistou Breno e acenou. "Vamos entrar juntos", convidou. Breno ficou constrangido; "meus trajes não são adequados", desculpou-se. O presidente minimizou: "Nada disso, vamos lá". Cruzaram a porta do Palácio caminhando lado a lado. Os fotógrafos batiam fotos. Ficou para a história como o dia em que Breno recepcionou o ditador de camisa esporte e mangas curtas, na frente do Piratini. "Tu não vais te livrar do churrasco lá no Arado", segredou em tom baixo.

Gaúcho de Bagé, Emílio estudou na Escola Militar de Porto Alegre. Tornou-se fazendeiro na Fronteira ao casar com uma moça rica de sua cidade, Scylla, da tradicional família Nogueira, com ramificações em Bagé, São Francisco de Assis, Alegrete e Santa Maria. O militar agora estancieiro passou a fazer parte da restrita elite rural do Rio Grande do Sul e frequentar exposições de gado e arremates, ambientes naturais do doutor Breno.

O oficial de cavalaria, Médici comandou o CPOR na capital de 1953 a 1957. Já general quatro estrelas, foi chefe do Estado-Maior do III Exército, no Sul, em 1969. Os encontros dele com Caldas eram frequentes; tratavam-se na segunda pessoa. O apoio do Correio do Povo na terra de Jango e Brizola era considerado indispensável para a consolidação do governo de Castello Branco.

No início de 1973, o churrasco no Arado enfim aconteceu. Na véspera do encontro, a segurança armada da Presidência da República vasculhou toda a propriedade, inclusive as áreas de preservação ambiental, suas matas nativas, banhados com capivaras, para garantir que não estava sendo planejado nenhum atentado ao ditador mais duro nos 20 anos de regime militar. Médici telefonara para Caldas informando que estaria no Haras às onze da manhã. Como homem de cavalaria, madrugou em Brasília para chegar ao Arado na hora marcada. Sem nenhum minuto de atraso.

Forte aparato de segurança foi montado do Aeroporto Salgado Filho até a estância em Belém Novo. Médici desembarcou do Boeing 708 presidencial (o *sucatão*, somente aposentado pelo Lula) na companhia da esposa, dona Scylla, dos generais João Figueiredo, Adalberto Pereira dos Santos e do ministro Leitão de Abreu, o padrinho do encontro. A comitiva foi recepcionada pelo governador Euclides Triches, eleito indiretamente pela Assembleia Legislativa para um mandato de 1971 a 1975, ex-prefeito de Caxias do Sul e deputado federal duas vezes. Alguém, sem dúvida, com um passado político aprovado nas urnas.

O comboio presidencial de automóveis pretos, motos reluzentes e viaturas camufladas de combate atravessou a cidade, do aeroporto, na Zona Norte, até o Arado, no extremo Sul, com segurança armada em todas as esquinas, num aparato de guerra. O país do *milagre econômico* e do tricampeonato mundial vivia um clima de insurreição, com sequestros, assaltos a bancos, prisões e torturas. As masmorras lotadas de presos políticos. Cartazes de procurados nos locais públicos. Conflito aberto entre subversivos e a implacável repressão da comunidade de informações.

Dona Iara, esposa de Tonho Caldas, guardou as fotos das mesas preparadas para o almoço, com toalhas, travessas e pratos. A segurança do presidente obrigou toda a família a se perfilar na frente da casa, para aguardar a comitiva dos generais, inclusive o anfitrião e a esposa. Os netos pequenos estão lá, em fila na fotografia. Todos puderam sair do alinhamento para admirar as motos da PE (Polícia do Exército). Até o doutor Breno aparece na frente de uma potente máquina, sorrindo, ao lado das crianças em êxtase. O clima na fazenda era de muita fraternidade. A segurança controlava de longe os passos do general e suas demonstrações de afeto aos moradores.

Rogério Christo, o faz-tudo de Breno no jornal, no veleiro e na fazenda, foi quem comandou os assadores. Recordou para mim detalhes daquele churrasco. Foi carneada uma novilha e Médici comeu tenra costela, vazio macio, a gordurinha queimada pelo fogo, picanha no ponto, pernil de cordeiro da Estância de Viamão e linguiça vinda de Dom Pedrito. Depois do churrasco, Médici quis conhecer a casa. Somente o anfitrião e o general subiram ao primeiro andar. Até o governador ficou lá no galpão com os demais convidados.

O presidente encantou-se com a mesa de sinuca trazida do falido Cassino Quitandinha. Admirou-se da mesa preservada do patriarca Caldas Jr. Sentaram-se confortavelmente em poltronas de couro no gabinete, a vista do rio pela janela, no alto da ponta do Arado. Relaxavam do uísque bebido no almoço. No horizonte os aglomerados de casas em Guaíba e Barra do Ribeiro no outro lado do rio, a oeste os arranha-céus de Porto Alegre. Pequenos barcos a vela. Um petroleiro cruzando o canal na direção da Refinaria Piratini. Na beira da água, vegetação costeira e esparsas praias. "Tua vista é privilegiada", comentou o visitante.

O governo brasileiro havia concluído o acordo com o ditador paraguaio Alfredo Stroessner (1912-2006), no governo de 1954 a 1989, para iniciar a construção da Usina Binacional de Itaipu. Médici falou do projeto gigantesco, os conflitos nacionais, políticos, ambientais e de engenharia a serem contornados. Talvez preferisse comentar o atual momento do Flamengo e do Grêmio, seus times do coração, e Breno gostaria de falar de turfe, sua paixão. O ambiente de camaradagem entre os dois, Caldas um pouco *alto*..., na sua própria descrição, ele ousou perguntar ao presidente se os paraguaios não pediram dinheiro por fora para aprovar o acordo. "Exigi que o projeto fosse claro e limpo, e examinei cada número com atenção." Ele parou como se precisasse um tempo para pensar. Os olhos azulados na paisagem. Voltou a focar no interlocutor. "Digo ao meu amigo, não ao jornalista Breno Caldas: encontrei uma verba de oito milhões de dólares não explicados corretamente, voltava para trás na leitura e não conseguia identificar o que era." Intrigado, ele chamou um assessor e o funcionário admitiu ser uma *inevitável* cifra para a "aquisição de boa vontade" do governo de Assunção.

Por lealdade ao presidente, que pediu sigilo e revelou o fato em confiança, Breno não repassou a informação privilegiada à redação. Somente em suas memórias ele revelou a confissão de Médici de que o governo Stroessner *mordeu* o Brasil em 8 milhões de dólares para assinar o contrato de Itaipu, com a propina aparecendo camuflada no contrato, não exatamente *por fora*. A cifra hoje seria insignificante pelo valor do empreendimento e os desvios confirmados em obras públicas e estatais, canalizados a políticos e partidos na democracia tão almejada e duramente recuperada pelo País em 1985, na instalação da Nova República.

A sobremesa e o cafezinho foram degustados lá embaixo, na sala de estar. "Tua casa é melhor e bem mais aconchegante que o meu palácio, em Brasília", elogiou o general. "Traz o teu governo para cá", brincou Breno.

Veio o crepúsculo, o sol se pondo no Guaíba, os últimos raios amarelos atravessavam as vidraças. Um tom nostálgico de sombras nos móveis. Brilho pálido nas pratarias e os cristais pareciam opacos na penumbra.

Todos tinham ido embora. Breno se recolheu para descansar um pouco na sua suíte, no andar de cima. A criadagem fazia a limpeza dos ambientes do térreo. Na churrasqueira, os peões beliscavam as sobras de gado, ovelha e linguiça no braseiro. Na roda de chimarrão, girava também a garrafa de cachaça de Santo Antônio da Patrulha, no bico, de mão em mão, afinal era domingo. Os cavalos de corrida nas cocheiras, já sonolentos. O gado se juntando no campo. O mergulho das capivaras no banhado.

No fim daquele ano de 1973, a sucessão de Médici começou a ser discutida. O general Ernesto Geisel (1907-1996) veio a Porto Alegre para comparecer a um enterro. Caldas estava presente. Gaúcho, nascido em Bento Gonçalves, Geisel fez carreira militar longe do Estado e não tinha intimidade com Breno, que, no entanto, era muito amigo de seus irmãos turfistas, radicados no Sul. Geisel se aproximou dele para cumprimentá-lo. Apesar de não sorrir, procurou ser simpático. Perguntou pelo Correio do Povo. "Está firme", respondeu Breno. "É uma força que precisam manter", acrescentou o general. Ao chegar à redação, ele comentou com o editor-chefe Adahil: "Este Geisel será o novo presidente, o comportamento dele é de candidato."

A chapa indicada pelo regime de exceção foi eleita pela Câmara dos Deputados em 13 de janeiro de 1974, Ernesto Geisel presidente e Adalberto Pereira dos Santos vice, ambos generais gaúchos. Médici passou a faixa em 15 de março de 74. Com mandato até 14 de março de 1979, Geisel deu início à abertura política, sob o comando na Câmara dos Deputados de Nelson Marchezan (1938-2002). O abrandamento do regime culminou com a anistia "ampla e irrestrita", assinada em 28 de agosto de 1979, pelo novo presidente, general João Baptista de Oliveira Figueiredo (1918-1999), inocentando os dois lados do conflito armado, esquerda e repressão, amplitude em discussão até hoje.

13. A volta de Brizola

Começaram a chegar os anistiados, após 15 anos de exílio. Testemunhei o reencontro de Leonel Brizola e Breno Caldas. O dono do Correio do Povo tratava o amigo João Goulart por *tu*, na segunda pessoa, mas sempre manteve distância do cunhado dele. Fazia questão de chamá-lo de *doutor Brizola*, para manter o afastamento, nada de intimidade. Ele respondia com *doutor Breno*.

Início da noite, eu estava redigindo uma reportagem policial, espancando impiedosamente uma máquina Olivetti, no primeiro andar, na Folha da Tarde, quando se estabeleceu um burburinho na redação. Brizola estava desembarcando de um carro na frente do prédio, saudado por transeuntes. Corri à janela. A informação tinha surgido na portaria, subiu as escadas de mármore, gemeu no velho elevador-gaiola e se espalhou pelos dois andares como um rastilho de pólvora.

Adil Silva, secretário de redação da Folha da Tarde, que assinava coluna de tópicos com o pseudônimo Hilário Honório, ao saber que Brizola estava chegando, escondeu-se no banheiro, com medo de que o governador irrompesse na redação, onde nem foi. Dizem que a casa do jornalista fora adquirida com financiamento especial da Caixa Estadual, concedido no governo de Brizola. Ingrato, fazia campanha sistemática contra a imagem pública do banido pelo Regime Militar, para ficar bem com os milicos. Mas Adil, imenso queixo, era capaz de momentos de profunda emoção e sensibilidade quando bebia cerveja e cantava *Marina*, acompanhado por um violão, no bar da ARI. Era irmão do Adahil, o austero secretário do Correio do Povo.

O repórter Airton Müller, ex-preso político, e eu, os únicos brizolistas confessos da redação, entramos juntos com o ex-governador na sala de estar ao lado do gabinete, onde o doutor Breno recebeu o engenheiro. Cumprimentaram-se com sorrisos e sentaram-se juntos no mesmo sofá de couro. Nós ficamos em pé ao lado de políticos e outros jornalistas. Breno estava de roupas esportivas, como normalmente acontecia, e Leonel vestia a sua indefectível camisa azul-claro, gravata escura, terno de brim marinho, com costuras pesponto, que comprara em Nova York e durante muito tempo foi a única roupa usada na volta do exílio. Trataram-se cerimoniosamente por *doutor*.

Brizola quebrou logo o gelo, dizendo que "a Neuza, quando soube que eu viria visitá-lo, me recomendou: diz ao doutor Breno que lhe mando um abraço". Todos ali pensaram que o político, hábil, estava apenas querendo ser cortês, quebrar o gelo do reencontro de dois antigos desafetos. Afinal, Neuza era irmã de Jango, reconhecidamente amigo de Caldas. Nada disso. O abraço enviado era uma mensagem cifrada de agradecimento que nenhum espectador ali entendeu; somente os dois sabiam seu significado. Breno balançou a cabeça e baixou os olhos ao ouvir o velado agradecimento, como quem diz "só fiz a minha obrigação", foi um ato humanitário.

Ele comentou do exílio no Uruguai, as passagens por Nova York e Portugal, onde redigiu a famosa Carta de Lisboa, embrião da fundação do PDT, que pouco tem a ver com o partido de 2022.

Falou de sua esperança na redemocratização do país. "É irreversível, doutor Breno", previu. "Como o senhor vê a pecuária no Uruguai, doutor Brizola, sua vida na fazenda todos esses anos, a criação de ovinos e bovinos?" Mudou de assunto. Como dois estancieiros, eles conversaram sobre criação de bois e ovelhas no Uruguai, o mercado e o câmbio.

Encerrado o encontro protocolar, Brizola passou pela redação do Correio do Povo, cumprimentando jornalistas, sorridente. Eu sempre ao lado dele, como uma sombra, maravilhado. Já tinha visto o governador em Alegrete, quando guri. Num desfile escolar, talvez em 1959, errei o passo ao olhar para ele no palanque em frente da nossa réplica do Arco do Triunfo. No sepultamento de Ruy Ramos, em 1962, caminhei ao lado do caixão olhando para o Brizola, em meio a uma multidão no cortejo e nas calçadas.

Em 1987, oito anos mais tarde, em suas memórias, o doutor Breno desfez o enigma daquele primeiro diálogo com Brizola na volta do exílio, em 1979. A saudação enviada pela dona Neuza era um agradecimento formal e o reconhecimento de uma dívida de gratidão.

Em 2 de abril de 1964, consumado o golpe, Goulart viajou para a Fazenda de Itaqui e dali para o Uruguai, e Brizola caiu na clandestinidade, em Porto Alegre, escondido num apartamento na Rua Duque de Caxias, endereço estrategicamente improvável, próximo ao Palácio Piratini. Dona Neuza e os três filhos, José Vicente, Neusinha e João Otávio permaneceram em casa, na Rua Tobias Barreto, 66, no bairro Auxiliadora.

A Polícia do Exército (PE) invadiu a residência, quebrando móveis. As crianças estavam na escola. Ela se escondeu no banheiro. Naquele momento dramático lembrou-se da amizade de sua família com o dono do

Correio do Povo. Só ele poderia interceder junto aos militares. Óculos de lentes grossas e trêmula, ela acendeu um cigarro e escreveu ao doutor Breno na parte interna do maço de Hollywood, relatando de forma sucinta a ação e dizendo que pretendia viajar com a família para Montevidéu. O bilhete não foi visto pela polícia quando arrombaram a porta. O rascunho acabou chegando ao seu destinatário.

Caldas ficou sensibilizado com o apelo da dona Neuza numa carteira de cigarros e foi até a Chefia de Polícia procurar o seu amigo, general Leo Etchegoyen, que havia assumido a Secretaria de Segurança. Os dois tinham amizade suficiente para um diálogo informal. "Olha, Leo, vamos acabar com essa bobagem. Isso não tem sentido. Perseguir uma mulher... Para quê? Aterrorizar uma mulher... ela não tem nada a ver com isso que está acontecendo. Isso não está certo! Ela quer ir embora, deixa ir embora." Cada palavra foi assim descrita pelo próprio Breno em suas memórias relatadas a José Antônio Pinheiro Machado. Etchegoyen não contraditou. "Vou dar um jeito, Breno", despediram-se. O presidente Castello Branco foi consultado em Brasília. Ela pôde embarcar para Montevidéu com os filhos no dia seguinte.

Caldas jamais poderia negar um apelo da mulher de Brizola, não só por Jango, mas, sobretudo, pela amizade de anos com Naio Lopes de Almeida, casado com a dona Landa, irmã do ex-presidente e da esposa do ex-governador. Deputado pelo PSD, ele participava da pequena confraria que frequentava com assiduidade, durante a noite, o gabinete restrito do imperador da imprensa, e foi através do cunhado que Goulart se aproximou do doutor Breno.

Pai da minha colega Aninha Bastos e do meu grande amigo e jornalista Coi, conheci o ex-deputado Lopes de Almeida nos anos 1970 no auditório do prédio 5 do campus da PUCRS, onde ele fora assistir a uma palestra. Ana, fotógrafa, e eu, redator, fazíamos cobertura do evento para o Centro de Informação da Reitoria, criado pelo jornalista Antônio González e o reitor José Otão. "Aquele é o meu pai", ela o apontou. Estava separado da dona Landa havia muitos anos. Ao final da conferência, pai e filha conversaram.

14. O príncipe herdeiro

Nascido em 15 de julho de 1937, o príncipe Tonho Caldas fez o ensino primário no antigo prédio do colégio Anchieta, na Rua Duque de Caxias, no centro histórico, salas amplas e paredes altas, quatro metros, seis pavimentos e corredores externos em arcos, semelhante ao pátio interno de um antigo mosteiro europeu. O doutor Breno frequentou o mesmo educandário, fundado em 1890. Francisco Antônio cursou o Clássico no Colégio Rosário, da Congregação Marista, colega de aula do meu amigo Heitor Vinadé. "Ele fez o curso sem muito esforço", contou-me, elegante e comedido em seus comentários.

Em 1967, quando vim morar em Porto Alegre, o Anchieta acabara de se mudar para o novo campus, na Avenida Nilo Peçanha, bairro Bela Vista. Já conheci o velho prédio do centro desativado. Imponente no passado, no alto da Duque, era um velho de bengala, curvado, devastado pelo tempo. Gostava de parar para admirá-lo da calçada. Construções antigas sempre me fascinaram.

A família Caldas morou em mansões nas ruas 24 de Outubro, 722 (emprestada pelo seu sogro) e depois Bordini, 365, Moinhos de Vento. Quando o doutor Breno comprou o Arado e decidiu residir na zona rural, dona Ilza o acompanhou, mas os filhos, por estarem em idade escolar, continuaram morando no casarão da Bordini, para facilitar a ida ao colégio, sob a responsabilidade da severa governanta nipônica Huzi Kano, filha de pai inglês e mãe japonesa. Dona Nilza, uma das meninas, lembra que fugia da vigilância da rígida mulher de olhos puxados para ver os cavalos no velho Hipódromo Moinhos de Vento. Ela sempre foi a mais identificada com o pai e de certa forma a preferida, pelo menos a que ele levava nas viagens mais longas para lhe fazer companhia, inclusive depois de casada e com filhos. Passou por divórcio e o pai sempre ao lado dela, dando todo o apoio.

Um Ford Standard 1940, quatro portas, preto, foi colocado à disposição do motorista Hélio Ferreira da Silva, que servia à família desde 1935, motorista particular da dona Ilza, para levar as crianças ao colégio. A governanta Huzi Kano, braços cruzados, parada no portão, observava o embarque do garoto e das meninas no automóvel. Só depois voltava para dentro de casa para orientar as empregadas.

Hélio deixava primeiro o Tonho, no Anchieta, na Duque. Logo adiante desembarcavam Nilza e Alice, na frente do Colégio Sévigné, na mesma rua. A terceira menina, Dolores, mais rebelde desde a infância, quis frequentar o Instituto de Educação Flores da Cunha, escola pública, lá embaixo, no Parque da Redenção. O doutor Breno permitiu; não era tão intransigente assim.

As crianças passavam os fins de semana e as férias escolares na fazenda. No verão, enquanto o pai velejava, elas permaneciam com a mãe, a governanta, uma copeira e uma cozinheira, na casa da praia de Torres, herança da família Kessler. Dona Ilza já era uma moça rica antes de casar com Breno.

Durante os 50 anos que serviu Ilza Caldas, de 1935 a 1985, Hélio dirigiu automóveis da marca Ford. O último foi um Galaxie Landau, V8, automático, branco. Algumas tardes, o luxuoso carro ficava no estacionamento da Caldas Júnior, enquanto a patroa visitava amigas ou fazia compras no centro. O motorista particular, um homem alto, magro, grisalho, de terno marinho e gravata, quepe preto, muito quieto e discreto, aguardava no escritório da garagem o telefonema da patroa para ir buscá-la onde a deixou. Mantinha-se alheio às brincadeiras exageradas dos demais profissionais no estacionamento. Nenhuma palavra sobre a vida no Arado, discretíssimo. Era tratado com reverência pelos colegas, afinal era o chofer da esposa do doutor Breno. Eu o conheci. Trocávamos cumprimentos apenas.

Na falência da empresa, quando Caldas passou a se desfazer de bens que lhe restavam, ele foi obrigado a vender, em 1985, até o Galaxie da dona Ilza e aposentar o fiel motorista. O automóvel deixou de ser estacionado em eventuais tardes na Caldas Júnior, para pernoitar, diariamente, até de madrugada, na garagem da Zero Hora.

Quem comprou o Ford foi o jornalista Norberto Silveira, secretário gráfico da Zero. Apesar de ser comunista e baixinho, mirrado, como os cubanos, ele tinha predileção pelos enormes carrões americanos. Primeiro possuiu um Galaxie cinza. Um dia, ele chegava no estacionamento do jornal com outro automóvel do mesmo modelo, mas branco, e parou na minha frente, sorridente. Eu acabara de estacionar o meu Chevette Hatch vermelho. Baixou o vidro elétrico para falar comigo. "Conheço esse carro", eu disse. "Imagino que sim", respondeu, sorridente. "Comprei o Galaxie da dona Ilza Caldas"; estava feliz da vida.

Uma madrugada, Norberto discutiu asperamente com o plantão de redação, Sérgio Quintana, meu antigo colega na faculdade, o mais jovem da turma; aliás, eu era o segundo. O jornalista queria incluir uma notícia de última hora, e o secretário gráfico não desejava atrasar a rodagem. Eles chegaram a se ameaçar, ambos armados de estilete, no tempo da montagem das páginas em fotocomposição com lâminas descartáveis para recortar os textos digitalizados, ilustrações e fotos (em PMT), cola de bastão para dispor os elementos na folha e nanquim para traçar os fios. Nenhum estocou o outro, mas ambos morreram, pouco tempo depois, de causas naturais. O destino já estava traçado.

Em 2002, a dona Ilza faleceu e apareceu no velório o ex-motorista. Idoso, trôpego, procurando manter com dificuldade a velha postura, de terno e gravata; Hélio Ferreira da Silva foi se despedir da antiga patroa durante meio século. Terminada a cerimônia religiosa, foi fechado o caixão, para ser levado à sepultura. "Eu gostaria de segurar uma alça", pediu Hélio, timidamente. "Ninguém tem mais direito do que tu que serviste à minha mãe durante 50 anos", concordou a filha Nilza. O velho balbuciou um *obrigado*, aprumou o corpo o mais que pôde e pegou a alça de metal prateado.

A proximidade da Caldas Júnior com o segundo presidente militar, Arthur da Costa e Silva, vem desde a sua passagem como comandante do III Exército em Porto Alegre, de 1957 a 1959, no governo JK. Francisco Antônio se alistou no serviço militar obrigatório em 1956 e sentou praça no ano seguinte. Foi lotado para servir como motorista no Quartel-General. Ao saber que o filho de Breno Caldas era um dos recrutas, o general designou o rapaz para ser motorista de sua esposa, a bela e esguia dona Yolanda Costa e Silva.

A intenção do comandante era outra. Apostador viciado em corridas de cavalo, ele queria manter o *ordenança* nas proximidades para obter informações privilegiadas dos principais puros-sangues da cidade, em especial dos animais de ponta de Breno Caldas.

Óculos de grau escuros, vasto bigode e quepe militar, o general se aproximou do milico, que fumava ao lado do Dodge preto à disposição da madame. Ao vê-lo, Tonho jogou a bagana do Hollywood no chão, pisou em cima com o coturno para apagar e bateu continência. Deixa para lá, Costa e Silva dispensou a reverência obrigatória ao superior. Ele queria dicas do Tonho para os páreos de domingo.

"O Francisco Antônio repassava com habilidade os meus comentários que ele ouvia, porque pouco se interessava por turfe", conta Breno em sua última entrevista. O recruta passou a almoçar com o comandante e sua mulher. Muito educado, cortês, solícito. Concluiu o serviço militar na primeira categoria, recebendo o certificado de reservista R-3 em 30 de novembro de 1957.

Ao dar baixa do quartel, ainda com a cabeça raspada pelo corte militar, Francisco Antônio começou a trabalhar efetivo na Caldas Júnior. O pai mandou que ele desempenhasse funções junto aos gerentes Alcides Gomes, comercial, e Alfredo Obino, administrativo. Queria que o filho se familiarizasse com a administração da empresa a fim de que em médio prazo fosse nomeado gerente do Correio do Povo. Assim aconteceu no fim da década de 1960. O nome de Francisco Antônio Caldas, no cargo de gerente, foi para a capa do jornal, ao lado do cabeçalho, junto com a identificação do fundador Caldas Júnior, o avô, e do diretor Breno Caldas, seu pai. A terceira geração chegava ao poder.

Pai rico, dirigindo carro desde a menoridade, Tonho Caldas desenvolveu uma paixão por automóveis que lhe acompanhou pelo resto da vida. Nas décadas de 1950 e 60, havia memoráveis corridas urbanas em Porto Alegre, disputadas por carreteiras envenenadas, durante o reinado do mitológico Catarino Andreatta (1911-1970). Corriam pelas ruas, avenidas e a faixa asfaltada de Ipanema, na Zona Sul, a mais de 150 km por hora, baratas Ford, Mercury, Chevrolet com motor Corvette e sedan Studebaker Champion, entre outras marcas. No fim teve a participação de carros nacionais DKW, Simca, JK Alfa Romeo e Volks com motor envenenado.

Entre os participantes havia um piloto misterioso, de boné e óculos escuros, que participava com nome falso. Deixava o automóvel coberto por uma lona numa oficina, cilindros do motor niquelados, suspensão rebaixada, descarga de ferro. A lataria tremia quando o motor do Champion ligava. Cada acelerada jogava a combustão no cano reto de seis polegadas. O motorista incógnito, calça de brim legítima americana, camiseta branca, mocassins sem meias, não queria ser identificado pelo pai, que ficaria apreensivo se soubesse que o herdeiro de seu império arriscava a vida em corridas de carros.

O circuito da Zona Sul começava na frente da Igreja da Tristeza, subia a Wenceslau Escobar, seguia pela Avenida Coronel Marcos (a faixa de Ipanema), fazia a desafiante curva da Pedra Redonda, ia até a Caixa d'Água e começava a descida até a Avenida Cavalhada os pneus deslizavam na curva de 90 graus da Otto Niemeyer e tudo terminava onde começara: na frente da capela. O povo se aglomerava atrás de sacos de areia e pneus colocados na beira das calçadas. Os moradores do local se aglomeravam nas janelas e sacadas. Policiais civis e brigadianos assistiam à prova de dezenas de voltas da escada na frente da 5.ª Delegacia. Em 1962, 63 e 68 chegaram a ser disputadas as 12 horas de Porto Alegre, com quase 200 voltas. A primeira foi vencida pelo célebre Breno Fornari (1925-2007) e o copiloto Afonso Hoch, com o Simca 35, vermelho.

Tonho Caldas procurava ter boa participação, divertia-se ao volante, mas tirava o pé quando alcançava o primeiro pelotão. Não podia vencer, para manter sua identidade oculta. Anos mais tarde confessou aos filhos suas façanhas ao volante no Circuito da Cavalhada.

Em março de1961, entrou no Curso de Jornalismo da PUCRS, ainda no prédio do Colégio Rosário, vinculado à Faculdade de Filosofia. Em 21 de julho, casou-se com Iara Monte Caldas, no dia em que o doutor Breno e a dona Ilza estavam completando Bodas de Prata. Tonho escolheu a data para homenagear os pais. A cerimônia religiosa para celebrar as bodas dos pais e o matrimônio do filho ocorreu na Igreja São José, o mesmo templo em que acontecera o casamento 25 anos atrás. A celebração, na noite de sexta-feira, estava repleta de significado. Após a recepção aos convidados no Leopoldina Juvenil, os noivos seguiram para a lua de mel na Europa.

Tonho fez a universidade nos anos 1961, 1962 e 1963, com aprovação em todas as disciplinas. Destacou-se em Francês, com nota final 9,0, que cursou na Faculdade de Letras, como disciplina opcional. Melhor ainda ele se saiu em Sociologia, ministrada pelo professor Antônio César Alves. O herdeiro de uma das maiores fortunas do Rio Grande do Sul terminou o ano com média dez em temas sociais. Em seu curso, as principais disciplinas eram Técnica de Jornal, por Cláudio Candiota; História da Civilização, João José Planella; Administração de Jornal, Alberto André; Radiojornalismo, Nilo Ruschel; História da Cultura, Clóvis Assumpção; História do Brasil, Alexandre Záchia; Geografia do Brasil, Décio Barbosa Machado; Língua e Literatura Portuguesa, irmãos Mottin e Elvo Clemente; e Publicidade, Ítalo Ferrari. Colou grau em 17 de dezembro de 1963, Jango era o presidente. O diploma registrado no Ministério da Educação foi expedido em 7 de agosto de 1964, com o golpe militar já consolidado.

No ano em que o Correio completou 75 anos, em 1970, a empresa viveu o apogeu. O aniversário, dia 1.º de outubro, caiu na quinta-feira. Durante o dia, Breno Caldas recebeu autoridades no salão nobre do jornal. No sábado, dia 3, após a rodagem da edição dominical, realizou-se uma grande confraternização no Parque de Exposições do Menino Deus, a nossa pequena Palermo, onde acontecia a feira de animais, antes da construção da megafeira Expointer, em Esteio, na região metropolitana de Porto Alegre, agora, sim, em igualdade de condições com o evento argentino. Os dois mil funcionários podiam levar suas famílias no churrasco às 13h. Era um dia ensolarado de primavera, lembro-me bem. As mesas compridas cobertas por bobinas de jornal no lugar de toalhas, bancos longos de madeira, pratos de papelão, garfo e faca, copos de vidro, ambiente rústico e popular. Oito mil pessoas se reuniram no local, para comer carne selecionada das fazendas do doutor Breno e salsichão dos frigoríficos parceiros da gerência comercial. Cerveja e refrigerante à vontade, adquiridos em permuta. Na hora da sobremesa, estacionaram dois caminhões frigoríficos da Kibon, pagos com publicidade, que distribuíram picolés de frutas e chocolate aos milhares, para a alegria da garotada. As empresas faziam questão de participar das homenagens com ofertas de brindes e propagandas institucionais.

Antes de começarem a servir o churrasco, foi feito silêncio para que o doutor Breno fizesse um pequeno pronunciamento de agradecimento e boas-vindas a todos. Aos 60 anos de idade, ele já era um homem envelhecido por uma árdua e diversificada atividade de empresário centralizador, jornalista rigoroso, fazendeiro e criador de cavalos de raça, velejador destemido em alto-mar, a abastada família Caldas dependente dele. Ao ficar em pé para falar, estava tenso, um tremor perpassou o corpo. A alta cúpula sentada próxima se preocupou. Parecia que ele estava passando mal. "O senhor está bem?" Perguntou alguém. "É a emoção", ele respondeu. Imaginaram que era somente pelos 75 anos do Correio do Povo. Afinal, era uma obra do pai dele, que a mãe conseguira manter e ele deu continuidade. Esse era apenas um dos motivos. "Ao ver milhares de pessoas ali reunidas, eu percebi a verdadeira dimensão da minha responsabilidade", relatou em suas memórias. "Dependiam de mim." Falou de improviso, voz embargada, brevemente. Ele era de poucas palavras, somente as essenciais. Um homem forjado no jornalismo impresso. Palmas calorosas. Vieram os espetos e as garrafas de bebidas.

Colegas da reportagem policial sentaram-se juntos. Recordo em especial o Dario Vignoli, um leve tremor nos dedos pela abstinência de álcool pela manhã. Antes do primeiro trago ele não conseguia nem assinar cheque. Nunca sóbrio, redigia normalmente sem cometer erros, nem de datilografia. Um exemplo típico de alguém que convivia com a bebida. Gostava de começar uma matéria por "Foi". Durante a madrugada, o fígado combalido, ele amaciava o conhaque com "guaraná caçula". Divorciado, alto, barriga proeminente, ele visitava uma namorada em apartamento na Avenida João Pessoa, na frente da Universidade. No refrigerador, ele e o marido dela tinham garrafas de bebidas separadas. Nenhum bebia o trago do outro. Respeito recíproco. Em comum, apenas os carinhos da mulher. Vignoli morreu no Hospital Cristo Redentor, aos 36 anos de idade, de falência múltipla de órgãos.

O Wanderley Soares, fiel ao uísque na noite, estava sentado na minha frente. Do meu lado, o Adroaldo Bacchieri Lucas que bebia Brahma Extra comigo no bar do homicídio, na noite de sexta-feira, após o fechamento da Folha. Apelidamos o boteco como código para identificar o desaparecimento de algum colega da redação. "Está no homicídio", respondíamos se ele fosse procurado. A pessoa ficava sem saber se nos referíamos à Delegacia de Homicídios ou a um local de assassinato. Tratávamos de avisar o colega no bar; que retornasse logo à editoria. Alguns colegas, mais apressados, não esperavam o fim do expediente para iniciarem os trabalhos no boteco. Naquela época jornalista bebia, fumava e escrevia a verdade. Eu só não fumava.

Naquele ano de 1970, Francisco Antônio mudou-se com a família para a nova casa, na Avenida Dom Pedro II, prolongamento da Carlos Gomes, bairro Higienópolis. Na época, as mansões dos milionários ficavam naquelas duas avenidas. Destacava-se o palacete do advogado Lia Pires, cercado de altos muros brancos, entrada em arco, como uma vila espanhola. Saía em seu Jaguar verde-escuro para o escritório, o Foro, o Palácio da Polícia ou para jogar polo. Baixo e forte, a capacidade física bem acima da idade provecta, os músculos retesados, a careca reluzente, destacava-se em cima do cavalo castanho de arreios de prata. Hoje as duas avenidas são o centro financeiro da cidade, com edifícios de fachadas de vidro azulado.

A residência do Tonho em estilo colonial alemão (origem materna) era pintada de branco, 1.500 m² de área construída, cercada de árvores. Da rua aparecia a silhueta do prédio em cunha e os telhados inclinados. Havia piscina e seis vagas nas garagens. Tonho teve ao mesmo tempo um Opel europeu cinza da GM alemã, dois automóveis italianos (um Fiat vermelho e um Alfa prata) e um esportivo americano Pontiac, cor champanhe. Mas ele usava para trabalhar somente o cupê dourado. Na empresa, não costumava variar de carro, seguramente para não ostentar. Era um sujeito discreto, não permitia acesso à sua intimidade e sabia que o pai não gostaria que ele aparecesse ao público como perdulário. No estacionamento coberto, havia um tapete ao lado do carro para ele limpar os pés antes de embarcar. Seus automóveis eram impecáveis.

A casa e os automóveis fora de série foram vendidos em 1985, com a falência da empresa e o fechamento dos jornais. Foram-se os anéis e os pneus, literalmente.

Francisco Antônio não aderiu à vela, como o pai, mas também gostava de esportes náuticos. Criou-se num veleiro, o tempo decorrido na posição das velas, mas optou por uma embarcação rápida. Porém, não a deixava no trapiche do Arado. Tonho adquiriu um ancoradouro na Ilha da Pintada, na travessia do Guaíba, fácil de ir de carro pela ponte, a 10 minutos do Correio do Povo. Lá ficava a lancha voadora.

Tonho era trabalhador, devoto aos filhos, atencioso com a esposa e contribuía muito para a empresa. Sua jornada como gerente comercial era superior a dez horas diárias e tinha grande ascendência nas agências de publicidade, para manter altas contas na CJCJ. Junto com ele trabalhou durante 20 anos o cunhado Sérgio Monte, publicitário.

Em 1972, o problema da Caldas Júnior chamava-se Folha da Manhã, criada três anos antes contra a vontade do doutor Breno e não se firmara. A Zero continuava surfando sozinha em altas ondas. Quatro anos após sua fundação, o tabloide matutino estacionou na tiragem diária de 8 mil exemplares. "Vou fechar a Folha da Manhã", disse Caldas ao filho. O delfim que nunca chegou a assumir o trono, porque o império caiu e ele morreu antes do próprio pai, cedo demais, pediu-lhe uma chance. "Me dá a direção do jornal, papai, e eu tento salvá-lo", Breno gostou da reação inesperada de Tonho ao se contrapor a uma decisão dele. Demonstrava querer sair da sombra frondosa do pai e mostrar seu próprio valor ao enfrentar o desafio de tentar erguer um projeto destinado ao fracasso.

Ele encarou o filho com olhos de pai. "Está bem, te dou carta branca por um tempo para fazer contratações e sacudires o jornal", chamou ao gabinete o diretor financeiro Adriano Soares. "Cria uma linha de crédito especial para investimentos na Folha da Manhã, que será administrada pelo Francisco Antônio", ordenou. "Vamos apostar na salvação desse projeto", Caldas retirou os óculos, reunião encerrada. "Obrigado, papai", Tonho saiu do gabinete rejuvenescido. Um brilho no rosto, uma luz nos olhos, o sorriso no belo rosto moreno.

Tonho Caldas não era um neófito. Além da experiência diária no jornalismo, sua formação universitária lhe oportunizou ouvir na faculdade professores tecendo loas e críticas à imprensa. A retórica recorrente da liberdade, independência e a busca da verdade. O corpo docente em sua época era formado por profissionais do mercado e especialistas de outras áreas para proporcionar aos alunos formação de generalistas. Despertou nele o espírito crítico indispensável ao jornalismo. O cargo de gerente comercial do Correio do Povo lhe ensinou a administrar a estrutura logística da empresa, a circulação, as despesas e angariar recursos através da publicidade. Conhecia muito bem o custo e como funcionava a impressão e venda dos jornais. Para ele, o Correio do Povo era perfeito, a imagem do pai, a Folha da Tarde cumpria seu papel de vespertino, em cima dos fatos, mas havia espaço na empresa para a criação de um matutino *cabeça* para atingir o público jovem e pessoas que consumiam publicações do centro do País atrás de informação diferenciada e de qualidade.

Como o pai em outras ocasiões, Francisco Antônio pensava sozinho em seu gabinete no térreo a melhor alternativa para salvar a Folha da Manhã. Sem focar diretamente na Zero Hora, ele imaginou enfrentá-la com um produto diferente. Sérgio Monte bateu de leve na porta e entrou na sala. Trazia o *layout* do novo anúncio da Renner para aprovação. Tonho olhou por alto e rubricou com a caneta Montblanc, escrita azul – nem ele podia usar tinta verde, privilégio histórico do avô e do pai. "Estás muito pensativo", comentou o cunhado. "Já te falei, o papai me deu carta branca, e penso sem parar em transformar a Folha da Manhã num jornal diferente, acima de tudo para ler, como a revista Veja", disse. Um exemplar da revista e outro do Pasquim estavam sobre a mesa. Quando Monte fechou a porta, voltou a focar no problema que assumiu ao se propor a salvar a Folhinha. Ali na mesa estavam dois exemplos: fugiram da regra e tinham problemas com a censura. "Aqui será diferente, os nomes Correio do Povo e Breno Caldas dão respaldo", supôs.

Tudo deveria começar com a escolha do diretor. "De preferência ser gaúcho, conhecer a história da Caldas Júnior, mas estar fora da aldeia", definiu. Rascunhou dois nomes num bloco de papel: Severo/Realidade e Totti/Veja. José Antônio Severo (1942-2021) nasceu em Caçapava, começou a trabalhar como jornalista em 1964 no extinto Jornal do Dia, de Porto Alegre. Foi direto para o Estadão, em São Paulo, e na época brilhava como repórter da revista Realidade, que circulou de 1966 a 1976. Certa vez ele fez o brevê apenas para realizar uma reportagem na primeira pessoa sobre a aviação civil intitulada "Meu primeiro voo solo". Paulo Totti, natural de Veranópolis, começou na Última Hora de Porto Alegre, passou pela Folha Esportiva, na própria Caldas Júnior, e fora quem entrevistou o doutor Breno para as páginas amarelas da Veja no mês anterior, outubro de 1972.

Ele chamou a secretária, arrancou a folha do bloco, passou-a, e pediu-lhe que localizasse os dois jornalistas em São Paulo, por telefone, primeiro o Severo. Totti seria a segunda alternativa. Após algum tempo, a moça encontrou-o. "Gostaria de falar com o jornalista Severo", pediu. "É ele", respondeu. "Boa tarde, aqui é da Caldas Júnior, em Porto Alegre – apresentou-se –, o doutor Francisco Antônio Caldas quer falar com o senhor." Severo franziu a testa, ligação inesperada. "Tudo bem, pode passar a ele". Perguntou-se: "O Tonho que falar comigo?"

O contato telefônico se estendeu por um bom tempo. Francisco Antônio falou da baixa tiragem da Folha da Manhã, a intenção do pai de fechá-la, o desafio que ele assumiu de transformá-la num jornal de qualidade, a escolha por ele para ser o diretor, liberdade para montar a equipe e definir linha editorial, recursos operacionais disponíveis para realizar um bom trabalho. Severo começou a se empolgar com a ideia. O salário não foi o problema. A oferta do Francisco Antônio para ser diretor era bem superior ao que ele ganhava como repórter na Abril. No início de 1973 ele estava morando novamente em Porto Alegre para montar a equipe, definir a transformação e dirigir a Folha da Manhã durante dois anos.

O projeto previu um jornal de qualidade e audacioso em plena ditadura, desde o planejamento gráfico leve, bom gosto, estilo Gazeta Mercantil. Colunas estreitas e cartolas em cima do texto, que podiam ser indicativas do assunto, localização geográfica da notícia ou firulas semânticas. Jogo de palavras e metáforas nos títulos e abertura de fotos plásticas e opinativas valorizando o contexto. Texto enxuto, irônico e mordaz, bem diferente da Folha da Tarde, mais popular, sensacionalista e romanceada. Novos nomes ganharam ascensão, como Elmar Bones, editor-chefe, Osmar Trindade (1937-2009), chefe de reportagem, a Núbia Silveira nos bastidores, que depois percorreu longa carreira em jornais e como produtora de televisão. Os eletrizantes Arthur Monteiro (1947-2018) e Omar de Barros Filho, o Matico. O futuro escritor de literatura infantil Carlos Urbim redigiu o Manual de Redação. Foram abertas oportunidades a novos profissionais identificados com a esquerda, vindos da Universidade, tanto da UFRGS quanto da PUC.

Naquela época, ser de esquerda era sinônimo de generosidade e maior preparo intelectual. A luta armada, os assaltos a bancos, sequestros e depois o aparelhamento estatal e a corrupção foram afastando os idealistas, humanistas e iluministas. Permaneceram os comunistas e socialistas convictos no coletivismo estatista, em contraste com a liberdade individual. O exemplo mais eloquente foi Paulo Francis, do Pasquim em Ipanema à Globo em Nova York – manteve-se fiel apenas à cor vermelha: oriundo da esquerda brasileira, aderiu ao conservador Partido Republicano norte-americano, descartando o azul dos democratas. Cheguei a me surpreender com a guinada dele, mas com o tempo consegui entendê-lo. Descobri que ele foi brizolista.

Quando surgiu o *bip*, utilizado para a localização das pessoas, principalmente médicos, não havia o celular, a esposa do Tonho Caldas lhe deu um de presente. Ele foi até a reportagem policial da Folha da Tarde e repassou o aparelho, com a troca do número e da senha. "Os repórteres da Folha de plantão precisam ser mais rapidamente localizados para a cobertura de eventos inesperados do que eu", explicou à esposa. Algumas semanas depois o *bip* bisbilhoteiro desapareceu sem ninguém se acusar. Pelo sorriso maroto do Francisco Salvadori cada vez que o assunto voltava, acho que foi ele que deu um fim no aparelho, jogando-o talvez numa lixeira.

A nova geração de esquerda que ascendeu, demonstrou, entretanto, preconceito e perseguição aos antigos funcionários do jornal que pensavam de forma conservadora, ou eram considerados comprometidos, ou ultrapassados pela idade. A juvenilização da imprensa, institucionalizada pela Folha de S. Paulo em 1990, foi antecipada pela Folha da Manhã em 20 anos, na década de 1970. A velha editoria de esportes da Folhinha, ainda oriunda da Esportiva, tendo à frente Edmundo Soares e Jair Cunha Filho, foi absorvida pela Folha da Tarde. Antigos redatores da FM foram demitidos e alguns *encostados* em coberturas da Câmara de Vereadores e Prefeitura, que os novatos não tinham interesse em realizar. O namoro entre colegas, tabu na Caldas, também começou nessa época e aos poucos passou a ser admitido.

O tabloide matutino contratou os dois principais repórteres da ZH, Carlos Alberto Kolecza, com a credencial de ter feito a cobertura da Guerra do Vietnã, e Sérgio Capparelli, novo talento que despontou sentado ao meu lado na Zero, registrado em fotografia de Aninha Bastos. Promovido a chefe de reportagem, atencioso e didático, Kolecza se aproximava dos novatos e ensinava pacientemente como abrir um texto, a busca do enfoque e como conduzir a narrativa. Com a didática e paciência de um professor. Na faculdade eu procurava imitar Kolecza.

Capparelli foi apresentado na portaria do Hospital Psiquiátrico São Pedro como se estivesse em surto psicótico. Caladão, de poucas palavras, não teve dificuldades de convencer a triagem de que estava *fora da casinha*. Foi internado. A ideia era escrever uma reportagem para a Folha da Manhã sobre o manicômio do ponto de vista do paciente. A barra, no entanto, pesou. Chegou a hora das injeções. Apavorado, ele quis acabar com a farsa e confessou que era repórter. "Ah, até parece, louco com mania de grandeza", o diagnóstico psiquiátrico; "se diz jornalista", os enfermeiros balançavam a cabeça, acostumados com as invencionices dos pacientes. Dois dias depois o colega Erni Quaresma conseguiu salvá-lo e a reportagem foi publicada.

Em 1979, eu entrei no Manicômio Judiciário, um dos pavilhões do São Pedro, com autorização da recentemente criada Coordenadoria das Promotorias Criminais para entrevistar ex-goleiro do Grêmio que cometera homicídio anos atrás e encontrava-se lá recolhido havia mais de 30 anos por medida de segurança. A Promotoria entrara com recurso na Vara de Execuções Criminais para libertá-lo. Ingressei nas galerias deprimentes na companhia do secretário da Coordenadoria, o jovem baixinho e alegre Ben-Hur Marchiori, mais tarde delegado de polícia e comentarista do radiojornalismo esportivo, identificado com o tricolor. O detento magro, alto e negro, mais de 50 anos, talvez 60, foi levado ao pátio por agente penitenciário, numa tarde de sol, onde me deu uma triste entrevista, sentado num banco de praça. Ele falou da carreira de jogador sem sucesso, o crime cometido e os anos no Instituto Psiquiátrico Forense. Histórias da vida como ela é, como diria Nelson Rodrigues. A reportagem saiu na página central da Folha da Tarde.

De 1973 a 1975, a Folha da Manhã chegou a fazer oposição ao regime militar, à Polícia Civil e à Brigada Militar em particular, e tratava poderes constituídos com matérias iconoclastas e irônicas. Na Política, Economia e Sociedade os textos iam do crítico ao jocoso. A Geral, Polícia e Cidade davam ênfase aos dramas da periferia, onde se destacou um jovem repórter chamado Caco Barcellos. Estudante de Jornalismo na PUC, motorista de táxi, morador do bairro Partenon, magro, cabelos castanhos encaracolados, calça *jeans*, camiseta e tênis, ele passou a realizar reportagens-depoimento em que a pessoa descrevia com suas próprias palavras, frases confusas e termos errados, dramas pessoais, sociais e experiências na criminalidade. Ele redigia um pequeno *lead* de apresentação do entrevistado, abria aspas, e o relato era reproduzido sem nenhuma interferência do repórter, sem ordenação ou correção. No final, fechava as aspas. Os editores permitiam que a matéria fosse impressa com os erros originais e até palavrões. Passadas quatro décadas, o jornalista realiza as mesmas matérias na TV Globo no programa Profissão Repórter.

A Folhinha oportunizou o surgimento do repórter Ademar Vargas de Freitas, morador no Menino Deus, que se tornou um dos jornalistas-símbolo de sua geração. O publicitário Luis Fernando Verissimo, filho do escritor, foi lançado como cronista, à esquerda, depois substituído por Janer Cristaldo, erudito e de direita. No cartum, a Folha da Manhã lançou o cartunista Edgar Vasques, criador do Rango, e o primeiro Fraga (José Guaraci Fraga), que possuía uma coluna, *Bugigangas do Fraga*, com cartum e *drops* semelhantes aos do Millôr. Com o fechamento da Caldas Júnior, a maioria daquela geração de esquerda não teve mais espaço na grande imprensa e passou a publicar em veículos alternativos ou sindicais. O chargista Fraga, na Zero Hora, lançado em 1996, é um genérico do velho Fraga da Folha da Manhã.

O logotipo vermelho desde sua fundação em 1969, FM caiu no gosto dos profissionais liberais, professores e universitários. A tiragem subiu de 8 mil para 34 mil exemplares em pouco tempo. A publicidade aumentou. Era um elemento estranho na concepção da tradicional Empresa Jornalística, mas estava atendendo a um segmento do mercado, como previra Francisco Antônio. O príncipe vivia seu momento de glória. Todas as noites ele saía de seu gabinete no térreo, na gerência do Correio do Povo e passava pela redação da Folha da Manhã no terceiro andar, saudado com simpatia por todos. Todavia, o regime militar não vinha digerindo um jornal de massa diário de oposição com o selo de credibilidade da Caldas Júnior. Até quando o nome de Breno Caldas e a tradição do Correio do Povo iriam segurar a barra?

Tonho vinha notando certo desconforto no pai. A tolerância se devia ao inequívoco sucesso do jornal, e Breno relutava em cortar a iniciativa do filho. Pela primeira vez ele verdadeiramente o surpreendeu. A cada matéria mais polêmica recebia queixas de amigos conservadores na aldeia e em Brasília, conversas e telefonemas educados, ao pé do ouvido, que ele levava em conta. Não chegava a ser uma pressão explícita que pudesse aflorar o sangue espanhol da dona Dolores, como na apreensão do Correio ou na guerra dos bicudos com Flores.

Chamou o filho em seu gabinete. "A linha editorial da Folha da Manhã tem me causado muito constrangimento; tenho que dar satisfação de que tomei alguma providência. Lamento, Francisco Antônio, mas terás de demitir o Severo." Não ficou surpreso. Sabia perfeitamente como se movimentava a empresa e a maneira como reagia a cabeça do pai. "O senhor tem alguma sugestão para colocar no lugar dele?" Breno esperava pela pergunta, os dois raciocinavam por música. "O Ruy Ostermann seria uma boa escolha: é qualificado, respeitado e moderado." Tonho não havia pensado numa solução caseira tão perfeita. Só restou uma dúvida: os demais profissionais permaneceriam? "Sim, inclusive o Elmar, o Ruy saberá contornar", ponderou Caldas.

Nascido em São Leopoldo, ex-jogador de basquete, professor de Filosofia, cronista e erudito comentarista de futebol da Rádio Guaíba, Ruy Carlos Ostermann elegeu-se mais tarde deputado estadual pelo MDB e foi secretário da Educação no governo Simon. Conhecia profundamente Marx e Engels como filósofos, não como ideário de vida, um democrata e apreciador de bons vinhos. Elmar Bones seguiu como editor-chefe e a linha editorial tornou-se um pouco mais moderada. Com o tempo a equipe foi desidratando. Caco Barcellos e Geraldo Canali seguiram para a televisão, o primeiro para a Globo e o outro para a Bandeirantes. Rogério Mendelski demonstrou talento na TV Guaíba e depois na Rádio Gaúcha. Capparelli dedicou-se ao magistério. Alguns voltaram para São Paulo, vários passaram a trabalhar como chapa-branca no parlamento e governos do PT e do MDB. Naquele momento, poucos oriundos da Folhinha foram recrutados pela Zero, exceção de Carlos Urbim para a cultura e publicações infanto-juvenis. Somente cinco anos depois, em 1980, começou uma migração maior de profissionais da Caldas para a Zero e RBS.

Em 1978, a Folha da Manhã retornou à sua proposta original; houve mudança significativa na redação, Ruy e Elmar tinham saído, outros seguiram o mesmo caminho, deixou de ser diferente da Zero Hora, e a esquerda parou de ler. A tiragem voltou a cair para menos de 10 mil exemplares até seu fechamento definitivo, em 1980. Em suas reminiscências, Caldas reconhece muitos erros que cometeu. Um deles foi não ter "aproveitado devidamente" o jornalista José Antônio Severo, diretor no auge da Folha da Manhã, escolhido pelo Tonho Caldas, qualificando-o como "um grande elemento, um ótimo jornalista". Quando ele fala "aproveitado devidamente" podem ter certeza de que ele lamentava não tê-lo levado para o Correio do Povo. Sob seu comando, Severo daria o seu melhor sem rompantes de Dom Quixote ou Robin Wood.

Diante da empresa falida do pai, Francisco Antônio Caldas, preparado durante 30 anos para ser o sucessor de Breno, foi à luta. Em 1986, ele lançou o jornal de classificados Balcão, em parceria com o Jornal do Comércio, de relativo sucesso nas bancas. Nessa época nos encontramos no estacionamento em frente ao JC. Eu tinha ido levar um *release* da PUC em meu Chevette vermelho e ele descia de um flamante Santana preto. Não tinha mais o Pontiac cupê dourado, mas continuava em alto estilo. Nos cumprimentamos amavelmente. "Olá, Tibério", sua voz grave, inconfundível; não tinha esquecido o meu nome. Estava garoando e ele segurava um elegante guarda-chuva com cabo de madeira. Fiquei feliz de ver que ele continuava sendo o Tonho Caldas, apesar de todas as amarguras que vinha atravessando ao lado do pai, de quem tinha tanto orgulho e admiração, sobretudo obediência.

Vi Breno Caldas e Francisco Antônio, juntos, dias depois, em 24 de março de 1986. Era uma segunda-feira. Por acaso, subíamos as escadarias em curva do Palácio Piratini. Quantas vezes o Czar do Papel percorreu aqueles degraus de mármore, em mais de meio século, para levar sua opinião aos governadores sobre assuntos do Rio Grande do Sul, desde Borges de Medeiros, Getúlio Vargas, Flores da Cunha, até Jair Soares. Um dia ele recebeu no Piratini o presidente da República de manga de camisa, mas naquela ocasião estava de terno escuro, acinzentado, e gravata. Vestira-se a rigor por respeito. Francisco Antônio também estava de fatiota e gravata. Os dois me cumprimentaram com um aceno de cabeça, circunspectos, como exigia o momento.

No Salão Negrinho do Pastoreio estava sendo velado Maurício Sirotsky Sobrinho, proprietário da RBS, morto aos 60 anos de idade por falência múltipla de órgãos, após câncer na garganta. As voltas que a vida dá. O tempo vivido e os desígnios. Arrojado e empreendedor, Sirotsky abateu a gigante Caldas. Breno e o filho compareceram ao seu velório. Os dois derrotados em pé ao lado do caixão do vencedor, abatido pelo destino. A poucos passos eu olhava Maurício num leito de pedra, como os monumentos aos reis, e as esfinges do pai e do filho rivais, bustos de bronze.

Tonho foi diagnosticado com câncer dois anos depois, em 1988, aos 50 anos de idade. Começou nos pulmões. Ele fumava desde os 13 anos, três carteiras de cigarro por dia. Em poucos meses passou para a coluna e o cérebro. Foram alguns meses de agonia. Enfrentou a doença com destemor e resignação. Surpreendeu o pai mais uma vez. "O meu filho tinha fibras que eu desconhecia", comentou Breno em encontro com o jornalista Pinheiro Machado, que voltara ao Arado numa visita de pêsames. Encontrou o idoso ainda mais desolado com a morte do filho, o príncipe herdeiro de um império que desapareceu entre os dedos como areia no deserto. Via-se nas rugas do rosto, no tremor das mãos enrugadas, que sua agonia tinha dia marcado para terminar.

15. A Zero Hora

No dia 4 de abril de 1964, um sábado, os militares lacraram as portas da redação da Última Hora, na Rua Sete de Setembro, no centro de Porto Alegre. As redações do Rio de Janeiro e Recife foram depredadas por forças paramilitares. O golpe que surgiu de forma intempestiva no dia 31 de março estava consolidado.

O diretor do vespertino em Porto Alegre era o carioca Ary de Carvalho (1934-2003), que começou sua carreira na Última Hora do Rio. Foi transferido para a redação de São Paulo em 1958. Em 1959, ao lançar UH em Curitiba, Samuel Wainer escolheu Ary para diretor. O rapaz desempenhou sua função com habilidade e competência. No ano seguinte, 1960, ao criar a Última Hora em Porto Alegre, Wainer transferiu o jovem de 26 anos para o Sul, no cargo de diretor do novo jornal, com uma estrutura própria, gráfica, e não dependente da impressão em São Paulo, como o matutino do Paraná, e foi montada na redação uma equipe muito maior.

Samuel Wainer demonstrou mais uma vez apreço a Ary de Carvalho ao transferir para ele a posse do jornal fechado no Sul em 1964 para que tentasse reabri-lo em negociação direta com os militares. Não faltava a ele capacidade de articulação e de convencimento.

Com mandato de prisão contra ele, Wainer escondeu-se e viajou clandestino para o Chile. Ficou um tempo exilado em Santiago e depois morou em Paris. Três anos depois, em 1967, retornou ao Brasil. Ele mantinha em seu nome os jornais do Rio e de São Paulo, em decadência. Em 1971, conseguiu vendê-los, a Última Hora carioca para um grupo de empresários associados ao Correio da Manhã, que continuaram com a edição, e a paulista, comprada e fechada definitivamente pela Folha de S. Paulo. Em 1973, o próprio Ary de Carvalho comprou a UH do Rio, manteve em seu nome até 87, o jornal sensacionalista ainda continuou com outros donos até 1991, quando houve a falência definitiva. A agonia dos jornais é sempre longa e irreversível.

Decretado pelo regime militar o fim do império dos jornais populares iniciado com o apoio de Getúlio Vargas, Wainer continuou exercendo o único dom que não podiam lhe tirar: o jornalismo. Escrevia artigos encomendados para revistas e a Folha de S. Paulo. Não era mais um homem rico, mas *freelancer* mal remunerado. Ficou para trás o tempo em que dirigia um Impala branco conversível na Avenida Copacabana, no Rio, com Danuza Leão ao seu lado, um lenço na cabeça para conter os cabelos esvoaçantes. Morava em pequeno apartamento na capital paulista, dormia num sofá-cama e tinha uma máquina de escrever. No dia 2 de setembro de 1980 teve uma forte dor no peito e foi levado ao Hospital Israelita Albert Einstein. Morreu numa maca, no corredor, antes de ser atendido. Sofrera um infarto. No apartamento foram encontradas as páginas datilografadas do livro póstumo *Minha Razão de Viver*, organizado por Augusto Nunes.

Ary de Carvalho passou a negociar com os militares. Prometeu realinhar a posição política do jornal. Os golpistas lhe deram um voto de confiança, mas deixaram claro que não podia ser usado o mesmo nome. O diagramador e artista plástico Anibal Bendati começou a trabalhar com duas possibilidades de logotipo que lembrassem UH, inclusive na cor azul e na tipografia. Um seria *Últimas Notícias* e o outro *Zero Hora*. O argentino me relatou o episódio 13 anos depois, quando começamos a lecionar juntos na PUCRS, ele encarregado de ensinar diagramação e eu texto jornalístico e edição, na elaboração de jornais-laboratório em sala de aula. Frequentemente eu tinha de traduzir aos alunos o portunhol do mestre, sussurrado, sempre com um cigarro aceso no canto da boca durante a aula. Ele me chamava de Tiberius.

O segundo nome ganhou a preferência. Zero Hora circulou pela primeira vez em 4 de maio de 1964, agora matutina. Afinal, zero hora é meia-noite. Conta a lenda que Maurício Sirotsky nunca acreditou no novo nome e quando assumiu o controle do jornal em 1970 registrou em cartório a marca O Estado do Rio Grande, para uma eventual mudança. O fato só foi descoberto 15 anos depois, em fevereiro de 1985, quando o Grupo Sinos decidiu lançar um jornal diário em Porto Alegre com aquele nome e constatou que já estava registrado pela RBS. Maurício, no entanto, generosamente liberou.

No surgimento de ZH, a redação continuou no mesmo lugar, na Rua Sete de Setembro, no prédio do Cinema Rex. O jornal passou a ser visto pelo público como um prolongamento da Última Hora. Apesar de ser bem mais contida, a Zero carregou por anos a pecha de "se espremer, sai sangue", atribuída a UH. No início, a Zero queria lembrar a Última Hora, depois passou o resto do tempo tentando se livrar dessa comparação. A linha seguia popular, mas sem nenhuma conotação política. O diretor Ary de Carvalho, que escrevia bem, assinava uma coluna diária defendendo a Revolução. Fazia parte da demonstração de boa vontade com os militares.

Durante a Redentora, a linha editorial da Zero Hora foi de apoio ao regime de exceção com uma cobertura forte de cidade, esporte, polícia e política de convivência com o governo. O maior aval era Carlos Fehlberg, editor e colunista de política, claramente identificado com 64, mais tarde porta-voz da Presidência da República no governo Médici, o mais duro e ao mesmo tempo mais popular do período militar. Médico, primeiro lugar na faculdade que cursou por imposição do pai, nunca exerceu a medicina. Dedicou-se por inteiro ao jornalismo, trabalhando do meio-dia às 4h da manhã, carregando pastéis no bolso do casaco para se alimentar. Naturalmente cardíaco na velhice, foi atendido várias vezes pelo meu sobrinho Luciano Ramos Boff, na emergência da cardiologia, em Florianópolis, onde ficou morando após se aposentar como diretor do Diário Catarinense. Ao descobrir o parentesco do médico comigo, ele sempre perguntava por mim. Fehlberg morreu num domingo, 15 de janeiro de 2023, em Florianópolis, em decorrência dos históricos problemas cardíacos, agravados por um AVC e falha nos rins, aos 88 anos de idade.

O matutino cortara em definitivo suas amarras com a Última Hora vespertina e originalmente getulista. O presidente Ary de Carvalho escolheu para diretor o jornalista e advogado Paulo Amorim (1930-1986), homem culto, respeitado no meio cultural da capital, que trouxe certa sofisticação ao jornal popular sucedâneo de UH. Nascido em Tupanciretã, ele era filho do doutor Amorim, promotor público, e de dona Marieta de Almeida Amorim, professora estadual. O pai foi transferido para Alegrete e a mãe passou a lecionar no histórico Instituto de Educação Oswaldo Aranha, chegando ao cargo de diretora na década de 50, quando o meu avô Eduardo Vargas era prefeito. Tenho uma foto do palanque, no desfile militar de 7 de setembro de 1956, em Alegrete, onde estavam os dois, em destaque, o prefeito de terno marinho e a diretora do colégio, de elegante chapéu feminino, como rainha, no meio de oficiais fardados. Com a morte do marido e a ida do filho para estudar em Porto Alegre, a viúva passou a morar sozinha num apartamento alugado de dois quartos, no Edifício Ibirapuitã, no primeiro andar, de frente, sem elevador, decorado com o requinte de uma idosa dama. Móveis e estofados escuros, estante de livros, cristaleira, mesa de jantar.

Paulo Amorim se formou em Direito, queria ser diplomata, mas tornou-se jornalista. Na Zero Hora, como diretor aos 34 anos de idade, assinava uma coluna, em um texto limpo, com referências a música, arte, óperas, peças de teatro, cotidiano da vida, sem entrar na política e no regime militar. Um *outsider* da realidade crua, desagradável. Um homem solteiro e solitário a vida toda. Foi duas vezes subsecretário de Cultura do Estado. No seu último ano de vida, 1986, ganhou o título de Cidadão Emérito de Porto Alegre, concedido pela Câmara de Vereadores. Hoje é nome de uma sala de cinema na Casa de Cultura Mario Quintana, criada durante sua segunda gestão como subsecretário, no governo Pedro Simon.

O pulo de qualidade de ZH ocorreu cinco anos depois do seu lançamento, em maio de 1969, dois meses após Médici assumir. O marco foi a inauguração da nova sede, na Avenida Ipiranga esquina com a Rua Arlindo (anos depois ampliada e denominada Avenida Erico Veríssimo). No subsolo foi instalado o equipamento *offset* para imprimir o jornal em cores. A nova rotativa Goss Urbanite, que permitia a impressão de 15 mil exemplares de 64 páginas por hora, podia ser vista no saguão do prédio, em desnível envidraçado no subsolo. Ver o jornal rodando atrás da vidraça quando se ia para casa, no final da noite, era uma visão inesquecível. Tive o privilégio de desfrutá-la. A imagem da conclusão de seu trabalho. A rotativa girando, o papel corre da bobina, a impressão no caminho, e no final o jornal dobrado com a tua reportagem.

A Zero foi o meu primeiro emprego, ainda na faculdade. Cheguei a trabalhar na redação da Sete de Setembro e participei da transferência para o prédio novo na Ipiranga. Em 1969, o jornal contava com 200 funcionários no total de todos os setores e circulava em 110 municípios gaúchos, o que na época representava a metade das cidades (hoje são quase 500). O Correio do Povo chegava a todo o Estado e a Santa Catarina. Era outro patamar.

A propalada soberba de Breno Caldas pôde ser contestada mais uma vez. Ele estava preocupado com o crescimento do desafiante. O jornal impresso em *offset* na nova sede em maio de 69 circulou pela primeira vez somente ao meio-dia, pois os gráficos custaram em acertar a mistura de água e tinta numa folha lisa de zinco na rotativa e não mais tinta pura em cilindros de chumbo em alto-relevo. Quando os leitores abriram o jornal, numa impressão escura, melhorada no dia seguinte, faltavam os dois principais colunistas. Breno Caldas mandou contratá-los. No lançamento da Zero em *offset*, o notável cronista Sérgio Jockymann e o humorista Carlos Nobre, estrelas máximas da Zero, estreavam na Folha da Tarde, que já publicava colunas diárias de Cid Pinheiro Cabral, a charge de SamPaulo, Nelson Rodrigues e Carlos Drummond de Andrade, simplesmente.

O prédio da Zero Hora, mandado construir por Ary de Carvalho, é bem anos 1960, um monumento ao cimento, com vigas de concreto, paredões, tornado mais leve com a colocação de vidraças fumê anos depois. A fachada da Faculdade de Comunicação da PUCRS, na Avenida Ipiranga, pouco vista por ser coberta de árvores, é inspirada na Zero Hora. A conhecida entrada da unidade é pelos fundos, simples, com enorme saguão.

Ary de Carvalho tinha planos ambiciosos. Aos domingos, rodaria uma edição em formato *standard*, do tamanho do Correio do Povo, para enfrentá-lo diretamente. Seria um jornal moderno, com projeto gráfico semelhante ao Jornal da Tarde, de São Paulo, do grupo Estado. JT nos ensinou diagramar com claros, disposição artística das fotos, em composição com olhos (pequenos textos), centralizados e alinhados à direita ou à esquerda. Os títulos compostos em caixa alta e baixa, alternados, com ou sem serifas, claros e bold, numa mistura discreta e de bom gosto, buscavam harmonizar e destacar. Os títulos forçavam a pontuação no meio, vírgula ou dois pontos, e tinham ponto-final, usual na publicidade. Quando a manchete era apenas um enunciado, bem jornalística, sem estrutura de frase, aparecia em caixa alta e não tinha ponto-final. Os títulos do Jornal da Tarde, ao contrário do que dizem, não eram indiscriminadamente com ponto-final. Mino Carta, o idealizador do jornal, construiu uma lógica para pontuar ou não; ser frase ou enunciado.

Zero Hora dominical *standard*, toda colorida, foi planejada por três jornalistas talentosos com perfis diferentes e que se completavam: Coi Lopes de Almeida (audacioso), Pilla Vares (intelectual) e Renato D'Arrigo (com formação publicitária), os três já falecidos. Escolhidos, sem dúvida, pela perspicácia de Paulo Amorim. A ousadia de Coi, o aprofundamento de Pilla e o apelo cativante de D'Arrigo criaram um jornal atraente, com conteúdo e belo. Fui apresentado a eles por João Paulo Trindade, redator do Diário de Notícias, que morreu aos 90 anos em 2019. Negro, calvo, tinha o hábito de passar a mão na barba branca encaracolada, dois dedos decepados na metade. Não o vi mais desde a década de 90, quando ele saiu da Zero.

João Paulo tinha o sobrenome da família que o adotou menino em Alegrete e aproveitou as oportunidades que recebeu. Estudou na terra natal, chegou a trabalhar na Gazeta de Alegrete, e veio tentar a vida em Porto Alegre. Morador em apartamento na Cidade Baixa, ele conquistou espaço no jornalismo da Capital (trabalhou no Diário e na ZH) e exerceu cargo público federal em assessoria de imprensa, que lhe permitiu uma aposentadoria digna.

Procurei o João Paulo, eu morava com o Miguel Trindade, irmão de criação dele, para que me ajudasse a arrumar um estágio no jornalismo.

"Posso te colocar no Diário, mas eles estão atrasando os salários, vou te encaminhar para o Coi, na Zero; ele está montando uma equipe para a edição dominical que vai sair", prontificou-se. Fiz um teste simples, cobrindo a queda do reboco de um edifício sobre carros estacionados na Travessa Leonardo Truda, no centro histórico. Cursava o segundo ano da Faculdade de Jornalismo e redigi um texto básico, com *lead* e aspas nas entrevistas, ensinado pelos professores Iara Bendati e Antônio González, e ganhei a vaga para estágio, lotado na equipe em formação da edição dominical.

Numa sexta-feira, fui enviado a São Jerônimo, de ônibus pinga-pinga, com o fotógrafo Maureci Santos, o Santinho, para fazer uma reportagem sobre a cassação pelo Vaticano do santo padroeiro, nome do município. Saí da redação da Sete de Setembro e ao voltar da viagem já escrevi a matéria no prédio da Ipiranga. Santa Bárbara, município vizinho, estava na mesma situação de banimento. Seguiu sendo lembrada quando troveja. Entrevistamos o pároco e fiéis. Lembro-me que estava chovendo e Santinho armou uma bela foto do padre de guarda-chuva. A metáfora perfeita para pedir proteção a Santa Bárbara. Terminado o trabalho, ele me batizou como jornalista com um porre de cachaça num boteco na praça, perto da igreja. Santinho levou 30 anos contando a proeza. Dizia que eu era seu afilhado. Muito me honra tê-lo como padrinho na minha primeira viagem como repórter, batizado não com champanha no casco, como um navio, mas pinga com limão, num boteco na praça de São Jerônimo.

Ótimo fotógrafo, Santinho passou pelos principais jornais e foi contratado pela Câmara de Vereadores de Porto Alegre. Usava óculos de fundo de garrafa. No final da vida começou a perder a visão. Nossa reportagem foi publicada na edição-piloto de ZH Domingo, com destaque. O número circulou secretamente. Os investimentos necessários eram altos, resposta dos leitores incerta e adesão de publicidade problemática. O projeto acabou sendo adiado naquela mesma semana e a equipe desfeita. Perdi a vaga de estagiário. Poderíamos ser chamados se fosse retomado. Conquistar um lugar ao sol no jornalismo não é fácil.

Não quis ficar esperando pelo improvável. Apelei para uma cartada familiar, reconheço. Em viagem a Alegrete, num fim de semana, procurei a dona Marieta Amorim. Contei que havia feito um estágio na Zero Hora, as contratações estavam suspensas e perguntei se ela faria a gentileza de me dar uma carta de recomendação ao seu filho, diretor do jornal. Prontamente, ela escreveu um bilhete à mesa de jantar do *living* de seu apartamento no Edifício Ibirapuitã. Amiga dos meus avós e colega da minha mãe, dona Marieta me conhecia desde o jardim da infância, pois estudei no Oswaldo Aranha até a conclusão do Científico.

Envergonhado, entreguei a apresentação para Paulo Amorim em seu gabinete. Nunca havia falado com ele durante o estágio. Recebeu-me com educação. Minha credencial era estar na faculdade, já ter passado em teste para estagiário e querer ser jornalista, expliquei. Ele me olhou e comentou: "É da mamãe". Eu queria sumir. O doutor Paulo chamou a secretária e mandou me contratar para um período de teste; fui efetivado dois meses depois. Procurei não decepcioná-lo e ficamos amigos para o resto da vida. "Indicaste um bom menino", ele disse à mãe em telefonema. Dona Marieta contou à minha mãe, que ficou orgulhosa do filho.

Jornalista experimentado, Adão Carrazzoni era chefe de reportagem naquele final da década de 60, começo de 70; depois foi trabalhar em Brasília. Cabelos crespos grisalhos e bigode, ele era respaldado por dois jovens de muita garra e ativos, Antônio Oliveira, madeixas revoltas, e Carlos Alberto Sampaio, barbudo, que se dividiam na mesa de entrada, rodeados de telefones, onde às vezes eu, de dentes para fora, sentava para cumprir plantão na redação em horários mais neutros. Era bom exercer o poder. Decidir o que é notícia ou não.

A bela ZH Dominical *standard* acabou circulando no início de 1970, quase dez meses depois da suspensão do projeto original, em 69. Trazia reportagens criativas, cultura, entretenimento e esportes. Um jornal para ser lido no fim de semana. Produzi uma coluna de notas sindicais. O futebol na última página era editado por Mendes Ribeiro, antigo ícone da Rádio Guaíba na Copa do Mundo de 1958 na Suécia e que se tornou âncora e comentarista da TV e Rádio Gaúcha, com coluna diária na Zero, em estilo inconfundível de frases curtíssimas.

Domingo era o dia em que o Correio do Povo vendia praticamente sozinho porque o Diário de Notícias, decadente, tinha uma tiragem simbólica, distribuída em repartições públicas, quase só para manter posição e conseguir alguma publicidade, principalmente do governo e publicações oficiais obrigatórias. Os jornalistas, com salários atrasados, faziam por si, tinham um segundo emprego e procuravam angariar pequenos anúncios para ganharem a porcentagem e algum jabá pelas matérias. Recordo-me de uma página inteira assinada pelo Roberto Hirtz sobre a "Dama da Noite", a Marion, proprietária de casas noturnas e motéis. A TV Piratini e a Rádio Farroupilha garantiram a sobrevivência dos Associados no Sul, depois da morte de Assis Chateaubriand dois anos antes, em 1968.

Com passado brilhante, lançando em suas páginas o escritor Josué Guimarães, o cronista Sérgio Jockymann e o cartunista SamPaulo, entre tantos, o Diário vivia em agonia. Fornecia aos funcionários vales-compra em vez de salário, num minimercado na Rua São Pedro, bairro Floresta, perto da redação, no antigo prédio da Hora. O último número circulou em 30 de dezembro de 1979. O jornalista Luiz Carlos Vaz, assessor de imprensa da Viação Férrea e com longa carreira no Diário, foi trabalhar no Correio do Povo.

Novamente, o *soberbo* Caldas avaliou em 1970 que o Correio não deveria ficar indiferente à ousada tentativa de ZH em enfrentar a sua supremacia aos domingos. O colorido exemplar *standard* da Zero estava sobre a sua mesa, naquela tarde de segunda-feira, no verão de 70, quando ele chegou ao jornal, vindo da Fazenda do Arado. No silêncio de seu gabinete, olhou para o teto. Respirou fundo. Sentiu o cheiro dos livros na estante. A eternidade das ideias impressas. Desde a morte de Pasqualini era um homem solitário. O Correio não podia ficar indiferente. "Sim, é isso!", exultou. "Vamos publicar aos domingos um caderno semelhante à nova Zero Hora".

Ele não era um empresário que encomendava tarefas e indicava uma equipe para planejar, mas, sim, um jornalista que decidia. Foi criado dentro de uma redação. Lamentavelmente não chegou a ver o pai no comando do jornal. Mas por informações e intuição procurava ser ele. Apanhou o Jornal do Brasil na pilha de edições do fim de semana e separou o Caderno B, a melhor inovação da imprensa do centro do país. Passou os olhos nas matérias, observando o conteúdo e a disposição gráfica. Pegou uma lauda e a caneta verde e começou a rascunhar um projeto. Nenhum outro grande jornal brasileiro tinha suplemento semelhante ao do JB; o Correio foi o segundo.

Terça-feira de manhã não saiu para o campo e foi até o jornal para colocar em prática sua ideia amadurecida na noite anterior, na biblioteca do Arado, ouvindo a Guaíba, o murmúrio do rio lá embaixo, as estrelas na imensidão das trevas, o luar na lavoura de arroz e nas pradarias. As vacas dormitavam juntas nas mangueiras, uma abana o rabo por instinto natural ou algum sonho bom; quem vai saber? Os cavalos repousavam nas estrebarias. O som das sombras nas reservas florestais, a paz pesada da escuridão, o movimento sorrateiro dos bichos.

Na chegada ao gabinete, antes das 9h, Breno chamou o filho, deu uma tarefa. Aproveitou que a redação da Folha da Tarde estava em pleno vapor, na elaboração da edição vespertina, e deu telefonemas pelo ramal interno. A voz do doutor Breno no outro lado da linha fazia os funcionários endireitarem o corpo e limparem a garganta, respeitosos. O tabloide era a linha de preparação e seleção dos profissionais da casa para utilização posterior ou simultânea no Correio do Povo. Caldas marcava cada item resolvido. Almoçou no City Hotel, deu uma cochilada no apartamento do edifício Ouvidor, ao lado da garagem do jornal e voltou à tarde.

Precisava concluir o projeto. Pensou um pouco. Faltava a escolha do editor. Talvez fosse o primeiro que deveria ter escolhido, para planejar junto, mas não era assim que Caldas funcionava; ele decidia e depois mandava executar. O primeiro nome que cogitou foi Jayme Copstein, encarregado de baixar as reportagens especiais nos diversos cadernos de domingo, onde os Classificados eram diluídos em ordem alfabética. Jornalista de origem judaica, militante semita, ele era criterioso e trabalhador. Sua mesa ficava no fundo da redação e Jayme atravessava o corredor central rodando com a mão direita um molho de chaves. Fernando Martins, corpulento, sério, de poucos amigos, tinha um menino escondido por baixo de sua armadura. Imitava a caminhada de Copstein com perfeição, andando atrás dele. Sufocávamos o riso. Breno não quis sobrecarregá-lo e decidiu aproveitar a ocasião para dar oportunidade ao jovem que viera do Diário de Notícias. Entreabriu a porta do gabinete e fez sinal para o copidesque na redação. Liberato entrou na sala. "Às ordens, doutor Breno."

Caldas havia contornado a escrivaninha e voltou a sentar-se na cadeira giratória. Colocou os óculos de aros escuros para ler a lauda rascunhada com tinta verde. "Quero que tu edites um caderno especial de reportagens e leituras aos domingos, de 16 páginas, semelhante à nova Zero Hora, mas com o padrão do Correio do Povo". Ele já tinha pensado em tudo, "o Anibal Bendati vai diagramar".

O Correio do Povo, na época, não era diagramado. O jornal era montado na oficina, *paginado*, como se dizia, menos os suplementos, Rural e Caderno de Sábado, desenhados na redação. Os títulos, subtítulos, matérias, legendas e fotos ampliadas eram enviados à gráfica, com o indicativo da página e número de colunas que a notícia ou a foto deveriam preencher, de acordo com sua importância. Os paginadores realizavam a montagem das folhas com a composição das letras em lingotes de chumbo e as fotos em clichês, dispostos nas ramas de ferro. O secretário gráfico, que trabalhava em pé na oficina, orientava a hierarquia dos assuntos e cortava os textos que ficavam longos demais. Algumas matérias seguiam em outra página, dificultando o manuseio do jornal. Na opinião de Breno, a paginação do Correio passava ao leitor a ideia de tradição, responsabilidade. As Folhas, sim, eram diagramadas, modernas, inovadoras.

Tudo estava definido e acordado. "Deves usar ilustrações do SamPaulo e crônicas do Sérgio Jockymann e Cid Pinheiro Cabral; já falei com eles"; os quatro profissionais pertenciam à Folha da Tarde e receberiam um bônus pela atividade extra. Ninguém da Folha da Manhã foi escalado. "Podes encomendar matérias para a reportagem geral e as editorias de Cultura e Mundo do Correio", sugeriu. Um dos principais colaboradores foi o repórter Jacques Wainberg, com longas reportagens e entrevistas de página inteira. "O Francisco Antônio vai vender as páginas ímpares para publicidade." Ele expunha suas ideias escritas à mão. Liberato fazia anotações rápidas numa agenda. "Quando deve sair o Caderno, doutor Breno?" Limitou-se a perguntar o dândi de cabelos pretos, lisos e alinhados com loção. "No próximo domingo." Era assim que decidia. Nada de longo planejamento. O raciocínio de jornalista: tudo para ontem, amanhã faremos outra edição.

Em 1978, Vieira da Cunha passou a publicar uma crônica semanal, com seu estilo lírico e intimista. Autor de 11 livros de crônicas e romances, publicados a partir de 1983, destaca-se entre eles *O homem que colecionava manhãs*, de 2004. O suplemento especial de domingo, da página 17 a 32, circulou até o fechamento do jornal, 14 anos mais tarde, sempre editado por Liberato. Breno chegou a convidá-lo a ser secretário da Folha da Tarde, ele experimentou o cargo por poucos dias, mas agradeceu. Por motivos semelhantes Erico Verissimo não aceitou assumir o corre-corre de dirigir o vespertino em 1936. Um dos maiores romancistas brasileiros estava começando sua exitosa carreira e precisava tempo para escrever, proporcionado por seu emprego honorário na Editora Globo, com horário flexível. O Correio era o lugar ideal para Vieira da Cunha; o ritmo mais lento permitia aprimorar sua cultura, estilo literário e realizar viagens internacionais. Quando o Correio fechou, ele foi editorialista e cronista na Zero. Dentro de sua característica própria, é talvez o texto mais culto, elegante e delicado da imprensa gaúcha, nosso Italo Calvino.

A iniciativa de Breno Caldas tornou o Correio do Povo mais robusto, com mais leitura, mas, na verdade, a ZH Dominical não conseguiu concorrer ombro a ombro porque faltavam os Classificados, o principal motivo da compra de jornal aos domingos. Em apenas três, quatro meses as dificuldades financeiras da empresa, devido aos altos investimentos feitos com empréstimos, para a construção da sede e compra do maquinário, se tornou insustentável. Começaram a vencer alguns financiamentos facilitados em curto prazo. A imprevidência jogou Ary de Carvalho numa montanha-russa. O patrimônio hipotecado, sócios na empresa como fiadores, tudo acelerou a insolvência. A edição de domingo foi o primeiro gasto cortado. Desta vez não me afetou porque eu participava da edição diária e tinha apenas uma coluna de notas sindicais aos domingos. O projeto Zero Dominical só foi retomado na década de 1980, com caderno de Classificados, e aí, sim, feriu de morte a supremacia do Correio.

A insolvência da Zero Hora foi rápida como um relâmpago. Quando se ouviu o estrondo, o raio já havia caído, o patrimônio pessoal de Ary de Carvalho eletrocutado e queimado. Os gabinetes do presidente e do diretor de conteúdo ficavam no mesmo andar da redação, separados por uma sala de reuniões, onde eu entrevistei Baden Powell, com Ary e Paulo Amorim participando do bate-papo com o compositor e exímio violonista, parceiro de Vinicius de Moraes. O virtuosismo nas cordas era a superação de um baiano franzino de gestos moderados e fala mansa. Ele comentou que eu falava pouco e anotava muito. Tímido diante de um ídolo, eu aproveitava ao máximo os comentários de Paulo Amorim e as respostas de Baden. Vou ser sincero: na verdade ele entrevistou o músico e eu redigi o texto.

Pela vidraça de seu gabinete, cortada pelas vigas de cimento, Ary tinha uma vista do Arroio Dilúvio falsamente lindo, entre as duas largas pistas da Avenida Ipiranga. O reflexo do sol na água camuflava sua cor escura, e o novo ar-condicionado Springer e os vidros fechados deixavam lá fora o cheiro pestilento da poluição. Esgoto é lançado no arroio. O presidente chamou o diretor pelo telefone interno: "Preciso falar contigo". Paulo estava em sua sala sem paletó, mas de gravata azul no mesmo tom da camisa. Ele saiu do seu gabinete, passou pela sala de reuniões vazia, com passos leves, como sempre caminhava, bateu na porta fechada com dois dedos, e girou a maçaneta. Ary se encontrava em pé, o casaco no encosto da cadeira e olhava para o riacho.

"Deram corda para eu me enforcar, Paulo, devia ter desconfiado da generosidade dos créditos oferecidos a mim." O Dilúvio poluído corria lá embaixo. "Não tenho como pagar, nem adianta demitir pessoal, teremos de entregar o controle para a TV Gaúcha", voltou-se e sorriu com amargura. "O incrível é que nós construímos um prédio lindo, moderno, à imagem e semelhança do jornal que idealizamos, capaz de enfrentar a tradição do doutor Breno no mesmo nível, em igualdade, mas não estaremos aqui para usufruir a vitória que um dia vai chegar, definitiva, pode escrever", sentou-se. "Eu estarei ao teu lado até o último momento", prometeu Amorim, que deixara o corpo desabar lentamente numa das duas poltronas de aproximação de formato moderno, o encosto dos braços moldado em curva. Ao contrário do mobiliário aristocrata do gabinete do doutor Breno, em couro legítimo e madeiras de lei, aquela sala era toda funcional. "Lamento, meu amigo, tu serás o primeiro a perder o cargo, serás substituído por alguém da televisão ou da Rádio Gaúcha da confiança dos novos donos." Amorim balançou a cabeça, entradas longas, os cabelos ralos bem penteados, alguns fios brancos surgiam nas têmporas aos 40 anos de idade.

Numa manhã, eu estava cobrindo a folga de sábado do plantonista do Aeroporto Salgado Filho, meu colega Otálio Bordini Camargo. Havia uma sala de imprensa, no segundo andar, com máquinas de escrever, para os repórteres redigirem as matérias. O desafio era reconhecer, no saguão único de embarque e chegada, viajantes que pudessem render uma boa entrevista. Era relativamente fácil identificar celebridades. Assessorias de homens públicos nos procuravam, mas outros queriam passar incógnitos, tínhamos de estar atentos. Otálio era um especialista, eu não, desembarcado de trem do Alegrete havia três anos. Temia levar um furo.

Ronnie Von cruzou a porta do desembarque às 11h, aproximadamente, para *show* em Porto Alegre. Eu me aproximei para conversar com ele. Olhos verdes, cabelos lisos caídos no rosto, o cantor fazia concorrência ao *rei* Roberto Carlos. Expliquei que era repórter do jornal Zero Hora. O cantor foi simpático, sorridente, e propôs que a entrevista ocorresse dentro do carro que o aguardava no aeroporto. O Chrysler azul, frisos cor creme com contornos niquelados, era o carro dos meus sonhos mais delirantes, sucedâneo do Simca. Sentei-me com o *príncipe* no banco traseiro, estofamento de napa, a porta ficou aberta, todos os vidros abaixados. Na frente, o motorista ao volante e uma assistente da recepção ao seu lado.

Fim do verão de 1970, dia de sol, começava a esquentar perto do meio-dia. O automóvel na sombra. Corria uma leve brisa, como sempre, vinda da pista do Salgado Filho. Perguntei sobre o sucesso nacional da música *A Praça*, o novo programa dele na televisão para concorrer com "Tardes de Domingo", da Jovem Guarda, e a rivalidade com Roberto Carlos. Ao redigir o texto, brinquei com o gesto característico de Ronnie de inclinar a cabeça para o lado, o cabelo escorrido castanho encobria a metade do rosto e depois o jogava para trás. Estava tão acostumado a repetir o movimento diante das câmeras, que virou cacoete. O cantor repetiu o gesto algumas vezes durante a entrevista. A reportagem nunca foi publicada. A sócia TV Gaúcha, repetidora da Rede Globo, cada vez mais dava as cartas na Zero Hora. Ronnie Von agora não podia ser mencionado porque era artista da Tupi. Fiquei aborrecido, mas começava a aprender as regras do jogo. Nunca imaginei que 50 anos depois iria me vingar da censura comercial ao relatar o fato num livro.

No final do primeiro semestre de 1970, o controle da empresa enfim foi passado para o principal sócio, Maurício Sirotsky Sobrinho, proprietário do Canal 12. Ary de Carvalho perdeu tudo, até o Chevrolet Malibu vermelho que estacionava na frente da Zero, diante da escada principal. O lindo carro brilhava ao sol. Naquela época era possível estacionar nos dois lados de cada uma das vias da Avenida Ipiranga, em direção ao centro ou bairro. O trânsito corria no meio dos carros parados. Na esquina da Getúlio Vargas havia bares com mesas na calçada. Era possível estacionar na frente, junto ao meio-fio, ou de bico no riacho. Locais aprazíveis para um chope ao entardecer ou à noite. Saíamos dirigindo com a namorada ao lado. Não havia lei seca.

Como era previsto, o diretor de redação Paulo Amorim caiu junto com o presidente Ary de Carvalho, no primeiro dia. Ele juntou suas coisas em caixas de papelão. Um contínuo carregou até seu carro, um Fusca azul-claro. O maior salário da empresa parecia modesto. Partiu com o coração amargurado. Deixou-se tomar pela depressão. O pessoal da televisão baixou do Morro Santa Teresa e começou a ocupar os gabinetes e as mesas na Avenida Ipiranga. Lembro-me do Gilberto Leal como novo colega. Conhecemos-nos na ocasião e ficamos amigos para sempre. Senti que muitos de nós seríamos demitidos. Não deu outra. Os primeiros foram os que tinham cargos de chefia. Depois chegou a vez de novatos como eu, apenas um ano de casa. Como se diz no futebol, "mudou o perfil" da redação.

Paulo Amorim tomou uma longa chuveirada, bebeu um café com torradas, mel e queijo, vestiu-se com esmero, camisa branca e gravata de seda, terno cinza-claro e decidiu retomar a sua vida. Estacionou o Fusca azul na primeira vaga que encontrou próximo ao prédio da Caldas Júnior. Deixou de lado o elevador-gaiola, lento, e subiu as escadas de mármore gasto para fazer exercício. Um pouco acima do peso. Apresentou-se na antessala do gabinete do doutor Breno. A secretária consultou o czar pelo telefone interno e mandou o visitante passar.

Caldas estendeu a mão por cima da mesa para cumprimentá-lo com cortesia. Fez sinal para que se sentasse numa das duas poltronas de assento de couro e braços de madeira, colocadas na frente da escrivaninha. Amorim pediu desculpas por tomar seu tempo, mas estava ali em busca de emprego. "Fui o primeiro a ser demitido pela nova direção da Zero Hora", disse. "Eu soube", Caldas pôs os olhos nele. "Conheço o teu trabalho, admiro o teu texto e ponderação, já não estás mais desempregado. Deves apresentar os documentos exigidos para a contratação de pessoal e amanhã podes assumir como editorialista do Correio do Povo."

Amorim agradeceu com brilho nos olhos. "Imagino que conheces bem a linha editorial do jornal", disse Breno. "Como todos os gaúchos, eu me criei lendo o Correio do Povo, meus pais eram assinantes. Conheço perfeitamente a posição natural do jornal diante de assuntos relevantes da nossa época e sua reação pessoal frente aos impasses. O Correio e o senhor são indissolúveis." Caldas balançou a cabeça, satisfeito com o comentário. A contratação de Paulo Amorim como editorialista foi o reconhecimento e a generosidade com o ex-diretor do principal concorrente, coisas que só Breno Caldas seria capaz. O jornalista ficou trabalhando até o fechamento do matutino. Escrevia em casa e levava os artigos encomendados por telefone pelo Ribeiro, a pedido do doutor Breno. Ia pessoalmente entregá-los. Muitas vezes nos encontrávamos e nos cumprimentávamos sorridentes. Eu eternamente agradecido ao doutor Paulo, que me deu o primeiro emprego, a pedido de sua mãe, a dona Marieta Amorim.

O paulista nascido em Birigui voltou para o Rio com a esposa e os filhos. Não levaram nada além da bagagem. Fez numerologia e recebeu a orientação de que deveria suprimir o *de* do nome. Estava dando azar. Passou assinar *Ary Carvalho* e sua sorte efetivamente mudou. Recebeu dividendos da consolidação da posse da Zero pela Rede Brasil Sul de Comunicações (RBS). Com o dinheiro arrendou de Samuel Wainer a Última Hora do Rio, em 1973. Tocou o jornal até 1987. Começou a se tornar um magnata da comunicação popular no Rio. No ano de 1983, ele comprou o matutino sensacionalista O Dia e o vespertino A Notícia, de Chagas Freitas. A família do ex-governador considerou que o preço acertado fora vil, no mínimo a metade do valor estimado, e entrou na Justiça, alegando que o patriarca estava "em depressão e senil". O negócio, contudo, não foi desfeito. A Justiça referendou a venda.

Ele era, sem dúvida, um empreendedor arrojado. Transformou o apelativo O Dia, o mais vendido na cidade do Rio, tiragem de 400 mil, num projeto inovador de jornalismo popular, voltado para a autoajuda, ofertas de emprego e distribuição de brindes. Foi criado um caderno de esportes, chamado Ataque, com qualidade editorial, fofocas e apologia dos jogos. O matutino renovado ganhou o Prêmio Esso de Projeto Editorial. Foi imitado em vários estados brasileiros, como o Extra no Rio (da Globo), Agora em São Paulo (da Folha) e Diário Gaúcho em Porto Alegre (da RBS), com linguagem popular, mas sem crimes hediondos e escândalos na alta sociedade e na política, características dos jornais sensacionalistas na Europa e Estados Unidos. Nenhuma das imitações teve a qualidade de O Dia sob a direção de Ary Carvalho. Ao morrer em 2003, falência múltipla de órgãos, o império de papel desfez-se: a família não quis levá-lo adiante.

O primeiro nome que Maurício cogitou para assumir a direção da Zero Hora, no lugar de Ary de Carvalho, em 1970, foi Ibsen Pinheiro. Ninguém soube disso publicamente. Os dois mantiveram segredo sobre as tratativas. O convidado me contou o fato semanas antes de morrer. "Pedi alguns dias para pensar e fui procurá-lo para dizer que ficara muito honrado, mas não ia aceitar o cargo; penso em seguir carreira política, expliquei a ele". Para mim, Ibsen revelou o verdadeiro motivo: "Não queria me submeter à hierarquia da redação e assumir as opiniões do patrão; preferia seguir uma vida solo, com as minhas convicções." Ao reproduzir as duas citações, eu tive a sensação de que ouvia a voz dele ao telefone, levemente rouca, como se me ditasse cada palavra. Arquivada a primeira opção, o diretor da TV Gaúcha, Lauro Schirmer, foi transferido para o comando da Zero.

O Arroio Dilúvio poluído disfarçado de água límpida que Ary admirava de sua janela, do gabinete no segundo andar, voltou-se contra os novos proprietários do jornal no período de chuvas no outono de 1972. O riacho transbordou e invadiu o subsolo onde estava a rotativa. A água danificou o maquinário e molhou o papel armazenado no local. A edição do dia seguinte somente circulou porque rodou na impressora do Jornal do Comércio, na Avenida João Pessoa.

Zero Hora, sob o comando da RBS, manteve-se 15 anos como desafiante do poder da Caldas Júnior, de 1970 a 1985. Com a falência da empresa e o fim da circulação do Correio do Povo e da Folha da Tarde, em 1984, criou-se um vácuo no mercado gaúcho mais conservador, que atraiu o interesse de toda a imprensa, inclusive do centro do País. A Gazeta Mercantil, de São Paulo, que desde 1979 tinha cinco edições simultâneas em capitais, entre elas Porto Alegre, com o fechamento dos jornais da Caldas Júnior, em 1984, lançou no ano seguinte o caderno Sul, com noticiário local, produzido na sucursal da capital gaúcha. O projeto foi bem aceito pelo público e a companhia paulista o transformou em um novo jornal gaúcho em 1986, o Diário do Sul.

A primeira ousadia foi do Grupo Sinos, de Novo Hamburgo, que decidiu lançar em Porto Alegre, um ano antes, em 1985, um matutino com nome pomposo, O Estado do Rio Grande, inspirado num antigo jornal de Raul Pilla (1892-1973), do Partido Libertador, que teve como secretário de redação o futuro senador Mem de Sá (1905-1989). O vespertino do PL em formato tabloide tinha cinco colunas e 12 páginas, e circulava de segunda a sábado. Foi lançado em 14 de outubro de 1929 e circulou até julho de 1932, apenas três anos. Na Revolução Constitucionalista de 32, ficou ao lado de São Paulo. Com a vitória de Getúlio, fechou.

Nas férias de 1985, em fevereiro, participei da equipe que planejou o novo matutino, sob o comando de Antônio González. Em formato *berliner*, um pouco mais alto que o tabloide, o projeto gráfico elaborado por Luiz Adolfo era bem vertical, para dar uma ideia de mais longo, que lembrasse o Correio do Povo. Comemoramos a finalização do piloto com um carreteiro, no apartamento do González, na Rua Quintino Bocaiúva, que ele perdeu na falência da Cooperativa dos Jornalistas, a Coojornal, da qual era fiador. Os jornalistas que tocavam o projeto caíram fora, viajaram até para a África, e ele ficou pendurado no pincel.

Estrelas da Folha da Tarde, como o cronista Sérgio Jockymann e o cartunista SamPaulo, foram contratados. Editores, repórteres, redatores, diagramadores e fotógrafos recrutados, em sua maioria, da Caldas Júnior. A ideia era criar um jornal moderno, de referência, com informação e leitura de bom nível.

Foi a primeira redação informatizada de Porto Alegre, as máquinas de escrever substituídas por precários terminais de computador com os textos redigidos no DOS, as letras claras na tela preta, e salvos em arcaicos disquetes, semelhantes a um disco compacto. A revista IstoÉ, de São Paulo, fez uma reportagem de duas páginas sobre a inovação na imprensa de Porto Alegre. Os textos eram produzidos em computador, na redação da Travessa Leonardo Truda, no centro histórico da capital e transmitidos para a gráfica em Novo Hamburgo, no Vale do Sinos, a 40 km da capital, numa conexão precária, que caía com frequência e as matérias tinham de ser enviadas em disquete, numa Kombi. As páginas, na época, ainda eram diagramadas no papel; não havia a possibilidade de formatação na tela.

Apesar de Maurício Sirotsky ter liberado a marca O Estado do Rio Grande, que havia registrado para uma eventual troca do nome da Zero Hora, a RBS sufocou o novo concorrente pressionando agências de publicidade a boicotarem anúncios e bancas de revistas a não venderem. A sólida empresa regional de Novo Hamburgo, da família Gusmão, tendo à frente o Mário, se assustou com a concorrência pesada, que poderia colocar em risco todo o seu patrimônio. Resumo da ópera: o Estado durou apenas duas semanas, de 4 de março, segunda-feira, a 17 de março de 1985, domingo.

Nesse pequeno período, Antônio González, o editor-chefe, teve o primeiro infarto, na noite de 14 de março, quinta-feira, deitado no sofá do gabinete envidraçado, sem se afastar da redação na Leonardo Truda; assim como o diretor Ernesto Corrêa em 1939, enfermo numa cama no andar de cima do Diário de Notícias, na Rua da Praia, deu o famoso furo da morte do Papa. Com uma dor insuportável, Antoninho mandou trocar a capa e o noticiário político, porque Tancredo Neves caiu gravemente enfermo e não poderia assumir a presidência. Antigo praticante de pugilismo, González costumava soquear o peito durante periódicos ataques de angina. Mais tarde colocou cinco pontes de safena. Morreu de falência múltipla de órgãos 11 anos depois, aos 58 anos de idade.

Na manhã do sábado, dia 16, fui o primeiro a chegar para finalizar a edição dominical. Encontrei a redação fechada, no quinto andar do edifício e um segurança na porta. "O jornal fechou", limitou-se a informar. Telefonei da portaria e acordei o González. (Naquela época não havia celular.) Ele nada sabia. Mário Gusmão decidiu acabar com o jornal sem avisar o diretor. Decisão tomada na calada da madrugada. Noite de sexta-feira, uma má conselheira. Eu já estava traumatizado. No ano anterior vivi a suspensão da edição de domingo do Correio do Povo e o fechamento definitivo do jornal naquela tarde dramática de sábado.

"Vamos rodar a edição dominical, que está pronta e teremos tempo para decidir com mais calma", González conseguiu convencer Gusmão. Na verdade, ele pensava em ter alguns dias de prazo para tentar vender o jornal a empresários dispostos a investir num possível sucedâneo do Correio do Povo. "Tenho algumas possibilidades", me disse otimista. O imediato era imprimir e distribuir a edição de domingo. Ganhar um dia. Luiz Adolfo e eu fomos a Novo Hamburgo com o González, nem aí para o infarto dois dias antes, ele dirigindo em alta velocidade o Voyage 1.8 turbo, branco, cortando os carros com imprudência na BR-116, para finalizarmos a edição na redação do NH. Eu atualizei a Polícia e baixei a coluna de Política Nacional do Carlos Castello Branco, vinda por telex de Brasília, na página 8. O Estado de domingo acabou saindo como um réquiem aos mortos com a cartola *Brasília, Urgente* e a manchete *Difícil recursos para Sulbrasileiro*. O jornal e o banco condenados a morrer; ironia do destino.

Segunda-feira o jornal não saiu. O Grupo Sinos se manteve irredutível: queria se afastar em definitivo da Capital e continuar apenas com a circulação das publicações para Novo Hamburgo, São Leopoldo e Canoas, atingindo as pequenas localidades satélites, como Esteio, Sapucaia, Parobé, Bom Princípio. Passados dez anos, a empresa de comunicação de NH fez uma nova tentativa de entrar em Porto Alegre, com a distribuição do ABC Domingo, em 29 de outubro de 1995. Apesar de ser uma publicação mais atualizada do que ZH, com notícias da noite de sábado e madrugada de domingo, sob o comando de Nelson Ferrão, Mola, antigo secretário da Zero, novamente a iniciativa não emplacou.

Muitos jornalistas oriundos da Caldas, como eu, que participaram do fracassado projeto do Estado acabaram contratados pela Zero, com o claro propósito de estabelecer uma concorrência interna com os antigos funcionários da casa e tirá-los da área de conforto. "Nós acabamos com a Caldas Júnior e agora a RBS trouxe eles para cá", queixou-se Paulo Sant'Ana, no Bar Porta Larga, na Erico ao lado do jornal, sem se dar conta de que eu estava sentado na mesma mesa, copo de cerveja na frente; era o novo contratado na Editoria de Polícia. Fiz parte do pacote que incluía SamPaulo (cartunista), Alberto Blum (esportes), Luiz Adolfo (diagramação) e João Souza (política), todos da Folha da Tarde, mais Raul Rübenich (mundo), Liberato Vieira da Cunha (editorialista), José Barrionuevo (cronista político) e eu, vindos do Correio do Povo. João, falecido em 2022, aos 87 anos, apesar de oriundo do velho PCB, era prudente, conciliador, moderado e cordial, presidente do Sindicato dos Jornalistas.

Todo esse *espelhamento* do pessoal Zero/Caldas saiu da cabeça do editor-chefe Carlos Fehlberg. Ele mandou um motorista me buscar em casa, na Travessa Lucas de Lima, Medianeira. Eu estava cortando a grama quando parou na frente um Gol branco com o logotipo da ZH. O recado: "O diretor Fehlberg quer falar contigo". Mais tarde, num papo no final de noite, em seu gabinete, ele apontou para mim e disse ao Sant'Ana: "Este eu mandei buscar em casa". Estava satisfeito com o meu trabalho de atualizar o noticiário de polícia até 1h da madrugada. Às 8h da manhã eu dava aulas na PUC.

Os jornais Folha e Estadão também se mostraram interessados nos leitores tradicionais do Correio do Povo. Em 1985 e 1986 foi montado e aprimorado um esquema de distribuição dos dois jornais paulistas em Porto Alegre, com a venda de assinaturas. A Folha chegou a vender 12 mil jornais diários na capital gaúcha. O Estadão resistiu até 1990 com o sistema de assinaturas nos principais bairros; eu recebia o meu jornal diariamente no bairro Santa Teresa. A Folha perdeu a força, mas continuou com algumas centenas de assinaturas por mais 20 anos.

Em 1986, a Gazeta Mercantil decidiu transformar o caderno Sul num jornal local, o Diário do Sul. A redação foi montada na Rua Sete de Setembro, no antigo *quartier* da imprensa em Porto Alegre. Tiragem reduzida, um ótimo caderno Cultura e Lazer editado por Higino Barros, a publicação buscava ser um *quality papers*, como os europeus. Sem gráfica, rodava na Gazeta do Sul, em Santa Cruz do Sul, a 152 km de distância, o que se tornava um complicador. A finalização do jornal do dia seguinte era obrigada a ser concluída no final da tarde. O diretor Hélio Gama montou uma equipe com os melhores jornalistas à disposição na capital. Circulou apenas dois anos, até 1988, ano em que a Zero passou a ser informatizada; três anos após o visionário O Estado.

ZH acabou se consolidando como única opção, uma vez que o Jornal do Comércio é uma publicação segmentada e o Diário Gaúcho, da mesma RBS, somente foi lançado em 17 de abril de 2000, para ser um jornal popular, a preço baixo, linguagem resumida e muitos brindes para sortear entre os leitores. A Zero criou em 1988 o *slogan* "Tudo está em Zero Hora", para deixar bem claro que ela era a sucessora do Correio do Povo, não mais apostando nos assuntos instigantes, mas com a responsabilidade de publicar todas as informações relevantes do Rio Grande do Sul, como fez durante décadas o jornal da Caldas Júnior.

Desde que assumiu o controle de ZH em 1970, Maurício transferiu seu gabinete na TV para o terceiro andar no prédio do jornal. "A Zero Hora é nossa, a televisão e as rádios são uma concessão", disse Jayme Sirotsky em palestra na PUC para demonstrar a importância que a empresa dava ao jornal. No fim da tarde, um garçom de *smoking* conduzia numa bandeja um copo alto cheio até a borda de gelo e uísque. Maurício Sirotsky era muito mais informal e espontâneo que o doutor Breno. Um dia,

Wanderley Soares e eu estávamos conversando no alto da escada na entrada do prédio e Maurício se aproximou por trás e com dois dedos, como se fosse o cano de uma pistola, encostou nas costas do Wanderley e brincou: "Teje preso!" Ele quis fazer um afago no editor de polícia do jornal, que tinha uma crônica assinada aos domingos.

Lauro Schirmer ficou no cargo de diretor por 21 anos, resistiu no poder após a morte de Maurício em 1986 e só foi substituído por Augusto Nunes cinco anos depois, em 1991, quando a RBS sonhou em transformar ZH num jornal com a importância nacional que a Caldas Júnior teve no passado. O herdeiro Nelson Sirotsky pensou grande e foi buscar em São Paulo o ex-diretor da Veja e Estadão. Caldas Jr. fez algo semelhante em 1909, quando trouxe Emilio Kemp do Rio de Janeiro para dirigir o Correio e qualificar mais o jornal. A ideia se repetiu mais de 80 anos depois.

Em 1992, com a chegada de Augusto, foi promovida demissão em massa. A redação era muito inchada mesmo, com mais de 200 profissionais (o Correio e a Folha tinham pouco mais de 60 redatores cada um). Acabou havendo na Zero uma juvenilização, a exemplo da Folha de S. Paulo. Quarenta e dois jornalistas foram demitidos num dia e eu no dia seguinte. Por azar, eu figurei nas duas demissões em massa de ZH, em 1970 e, 22 anos depois, em 92. Dessa vez, levaram 24 horas examinando o meu caso em particular. Os critérios para entrar na lista era ser *comprometido* (ter emprego público – eu apenas lecionava numa universidade particular), ser incompetente ou idoso. Imagino que fui considerado velho aos 43 anos. Estava na véspera de me tornar avô, o que ocorreu no final do ano; visto por esse ângulo... A lista de dispensas não foi feita pelo Augusto, mas por um triunvirato demitido mais tarde. É sempre assim: quem demite depois é excluído; uma lógica perversa ou compensatória do patrão.

16. Os comunistas de confiança

A Folha da Manhã foi lançada em 12 de novembro de 1969, uma quarta-feira, com uma gíria antiga gaúcha como manchete esportiva: *Não está morto quem peleia*. O Grêmio estava na corda bamba no Torneio Gomes Pedrosa. Na redação da Zero nós debochamos, pregando a capa do concorrente no mural, com outras sugestões de ditados rio-grandenses. Trazia um logotipo quadrado em vermelho, para contrastar com a ZH, que era azul, no mesmo formato. O artista gráfico Anibal Carlos Bendati produziu os dois logotipos, o primeiro em 64 e o outro cinco anos depois. Detalhe que atesta a capacidade e confiança dos dois principais grupos de comunicação do Rio Grande do Sul no diagramador, cartunista, professor e *designer* argentino.

A primeira edição do novo jornal da Caldas Júnior, planejada por vários dias, ficou ótima, com boas reportagens, muitos anúncios, mais de 60 páginas. Geraldo Canali, prestigiado âncora mais tarde na Rede Bandeirantes, assinou matéria na estreia da Folhinha como jovem repórter, ainda na faculdade. Surgiram talentos como Jorge Escosteguy (1946-1996), posterior âncora do Programa Roda Viva, na TV Cultura de São Paulo, que morreu de problemas cardíacos aos 49 anos. No segundo dia, na terça, com a velocidade exigida pela imprensa diária, o nível das matérias já caiu, baixou a publicidade, reduziu o número de páginas e a circulação. A tiragem inicial de 35 mil despencou a seguir para oito mil, sem fazer frente ao concorrente, como era o objetivo.

Não estava dando certo. Breno havia relutado em transformar a Esportiva num jornal completo, mas se rendeu, concordando. Acabou perdendo um produto alternativo e segmentado de custo baixo e relativo sucesso, principalmente nas segundas-feiras, com os resultados do futebol no fim de semana e não ganhou um jornal consolidado pela manhã. A Folha da Tarde, independente de sua qualidade, tinha a capacidade de envelhecer a Zero nas bancas. Depois da rodagem do vespertino, o matutino desatualizado deixava de vender naturalmente. Problema que a RBS resolveu encarar cinco anos depois ao lançar um vespertino que fracassou.

A Folha Esportiva criada em 1947, um ano antes do meu nascimento, no início circulava somente às segundas-feiras. Tornou-se diária, dois anos depois, em 1949, sempre matutina e exclusivamente com noticiário esportivo. Em 1967, passou a publicar quatro páginas de noticiário geral. Havia, na empresa, principalmente entre os jornalistas, o desejo de transformar a Esportiva num tabloide matutino completo. Uma Folha da Manhã para criar um espelhamento com a Folha da Tarde. Somente uma pessoa não gostava da ideia, justamente o doutor Breno. O jornal de esportes foi criado por Arlindo Pasqualini quando ele era diretor da Folha, para antecipar o noticiário esportivo, antes do vespertino, principalmente nas segundas, quando o Correio do Povo não rodava, trazendo os resultados do final de semana.

A síntese noticiosa que a Esportiva passou a publicar era de responsabilidade do chefe de reportagem da Rádio Guaíba, capitão Erasmo Nascentes. A escolha foi uma decisão lógica do doutor Breno. O militar era o responsável pelo noticiário não esportivo da rádio Guaíba, com o resumo das informações locais, regionais, nacionais e internacionais, sem opinião. Era isso que Caldas queria nas quatro páginas. O capitão não era um neófito em jornal. Começou a trabalhar na antiga Hora. Militar reformado, baixo, franzino, sempre de terno, camisa branca e gravata escura, fala mansa, mas com uma seriedade que evitava contestação, ele era homem de confiança da empresa em momento de acirramento da ditadura, mas ao mesmo tempo contraditório. Montou a pequena equipe do noticiário geral da Esportiva apenas com comunistas: Paulo Totti, Ibsen Pinheiro, João Ferreira e Jefferson Barros. A qualidade do texto da esquerda intelectual era indiscutível na época. Seus militantes liam muito, tinham uma cultura abrangente do cinema à filosofia, da história aos grandes romances. Eram ideólogos, apesar de sublimarem a convivência com a espionagem interna e crimes cometidos pelo comunismo contra os opositores. Hoje são neófitos a repetir palavras de ordem e truques semânticos.

O conservador Caldas não discriminava os marxistas confessos. "O Totti, eu e o João éramos alinhados ao Partidão e Jefferson se posicionava à esquerda de nós", sorriu Ibsen ao lembrar. "O doutor Breno aparecia lá na nossa editoria para falar com o capitão e depois ficava conversando conosco." O vereador, deputado estadual e federal do MDB fez a defesa da trajetória dos marxistas na Caldas Júnior. "O doutor Breno costumava dizer: deixem os meus comunistas trabalharem em paz", Ibsen via diferença entre a velha esquerda e os petistas de hoje. "Eles buscam aparelhar o jornal do patrão. Não queríamos ser instrumentos involuntários, mas não misturávamos convicções políticas com trabalho", e concluiu: "Você publica uma vez e perde o emprego".

Aos 32 anos, Ibsen já tinha "15 anos de estrada". Começou a trabalhar em jornais do Partidão com 17 anos, a Voz Operária e outras publicações. Fez o curso de Direito, trabalhou no Rio de Janeiro no Correio da Manhã, passou em concurso do Ministério Público, aposentou-se como procurador, em paralelo a sua carreira profissional e política. No esporte, foi comentarista na televisão e cronista em jornal, além de participar do grupo Mandarim do Internacional que ajudou a colocar o Clube do Povo em outro patamar, após a conclusão do Estádio Beira-Rio, que culminou com o tricampeonato brasileiro em 1975, 76 e 79, este de forma invicta.

"O doutor Breno era um semideus, caminhar ao lado dele, ir em sua companhia tomar um cafezinho no bar lá embaixo", no térreo do edifício Ouvidor, ao lado do estacionamento da Caldas Júnior, "era um privilégio concedido a poucos". Ibsen era dos raros que ele convidava para um "cafezinho na esquina". Conheciam-se desde 1964, quando daquela entrevista, no domingo à noite, ao vivo na TV Gaúcha, o antigo Canal 12. O futuro presidente da Câmara dos Deputados transmitia confiança, e o doutor Breno percebia de longe essa qualidade, independente de convicções políticas. Nem Ibsen sabia, porque a vida privada de Caldas era secreta, mas os dois eram colorados, e nunca chegaram a conversar sobre o Internacional.

A relação entre os dois teve uma interrupção. Ibsen retornou à TV Gaúcha em 1968 e os contatos somente retomaram quando ele voltou à Caldas Júnior quase dez anos depois, em 1977, convidado pessoalmente pelo próprio Breno. Os dois continuaram eventualmente tomando café juntos no bar do Ouvidor. A convivência entre os dois, no entanto, "não era no mesmo plano", destacou Ibsen, "Caldas era um homem da elite". O tratamento era diferente. "Eu o chamava de doutor Breno e ele me chamava por Ibsen". O ex-funcionário o descreveu como "um homem distinto, incapaz de uma grosseria, mas cultuava algum sarcasmo", nem sempre percebido. "O doutor Breno tinha senso de humor, mas não era metido a engraçado; quando fazia alguma ironia, quem percebeu, percebeu"; não procurava sublinhar alguma coisa para ser entendido melhor. "Ele era um homem moderado, sabia o que podia pedir e o que não podia, procurava estabelecer com os funcionários uma linha de afinidades"; o problema na empresa não era a relação com o seu proprietário, "mas com os chefetes", que procuravam adivinhar suas vontades. "Sabes aquele cachorrinho, que aonde tu vais, ele vai atrás...", comparou.

Breno Caldas costumava resistir às exigências dos governantes para a demissão de jornalistas. Os repórteres do Correio sofriam pressões de autoridades, desde os governadores Borges de Medeiros e Flores da Cunha, mas não perdiam o emprego. Durante o regime militar instaurado em 1964 não foi diferente. No depoimento-entrevista, ele lembra dois incidentes com generais.

O primeiro com o chefe da Segunda Seção do III Exército, seu amigo Carlos Alberto Fontoura, que ele chamava de Beto. Em visita de cortesia num aniversário de fundação do Correio do Povo, em 1.º de outubro, no salão nobre, os dois sentados no sofá de couro ao lado do busto de Caldas Jr., o militar puxou assunto sobre os "comunistas do Correio do Povo" e o doutor Breno foi logo cortando o assunto: "Olha, Beto, nós estamos no mesmo barco, então tu cuidas da tua parte que é o Exército, e eu cuido do Correio do Povo, que é o meu setor. Eu não vou me meter no teu setor, não vou dizer quem tu deves ter em tua volta, e, pela mesma razão, tu não vais interferir nas minhas coisas. Eu faço o que bem entendo. Boto no meu jornal as pessoas que eu entender, comunistas ou não, a critério meu. Eu não aceito qualquer imposição nesse sentido." A ocasião era festiva, e o general colocou panos quentes: "É claro, claro, tu fazes o que quiseres".

Na mesma época, Caldas compareceu a um jantar no apartamento de Luiz Felipe Correa, diretor do Banco Central em Porto Alegre, no sofisticado edifício Santa Tecla, na Avenida Independência, Moinhos de Vento. Naquela época, ainda não havia a segunda torre de estacionamento, que escondeu parcialmente o projeto original de apartamentos. O condomínio original ficava nos fundos do terreno, com um espetacular gramado na frente. O convite era extensivo à sua esposa. Outras pessoas estavam convidadas.

O casal saiu do Haras Arado na Mercedes branca, dirigida pelo próprio doutor Breno. A confraternização começou com uísque e canapés. Na mesa de jantar americano foram servidos carne recheada de legumes e ovo cozido, purê, arroz e salada de aspargos verdes, com cogumelos, gengibre, alho e molho de soja. Abriram-se garrafas de vinho italiano tinto e vinho branco alemão. As senhoras fizeram uma roda falando de filhos e netos, e os cavalheiros começaram a discutir a situação nacional, a Revolução e a Guerra Fria.

Um general comentou a falta de patriotismo dos brasileiros e incluiu em especial a postura da imprensa. "O jornalismo está cheio de comunistas", asseverou o militar. "Sem dúvida", concordou Caldas. "O senhor tem consciência de que há elementos comunistas no seu jornal?" Provocou o general. "Naturalmente", respondeu Caldas. "E o senhor tolera?" Diante do rumo da conversa, o dono do Correio se tornou ríspido. "Alguns são profissionais de grande qualidade, responsabilidade, e os estimo pessoalmente." Para deixar bem clara sua posição, contou sua discussão com o amigo general Beto no aniversário do jornal. Azedou o papo.

O doutor Breno aceitou o cafezinho com uma colher de açúcar e se despediu; saiu com a dona Ilza antes de todos. Cara de poucos amigos. As pessoas costumavam dirigir após beberem moderadamente. Ele atravessou Porto Alegre em baixa velocidade, na direção de sua fazenda, no extremo sul da cidade. "Fiz aquele general calar a boca", limitou-se a comentar com a esposa durante o trajeto. O rádio do carro na música da Guaíba, a luz dos faróis na faixa de Belém Novo.

Em meio às demissões na Zero em 1970, quando perdi o emprego, uma inconsequente *guerra das laranjas*, na redação da Folha da Tarde, em agosto, um jogando fruta no outro de brincadeira, resultou também na degola de dez jornalistas. As mesas e máquinas de escrever ficaram salpicadas de frutas. O doutor Breno se indignou com a molecagem e exigiu uma punição drástica. "Põe na rua os participantes", ordenou ao diretor Walter Galvani.

Com a demissão do repórter Edemar Ruwer, que participara da estrepolia, surgiu uma vaga na editoria de polícia. Meu professor na faculdade, Antônio González, editor do setor, me chamou para um teste. Fiz uma reportagem na Delegacia de Costumes, na Avenida Mauá, sobre a prostituição nas ruas do centro e o baixo meretrício na Voluntários da Pátria, principais focos. Na época mulheres eram detidas para exame médico e tratamento das contaminadas por doenças venéreas. Tinham de possuir uma carteira de saúde, com atualização do exame de sangue. A incidência de enfermidades transmitidas por relações sexuais era enorme. Meu texto foi aprovado, publicado, e a contratação assinada em 10 de setembro de 1970. Fui admitido na Folha da Tarde quase simultaneamente à entrada de Paulo Amorim como editorialista do Correio do Povo, o repórter e o diretor da Zero, demitidos no mês anterior estavam empregados e assim nos reencontramos nas escadarias de mármore na Caldas Jr.

Na tarde de 11 de agosto de 1971, o fotógrafo Ari Rocha e eu fomos enviados a Passo Fundo para a reconstituição do latrocínio de um motorista de táxi, ocorrido em 1969, cujo cadáver somente foi encontrado quase dois anos depois na encosta de um despenhadeiro, na faixa para Lagoa Vermelha. Viajávamos numa Kombi. Começou a anoitecer. O motorista mostrou-me luzes suspeitas na entrada de Soledade. Entendi a mensagem.

Entramos na cidade, jantamos numa churrascaria, deixamos o fotógrafo num hotel e nos dirigimos a uma rua no meio do nada; parecia filme de faroeste. Descrevo o cenário com licenciosidade ficcional no meu romance *Acrobacias no Crepúsculo*.

Na manhã seguinte, em Passo Fundo, eu lutava contra a ressaca, com um copo de sorvete de chocolate e Coca-Cola, e o Ari segurou toda a reconstituição. Terminada, a equipe da Zero Hora retornou imediatamente para Porto Alegre. Eu trabalhava num vespertino e tinha tempo. "Agora vamos fazer o diferente", propus já plenamente recuperado. Tomamos café da tarde com cuca na casa da viúva. Fotografamos a filha de 12 anos que beijou o pai quando ele saiu para trabalhar e não mais voltou. Três páginas na Folha da Tarde de revolta e pura emoção da família da vítima. A reconstituição, valorizada pela Zero, em segundo plano. Era assim que funcionava a concorrência entre os jornais, a busca do diferente, não o Consórcio de hoje.

Por uma armação do destino, em 25 de setembro de 1972 eu cobri o assassinato do repórter que eu substituí dois anos antes, crime ocorrido no trevo de acesso a Passo Fundo; eu voltava à cidade sempre presente no noticiário policial em razão das altas taxas de violência. Casado com uma bela mulher, alta e loira, Ruwer editava o Jornal da Produção, em Carazinho, onde residia. Ele fazia Direito à noite na cidade vizinha para no futuro mudar de profissão. Não queria mais o jornalismo; mercado saturado, baixa remuneração, degredado ao interior.

Naquela noite, ele namorava uma colega, morena e pequena, dentro de um Volks, na beira da estrada, quando o casal foi surpreendido por assaltante. O jornalista levou a mão no bolso da porta do carro para apanhar a carteira e entregá-la, mas o ladrão imaginou que ele puxaria uma arma e o matou com um tiro na cabeça.

Entrevistei a moça durante a noite, na 2.ª Delegacia de Passo Fundo, comandada pelo delegado Newton Müller. Participei de uma caçada ao assassino em vila popular no início da madrugada, que resultou infrutífera, valeram as fotos. Somente a Folha da Tarde estava presente em toda a movimentação policial. O motorista e o fotógrafo foram ao hotel para dormirem um pouco e fiquei no cartório da distrital redigindo a matéria, a fim de chegar com o texto pronto para a edição do vespertino. Sentei-me à mesa do escrivão e toquei-lhe máquina.

Ao nascer do dia pegamos a estrada na picape Ford F-100, vermelha, cabine simples, largo banco dianteiro, a velocidade não baixava de 120 km/h.

Antes das 9h estávamos na capital. Foi só o tempo de revelar o filme, e a reportagem saiu na página 46. Permaneci na redação para redigir outra matéria, com novos detalhes, para a edição do dia seguinte. As frequentes viagens de carro e de avião deveriam render. Foi um dia sem dormir, natural para quem resolve ser jornalista.

Naquela semana, Breno Caldas concedeu a famosa entrevista para Paulo Totti, um de seus comunistas de confiança no passado, pergunta e resposta, para as Páginas Amarelas da Veja, após a apreensão do Correio do Povo em 20 de setembro de 1972. O jornalista baixo, magro, cabelos castanhos, chegou de terno cinza, camisa branca, sem gravata. Nascido no Rio Grande do Sul, ele era um dos principais jornalistas na hierarquia da revista. Totti conhecia bem aqueles corredores. Cruzou por ali diariamente quando fazia parte da equipe do capitão na Esportiva.

Um dos ícones da minha geração, Totti foi trabalhar em São Paulo. Participou do restrito grupo enviado aos Estados Unidos, pela Editora Abril, no primeiro semestre de 1968, para acompanhar toda a produção das revistas Time e Newsweek, inspirações da nova revista informativa semanal lançada em 11 de setembro. Fez parte da pequena equipe que definiu o texto estilo Veja, com base no jornalismo interpretativo da Time, criada em 3 de março de1923.

O padrão Veja previa uma coluna de largura média, todos os parágrafos densos, com aproximadamente dez linhas. O texto iniciava com uma alegoria, como a gravata amarela do entrevistado ou a piteira de marfim da elegante senhora. O repórter somente fazia um relatório, com o maior número possível de detalhes, e uma reduzida equipe, entre eles o Totti, redigia o texto final a partir de uma tese. Certa soberba e retórica na condução da narrativa não linear, mas com lógica, sem perder o rumo. As matérias não eram assinadas e todas pareciam escritas pela mesma pessoa. Quando eu comecei a lecionar Jornalismo, nos anos 70, os alunos queriam escrever como Veja e produziam textos incompreensíveis, misturando tudo, porque não tinham aprendido primeiro a fazer o simples. As fotos da revista eram realistas. Com o tempo se tornaram menos provocativas e sem enfoque social. Flagrantes de misérias e de guerras foram banidos da capa. Até a adesão das ilustrações publicitárias, nos anos 90.

A revista Time surgiu em 1923 nos Estados Unidos para repercutir a notícia. Seus repórteres e redatores deveriam procurar entender e descrever a *geração perdida*, produzida pelo final da Primeira Guerra, com reportagens detalhadas, observações e conexões, sem cair na opinião fácil.

A imprensa não poderia ficar restrita à simplicidade do fato, mas ajudar as pessoas a compreenderem o que estava acontecendo. Conquistas científicas, reconstrução e desenvolvimento industrial, greves e ascensão do comunismo nos Estados Unidos, sobretudo no movimento sindical e entre os escritores, membros decepados na guerra, medicina e morfina, dependência de drogas, bebida além do limite do corpo, casamentos abertos, aviões e carros conversíveis, pilotos de capacetes de couro nos aviões e mulheres de cabelos e echarpes ao vento nos automóveis. A moda masculina de ternos claros. As mulheres opulentas do século 19, com babados nas curvas, tornaram-se esguias, cinturas marcadas em saias rodadas vermelhas e estampas florais, sapatos salto agulha e bico fino. Paralelamente, as mazelas dos excluídos eram retratadas em *As Vinhas da Ira,* de John Steinbeck. Os anos 20 mudaram o mundo entre duas guerras. Os sobreviventes dispostos a aproveitar a vida ao máximo, sem limites, antes que outra previsível tragédia recomeçasse.

Na reconstrução da Europa despontaram tiranos, como Hitler, Stalin, Mussolini, Salazar e Franco, que venceu a romântica Revolução Espanhola, com Hemingway e John Dos Passos ao lado dos rebeldes, entre coquetéis e bravatas nos bares e nos hotéis bombardeados. Os ditadores na capa da Time. Na China Imperial surge na clandestinidade um militante comunista chamado Mao. O ambiente chinês de insurreição em 1927 foi a inspiração do romance realista *A Condição Humana*, do jornalista francês André Malraux – as contradições humanas, sedução e ópio na alegoria dos personagens.

O New York Times somente aderiu ao jornalismo interpretativo da Time em 1960, diante de outro momento emblemático da civilização americana: o assassinato de Kennedy, os *hippies,* a contracultura, a maconha e os alucinógenos, como o LSD. Em seu livro sobre o NYT, Gay Talese conta como foi difícil explicar aos repórteres a nova linha editorial: eles deveriam interpretar, mas não opinar. Há colegas nas redações e na academia que não veem diferença. O limite tênue você estabelece com informação, comparações, pesquisas, entrevistas, aprofundamento do tema e, sobretudo, na escolha das palavras. Os principais problemas da Veja ontem e hoje são a retórica e a falta do contraditório. O repórter suprime o que contradiz sua tese. A deturpação do jornalismo interpretativo está na facilidade da opinião, assim como a sedução da ficção tira a veracidade do *New Journalism*, como é chamada a utilização de técnica literária na reportagem. Os dois gêneros, no entanto, são indispensáveis no sobrevivente jornalismo impresso de leitura e não podem ser invalidados por falhas na execução.

A uma pergunta da Veja se havia comunistas no jornal, Breno confirmou que sim, naturalmente. "Só não posso deixar ultrapassar os 30%, para que não tomem conta da redação", respondeu bem-humorado. O repórter sorriu, fizera parte da cota de 1/3. Nos anos 1990, consegui levar Totti para uma palestra no SET Universitário da PUCRS, quando eu era um dos organizadores, para falar de sua trajetória na Veja, correspondente da Gazeta Mercantil em Buenos Aires e no México (postos cobiçados por qualquer jornalista) e chefe de redação do Jornal do Brasil, no Rio, cargo que desempenhava na ocasião. Foi um reencontro para mim emocionante diante de uma plateia de alunos. Sempre tive muita admiração pelo Totti. Os estudantes presentes no auditório naquela manhã ouviram dois veteranos reafirmarem a importância da imprensa.

A apreensão do Correio em 1972 foi mais uma teimosia de seu diretor do que deliberada e sistemática ação contra a censura. Teatro, cinema, jornalismo, televisão e música sofriam censura prévia ou veto, com foco principal no que podia ter maior repercussão. Numa estratégia militar, o sistema deixava vales de escape, como na guerra. Soldados emboscados sem saída viram leões numa batalha. É indispensável permitir a fuga. A canção *Apesar de você*, de Chico Buarque, foi liberada e depois proibida. É possível que a censura tenha custado a perceber que *você* não era uma amada, mas o regime. Ou não. Iniciativas com menor público eram liberadas. O nudismo do musical *Hair* no teatro, com plateia restrita, pôde ir a cartaz e o sexo anal encenado por Marlon Brando no *Último Tango em Paris*, no cinema, foi proibido. Na fronteira, íamos assistir ao filme no Uruguai ou na Argentina. A força da cena é que o sexo se consumou no *set* de filmagem, garantem os cinegrafistas.

O Pasquim, do Rio, retratado em livro de Márcio Pinheiro, de 2022, era mais debochado do que contestador em suas crônicas, notas, cartuns e artigos; sofreu muita censura por ter grande tiragem nacional; chegou a 250 mil exemplares sob o comando de Tarso de Castro (1941-1991). Os similares Movimento e Opinião, semanários com longos ensaios sérios de esquerda, sisudos e de árida leitura, tinham circulação infinitamente menor. Os públicos cativos, segmentos ideológicos, não preocupavam tanto a ditadura; havia prisões, sim, mas, por leniência do sistema, a esquerda se manteve viva na academia, clero, movimentos sociais e sindicatos. Muitos contestadores ganharam mais tarde polpudas indenizações pelo risco que correram na juventude, inclusive no envolvimento em assaltos, sequestros, assassinatos e guerrilha. É como indenizar os rebeldes de 1968 na França; a coragem do desafio perde o sentido.

Os últimos jornais censurados no País não foram da chamada imprensa alternativa, os nanicos, que por ironia terminaram com a volta da liberdade, mas O São Paulo, da Cúria Metropolitana de São Paulo, sob a direção do cardeal Dom Evaristo Arns, distribuído nas igrejas católicas paulistas, enorme circulação em todas as classes, e o conservador O Estado de São Paulo, defensor da livre iniciativa, que se opunha ao capitalismo estatal presente na economia durante o regime militar.

Muitas vezes o texto cortado pela censura estava na primeira página. O Estadão trocava as matérias vetadas por poemas de Camões e o Jornal da Tarde, vespertino do grupo, substituía por receitas culinárias repetidas, para mostrar ao leitor que ali não estava uma seção de serviço, mas um protesto. As poesias em português casto eram autênticas e as receitas factíveis, podiam ser experimentadas pelos leitores. Mino Carta, diretor da Veja, substituía parágrafos riscados por obras sacras, sua paixão artística, num protesto também erudito. A resistência da imprensa.

17. A batalha dos vespertinos

O conservador Breno Caldas procurava não ficar atrás de seu tempo em suas iniciativas na empresa. Em 1936, aos 26 anos de idade, foi visionário ao fundar a Folha da Tarde, imitando os tabloides vespertinos de Londres, Nova York, Berlim e Madri. Até então, os jornais brasileiros que rodavam à tarde eram também em formato *standard*, como os principais matutinos. O primeiro vespertino surgiu em São Paulo, A Gazeta, em 1906, e o segundo no Rio de Janeiro, A Noite, criada em 1911 por Irineu Marinho (1876-1925), pai de Roberto Marinho. Somente em 1925, no ano de sua morte, Irineu fundou o jornal O Globo, embrião da Rede Globo. A Folha da Tarde tornou-se *case* de sucesso e suas dimensões menores transformaram-se numa característica dos jornais do Rio Grande do Sul.

O Correio do Povo de Breno Caldas era um jornal tradicional, como seus pares, mas nunca foi estagnado. Em 1970, ao criar o Segundo Caderno de domingo, ele seguiu o exemplo do que havia de mais moderno nos grandes jornalões: o Caderno B do Jornal do Brasil. Em 1980, quando todo o jornal passou a ser diagramado, com novo planejamento gráfico e editorial, se antecipou em quatro anos às renovações da Folha de S. Paulo, Estadão e O Globo, ocorridas somente em 1984.

As principais transformações do jornalismo gráfico do Brasil no século 20 podem ser resumidas a partir da popularização do *lead* promovida pelo sensacionalista Última Hora em 1951. O texto Padrão JB de 1958 trouxe o *lead* e o *sublead*, a grande reportagem, o rigor na informação. Veio a seguir o lançamento do Caderno B do Jornal do Brasil, em 1959, o visionário suplemento de cultura e entretenimento, seguido pelos demais jornais e que teve sua melhor imitação na revista Bravo!. Marcou época o *new journalism* da Realidade, de 1966 a 1976, a reportagem literária e o uso da primeira pessoa (repórter fez o brevê para escrever "Meu primeiro voo solo"). No fim da década de 60, desponta o jornalismo interpretativo da Veja, lançada em 1968. E, finalmente, aparecem na década de 90 os gráficos e os textos condensados balizados pelo USA Today. No início do século 21, a decadência. Carta Capital passou a chamar suas reportagens defendendo teses com viés de esquerda de *artigos*, como o jornalismo opinativo do século 19; em 2022 a tiragem semanal nacional da revista despencou para dois mil. À frente o mesmo Mino Carta da antiga Veja das figuras sacras durante o obscurantismo da censura.

Em 1974, passados 38 anos de seu lançamento, a Folha da Tarde continuava envelhecendo Zero Hora ao meio-dia. Não havia celular e na hora do almoço e no deslocamento de ônibus os porto-alegrenses seguiam lendo o vespertino da Caldas Júnior, como no tempo do bonde. Jornaleiros gritavam "Olha a Folha", título do livro do Galvani, carregando enormes pilhas de jornais. A RBS, de Maurício Sirotsky, planejava em sigilo lançar um vespertino para marcar presença no intervalo do almoço e na volta para casa às 18h. O jornalista Armando Burd estava contratando a equipe, a maioria recrutada na própria ZH. Tudo transcorria em segredo. Ninguém podia abrir a boca. Na Caldas Júnior, nada se sabia. Mas a informação vazou em junho e chegou ao gabinete do doutor Breno.

"Vem até aqui", Caldas disse a Edmundo Soares pelo telefone interno. Era uma quinta-feira, 20 de junho de 1974. O secretário de redação da Folha da Tarde entrou no gabinete. "Edmundo, a Zero vai publicar um vespertino." Ele ficou perplexo. "Não ouvi falar, doutor Breno, como o senhor soube?" Ele entortou a boca num meio-sorriso, como quem diz: é difícil esconder algo de mim no mercado editorial do Rio Grande do Sul, tenho acesso aos fornecedores de papel, agências de publicidade, profissionais da imprensa, políticos, formadores de opinião, todos me procuram, fazem romaria no meu gabinete, sei de tudo. "Dizem que o nome cogitado para o jornal será Hoje", adiantou. "Hoy, como os vespertinos da América Latina", brincou. Edmundo passou a mão na calva de velejador, queimada de sol, Comodoro do Clube Jangadeiros.

Colocou os óculos e pegou a lauda rabiscada de tinta verde. "Precisamos tomar dianteira, Edmundo. Vamos transformar a Folha da Tarde em duas edições", anunciou. "O nome da segunda edição será Final", era assim que ele decidia: sempre sozinho desde a morte de Pasqualini. Estava tudo rascunhado. A circulação da Folha, às 11h, seria recuada em uma hora e a Edição Final sairia às 16h. Como a *sétima edição* dos tabloides londrinos. "Quando colocaremos na rua as duas edições, doutor Breno?" O imperador pensou um pouco. Edmundo já sabia que o prazo seria curto, no máximo uma semana; ele não era adepto a longos planejamentos. Assim criou a Folha da Tarde em 36, o Correio Rural em 58, os suplementos Caderno de Sábado em 67 e Segundo Caderno do Correio do Povo em 70. Conferiu o calendário no suporte sobre a mesa. Escreveu na lauda 27 de junho de 1974. A próxima quinta-feira. "Tens uma semana para tomar todas as providências", passou o rascunho ao Edmundo.

Houve um remanejamento de horários, nomeado um segundo editor em cada setor e poucas novas contratações de repórteres e diagramador. Um projeto enxuto. Mesmo assim a Folha passou a ter mais jornalistas que o Correio do Povo, as duas redações com pouco mais de 60 funcionários. A Folha da Manhã, menor, chegava a 40 pessoas na redação. Os três jornais contavam com os mesmos meios auxiliares: fotógrafos, laboratoristas, arquivistas, gráficos, vendedores de publicidade, administração e circulação unificadas, numa economia de pessoal. A Caldas Júnior era gigantesca pela diversidade de produtos, incluindo aos jornais o rádio e a televisão, mas nunca chegou a ser uma máquina pesada, ociosa.

Quando Hoje chegou às bancas pela primeira vez, ao meio-dia de 14 de outubro de 1974, uma segunda-feira, já saiu pressionado pelas duas rodagens da Folha da Tarde. Trazia uma manchete esportiva "Acusação contra Louruz prevê até 20 anos de prisão", baseada em reportagem do talentoso jornalista Emanuel Mattos (1951-2014), que atribuía injúria racial do presidente do Internacional, Gilberto Medeiros, que ameaçou bater no juiz Luiz Louruz, que era negro, por suposto erro de arbitragem. O projeto gráfico do novo concorrente seguia a linha da diagramação picotada dos tabloides The Sun, Bild e New York Post, sem simetria de colunas, nenhuma hierarquia nas notícias, podendo estar o maior destaque da página no rodapé, com o título numa faixa negra, azul ou vermelha com as letras vazadas em branco. Essa paginação em redemoinho facilita a troca de matérias sem necessidade de refazer toda a folha, o que é muito conveniente nos tabloides londrinos, porque as tiragens de milhares de exemplares, até milhões em algumas ocasiões, levam horas rodando, permitindo a atualização permanente do noticiário.

A diagramação bem diferente criou certa estranheza e resistência no público gaúcho. Os títulos do Hoje eram sensacionalistas e as matérias apelativas como no Diário Gaúcho de hoje, porém mais longas, de melhor qualidade e completas. Mesmo assim, não colou. Durou apenas sete meses. A decisão intempestiva de Breno, três meses antes, quando soube da intenção da RBS, matou o novo vespertino no nascedouro. A Folha da Tarde continuou com duas edições mais quatro anos, até 1978. A Folha Final deixou de circular quando a empresa começou a apresentar problemas econômicos e era preciso reduzir o gasto com papel. Ouvíamos falar, havia alguns sinais, mas não sabíamos a verdadeira dimensão do problema financeiro. No imaginário coletivo, a Caldas Júnior continuava uma empresa jornalística poderosa.

Ironia natural, certo sarcasmo, dissimulada frieza e irreverência formaram uma couraça ao redor de mim como repórter de polícia na Folha da Tarde. Lembro-me do assassinato de uma viúva de 84 anos, estrangulada, as marcas roxas no pescoço, as roupas desfeitas. O corpo estava no meio da sala, piso de parquê, num bangalô no bairro Petrópolis, com jardim na frente, a grama bem aparada, onde ela residia sozinha. Enquanto aguardava a perícia e o recolhimento do cadáver, entrevistei vizinhos e transeuntes. Um rapaz loiro, franzino, contou-me que era o jardineiro da vítima. Olhei para seus olhos azuis e fiz uma brincadeira. "Como não tem mordomo, o jardineiro é o suspeito." Dedução simplória dos romances policiais. O jovem sorriu, acanhado. O fotógrafo tirou a foto e publicamos sua entrevista como testemunha. Dois dias depois ele confessou o assassinato. Eu *cometi* apenas uma piada, mas a polícia desconfiou dele. A pobre senhora lhe dava serviço, e ele a esganou enquanto a estuprava.

No incêndio das Lojas Renner, em 27 de abril de 1976, a Folha seguia soberana à tarde. Pararam as máquinas na primeira edição para o jornal circular com a manchete: 25 mortos no meio dos escombros. Na Edição Final eu arrisquei a dedução que virou manchete: 40 MORTOS. Nos próximos dias se confirmou a minha reportagem com base em previsões de bombeiros e policiais envolvidos, com o encontro de cadáveres de desaparecidos nos escombros e mortes de queimados nos hospitais. Cobri a tragédia junto com outros 12 repórteres, entre eles Marques Leonam, Jurema Josefa e Ema Belmonte, igual número de fotógrafos, incluindo José Ernesto Leal Carvalho e Jurandir Silveira, todos coordenados por três editores, Antônio González, João Alberto Pinto e Benito Giusti. José Ernesto aposentou-se no Correio do Povo, com mais de 40 anos de casa, autor de uma sequência dramática de fotos publicadas em quatro páginas da revista francesa Paris Match. Jurandir fez carreira no Rio de Janeiro, no Jornal do Brasil e em O Globo.

Reportagem que publiquei na Folha em 23 de agosto de 1977 provocou a condenação de um delegado por forjar prova. Um rapaz matou a tiros um procurador do estado, amante da irmã dele. A mulher, pivô do assassinato, era advogada, formada pela Unisinos, e não queria mais saber do velho casado, e este a perseguia por toda parte. Nos últimos dias o irmão a acompanhava para protegê-la do homem desprezado e não resignado. O encontro dos três ocorreu na Avenida João Pessoa, em frente ao Touring Club, no início da tarde. O procurador acabara de estacionar o carro no Parque da Redenção. Ocorreu uma discussão entre eles. O rapaz descarregou o revólver: matou o amante da irmã e ainda feriu acidentalmente uma transeunte na parada do ônibus. Ele foi preso em flagrante por PMs e fotografado por Galeno Rodrigues, da Caldas Júnior, quando chegava ao Palácio da Polícia, conduzido pela patrulha. Mais tarde foi apresentado à imprensa, na Delegacia de Homicídios, e fotografado por José Doval. Segundo a polícia, o autor do crime alegou legítima defesa. Foi atacado pela vítima armada de navalha. Um procurador com arma de marginal? Achei estranho. A jaqueta de brim do rapaz apresentava um corte que comprovava sua versão.

No laboratório do jornal, os dois filmes foram revelados. Nas primeiras fotos do acusado chegando à Polícia, a jaqueta estava intacta. A suposta navalha da vítima e a prova forjada de legítima defesa foram criadas dentro da própria Delegacia de Homicídios. Somente a Folha da Tarde publicou as duas fotos e apresentou a contradição, em matéria assinada por mim e os dois fotógrafos. O delegado e outros policiais foram afastados e processados pela Corregedoria. Algum tempo depois, no almoço de domingo, eu me encontrei com aquele delegado no restaurante de comidas campeiras Tio Flor, no fim da Avenida Getúlio Vargas, no Menino Deus. Porto Alegre é uma cidade pequena. Respirei aliviado quando ele fez que não me viu. Baixei a cabeça e cortei com faca de serrinha a "chuleta rio-grandense", com salada, arroz e feijão mexido, o prato da casa, meu preferido.

Ainda no ano de 1977, naquele segundo semestre, já era primavera, lembro-me da temperatura amena, sol, eu estava dando uma cochilada depois do almoço com guaraná frisante, na Rua Baronesa do Gravataí, bairro Menino Deus, a 20 metros da esquina da Avenida Getúlio Vargas, antes de ir para o jornal. Eu escrevia reportagens especiais para a Folha da Tarde, usadas nas duas edições, não necessariamente notícias de última hora. De repente ocorreu um estrondo e logo a seguir um forte cheiro de gás. Cheguei à janela, e as pessoas olhavam para as vidraças do apartamento acima do meu. A mãe do Rodrigo o pegou no berço e saiu correndo, descendo as escadas. O Duda olhava para mim com os olhos saltados. Peguei o pequinês no colo e também desci. Não me lembrei de documentos ou dinheiro. Deduzi que não era apegado a bens materiais. Na calçada, olhei para cima. Os vidros do apartamento no andar acima do meu estavam quebrados, as janelas de ferro retorcidas. Ali ocorreu a explosão de gás, mas não pegou fogo.

Os bombeiros chegaram e entraram na residência onde morava um casal idoso. O corpo do homem estava dilacerado no sofá da sala e o dela no quarto, na cama de casal, intacto, com um tiro no ouvido, a mão direita segurando a arma. Foi fácil deduzir o que aconteceu. A senhora serviu o almoço e enquanto o marido sesteava na sala, ela lavou os pratos e as panelas. Abriu o gás do fogão e foi para o quarto. Deitou-se na cama, pegou o revólver na mesinha de cabeceira e deu um tiro no ouvido. O estampido explodiu o gás. Os dois morreram.

Insisti com os bombeiros e consegui entrar no prédio. O cheiro de gás ainda era forte na escada. Terminei de me vestir, apanhei a carteira e as chaves do carro e fui para o jornal redigir a notícia para a Edição Final. Deixei na calçada a mãe com o bebê e o cachorro. O jornalismo egoisticamente em primeiro lugar. Foi a matéria que eu escrevi sem entrevistar ninguém. Enquanto eu redigia, numa máquina Olivetti, um fotógrafo deslocou-se ao local para fotografar com uma Nikon. Eu conhecia as vítimas, sabia o nome e o sobrenome. O casal morava sozinho desde que a única filha morrera num acidente. Eu cruzava na escada com a senhora triste. Assim como na música *Um homem chamado Alfredo*, do Vinícius. Ela fez questão de doar a cadeirinha alta para o Rodrigo. A dor era imensa do pobre casal, ela resolveu se suicidar e levar junto o marido. Na música foi "o gato de estimação" que morreu na companhia do suicida.

Denúncia que escrevi na Folha da Tarde, naquela mesma época, resultou em 12 policiais indiciados. Um escrivão me passou a informação em *off*. "Um traficante foi agredido no xadrez da Delegacia de Roubos para aumentar sua contribuição" (à polícia) contou-me. "Durante o espancamento, uma paulada que deveria acertar o ombro, atingiu a cabeça e causou traumatismo craniano; ele chegou a ser atendido em hospital na praia de Torres, onde morreu", revelou. "Não te disse nada", ele voltou ao trabalho na secretaria conjunta das delegacias de Homicídios e Atentados à Pessoa, no primeiro andar do Palácio da Polícia. O cadáver sumiu misteriosamente do necrotério do hospital, como nos filmes, e foi enterrado em Santa Catarina.

O informante pediu para ficar anônimo e resolvi divulgar assumindo o risco, porque conhecia a fonte, e ele não tinha motivos para mentir. Se ele estava divulgando, naturalmente tinha algum interesse, mas isso não invalidava o fato. Não era uma denúncia anônima. O advogado do assaltante morto cortou as relações comigo porque foi acusado internamente na polícia de ter sido o informante, porém ele estava inocente. Ao depor no inquérito aberto, eu não revelei a fonte. Era um direito meu como jornalista.

A Corregedoria da Polícia Civil foi a fundo na investigação, sendo identificado o hospital, encontrada a ossada e resgatada a Kombi que o traficante dirigia quando fora preso. A fonte da denúncia se tornou irrelevante. O inquérito acarretou uma cascata de acusados e policiais exonerados.

Nunca sofri qualquer tipo de censura nas inúmeras denúncias que fiz na Folha da Tarde. Seguramente porque Breno Caldas nunca demonstrou nenhuma contrariedade, caso contrário os prepostos teriam o prazer satânico de fazer valer sua decisão. Ao contrário das denúncias da Folha da Manhã, que tinham motivação política, ele deve ter percebido que as minhas eram muito mais morais. Eu sabia que na reportagem policial a matéria que verdadeiramente o incomodava era tratar bandido como Robin Hood, o inglês de arco e flecha que roubava da nobreza do século 12 para distribuir aos pobres.

Por orientação direta do doutor Breno, a Caldas Júnior costumava cobrir as atividades judiciais. A intenção era não ficar apenas no factual dos registros policiais, mas também divulgar as penas impostas aos contraventores, como alerta e exemplo. A moralidade cristã alicerçada no pecado e no castigo.

Em 1988, quando o jornal da Avenida Ipiranga assumiu o *slogan* "Tudo está em Zero Hora" para cobrir a lacuna deixada pelo Correio do Povo, o diretor Carlos Fehlberg decidiu criar uma página de Justiça e contratou o experiente jornalista Antônio Goulart, ex-Caldas, para editá-la. Sugeriram que fosse eu, mas Fehlberg respondeu: "Não, quero o Tibério na Polícia". No Correio, quem cobria os tribunais superiores do Estado, Alçada e Justiça, era Luís Noeli. Na Folha da Tarde, numa linha mais popular e beneficiada pelo horário, eu acompanhava os julgamentos do Tribunal do Júri, que terminavam tarde da noite ou de madrugada e permitia que o vespertino, que rodava no fim da manhã, divulgasse com exclusividade os resultados.

Publicávamos, na Folha, a pauta dos júris, com resumo dos casos em julgamento. Fazíamos o registro do veredicto dos menos importantes e abríamos espaço com fotos para os crimes de maior repercussão, com os debates entre acusação e defesa. Assim os principais atores do Tribunal do Júri se tornavam celebridades. O público conheceu a fleuma do presidente do Tribunal, juiz Luiz Carlos Castello Branco; a eloquência do promotor Olinto Vitorino Prates e a perspicácia do advogado de defesa Oswaldo de Lia Pires. A calva queimada do sol por praticar polo, a elegância dos ternos bem cortados, escuros, claros e verde-água, as gravatas chamativas, o raciocínio rápido e os passos de bailarino. Diziam que a contratação da caríssima banca de Lia Pires era a certeza da culpa do réu e a garantia de que seria absolvido. Ele defendia policiais de graça, o que o tornava um Deus no Palácio da Polícia, acompanhando os casos desde a montagem do inquérito, facilitando o trabalho posterior no campo judicial. Também nessa época destacaram-se outros advogados de defesa, como o charme de Amadeu Weinmann e a beleza de Jussara Gauto, "das passarelas ao Tribunal do Júri", título da Folha da Tarde, que o marido dela não gostou e reclamou a mim, enciumado: "Tens que destacar o talento dela, não a beleza". Respondi: "O que mais chama a atenção dos leitores, quem sabe sou eu".

A cobertura sistemática do Tribunal do Júri permitiu que eu desse, por acaso, um dos maiores furos da Folha da Tarde. Um julgamento comum se encontrava em andamento, em novembro de 1978, e eu conversava na bancada da defesa com o advogado Omar Ferri para que ele resumisse sua tese. De repente surgem os repórteres Luiz Cláudio Cunha, de Veja, Erni Quaresma, da sucursal de O Globo, mais o fotógrafo J.B. Scalco (1951-1983), que faleceu prematuramente aos 32 anos. Aproximaram-se e foram obrigados a me incluírem no diálogo. Eles tinham ido a um apartamento no bairro Menino Deus atrás dos contatos uruguaios Universindo Díaz e Lílian Celiberti, e encontraram o local vazio. Eu ouvia a história sem entender direito. Na porta havia um bilhete de Omar Ferri fixado com durex. O advogado militante do Movimento de Direitos Humanos também estivera ali procurando por eles. Eram guerrilheiros tupamaros, fugitivos da ditadura uruguaia, que tinham se escondido num *aparelho* em Porto Alegre, como se dizia na época. Contatos aqui deveriam dar cobertura a eles. Os jornalistas concluíram que o casal sumido tinha sido preso pela Operação Condor. Ferri concordou com a possibilidade. Finalmente entendi a história! Geisel era o presidente, o regime militar continuava forte, a Anistia somente seria promulgada no ano seguinte.

Folha da Tarde acabou dando sozinha em Porto Alegre o que se chamou de Sequestro dos Uruguaios, junto com a rodagem nacional do jornal O Globo e a edição semanal da Veja, que aguardava a confirmação da reportagem para ser impressa. A revista não quis publicar sozinha a polêmica informação por estratégia, dividindo-a com O Globo, e a Caldas Júnior entrou de carona por um golpe de sorte meu. Um simples júri popular me permitiu cobrir um caso internacional. Assim como frequentemente acontecia, naquele dia a Folha da Tarde furou o Correio do Povo. O doutor Breno jamais reclamava. Fazia parte do jogo de quem tinha dois jornais importantes, um matutino e um vespertino.

Houve momento em que encarei assuntos criminais até de maneira lúdica. No dia 11 de julho de 1980, uma sexta-feira, abri Zero Hora e havia um anúncio de que a edição de domingo publicaria uma história em quadrinhos, reconstituindo o Crime da Megera do Alto da Bronze, como o jornal chamava o assassinato, apelativamente. Na Folha, era apenas o Caso Eliete, bem mais sóbrio. Pensei comigo: não podemos deixar assim. Na época, eu era o chefe da Central de Reportagem Policial da Caldas Júnior. Com um sorriso nos lábios esperei o Chico Salvadori chegar para o trabalho da tarde, sempre de ressaca. Somente ele para abraçar uma ideia inconsequente. Mostrei a chamada da Zero e propus: "Vamos publicar amanhã na Folha da Tarde uma fotonovela da reconstituição da morte de Eliete". A menina fora sequestrada e assassinada pela amante do pai. O filho dela ajudou-a na ocultação do cadáver, transportado numa caminhonete Brasília para lugar ermo na Zona Norte da cidade, de extensa vegetação. Salvadori arregalou os olhos encantado com a proposta. O fotógrafo Jurandir Silveira, que depois fez carreira na imprensa do Rio de Janeiro, prontificou-se a fazer as fotos.

Produção e execução foram realizadas na corrida. Coisa de jornalista, jamais de fotógrafo ou cineasta de audiovisuais. Atores voluntários atuaram diante da câmera: uma repórter da Folha (no papel da acusada), uma menina (como a vítima) e o motorista da reportagem policial no papel do filho cúmplice, que ajudou a mãe na desova do corpo. Tudo em preto e branco e poucos atores, como no filme *Casablanca*. A Folha saiu com uma foto em destaque na capa, com chamada para a reconstituição e a história em quadrinhos em duas páginas, numa sequência de dez fotografias com legendas explicativas. A matéria de maior destaque no jornal naquele sábado. O secretário de redação Edmundo Soares encampou a minha ideia.

Jurandir e eu fomos à Delegacia de Homicídios para ele fotografar novamente a arma do crime. De volta ao jornal, o filme foi revelado e a estatueta de gesso ampliada em tamanho natural. Enrolando o papel fotográfico foi possível moldar um simulacro como se fosse o cilindro de gesso usado no assassinato. Comemoramos a esperteza com um *urra*.

Saímos à rua. O primeiro quadro era a saída da madrasta com a criança no portão do colégio no Alto da Bronze. Barbada. A seguir, a chegada das duas no edifício, nas escadarias da Rua Fernando Machado, na Cidade Baixa. Perfeito. Vizinhos abriram a porta do prédio, mas o apartamento no primeiro andar, sem elevador, continuava lacrado pela polícia. Primeiro problema. Embarcamos na Kombi do jornal e seguimos para cenário alternativo. O assassinato foi encenado no apartamento da repórter da Folha, na Rua da Praia, no papel da assassina. A pancada na cabeça da menina com a estatueta de papel foi para a capa do jornal.

O tempo passava, já estava anoitecendo e faltava jogar o *corpo* num matagal na Zona Norte. Já tínhamos conseguido uma Brasília branca, semelhante à usada no homicídio (havia uma caminhonete igual na central de transportes do jornal, no Menino Deus). O diretor de logística, engenheiro Christiano Nygaard, que mais tarde fez carreira como executivo industrial na Zero e no Estadão, colocou o veículo à nossa disposição no estacionamento da Rua da Praia. Ele sempre atendia meus pedidos urgentes, inclusive viagens para cobrir crimes no interior do Estado. A filha dele, Rafaela Nygaard, torcedora do Internacional, foi mais tarde minha aluna na faculdade e fez carreira solo como jornalista em São Paulo, sem depender do nome do pai. Tudo ia se acertando em cima da hora. Mas ainda precisávamos atravessar a cidade para ir ao local onde o corpo foi encontrado. Local de difícil acesso.

Não seria fácil. Começamos a temer não concluir a fotonovela para a edição do dia seguinte. Pensei numa alternativa. "Mato é mato, vamos abreviar", ponderei. A cena foi fotografada no terreno baldio em diagonal ao jornal, abandonado há anos, coberto de macegas, desde que foram demolidos os escombros do incendiado Grande Hotel. Aquele luxuoso hotel onde no passado Fernando Caldas decidiu em 1925 aceitar a proposta da madrasta Dolores para assumir a direção do jornal do pai dele. A encenação da desova do cadáver ocorreu no matagal onde hoje está construído o Rua da Praia Shopping. Um portão cinza, precariamente fechado, não impediu o acesso. A Brasília foi estacionada no meio da vegetação. O motorista retirou a criança supostamente desfalecida do porta-malas, a tampa traseira da caminhonete levantada. A última foto da fotonovela.

A Zero de domingo não publicou a história em quadrinhos anunciada na sexta. Colocaram-na no lixo. Nossa fotonovela de sábado derrubou a ideia. Nem a Delegacia de Homicídios realizou a reconstituição do crime; anexou ao inquérito o ensaio fotográfico. O sucesso e o reconhecimento da fotonovela foram de novo para a capa da Folha. A irresponsabilidade deu certo. A consagração de uma ideia louca minha, com a produção do saudoso e querido Salvadori, com sua voz mansa e sorriso tímido, frágil, que conquistava as mulheres. Breno Caldas deve ter balançado a cabeça, "deixar estes meninos criarem, até que deu certo". Chico encantou uma senhora mais velha que cuidou dele até o fim de sua breve vida.

18. O meu sangue

Com um aceno de cabeça, o doutor Breno concordou com a minha possível transferência da reportagem policial da Folha da Tarde, proposta pelo secretário Edmundo Soares, que o procurou no gabinete para comunicar-lhe uma tragédia pessoal que ocorrera comigo e solicitou apoio da empresa, prontamente colocada à disposição para o que eu precisasse. Seria uma mudança difícil. Minha verdadeira vocação, eu começava a descobrir, não era ser justiceiro no jornalismo, denunciando crimes, mas no futuro me tornar escritor; e a reportagem policial permitia desenvolver o relato de histórias humanas reais. Problemas da cidade não me empolgavam, noticiário político na ditadura era limitado, economia e negócios estavam longe do meu alcance, exterior e cultura me faltava lastro, esporte se resumia a torcer pelo Internacional. Hoje minha escolha seria outra, mas nos anos 70 eu me via como repórter policial.

A redação do Correio do Povo era considerada na Caldas Júnior como o Monte Sinai, o lugar sagrado de três religiões no Egito. Publiquei minha primeira reportagem no matutino em 1974, nada a ver com crimes, quando ainda era repórter de polícia da Folha da Tarde. Fui até a mesa do jornalista Jayme Copstein (1928-2017), editor de matérias especiais no matutino, com um maço de laudas datilografadas dobradas. Expliquei que havia feito uma pesquisa e entrevistas sobre os 100 anos da Viação Férrea, poderia publicar na Folha, mas gostaria de ver nas páginas do Correio. "Quero concorrer ao prêmio Centenário da Viação Férrea", expliquei. Copstein deve ter pensado: esse menino tem ambição.

Como repórter da Folha da Tarde, eu já havia sido citado no Almanaque de fim de ano do Correio do Povo de 1972, dois anos antes. A resenha dos principais fatos do ano anterior destacou uma reportagem que publiquei no vespertino, na página 39, de 10 de setembro de 1971, com o título "15 mil ladrões ameaçam Porto Alegre". O número saiu do fichário da Delegacia de Furtos e Roubos, onde os policiais colocavam nas fotos dos mortos uma cruz na testa. O resumo da minha matéria, com o título "Batalhão do Crime" foi publicado na página 77 do Almanaque de 72, em formato de livro e capa de magazine, 340 páginas. No registro eu era referido como "o repórter que conhece o mundo do crime". Jayme me disse: "Pode deixar, Tibério, vou ler; se possível, já publico no domingo". Fiquei com o coração na mão.

Na década de 70 e até início dos anos 80, os jornalistas frequentavam direto o Bar do Pedrini original, na Avenida Venâncio Aires, Cidade Baixa. Hoje é uma franquia com uma rede de restaurantes. Eu ia lá desde 1967, quando morei na Av. Getúlio Vargas, em república de estudantes. Conhecia o proprietário e cada garçom. Sábado, noite fria de inverno, 22 de junho de 1974. Eu vestia calça *jeans*, blusão leve de lã, jaqueta de veludo marrom McGregor e mocassins Samello com meias xadrez, o uniforme descolado da época. O Fusca vinho estacionado na frente. Repeti o pedido mais frequente: *pizza* de queijo e calabresa, *à la carte*, na caçarola com brasas e uma jarra de vinho tinto da colônia. Era o que meu poder aquisitivo permitia para a noite de sábado. Eu brincava, anos depois: quando os petistas, que também frequentavam o local, começaram a ganhar as primeiras eleições e a conquistar cargos nos parlamentos e governos, passaram a pedir vinho de garrafa, a escolha elegante na Carta.

O jornaleiro entrou no bar oferecendo o Correio de domingo, recém-rodado, novinho como pão que sai do forno. Ocupantes das mesas compravam exemplares. Era assim naquela época, pessoas liam jornal, não rodavam o dedo no celular. Peguei um com ansiedade. Na capa de um dos cadernos, página 49, estava a primeira parte da minha reportagem, intitulada "Rede Ferroviária cumpriu em marcha lenta seu longo caminho na História". Meu nome em destaque entre o título e o texto, em enorme espaço em branco. O peito cresceu de orgulho. Meu pai vai ler amanhã em Alegrete, foi a primeira coisa que me lembrei. Ficará orgulhoso de mim. Ele recebia o jornal diariamente. Sabia, no entanto, que sua alegria de ver meu nome impresso não seria completa. O pai e a mãe andavam muito apreensivos. Meu irmão mais jovem havia fugido de casa. Deixou recado dizendo que ia para a Bahia. Era preocupante. Aos 17 anos, ele abandonara o último ano do Científico, andava envolvido com drogas – maconha e anfetaminas com certeza, talvez cocaína, não sei.

No domingo seguinte, 30 de junho, a página 16, capa do Segundo Caderno, saiu com a segunda parte da minha reportagem: "Renovar é a única solução para nossas velhas ferrovias". Os trens de passageiros ainda rodavam. Aos 25 anos de idade fui um dos vencedores do Prêmio Centenário da Rede Ferroviária do Rio Grande do Sul e recebi uma quantia em dinheiro muito bem-vinda na luta para pagar o aluguel no início do mês, até o dia 10.

Copstein e eu nos tornamos amigos. Ficamos mais próximos quando eu fui trabalhar na redação do Correio, em 1981. Na falência da empresa, voltamos a nos encontrar na RBS. Quase todas as noites, bebíamos um café no bar do segundo andar da Zero, antes de ele entrar no ar no programa da madrugada da Rádio Gaúcha. Eu acabara de atualizar as páginas de polícia para a segunda rodagem, à 1h. Normalmente aumentava o espaço de duas para três ou até quatro páginas, com as notícias da noite. Os jornais na época eram editados em cima dos fatos. Copstein e eu trocamos acenos pelas redes sociais até sua última hospitalização. Ficou meu eterno agradecimento a ele pela minha estreia no Monte Sinai naquele triste inverno de 1974.

Entrou o mês de julho. O desaparecimento do meu irmão Eduardo Vargas Ramos, o querido Dadinho, 17 anos, se tornou angustiante. Nenhuma notícia, silêncio absoluto, não era do seu feitio. Ele era alegre, espaçoso, diferente de mim, mais retraído. Um aparente gesto de rebeldia podia significar algo bem mais grave. Wilson Müller Rodrigues, chefe de Investigações da Delegacia de Homicídios, me entregou uma foto que ele acabara de mandar fazer pelo fotógrafo criminalístico. "Este jovem de 20 a 25 anos foi assassinado no dia 8, no mês passado, e até hoje não foi identificado." Peguei o retrato do corpo na gaveta do necrotério. Era o meu irmão com a máscara da morte, sem o sorriso. Fui ao necrotério para confirmar a identificação. O legista abriu a porta da câmara fria e puxou a padiola. Ele estava nu. Os cabelos castanhos encaracolados. Os olhos entreabertos. Apenas um pequeno corte logo abaixo do pescoço. Eu escrevia sobre crimes diariamente e naquele dia escorreu pelos meus dedos o meu próprio sangue. A cobrança chegou.

Não tive espaço para sofrer. Nada podia ser comparado à dor do pai e da mãe. Dei um rápido depoimento, revelei o que sabia de seu desaparecimento, a viagem de Alegrete para Porto Alegre, de trem, com um *hippie* argentino que se infiltrou no grupo dele para fornecer drogas. A turma de classes média e alta, frequentadora das escadas negras de mármore do aristocrático *Clube Casino* foi dizimada pelo tóxico. Depois do assassinato do Dadinho, seguiram-se três suicídios de jovens nos próximos anos. Vidas de uma geração perdida para as drogas.

O corte de estilete abaixo do pescoço não foi fatal. Caído num valo com água da chuva, na construção do muro da Mauá para evitar enchentes, ele morreu afogado no lodo, revelou a necropsia. Possivelmente sufocado no barro pelo criminoso até parar de respirar.

Na primeira noite em Porto Alegre, Dadinho já tinha desistido de sua aventura, relatou à polícia a proprietária da pensão de quinta categoria em que se hospedou na beira do cais. Ela contou que o hóspede pagou uma diária, disse que ia dar uma saída e voltava para apanhar a mochila. "Mais tarde vou procurar a minha irmã Yara", comentou. Por certo ele queria evitar minha cobrança. Exigia responsabilidade, saí garoto para estudar fora, sempre procurei preservar o pai e a mãe, amorosos, frágeis, assim eu os via.

Aos 19 anos, estudante da Faculdade de Jornalismo, eu não fui ao congresso da UNE (União Nacional dos Estudantes), em 1968, em Ibiúna, São Paulo, porque antevi que haveria prisões e eu não desejava trazer sofrimento ao meu pai e minha mãe, lá na nossa casa, em Alegrete. Foi também pensando neles que deixei a AP (Ação Popular), e me desliguei do movimento em 1969, quando a organização marxista-católica (?) foi incorporada pelo Partido Comunista do Brasil (PCdo B) e aderiu à luta armada.

Já trabalhava na Zero Hora, em 1969, na editoria de Cidade, e vi os repórteres policiais saírem para cobrir o assalto à agência do Banco Itaú, no Hospital Conceição. "Meu Deus", eu pensei, "que fria!". Eu sabia havia alguns dias que o ataque estava planejado e conhecia dois dos assaltantes, D'Ângeles e o Minhoca, presos e condenados mais tarde, e o médico de plantão, caso ocorresse algum eventual tiroteio; não houve, e ele nunca foi identificado, meu fraterno amigo até hoje. Naturalmente nada revelei, mas ficou claro que não poderia levar vida dupla de jornalista e militante. Permanecem na minha biblioteca uma dezena de livros daquela época, como *Nós e a China*, em dois volumes, *A Diplomacia do Dólar*, *EUA Civilização Empacotada*, *A Guerra de Guerrilha*, *Vais bem, Fidel*, entre outros. Felizmente superei o esquerdismo juvenil.

Ao retornar à pensão, Dadinho viu que o argentino desaparecera com sua máquina fotográfica e algum dinheiro que tinha na mochila. Saiu para procurá-lo; o encontrou. Brigaram. Desarmado e pacifista, levou a pior. O outro acertou um golpe de estilete abaixo do seu pescoço. Caiu na vala, ensanguentado. Talvez o assassino tenha mantido a cabeça dele pressionada contra o lodo, daí a morte por afogamento. Foi preso na Bahia com a máquina fotográfica e o estilete. Alegou que roubou os pertences, mas não o matou.

Detido até o julgamento por prisão preventiva, o réu foi absolvido no Tribunal do Júri por insuficiência de provas e libertado. Meu tio, o notável advogado criminalista Jairo Vargas (1923-1987), que em 2023 completa 100 anos de seu nascimento, desrespeitou a recomendação do cardiologista e atuou como assistente de acusação em sua última participação num júri;

não adiantou. Paciência. A tão clamada justiça não devolve a vida de quem morreu. O acusado do crime deve ter voltado para a Argentina. Meu pai sonhava em matá-lo. Quando vinha a Porto Alegre, andava armado para a eventualidade de ocorrer o impossível encontro. O casaco encobrindo o Smith 38 niquelado na cintura, de desnucar o cano, como os revólveres do faroeste. Só chorei a morte do meu irmão pela primeira vez três meses depois, quando bebi a primeira cerveja no apartamento de um quarto na Rua Santana. Caí em prantos quando ele iria completar 30 anos, numa véspera de Natal, 23 de dezembro de 1986, na minha casa da Lucas de Lima; minha mulher é testemunha, lamentei o que o Dadinho deixou de viver.

Saí da polícia sem saber como avisaria os meus pais. De longe, por telefone, seria fácil, mas uma crueldade de imprevisível consequência. Não estaria ao lado para ampará-los. Disse aos meus colegas que eles podiam publicar a notícia sem nenhum receio de me causar constrangimento. Forneci todas as informações. Era o nosso trabalho. Jamais vou pedir para uma matéria não ser publicada. Sou jornalista por convicção. Apenas pedi que as emissoras de rádio dessem uma segurada. Não podia prever quando os meus pais iriam saber. Todos concordaram. A Rádio Gaúcha furou o trato. A identificação do morto saiu no noticiário das 20h. Caiu como uma bomba em Alegrete. Mas o meu padrinho Ênio Souza já havia contado aos compadres o fim trágico do Dadinho. Somente ele podia dar a informação dramática. Ênio e Ada, sua esposa, eram nossos melhores amigos. Nunca cobrei do colega radialista ter furado o acordo. Continuamos conversando. Eu relevei como costumo fazer na vida, mas jamais esqueci sua insensibilidade.

Ao tomar conhecimento do fato e das circunstâncias em que eu fiz o reconhecimento do meu irmão morto, trabalhando, o doutor Breno mandou colocar à minha disposição uma caminhonete com motorista para me levar a Alegrete com o corpo para o sepultamento. Providenciei todos os papéis e a liberação do cadáver. Meu cunhado, Fernando Oliveira, casado com a Yara, me acompanhou o tempo todo.

Quatro anos mais tarde o Fernando morreu num desastre de avião, aos 46 anos. Era superintendente-adjunto da Sudesul (Superintendência de Desenvolvimento da Região Sul) e fazia viagem a serviço num bimotor conduzido por um piloto que não conhecia as serras de Santa Catarina. Bateu numa. Minha irmã estava na lista dos mortos. Na última hora ela não embarcou. Ficou no aeroporto para que outra senhora viajasse em seu lugar. Não houve sobreviventes no desastre.

Carlos, irmão do Fernando, foi de madrugada ao meu apartamento no Menino Deus. Quando vi o diretor-presidente da Granja União no olho mágico, percebi que só podia ter ocorrido outra tragédia. "O Fernando morreu num desastre aéreo, o nome da tua irmã está na lista dos mortos, mas ela não viajou", disse Carlos, sua alma britânica refreando a emoção pela morte do irmão. Meus pais estavam em Florianópolis visitando minha outra irmã, Maria Luiza. Avisei o marido dela, capitão de fragata Luiz Carlos Coutinho Boff, pelo rádio da Marinha. Eu não tinha telefone em casa.

Na década de 1990, Carlos Oliveira e sua esposa foram assassinados por um filho. A tradicional vinícola gaúcha, a primeira a produzir vinhos varietais, com propaganda de página inteira na Veja, entrou em decadência, foi vendida. Restou apenas o nome, foi-se a qualidade dos tintos Cabernet e Merlot e do branco Riesling. Tenho o paladar de cada um na memória. Um pequinês me acompanhou por 15 anos com o nome Merlot, o meu vinho favorito da Granja União. Dediquei ao fiel cãozinho minha novela *A Santa sem Véu*.

A viagem a Alegrete foi um suplício. Pelo retrovisor da esquerda, na caminhonete do jornal, eu via o carro fúnebre conduzindo o meu irmão. Pela última vez viajamos juntos na travessia do Rio Grande, num pequeno comboio de dois veículos, a Van da funerária e a Kombi da Caldas Júnior. Chegamos no início da manhã. Na entrada da cidade, um cortejo de carros aguardava no acostamento. Meu pai e meu padrinho Ênio na frente de todos, inconsoláveis, os cabelos brancos esvoaçantes ao vento, os olhos vermelhos de tanto chorarem. A mãe em casa destruída, atendida pelas amigas. A vó deitada no quarto, na penumbra, a lâmpada de cabeceira ligada, a Bíblia aberta ao lado da cama, o terço entre os dedos. Rezava para a Virgem Maria receber o neto junto com os antepassados da família, espalhados pela casa em fotografias nas paredes e em porta-retratos. As almas ao redor dela por certo. O sepultamento ocorreu no mausoléu de Eduardo Vargas, na entrada do Cemitério Municipal, à direita. A cidade chocada, a juventude perplexa. Ele era um garoto magro, cabelos castanhos, crespos, muito simpático e comunicativo.

O motorista retornou sozinho na Kombi da Caldas Júnior. Fiquei mais uns dias em Alegrete dando apoio aos meus pais. Quando me apresentei para trabalhar, fui informado de que o doutor Breno já havia referendado minha transferência para qualquer editoria, pelo menos por um tempo, se eu tivesse dificuldade em voltar a fazer polícia. Agradeci a solidariedade de todos, "mas vou continuar no crime", decidi. A tragédia me transformou num repórter ainda mais forte e destemido. O limite do jornalismo é a coragem de cada um.

19. Rompeu o casco

Não foi um *iceberg*, mas uma antena de televisão que rompeu o casco do Titanic chamado Caldas Júnior. Em 1972, a Companhia protocolou no Ministério das Comunicações um pedido de concessão de canal, com preferência pelo número 2. Havia em Porto Alegre a pioneira TV Piratini, dos Diários Associados, canal 5; a Difusora, da Igreja Católica, a segunda, canal 10; e a TV Gaúcha, a terceira, canal 12, de Maurício Sirotsky. A proximidade com Médici permitiu a Breno furar a fila e ganhar o desejado canal 2, mas precisava colocar no ar em dois anos, regra da lei de concessões. Chegou a hora de o Correio do Povo voltar-se para a televisão.

Ao contrário do que as pessoas possam imaginar, o doutor Breno via muito além. Na verdade, ele não queria uma TV aberta, de altos custos, mas um canal a cabo para assinantes. Quando ele falava nisso, a maioria nem sabia do que se tratava. Desde o ano anterior, 1971, a TV a cabo era uma afirmação nos Estados Unidos, quando chegou a 6 milhões de assinaturas. Previu: "mais dia, menos dia, vai chegar ao Brasil". Seu otimismo estava errado. O País somente aderiu ao sistema quase 20 anos mais tarde, Caldas já tinha morrido.

Breno Caldas temia entrar na aventura da televisão. Passaram-se os dois anos e expirou em 1974 o prazo para colocar no ar o reservado canal número 2. "Tinha adiado a inauguração, vinha embromando", em suas próprias palavras. O amigo presidente Médici, em fim de mandato, o encorajava. "Vai em frente, Breno, a TV Guaíba vai dar certo." Ele enviou o filho Tonho Caldas a Brasília, em fevereiro de 1974, para tentar manter a concessão que fora cassada por vencer o prazo para o início da operação. Geisel, que se preparava para assumir a presidência em 15 de março, providenciou pessoalmente de outorgar ao Correio do Povo um novo canal de televisão com o mesmo número 2. "Foi só um contorno burocrático", explicou Caldas em suas memórias. Mais dois anos começaram a contar.

Ao saber das movimentações de Breno em Brasília, Roberto Marinho telefonou ao amigo em Porto Alegre. "Não te metas em televisão sem antes conversar comigo", disse. "Eu te procuro quando for ao Rio", desconversou Caldas. O jornalismo, os cavalos e o uísque nas noites de Copacabana uniam os dois há muitos anos. Marinho não tinha cavalos de corrida, mas criava belos animais para praticar hipismo. Herdeiro do vespertino O Globo, fundado pelo seu pai Irineu Marinho em 1925, ele fazia parte da pequena confraria de proprietários de grandes jornais brasileiros. Mantinham contatos por telefone, em ligações complicadas entre o Rio e Porto Alegre e eventualmente dividiam a mesa em boates cariocas.

Em 1944, no final da Segunda Guerra, Roberto lançou a Rádio Globo. Com 40 anos, ele era o solteirão mais cobiçado do Rio, morando sozinho na mansão do Cosme Velho, 1105, com criadagem e garçons para servi-lo. Em 1946, durante prova no Clube Hípico Fluminense, no Rio, o cavalo Jujuba, montado por Stella Goulart, não transpôs um obstáculo, quebrou a perna, e o animal teve de ser sacrificado com um tiro diante do horror da moça. Roberto, presente no hipódromo, ficou sensibilizado com o desespero de Stella. Em poucos meses estavam casados; ele com 42 anos, ela com 23. Foi mãe de seus três filhos. O casamento durou 24 anos, até 1970, na véspera de completar Bodas de Prata. Em 1995, Stella foi assaltada na frente do hotel onde estava hospedada em Nice, na França. Emoções fortes tinham a capacidade de desestabilizá-la. Na primeira vez, casou, nesta ocasião teve um AVC e morreu aos 72 anos.

A experiência de Marinho com televisão vinha desde 1957, quando recebeu a concessão da TV Rio no governo de Juscelino Kubitscheck, de centro-esquerda. Em 1965, já no regime militar, governo Castello Branco, ele guinou para a direita e fundou a TV Globo, que se tornou o arauto do regime militar, canalizando a maioria das verbas públicas para publicidade, além da negligência no pagamento de tributos, favorecimento em financiamentos e empréstimos subsidiados ou perdoados. Breno acabou não procurando Roberto no Rio, nunca marcaram o possível encontro, porque ele continuava adiando o projeto da televisão. O malogro do sólido grupo Jornal do Commercio, de Recife, fundado em 1919, ao investir em televisão, era uma sombra em seus planos.

Em 1.º de outubro de 1975, o Correio do Povo completou 80 anos. A Caldas Júnior, sólida, se mantinha com os três jornais – o Correio e as duas Folhas, uma matutina, outra vespertina – e a Rádio Guaíba, líder absoluta de audiência nas jornadas esportivas e no jornalismo, atingindo o público em geral, e uma programação completada por música de classe especial, entrevistas e agendas culturais para as classes A e B. Promoções bem populares, na periferia, não tinham vez. Profissionais liberais realizavam suas atividades em casa, escritórios, comércio, estúdios e oficinas com o "Trabalhando com Música" da Guaíba, pela manhã e à tarde. Toda a propaganda era lida por locutores com voz padronizada, sem nenhum *jingle*, para não ferir os ouvidos e não interferir nas atividades. A emissora com maior potência, som mais límpido e a melhor acústica. Breno queria uma televisão que também fizesse a diferença. Naquele ano, estava fechando a compra de um terreno na encosta do Morro Santa Tereza, ao lado da TV Piratini, para instalar a antena e os estúdios. Aos poucos, sem precipitação.

Em seu apogeu a Caldas Júnior sofria de gigantismo. Somente caminhões e viaturas para a distribuição dos jornais eram 158, conduzidos por 300 motoristas. Em palestra no auditório da Famecos, no início da década de 1980, o empresário Jayme Sirotsky, então vice-presidente da RBS, propôs que a Caldas Júnior e Zero Hora deveriam incentivar a criação de uma empresa neutra para a distribuição conjunta dos jornais e assim reduzir logística e custos. "Dois caminhões, um nosso, outro do doutor Breno, partem diariamente para Uruguaiana, outros dois para São Borja, e assim sucessivamente para Rio Grande, Bagé, e retornam no mesmo dia", comparou.

Jayme fez questão de frisar, aos alunos de Jornalismo, que para a RBS o jornal era mais importante que a TV. "Zero Hora é nossa, a televisão, uma concessão pública", sublinhou. Poderia ter acrescentado: "dependente da Rede Globo". Maurício, o irmão dele, foi um comunicador nato, empreendedor e arrojado, mas Jayme é o mais parecido com os antigos barões da imprensa em sua elegância, compreensão da missão do jornalismo e tolerância, chegou a ser presidente da Associação Nacional de Jornais (ANJ).

O Departamento de Transportes da Caldas Júnior ficava no bairro Menino Deus, onde hoje está o supermercado Zaffari da Avenida Getúlio Vargas. A administração da logística funcionava no antigo prédio histórico de 1901, atesta a inscrição no alto da fachada, preservado na frente do mercado. O Zaffari, construído um século depois, fica um pouco recuado no terreno, justamente no lugar das oficinas dos veículos da antiga empresa de comunicação, onde diariamente era feita manutenção nos caminhões, com desmonte das rodas e verificação dos freios, entre outros itens mecânicos. Havia muito cuidado com a segurança dos motoristas.

Cinco mansões antigas do bairro, datadas do fim do século 19 e início do século 20, permanecem na Avenida Getúlio Vargas, em bom estado, as fachadas numa mistura de arquitetura clássica francesa de linhas retas com traços portugueses arredondados. Há semelhança entre elas: o térreo com janelas pequenas, abafado, destinado à área de serviços e criadagem no passado e o segundo andar com escadarias de mármore no lado de fora, o espaço residencial com paredes altas e janelas amplas, num ambiente aristocrata. Cada vivenda no meio de grandes terrenos, pequenos sítios no passado, na outra margem do Arroio Dilúvio, que hoje corre no meio da Avenida Ipiranga. No fundo dos terrenos, havia as cavalariças e galpões para abrigar os animais e as caleches, usadas no transporte e passeios das famílias.

A urbanização do Menino Deus chegou com a linha do bonde elétrico, instalada a partir de 1908, que saía do Mercado Público, passando pela Borges de Medeiros, Washington Luiz, João Alfredo, Getúlio Vargas, José de Alencar e subindo a Silveiro. O bairro foi servido até por troleibus na década de 1960, quando comecei a morar lá. É lá que vou ao supermercado, *shopping*, confeitaria, restaurante, bar. Quando cruzo a Getúlio, as mesmas palmeiras, somente mais altas, eu ainda me lembro dos trilhos do bonde.

Por capricho do destino, os jornalistas que gravitam no bairro continuam se encontrando no Zaffari do Menino Deus, exatamente onde estavam as oficinas dos caminhões que distribuíam Correio do Povo, Folha da Tarde e Folha da Manhã. Ali eu conversei pela última vez com Pilla Vares, dos poucos jornalistas verdadeiramente intelectuais, lia muito e diversificado, o professor e cineasta Anibal Damasceno, frasista incomparável, mal-humorado, irônico e cômico sutil. "Depois que vi o Papa passar na frente da Casa Catraca, na Azenha, nada mais me surpreende", referia-se à antiga e mais conhecida revenda de bicicletas de Porto Alegre. João Paulo II no papamóvel cruzou pela Rua da Azenha a caminho da missa na Rótula do Papa, união das avenidas Érico Veríssimo e José de Alencar, espaço amplo, o encontro do Realismo e do Romantismo na literatura brasileira.

Na análise dos balancetes de 1975, octogésimo aniversário do Correio, pode-se atestar a solidez da empresa: era possível pagar a coluna de dívidas com um cheque das contas onde figuravam os depósitos bancários. Breno era disputado pelos bancos, chegou a ter 38 contas com aplicações e créditos a receber.

O Banco Sul-Brasileiro, criado em 1972 pela fusão dos bancos regionais do Comércio e da Província, era presidido por um militar, muito comum na época, espécie de testa de ferro, coronel Hélio Prates da Silveira, natural da cidade gaúcha de São Gabriel, governador nomeado do Distrito Federal de 1969 a 1974, no governo Médici. O Correio do Povo não teve dúvida de sua responsabilidade com o jornalismo e publicou a primeira denúncia de irregularidade na administração do novo banco. Acostumado à caserna, o coronel Prates enviou um recado a Caldas, informando que estavam sendo rompidas as relações com o jornal. Como resposta, Breno fez um cheque retirando todo o dinheiro que tinha depositado no Sul--Brasileiro. Foi uma correria em outros bancos para conseguir o dinheiro. Caldas deixou claro que a independência editorial do jornal não estava subordinada ao poder econômico. Cada gesto intempestivo dele na direção do Correio teve um peso na hora em que conseguiram esmagá-lo.

Três anos após aquele recado "não te metas em televisão sem antes conversar comigo", em telefonema de 1974, Roberto Marinho voltou a entrar em contato com Breno, em 1977. Sua eficiente secretária encontrou o empresário gaúcho numa suíte do Copacabana Palace, no Rio. Caldas acabara de chegar dos Estados Unidos. "Ele deve ter ido comprar os equipamentos para a televisão", pensou Marinho. O dono da Rede Globo não tinha motivo de preocupação. Caldas esteve nos Estados Unidos para conhecer as opções eletrônicas para composição e impressão de jornais a frio, em substituição ao sistema tipográfico. Empresa gráfica americana havia lhe oferecido a viagem gratuitamente por vê-lo como possível comprador da nova tecnologia.

A mala aberta na banqueta aos pés da cama. Breno acabara de tomar chuveirada, cansado da longa viagem aérea. Saiu do banheiro enrolado no roupão branco oferecido pelo hotel, com o nome bordado em azul. Aproximou-se da vidraça, descalço. Ainda não tirara os chinelos de couro da mala. Lá embaixo o trânsito, a calçada em ondas de Copacabana, com pedras portuguesas em preto e branco, guarda-sóis coloridos, os pontos das pessoas na areia e na arrebentação, a baía, os morros, o mar e o horizonte, a mutação de tons de azul, a curva do planeta redondo. Tocou o telefone interno na mesinha de cabeceira. Levantou o fone. Uma voz feminina perguntou: "É o doutor Breno?" Respondeu que sim. "O doutor Roberto Marinho quer falar com o senhor, posso transferir a ligação?" Caldas se surpreendeu. "Naturalmente", disse. "Olá, Breno, como vais?" Protocolar. "Tudo bem, Roberto." Não iam ficar conversando abobrinhas. "Soube que estiveste nos Estados Unidos, Breno; preciso falar contigo", foi direto. "Pode ser, Roberto", respondeu reticente. "Vem jantar hoje na minha casa no Cosme Velho; serás o único convidado; poderemos conversar a sós", propôs. Anotou o número. "A que horas é o jantar?" Breno perguntou. "Oito da noite está bom para ti?" Não tinha nenhum compromisso agendado. "Perfeito."

A mansão do Cosme Velho, 1105, na Floresta da Barra da Tijuca, construída em 1939, em estilo neocolonial brasileiro, foi adquirida por

Roberto Marinho em 1943. Pouco antes das 20h, Caldas contornou de táxi a entrada de paralelepípedo em curva ao redor de um chafariz. Vestira terno e gravata porque sabia da etiqueta seguida pelo dono da Globo. Ele veio receber o convidado na porta, de terno escuro e gravata azul com listras vermelhas. O cabelo preto penteado para trás, efeito gel, destacando as entradas na testa. O bigode aparado. Desde a separação de Stella, até o casamento com Ruth, dois anos mais tarde, em 1979, o empresário da comunicação mais importante do País voltou a morar sozinho, com um séquito de empregados. Abraçaram-se e dirigiram-se à biblioteca com troféus e livros encadernados nas estantes. Sentaram-se em estofados de couro claro. Garçom de *summer* serviu uísque escocês 18 anos.

Breno começou contando que encomendara novos equipamentos nos Estados Unidos para a modernização da produção e impressão de seus três jornais. "Comprei em leilão a rotativa do Correio da Manhã, mais moderna, precisamos fazer adaptações para funcionar acoplada à nossa." Marinho parecia aéreo com o rumo da conversa. O Correio da Manhã, fundado em 1901, no Rio de Janeiro, por Edmundo Bittencourt, sempre comandado pela mesma família, deixou de circular em 8 de julho de 1974, sob a presidência da viúva de Paulo Bittencourt, Niomar Moniz Sodré Bittencourt. O tradicional matutino, com histórico de oposição a todos os presidentes, não resistiu ao boicote publicitário patrocinado pelo regime militar, e todo o seu patrimônio e maquinário foram a leilão. "É... eu soube que tu ficaste com a rotativa da dona Niomar. Também já comprei nos Estados Unidos alguma coisa para atualizar O Globo". Marinho não estava interessado no assunto. Sua preocupação era outra.

"Não começas a comprar maquinários para televisão, meu amigo, sem falar comigo", voltou a tocar no assunto. "Ainda estou avaliando", respondeu. "A abastada família Pessoa de Queiroz foi à bancarrota ao se aventurar em TV", lembrou Breno; o caso de Pernambuco o inquietava. "Não te preocupes, tu vais fazer diferente deles, posso te orientar. Eles cometeram loucuras, mentalidade de usineiro, mania de grandeza, gastos exorbitantes, soleiras de mármore", exemplificou. Bebeu um gole de uísque e fez a proposta: "Você me dá 600 mil dólares e eu te monto uma televisão em Porto Alegre, rescindo o contrato que tenho lá com a TV Gaúcha e passo à futura TV Guaíba o sinal do Globo"; ele não chamava Rede Globo; era o jornal dele que possuía a televisão, não o inverso. A oferta parecia irrecusável, mas não seduziu Caldas. "Ele queria uma televisão no Sul para ele e eu uma emissora que fosse minha"; avaliou que perderia o controle numa parceria com a Globo, contou em suas memórias; a Guaíba se tornaria mera repetidora, com poucos programas locais na grade da emissora.

Após os drinques, Roberto e Breno jantaram numa sala íntima anexa à biblioteca. Duas garçonetes de avental azul serviram frutos do mar com aspargos, creme de leite e ervas aromáticas. Acompanhavam cubinhos de torradas com manteiga, kiwi com creme de manga e outras especiarias. Nos cálices, água mineral e vinho branco alemão. "Orientei ao *maître* que não servisse carne de gado ao fazendeiro dos melhores rebanhos do Sul", brincou. "Como além de campeiro, és um velejador, deves apreciar frutos do mar", Marinho se esforçava para ser simpático. Breno sorriu.

Durante o jantar, tocou o telefone e a assistente trouxe a extensão à mesa para o doutor Roberto atender. "De repente, ele passou a falar em inglês", Caldas relatou em suas memórias. Entendeu perfeitamente o que o dono da Globo dizia; o interlocutor, no entanto, falava baixo, num inglês fechado, inaudível longe do fone. Breno nunca revelou o teor do diálogo parcial que ouviu, nem em sua derradeira entrevista ao Pinheiro. Jamais iria violar uma conversa íntima.

Havia uma disputa judicial entre Roberto Marinho e o grupo americano Time-Life, acionista da Rede Globo, pelo controle da televisão. O capital da TV Globo acabou nacionalizado durante o regime militar, numa vitória pessoal de Marinho após um rumoroso rompimento com a empresa norte-americana. O livro *A História Secreta da Rede Globo* (1987), de Daniel Herz (1954-2006), aborda a polêmica de um ponto de vista, definido pelo próprio título.

O palacete do Cosme Velho era muito mais suntuoso que o casarão do Arado. A televisão proporcionava a Roberto Marinho vida nababesca aos 63 anos. Ele fez questão de mostrar a Breno pinturas autênticas de artistas consagrados do Brasil e do exterior que comprara recentemente, valendo fortunas. A enorme sala de jantar com luzes indiretas era pelo menos três vezes maior do que a do Arado, mesa longa com aproximadamente 40 cadeiras, um recuo com piano de cauda e espaço para uma orquestra tocar durante o jantar. A mansão rural do Haras não podia ser comparada. Breno era um oligarca do extremo sul, fazendeiro, proprietário do maior jornal da região, o outro um *bon vivant* e cosmopolita carioca, empresário visionário, dono da ascendente maior rede de TV do Brasil, o poder midiático na ditadura.

O motorista particular do anfitrião levou o convidado de volta ao Copacabana Palace. "Não tenho nenhuma intenção de repassar 600 mil dólares a ele", comentou com seus botões, quando se despia na suíte do hotel. "Além disso, não quero um canal associado; quero uma televisão para eu manobrar". Tomou uma chuveirada, vestiu o pijama, regulou o ar-condicionado e se deitou. Ainda assistiu a um pouco de televisão antes de adormecer.

Vazou em Porto Alegre o jantar de Caldas e Marinho no Rio. Maurício Sirotsky chamou Lauro Schirmer em seu gabinete no terceiro andar da Zero Hora e perguntou: "Quem é o nome mais importante da Caldas Júnior?" O diretor do jornal respondeu com dois nomes: Cid Pinheiro Cabral e Sérgio Jockymann. "O maior!" Não precisou pensar, saiu na ponta da língua: "Cid".

O garçom trouxe cafezinho para os dois, ele esperou que o funcionário uniformizado servisse e se retirasse. "Perfeito. Vamos contratá-lo, até porque o Jockymann a gente conhece, trabalhou aqui, é inteligente, mas uma figura difícil, e o velho Cabral terá muito mais impacto, está lá desde os primeiros anos da Folha da Tarde. A Folha sem ele na página central nunca mais será a mesma." Lauro ficou parado, olhando para o amigo. "Não move nenhuma peça sem pensar no jogo todo. O que está acontecendo?"

Maurício terminou o cafezinho e empurrou a xícara de porcelana com fios azuis. "O Breno está negociando com a Globo a montagem da televisão para nos deixar fora; vamos mandar um recado, mostrar a ele que o adversário é mais forte do que a soberba dele imagina." Maurício costumava dizer uma frase recorrente: "A nossa sorte é a soberba da Caldas Júnior".

Cid Pinheiro Cabral, cronista da Folha da Tarde desde 1943, redator da coluna de esportes *Fora das Quatro Linhas*, na página central, entrou no gabinete do doutor Breno para comunicar-lhe que estava indo para Zero Hora por um salário muito maior. Caldas nem perguntou quanto era para eventualmente cobrir. Seus olhos azulados ficaram cinzentos de raiva. Sentiu-se traído. "Posso escrever mais um mês, até tu encontrares um substituto; eram amigos de longa data e tratavam-se na segunda pessoa. "Não precisa, já estás fora do jornal", não permitiu nem que ele escrevesse uma coluna de despedida aos seus leitores. Um aperto rápido de mão, em silêncio, selou o fim de uma relação de 34 anos, terminada naquele ano de 77. Restou apenas uma grande mágoa recíproca.

Quando Cid saiu da sala, Breno olhou para o teto. O tempo suficiente para pensar. Procurou um número na lista impressa dos telefones internos, colocada atrás do vidro de sua mesa. Discou o desejado. "É a Laila?"

Perguntou. Ela respondeu que sim. "Aqui é o Breno, preciso falar com o Ibsen." A editora de Variedades e Cultura da Folha da Tarde informou que o marido se encontrava na Câmara de Vereadores, e ela iria entrar em contato com ele. "Por favor, pede para ele me procurar no gabinete." A curiosidade feminina impulsionou a pergunta: "Qual é o assunto, doutor Breno?" Ele não estava em seus melhores dias naquela tarde. "Assunto do interesse meu e dele", desligou. Laila apertou os lábios e balançou a cabeça intrigada.

A Câmara de Vereadores ainda funcionava no antigo prédio, no centro histórico, atrás da Prefeitura. Após o grande expediente, o vereador do MDB se dirigiu a pé até a Caldas Júnior, pouco mais de duas quadras de distância. Caldas o estava aguardando. "Estou com um problema. Soube que o Cid saiu?" Ibsen fez sim com a cabeça, o cabelo preto volumoso, a vaidade natural dos homens bonitos. "Ouvi na Rádio Gaúcha, pouco tempo atrás", confirmou. "Quero que assumas no lugar dele, aceitas?" Ibsen não perguntou nada. "Não falamos em salário", contou-me. "Quando começo?" Foi sua resposta. "Hoje." Breno invariavelmente rápido em suas decisões. "Avisa o Edmundo Soares que tu vais assumir no lugar do Cid", ele havia decidido o substituto sem nem consultar o secretário de redação da Folha da Tarde. Como sempre resolveu monocraticamente. "O senhor estava com um problema e está resolvido", disse o novo cronista de esportes da Folha ao se despedir. "Obrigado, Ibsen."

Na redação, ele apresentou-se ao Edmundo como novo funcionário, perguntou de quantas linhas era a coluna do Cid e sentou-se diante de uma máquina para escrevê-la. Na saída, ao passar pelo Departamento de Pessoal, ficou surpreso com o salário: era o mesmo que o Cid ganhava; o maior da redação. Ibsen foi atendido no balcão do setor de Recursos Humanos pelo jovem Jomar Martins, magro, elétrico, esperto, de privilegiada memória, que sabia o nome e o sobrenome dos 2.000 funcionários da empresa. O rapaz fez Jornalismo e conseguiu transferência para a revisão. Mais tarde foi editor da revista A Granja, de agronegócios, com redação no mais lindo palacete preservado da Avenida Getúlio Vargas, no Menino Deus.

Eleito deputado estadual em 1978, Ibsen Pinheiro passou a redigir a crônica na Assembleia Legislativa e parava em fila dupla seu Galaxie particular, para entregá-la na portaria do jornal. Transferido para a Câmara dos Deputados na eleição seguinte, 1982, continuou escrevendo a coluna em Brasília. Passava o texto por telefone. Foi o principal cronista de esportes da Folha da Tarde até o jornal fechar, em 1984. O antigo comunista do noticiário geral da Folha Esportiva nos anos 60 se manteve fiel a Caldas até o fim. O companheiro de cafezinhos no bar do Edifício Ouvidor.

Breno não via como sua missão na Companhia Jornalística Caldas Júnior apenas manter vivo o embrião germinado por seu pai no século 19, quando em 1.º de outubro de 1895 criou o Correio do Povo. Seus planos na década de 70 eram ambiciosos. Queria preparar a empresa para o centenário e garantir sua expansão no século 21. Sedimentada e prosperando além de sua vida. Dois terrenos gigantes em partes altas da cidade estavam comprados naquele ano de 1977. No Morro Santa Tereza, adquiriu a área ideal para a TV Guaíba, junto às outras emissoras de televisão, menos a Difusora (depois Bandeirantes), localizada no Morro Santo Antônio. No alto do Jardim Botânico, junto à Avenida Cristiano Fischer, Breno Caldas comprou 4,5 hectares, 300 metros de frente e 150 de fundos, para onde seriam transferidos os jornais e o parque gráfico. Sonhou com os novos prédios, modernos, envidraçados. Acordou do breve cochilo depois do almoço, no pequeno apartamento do Edifício Ouvidor. Estava feliz com os negócios que fechara. Preparava uma empresa do século 19 para a virada do milênio.

Ele não tinha uma ideia superficial de televisão. Sabia que era mais do que uma estação de rádio com imagem, não seria como criar a Rádio Guaíba 20 anos antes, em 1957. O sucesso da emissora foi garantido pelo sinal mais forte, o som límpido, os melhores equipamentos da época, um acervo musical resgatado em outras emissoras, coleções particulares e de gravadoras, a mescla de profissionais experientes e novatos. Mas Breno Caldas não imaginava a quanto chegaria o custo para montar um canal de TV.

O prédio começou a ser construído ainda naquele ano de 1977, quando descartou uma possível parceria com a Rede Globo proposta por Roberto Marinho no jantar do Cosme Velho. A obra se equilibrava na encosta do Morro Santa Tereza, na frente do Belvedere Ruy Ramos, a vista mais linda de Porto Alegre, que assaltantes tornaram proibitiva à população. No ano seguinte, 1978, ele começou a comprar os equipamentos.

Em paralelo, Caldas fazia outro investimento pesado: a informatização da impressão dos jornais, para atender aos novos tempos, seguindo parâmetros americanos, conhecidos na viagem no ano anterior aos Estados Unidos. As primeiras aquisições chegaram em 1978. As redações continuaram usando máquinas de escrever, mas a composição dos textos em linotipos começou a ser substituída aos poucos pela digitação. Foi montada uma central informatizada com 56 terminais, operados por técnicos e dois computadores. O processo da Caldas, em operação gradativa, era mais avançado que a obsoleta leitura óptica da Zero. A revisão seguiu existindo para garantir a qualidade dos jornais. Os fotógrafos continuaram trabalhando com máquinas analógicas, com utilização do Laboratório Fotográfico, mas a transmissão de imagens passou ser a *laser*, inclusive das agências de notícias internacionais. Os custos em tecnologia eram altíssimos, a instalação elétrica do antigo prédio da Caldas Júnior teve de ser mudada, além da compra de transformadores. Havia a exigência de ar-condicionado permanente entre 16 e 18 graus para colocar em funcionamento e não detonar os novos equipamentos.

A partir de 1979, a edição nacional e páginas locais da Gazeta Mercantil eram transmitidas de São Paulo por *laser* para rodar na Caldas Júnior e a sua distribuição no Rio Grande do Sul, simultaneamente com a capital paulista (a sede do jornal) e outras impressões regionais no Rio de Janeiro, Brasília e Salvador. Foi um dos melhores jornais do Brasil em qualidade de texto e responsabilidade pela informação. Destaques para o repórter Getúlio Bittencourt e o correspondente internacional Paulo Totti. A diagramação conservadora reforçava a tradição do matutino fundado em 1920, especializado em economia. O Caderno Fim de Semana, róseo, imitando o suplemento do Financial Times, era primoroso, onde se liam críticas de José Onofre, Luiz Carlos Maciel, Luís Antônio Giron, Ivan Lessa, entre tantos. Um caderno de análise cultural e não apenas divulgação de eventos de entretenimento, como a maioria.

O matutino da família Levy, que rodava de segunda a sexta-feira, eu comprava religiosamente a edição do fim de semana, deixou de circular em 29 de maio de 2009. Com uma linha conservadora e cultural, o segundo governo Lula nada fez para ajudar a Gazeta Mercantil, como se omitiu na falência da Varig em 2006, no primeiro mandato, desempregando 11 mil funcionários e os melhores pilotos. Deixou de brilhar nos aeroportos internacionais uma marca mundial do Brasil no transporte aéreo, respeitada por sua qualidade e eficiência. O biguá, ave marítima característica do mar do Rio Grande do Sul, o primeiro símbolo da Varig, foi abatida em pleno voo.

Em mais de 50 anos de carreira, eu passei por todas as fases da arte de Gutenberg. Tenho pesadelos editando jornais, em diversas épocas, a ameaça do horário para não atrasar a circulação. Minhas primeiras crônicas, na

Gazeta de Alegrete, a partir de 1967, foram compostas em tipos móveis no porão do edifício Consórcio. O subterrâneo da gráfica virou boate da terceira idade.

Zero Hora em *offset* na Avenida Ipiranga, quando trabalhei em 1969 e 1970, ainda usava linotipos para a composição dos textos, instalados no porão, para só mais tarde aderir à leitura óptica. Eu já estava na Caldas Júnior quando a Zero colocou tomadas nas mesas, para ligar máquinas elétricas, mas nunca instalaram na redação as modernas Facit. Não confiaram no capricho dos jornalistas na produção das matérias, sem emendas, para permitir leitura óptica. O matutino montou uma central de datilógrafos profissionais, a maioria do sexo feminino, com formação de secretárias, que passavam a limpo em máquinas elétricas os textos dos repórteres e redatores produzidos em máquinas mecânicas, rasurados e emendados à caneta, como todos os velhos originais dos jornalistas. Asteriscos permitiam pequenas emendas na leitura óptica, indicados pelos revisores.

Na Caldas, durante quase 15 anos, convivi com o ruído estridente das máquinas de datilografia e a fumaça de cigarro na redação. Na oficina, a batida metálica dos linotipistas no teclado daquelas enormes parafernálias de ferro, com quase dois metros de altura, o ar tóxico do chumbo derretido e das limalhas. No último ano, presenciei a modernização do processo industrial após a greve. As páginas montadas em papel fotográfico, com cola de bastão e estilete, os clichês de metal substituídos por fotolitos e depois fotos em PMT. O trabalho exigia uma habilidade delicada e não mais força rústica como na paginação em ramas de ferro, ao lado do esmeril para alinhar os lingotes. A cortante limalha de chumbo no ar da oficina, capaz de envenenar o sangue. O ruído estridente. Os cilindros de chumbo da impressão trocados por leves lâminas de zinco ou alumínio para impressão em *offset* com água e tinta.

Finalmente passei a digitar os textos em terminais no ano seguinte, 1985, no jornal Estado. Ainda naquele ano voltei para ZH, retornei à máquina de escrever e somente em 1988 o jornal substituiu a leitura óptica por computadores. Em breve curso de computação, com adaptação rápida, já tinha experiência, e na reavaliação de toda a redação, aumentaram o meu salário de subeditor para o de editor. Poucos resistentes à tecnologia foram congelados ou demitidos. Na academia, a informatização das aulas de redação e diagramação ocorreu no mesmo ano, com a inauguração do CICOM (Centro de Informática e Comunicação), pelo diretor Antônio González. Os micros eram precários, pouca memória, economia de fontes, disquetes, depois veio o *zap*, o disco, o *pen drive*. O sistema caía, perdia-se tudo, inclusive na Zero; era preciso recomeçar. O jornalismo gráfico era visto na faculdade como jurássico, mas somente nós concluíamos todo o processo para impressão de jornais e revistas, utilizando a nova tecnologia, sem ajuda de técnicos, como ocorria no rádio e na TV.

Etapas foram suprimidas ou abreviadas, e passou-se a exigir um maior comprometimento do jornalista com todo o processo. Não mais redigia na máquina de escrever e encaminhava o texto para tipógrafos na fase da composição gráfica, para os datilógrafos na leitura óptica ou para os digitadores, na primeira fase da TI gradativa. A redação das matérias passou a ser diretamente no terminal, sem a etapa de revisão, o autor e o editor responsáveis pelo texto final.

No início da informatização, a diagramação ainda foi feita no papel, com a colocação na tela de códigos entre parênteses para formatar os textos digitados em terminais, com a arte finalizada por técnico na central de computação. Enfim, os terminais foram substituídos por microcomputadores, o que permitiu o desenho da página na tela. A Folha de S. Paulo e a Zero tentaram transferir a diagramação para o editor, com a utilização de módulos de páginas, mas não deu certo, e profissionais de *designer* foram mantidos ou readmitidos.

Apesar de me dedicar à redação, ao contrário da maioria, sempre gostei de diagramar. Sublimei minha simpatia pela arquitetura, ensinando e desenhando páginas de revistas e jornais na faculdade. Aprendi a diagramar ainda na folha quadriculada, lápis de grafite e de cera, a máquina de calcular, tabela de tipos e régua em centímetros, cíceros e paicas, a necessidade de saber matemática. Cheguei a diagramar as páginas de polícia na Folha da Tarde em eventuais ocasiões. No micro a paginação ficou muito mais fácil e lúdica. Facilitou a colocação de fotos inclinadas e permitiu a moda das ilustrações redondas, como a Sagrada Família do Michelangelo, na Renascença, ou os retratos antigos redondos, na minha casa em Alegrete. As inovações quase sempre já foram feitas antes. Sempre me lembro do Aníbal Damasceno, professor de cinema, "todos os filmes já foram feitos", dizia.

A arte final concluída pelo diagramador em PDF ia direto para a elaboração do fotolito para rodagem. (Em 1994, na Alemanha, conheci a impressão direta do computador, utilizada principalmente em revistas coloridas e livros.) Sem a figura do montador, tanto na rama de ferro como na fotocomposição, a redação e a impressão passaram a ter sincronismo direto. Reduziram os custos e o tempo, aumentou o trabalho e a especialização. Não tem como represar o tempo. Alguns ficaram pela estrada, procuraram alternativas profissionais, foram reciclados. Lembro-me da Eleusa, uma montadora da Zero, que encontrou sua verdadeira vocação: é enfermeira na Santa Casa de Porto Alegre, feliz, atenciosa, risonha, realizada. Tempo passado nos subterrâneos do jornal e o destino descoberto na luta pela vida nos corredores largos e leitos do hospital.

Câmaras, ilhas de edição e transmissores de última geração a cores chegavam ao porto em 1978. "Um desembolso desmensurado." Caldas alarmou-se. A expressão foi usada por ele em suas memórias. Toda a nova tecnologia comprada em dólar, com pagamentos parcelados em moeda estrangeira e preços reajustados antes da encomenda ser retirada do cais. Na contratação de pessoal, em 1979, para trabalhar nas diversas áreas da TV, outras surpresas, os profissionais exigiam dez vezes o salário médio dos jornais, atesta o relato de Breno no depoimento-entrevista a Pinheiro Machado.

Armindo Antônio Ranzolin, locutor esportivo e diretor da Rádio Guaíba, que substituiu a lenda Pedro Carneiro Pereira, morto em acidente no Autódromo de Tarumã em 1973, foi encarregado de acumular também a direção da TV. O lançamento do Canal 2, em 10 de março de 1979, um sábado à noite, foi em grande estilo, com clipes de músicas regionais e internacionais latino-americanas. Assisti a tudo encantado, bebendo um vinho Château Lacave Museu, garrafa redonda, sem rótulo, apenas um cartãozinho no gargalo com o nome da vinícola, o meu preferido na época. A Guaíba abriu espaço para esportes e programas locais de debates, que não havia nas redes nacionais. Passou a transmitir turfe do Hipódromo do Cristal e automobilismo no Autódromo de Tarumã, em Viamão, valorizando os heróis da cidade, ignorados pelas grandes redes nacionais, Globo, Manchete, Tupi, Record e Bandeirantes. O nome de Ranzolin como articulador, o mais ouvido nas jornadas esportivas no rádio, facilitou a vitória da TV Guaíba na concorrência para transmitir o campeonato gaúcho de futebol. A Caldas Júnior queria manter sua hegemonia no novo segmento, sem ser associada a nenhuma rede. Assim como a Rede Globo era para Roberto Marinho a televisão do jornal O Globo, a TV Guaíba era o canal do Correio do Povo. Estava dando certo.

O País vivia momento de liberalidade com a decretação da Anistia naquele ano de 79, assinada pelo presidente João Figueiredo em 28 de agosto. A TV Guaíba aproveitou para criar o Espaço Aberto, apresentado pelo editor político do Correio, José Barrionuevo, semelhante ao programa de Ferreira Neto, na Band de São Paulo. Sem romper publicamente com a ditadura, como o Estadão, mas muito antes da Folha e de O Globo, a Caldas Júnior procurava realizar seu papel jornalístico nos limites ampliados no fim da década de 70.

Na volta do exílio de 15 anos, Brizola passou a noite em Foz do Iguaçu, no Paraná, fronteira com o Paraguai, em 6 de setembro de 1979, e no dia seguinte, sexta-feira, feriado nacional, Dia da Independência, desembarcou de avião em São Borja, na fronteira com a Argentina, esperado por milhares de pessoas na terra de Getúlio e Jango. Eu estava em Alegrete, aproveitando o feriado, e assisti ao desfile militar da sacada da minha casa, pela manhã, e à tarde, ouvi pela Guaíba, empolgado, a entrevista e o discurso do ex-governador em São Borja. O doutor Breno referendou a cobertura ampla da Rádio Guaíba, sem nenhum ressentimento ou contrariedade deixada pelas brigas com Brizola no passado.

No ano seguinte, em 1980, ocorreu no Espaço Aberto o célebre debate entre Pedro Simon, do MDB e Leonel Brizola. Diante das câmeras, numa audiência que parou o Rio Grande do Sul, os dois políticos, naturalmente aliados no campo democrático, romperam ao vivo. Segurando o cachimbo, Simon jogava baforadas no Brizola, e este respondia tragando o cigarro na cara do outro, num televisionamento em *close*, espetacular. Mais uma vez a redação da Folha da Tarde parou para assistir ao programa. Parecia que a qualquer momento eles iriam brigar a socos. A tensão tomava conta dos telespectadores. O senador defendia a oposição do MDB durante o regime de exceção e o ex-governador queria refundar o PTB, retomando o fio da história do trabalhismo, rompido pela ditadura. Estrelas de um mesmo polo político, nunca mais eles foram aliados. Quebraram-se os cristais. Eram grandes demais em egos e seguidores para se unirem no mesmo partido, essa é a verdade.

A boa audiência da nova TV Guaíba em 1980, principalmente na programação de política e esportes, não reduzia o rombo que a emissora vinha provocando na antiga estabilidade financeira da Caldas Júnior. Não havia tempo a perder para evitar a derrocada. Nos meses de janeiro e fevereiro, Breno convocou durante as férias os chefes de setores na administração e redações para repensar a reestruturação da empresa a fim de enfrentar os altos custos da televisão. "Vamos investir no Correio do Povo, que é o suporte da companhia, e ao mesmo tempo cortar custos", disse aos colaboradores mais próximos, em reuniões reservadas em seu gabinete, com a voz baixa característica e o timbre apertado na garganta, quase sem movimentar os lábios. "É preciso sigilo para não espalhar o pânico. Não tem como evitar; setores e cargos serão afetados", orientou.

20. O Correio repaginado

A primeira decisão exposta por Breno Caldas aos colaboradores mais diretos: o Correio do Povo será modernizado – no meio do turbilhão. Com exceção do Jornal do Brasil, com sucessivas mudanças estéticas e editoriais desde 1958, os demais periódicos de referência do País (Folha, Estadão e O Globo) continuavam conservadores do ponto de vista gráfico, com a mesma aparência nas últimas décadas. Profissionais que se destacavam na Folha da Tarde, Rádio Guaíba, o jovem Amauri Mello, da sucursal de O Globo em Porto Alegre, ex-Folha da Manhã, e o veterano Nestor Magalhães, secretário particular de Breno e editor de turfe na Folhinha, se juntaram à redação do Correio para repensar o projeto gráfico e editorial, sem alarde, sob a tutela do editor-chefe Adahil, o homem de confiança do doutor Breno há quase 50 anos. Armando Burd, vindo da Zero, hábil articulador, foi incorporado ao grupo para ser chefe de reportagem. O Correio tinha uma cobertura local oficialista, chapa-branca, na base de *releases*, e a ideia era de que os repórteres saíssem mais em busca da informação, como a equipe da Folha da Tarde. Num ambiente de cordialidade, os antigos e novos integrantes do núcleo de poder que pensava o jornal olhavam-se com desconfiança e certa artimanha. Uns querendo manter posição, outros em busca de protagonismo. Disfarçada queda de braço.

Quando março chegou, transformações planejadas em sigilo no verão sacudiram a velha empresa. Foi reforçada a Central do Interior, criada no ano anterior, 1979, por Antônio Britto, talento emergente de organizador, porta-voz da agonia de Tancredo, deputado federal e governador do Rio Grande do Sul. Claiton Selistre foi sucessor de Britto na CI e mais tarde fez carreira como executivo na RBS. Nikão Duarte também coordenou a Central e se consolidou como estrategista de comunicação institucional e de empresas, professor universitário. Vale destacar a formação de novos talentos pela velha Caldas Júnior por abrir oportunidades.

A Central do Interior unificou a cobertura do Estado, com polos regionais. Os profissionais deveriam enviar notícias para os jornais e dar boletins ao vivo para a Rádio Guaíba, inclusive acompanhamento do esporte local, como Isaac Feijó, em Santo Ângelo, na Região das Missões, e Alair Almeida, em Alegrete, na Fronteira Oeste. Meu pai, correspondente do Correio do Povo em Alegrete há 25 anos, acostumado a enviar o noticiário direto para a redação do jornal, foi dispensado. Aposentado da Exatoria, ele continuou instrutor de aviação até os 80 anos de idade.

Nos anos 70, as ocorrências policiais dos plantões da noite, madrugada e manhã, cobertos pela reportagem da Folha da Tarde, eram publicadas, primeiro, no vespertino, favorecido pelo horário de circulação. O Correio do Povo e a Folha da Manhã reciclavam as informações para o dia seguinte, desdobrando e atualizando dados, com dois experientes redatores reescrevendo os textos, Wilson Zin no Correio e Dario Vignoli na Folha da Manhã. As coberturas da tarde, nas delegacias especializadas, fontes das investigações, Polícia Federal, cartórios do Tribunal do Júri e Varas Criminais eram feitas por repórteres dos três jornais. Estabeleceu-se uma parceria com as matérias redigidas com cópias, reduzindo assim a necessidade de mais jornalistas. Quando Luiz Carlos Leiria saiu do Correio, único repórter de polícia do jornal, para seguir carreira jurídica, chegando a desembargador, nem foi substituído; o sistema informalmente unificado funcionava.

A colaboração espontânea entre colegas deu origem à Central de Polícia, em 1979, liderada pela Folha da Manhã, não pela Folha da Tarde como antes, com especial atenção à edição do tabloide matutino. Eu fui o único repórter que ficou fora do esquema, realizando matérias exclusivas para Folha da Tarde. As redações do Correio e da Folha da Tarde se sentiram prejudicadas e passaram a reivindicar uma Central de Polícia independente, a exemplo da Central do Interior, criada na mesma ocasião pelo Britto. Naquele momento, ninguém sabia que a Folha da Manhã estava com os dias contados. A equipe que reestruturava o Correio do Povo sugeriu o nome de Milton Galdino, da Zero, para chefiar o setor. O doutor Adahil encampou a ideia, parecia sacramentada, mas Breno optou pela indicação caseira do secretário Edmundo Soares, da Folha da Tarde. Dez anos como repórter especial de polícia do vespertino, eu recebi a tarefa de montar a nova Central de Polícia.

Planejei a cobertura de crimes e acidentes 24 horas com fotógrafos de plantão (destacados pelo Departamento Fotográfico centralizado) e dez repórteres, alguns da antiga equipe. O grupo foi formado por remanejo de pessoal dentro da empresa, sem novas contratações, orientação recebida. Três eram mulheres – Sandra Purper, delicada, Bete Bonnet, policialesca (mais tarde inspetora, sua verdadeira vocação), e Clea Mayer, incisiva, as Panteras, como elas se chamavam, carinhosamente. Cada uma diferente da outra. Quebra de tabu ao preconceito machista da reportagem policial.

Uma delas negra, a Clea, detalhe significativo para quem divide as pessoas em castas, cor ou classes, não eu. Ela foi selecionada somente por sua competência e honestidade intelectual. Era uma jovem de poucos amigos (bonita e sisuda), muito responsável e de bom texto; tinha sido minha aluna.

Foi disponibilizada uma sala, perto da Central do Interior, para a pequena redação. Escolhi para pauteiro, pela manhã, Adroaldo Bacchieri Lucas, redator da Folha e comissário de polícia, para ser fonte importante de informação. Precisava neutralizar o livre trânsito da Zero nas delegacias, com parcerias com delegados e agentes. A meu pedido, a Rádio Guaíba instalou um rádio para verificação de frequência que permitia ouvir as transmissões da Civil e da Brigada Militar. Conseguimos os códigos e colocamos as listas na parede para que o jornalista de plantão pudesse decifrar a mensagem e o tipo de crime ou ação que estava sendo comunicado. Saíamos atrás. O "14" era lanche e usávamos entre nós como blefe para pequenas escapadas. "Eu estava em 14", explicava o repórter desaparecido ao retornar.

Ocorreram mudanças significativas na primeira quinzena de março, no histórico edifício Hudson, com realocação de salas, transferência de móveis, remanejamento de pessoal, além de raras contratações nas centrais do Interior e de Polícia, e na redação do Correio. O jornal circulou pela primeira vez quase todo diagramado (menos a página de Opinião), com uma aparência mais leve, mais moderno, semelhante, mas não igual; teve boa aceitação por não perder suas principais características de tradição e responsabilidade. Foi abolido o texto-legenda em fotos de agências separadas do texto, muito comum nas duas páginas internacionais (algo sem sentido). Amauri Mello, encarregado de propor um texto mais sintético e Leo Tavejanski, autor do desenho das páginas, foram hábeis e condescendentes na elaboração do projeto.

Leo foi recrutado na Folha da Tarde. Na cabeça de Breno, o vespertino era o formador de mão de obra para o Correio. Meu colega de faculdade, especialista em arte, Leo era um profissional de pequena compleição física e voz fina. Ele casou com uma colega alta e forte, a Marisa, também diagramadora da FT e depois do Correio. O desenho das páginas seguiu tendência mais arejada, aposta em fotos maiores, textos mais curtos, divisão das reportagens longas, tudo isso dois anos antes do surgimento do ilustrado e colorido USA Today, apresentado como o inovador da síntese e dos gráficos, em 1982.

As matérias do novo Correio deviam ter dez, 15, 20, 30 ou 40 linhas, com *lead* simples e enxuto. No telex das agências de notícias ou *releases*, a orientação era refazer a abertura do texto, para as notícias não parecerem iguais às de outros veículos. O corpo da matéria podia ser literalmente colado à lauda com fita durex. (O ctrl C, ctrl V de hoje.) As reportagens com profundidade teriam de ser divididas em textos secundários. Na época da paginação, as longas matérias do Correio, sem pirâmide invertida, às vezes continuavam em outra página, tornando a leitura enfadonha e em obstáculos.

Jovens e profissionais experientes da casa foram recrutados em 1980 para mesclar a redação do Correio do Povo, sem a demissão dos veteranos. Mario Quintana continuou como o poeta da casa. A renovação do Correio foi diferente do que aconteceu nos anos 90 com o escopo de juvenilização da mídia e a exclusão de cabeças brancas, iniciada pela Folha de S. Paulo, quando o jovem herdeiro Otávio Frias Filho assumiu a direção do jornal. Ele morreu em 2018, aos 61 anos; não chegou a envelhecer.

Amauri Mello assumiu como subsecretário, abaixo do doutor Adahil e do Ribeiro. Armando Burd foi confirmado como chefe de reportagem. O jovem Antônio Carlos Macedo, da Guaíba, tornou-se editor de Geral e depois substituiu Burd. Além do Leo e da Marisa, chegaram da Folha da Tarde Fernando Martins para editar Nacional, Barrionuevo para a Política, Raul Rübenich no Mundo e Hiltor Mombach, novo talento de Esportes, começou a editar as páginas especiais de domingo. Da Folha da Manhã vieram para o Turfe, Nestor Cavalcanti de Magalhães e Adroaldo Guerra Filho.

Permaneceram antigos editores do Correio, como Isnar Ruas na Economia, P.F. Gastal, Cultura e Cinema, Lygia Nunes na Sociedade, Jayme Copstein, Reportagens Especiais, Liberato Vieira da Cunha no Segundo Caderno de domingo e Bruno Ferreira, homem de confiança do Ribeiro, no Interior e em Santa Catarina, depois passando uma das editorias para Wilson Zin, quando ele saiu da Polícia. Duas garotas da reportagem do Correio do Povo também continuaram: Carla Irigaray, que se casou com o Galvani, e Gládis Ibarra. O jornalista Edgar Lisboa, de Bento Gonçalves e passagem por Alegrete, hoje radicado em Brasília, tornou-se secretário particular do doutor Breno, com uma coluna de política no jornal e influência na nova redação.

Na terceira semana de março de 1980, caiu uma bomba. Uma medida drástica de redução de custos foi decidida em sigilo pelo doutor Breno: o fechamento da Folha da Manhã. Ninguém esperava. O tabloide matutino lançado em 1969, no qual Caldas nunca acreditou, saiu de circulação 11 anos depois, em 22 de março de1980, com a manchete local: "Litro do leite vai custar Cr$ 18,50 a partir de abril". Seu maior cronista na época, Janer Cristaldo (que substituiu Luis Fernando Verissimo, contratado pela Zero) escrevia de Paris (!!!) e sua última coluna teve como título "Para não dizer que não falei de moda". Alguns jornalistas foram aproveitados na Folha da Tarde e na Rádio Guaíba, nenhum no Correio do Povo, a maioria dos funcionários demitidos, estabelecendo grave crise no mercado. A lúdica e colorida Folha da Criança, que circulou durante dez anos, encartada na Folha da Manhã, foi preservada. Passou a rodar na Folha da Tarde, sempre editada pela bela Nize Puchalski.

O enxugamento da máquina deveria atingir toda a companhia. Veio ordem para que os diversos setores da empresa demitissem 10% da equipe. O chefe de reportagem da Folha, velho marxista, fez a lista e foi demitido junto. Éramos amigos, mas não perdi a piada: ele deve ter assinado a relação, sugeri. "Quando se pensava em reduzir pessoal, havia sempre resistência, uns protegendo os outros", se queixou Caldas em sua derradeira entrevista a Pinheiro Machado. Ele estava certo. Eu chefiava a recém-reestruturada Central de Polícia com dez repórteres e teria de cortar um, dentro da cota de 10%. Hilton Caldas, chefe de Recursos Humanos, passava por mim no corredor e me cobrava o nome. Eu enrolava, dizia que estava avaliando melhor, ele sorria. Não demiti ninguém. Chamado pejorativamente de "coração de manteiga" pelos funcionários, por suas ações intransigentes, nós éramos vizinhos. Caminhávamos no fim de semana com os cachorros na Praça Garibaldi, no Menino Deus. Ninguém entendia a razão de Hilton Caldas ser condescendente comigo. A paixão por cães talvez explicasse.

Lá na Avenida Ipiranga, em seu gabinete, Maurício Sobrinho acompanhava as movimentações do concorrente para contornar a crise: modernização do Correio e enxugamento da empresa, demissões e fechamento da Folha da Manhã. "O nosso foco tem de ser no que há de mais sólido na Caldas Júnior, os Classificados do Correio do Povo". Ele deu a Bolívar Madruga Duarte seu maior desafio: "Vamos enfim lançar um caderno de Classificados capaz de desestabilizar a supremacia do Correio aos domingos". O sol caía na vidraça, passava das 18h, Maurício sorveu um gole no copo alto de uísque cheio de gelo até a borda, como bebia no final do expediente. "Faça tudo o que tem de ser feito, para que não haja a mínima possibilidade de dar errado", disse. "Tenho de começar conhecendo o mecanismo de captação de pequenos anúncios e circulação dos maiores

Classificados impressos do mundo", ponderou Madruga. "Ao teu critério", recebeu carta branca do diretor-presidente da RBS.

O diretor de publicidade e circulação da Zero Hora viajou para os Estados Unidos e Europa para colher subsídios. No retorno, finalizou o projeto e deu uma entrevista intempestiva para um estudante de Jornalismo da PUCRS, publicada no jornal-laboratório Experiência com um título que causou certo constrangimento na RBS – Madruga: "Vamos tomar o domingo do Correio do Povo". Parecia uma heresia e ao mesmo tempo revelava um plano mantido em sigilo.

Como professor de Redação, fui eu quem pautou os alunos para entrevistarem Madruga Duarte para o jornal da faculdade. Soube de sua viagem ao exterior para observar o mecanismo dos Classificados em vários países e planejar um caderno na Zero Hora. Paralelo ao meu trabalho na Caldas Júnior, eu desempenhava uma jornada tripla na PUC. Comecei como editor-chefe da revista católica Mundo Jovem, em janeiro de 1972, no ano seguinte fui nomeado assessor de imprensa da Reitoria e em março de 1977, passei a lecionar Jornalismo, sem abandonar as outras atividades na Universidade e o jornal. Só assim conseguia morar numa casa alugada com dois carros (um Puma branco e um Chevette prata) e uma moto (Yamaha 180 preta) na garagem, numa travessa sem saída, bairro Medianeira, onde voltei a morar 27 anos depois, enquanto escrevo este livro, realizando um sonho atávico. Na faculdade, tornei-me, em 77, professor responsável pelo jornal-laboratório Experiência, realizado pelos alunos desde 1975, criado originalmente pelos docentes Geraldo Canali, Carlos Urbim e Anibal Bendati.

A maior alegria do doutor Breno era um mês com cinco domingos. O lucro da empresa aumentava em razão dos Classificados e a tiragem de 150 mil da edição dominical, com 90 mil assinantes e 60 mil de vendas avulsas nas esquinas, jornaleiros, caixas de supermercados, padarias e bancas de revistas da capital. As pessoas compravam jornal e pão aos domingos. Zero Hora se preparava para enfrentar o Correio numa área em que ele era hegemônico. Não podia se repetir o fracasso de dez anos antes da bela e colorida ZH Dominical tamanho *standard*. O erro do projeto, na época, foi focalizar na leitura e deixar de lado os Classificados, diagnosticou Maurício Sirotsky com sua clarividência.

Ao contrário de outras vezes, como no caso do Hoje, Caldas não tomou iniciativas para enfrentar a iminente concorrência. Talvez confiasse demais na credibilidade do Correio e seus Classificados, só comparados com os do Estadão, mais volumosos, naturalmente, pelo tamanho de São Paulo. ZH Classificados circulou pela primeira vez já com um caderno robusto. O preço da linha, critério usado para a cobrança do pequeno anúncio, era um terço do cobrado pelo Correio do Povo. Ainda foi feita uma oferta especial, mais abaixo ainda, para as grandes imobiliárias e revendas de carro. Além disso, avulsos do concorrente foram reproduzidos para aumentar o volume.

Eu estava na redação do Correio, e sentimos o tranco. O gerente Francisco Antônio mandou marcar todos os pequenos negócios duplicados para o pai avaliar o que estava acontecendo. Claro caso de *dumping*. Vender barato e até doar hoje para asfixiar a concorrência ali adiante. Foi o que aconteceu.

Em suas memórias, o doutor Breno não chegou a comentar a entrada da Zero na seara dos pequenos anúncios, mas falou dos Classificados em termos gerais. Reconheceu que eles consumiam muito papel, "mas eram boa fonte de receita". Considerava o pequeno anúncio como "lucrativo" e que "aumentava o índice de leitura". Tanto é que ele se opunha à criação de um caderno específico, fazendo questão de que os anúncios se diluíssem no meio de reportagens, em vários cadernos. Os Classificados eram separados em duas grandes divisões, vendas e aluguéis. As ofertas ficavam aglutinadas em imóveis e terrenos, cidades e praias, veículos, eletrodomésticos, serviços, empregos, barbadas em geral, todos publicados em ordem alfabética como nas listas telefônicas. Quando você queria vender uma casa, colocava AAAcasa, para aparecer no alto.

Jovens revisores, universitários ou recém-formados mesclados com outros mais experientes trabalhavam durante o dia em seus horários habituais no jornal e retornavam na noite de sexta-feira, à meia-noite, para revisarem os Classificados até às 6h de sábado. Minha mulher fazia parte desse grupo.

A concorrência pesada até deu certo lucro para o Correio. Como os Classificados da Zero saíam em dois dias da semana, domingos e quintas-feiras, o Correio, que possuía pequenos anúncios diariamente, começou a aumentar o volume na quinta. Principalmente as grandes empresas mantinham a estratégia de anunciar nos dois jornais.

Leo Tavejanski, chefe do planejamento gráfico, sugeriu que o Correio criasse um caderno especial de Classificados como Zero Hora, facilitando o manuseio pelo leitor, mas Breno Caldas relutava em aceitar. Somente em 1982 ele permitiu que o Leo desenhasse um belo caderno especial de Classificados aos domingos. Tarde demais.

No auge da ZH Dominical, sob o comando de Carlos Fehlberg, o jornal rodava com mais de 120 páginas e tiragem de 225 mil. Eu editava as páginas de polícia de domingo, o mesmo que fazia antes no Correio. Baixava a reportagem especial em duas páginas no fim da noite de sexta-feira, após a conclusão da edição de sábado e realizava a atualização das notícias criminais em uma página, no sábado, pela manhã. Saía do jornal de madrugada e retornava algumas horas depois. Dormia pouco, mas acordava feliz da vida, porque fazia questão de folgar domingo para fazer um churrasco ao meio-dia, ver o Internacional à tarde, beber cerveja no Beira-Rio, ter um dia de folga, porque a semana recomeçava às 8h de segunda-feira, com a aula de Redação II na faculdade.

A decadência dos Classificados impressos veio com a Internet e a Zero minguou junto. A atual edição conjunta de sábado/domingo é um arremedo do que já foi a ZH dominical, pelo menos em volume. Não significa repetição da história do Correio, necessariamente, mas, sim, o fim de um ciclo.

A penúltima página a ser reformulada foi a de Polícia, em 1981. O Correio não tinha um editor específico; havia um redator, Wilson Zin, que preparava o noticiário distribuído pela Central de Polícia e a folha com poucas notícias, espécie de registros criminais e acidentes, era *baixada* pelo secretário gráfico, Tito Tajes, junto com o necrológico e a coluna Bric-à-Brac, tipo Almanaque do Pensamento. A nova redação do Correio não se conformou com a minha confirmação na Central de Polícia em detrimento do nome indicado por eles, e procuravam me boicotar. Até que em março de 81 conseguiram emplacar o nome de Vilmo Medeiros, da Zero, como novo Chefe da Central de Polícia. O jornalista de voz autoritária trouxe quase todos os repórteres da editoria de polícia do concorrente, e a minha equipe foi demitida.

O doutor Breno aprovou a mudança sugerida e contratações, e perguntaram a ele: "E o Tibério?" O natural era que eu fosse também demitido. "O Tibério será o editor de polícia do Correio do Povo"; eles não esperavam por essa. A última palavra era sempre de Caldas. Ele acompanhou minha trajetória como repórter de polícia da Folha da Tarde, deu todo o apoio na tragédia que vivi em 1974, no último ano conversamos sozinhos em seu gabinete, chegou a lembrar de sua passagem pela reportagem policial. Nem eu imaginava que ele tinha certa atenção comigo. Passado tanto tempo de sua morte, eu sou seu biógrafo; num capricho do destino, coube a difícil tarefa a um cronista de polícia, o estereótipo da escória da redação, presente até na obra de Nelson Rodrigues.

Foi um longo aprendizado. Minha primeira tentativa, fracassada, em escrever um romance ocorreu ainda na redação do Correio do Povo, em 1982, livremente inspirada no filme *Este Mundo é dos Loucos* (*Le Roi de Coeur*, 1966, do francês Philippe de Broca, a que assisti no Cinema Vogue, em Porto Alegre, 1967, e me encantou). Nas horas vagas e nas laudas do jornal, rascunhava uma história com base num coveiro que habitava o mundo dos vivos e dos mortos. Cheguei a escrever algumas crônicas na edição de domingo com o tema e as ilustrações do Getúlio. Acabei desistindo do livro, na folha 40, porque concluí que não estava conseguindo dar vida própria aos personagens. Passei a escrever novelas sensuais no verso de folhas timbradas da PUC, em casa, às quintas-feiras pela manhã, minha única folga semanal. Nunca foram nem relidas e estão inéditas num arquivo morto. Trinta anos depois, publiquei meu primeiro romance, *Acrobacias no Crepúsculo*, em 2012, uma falsa história memorial. No ano seguinte, a novela *A Santa sem Véu*, um jogo de situações, e os *Contos do Tempo da Máquina de Escrever*, entre eles, o *General e a Comunista*. No meu segundo romance, *Sombras Douradas*, de 2015, os mesmos personagens vivem no Renascimento, na Europa, século 16, e em Porto Alegre, na era da tecnologia, século 21. Desde então escrevo há sete anos essa trilogia, *Tempo & Destino*, histórias reais, que abre com esta biografia de Breno Caldas.

Em 26 de fevereiro de 1981, quinta-feira, recebi a comunicação que deixaria a chefia da Central de Polícia na segunda-feira, dia 2 de março, e no mesmo dia assumiria a Editoria de Polícia do Correio do Povo. Ao entrar na redação, às 18h, para o primeiro dia de trabalho, o secretário Ribeiro me chamou à sua mesa. "Espera um pouco, o doutor Breno pediu-me para avisá-lo quando tu chegasses." Esfriei. Ele saiu do gabinete, calça de linho bege e camisa branca de mangas curtas, seu uniforme de verão, fez sinal para todos os jornalistas pararem e me apresentou como novo colega. "O Tibério é o nosso novo companheiro, vai editar a página de Polícia", disse. Eu nem acreditava, surpreso e envergonhado. Sempre fui tímido. Fiquei calado. Tenho consciência da minha limitação imposta pelo temperamento. Para dar aula eu fazia uma enorme força para vencer o constrangimento. Só eu sei. Confessava isso aos alunos para mostrar a eles que o mais importante na comunicação é saber ouvir, ter humildade, sem ser submisso. A minha colega Neka Machado, que dividiu disciplina de Relações Públicas comigo, considerava que era um gesto de muita coragem admitir diante da classe a minha timidez. "Todos de volta ao trabalho", Caldas deu as costas e retornou ao gabinete.

Ninguém me orientou como deveria ser a edição, nada. Não havia abordagem específica para o noticiário de violência no projeto do Leo e do Amauri. Tudo indica que a decisão de arejar a editoria foi do próprio Breno. O Correio do Povo estava inteiro em sua cabeça, cada folha, todos os espaços, os responsáveis pelos textos. Recebi uma página em branco, *standard*, com espaço fixo para a coluna Bric-à-Brac e a orientação de que eu deveria publicar alguns necrológicos no rodapé, sem área determinada, podendo jogá-los para junto dos convites para enterro, em outra folha, se houvesse espaço. Nas duas colunas reservadas para o Bric e a necrologia, conseguia separá-los com uma notícia com foto para aproveitar a página ao máximo.

O redator dos obituários era o jornalista Francisco Gandolfo, mais de 60 anos, chamado pelos colegas de Barão dos Cemitérios. Fui professor de uma neta dele. Necrológicos e conselhos sentimentais nos jornais lembram o livro *Miss Corações Solitários*, do escritor americano Nathanael West. Jornalistas muitas vezes não se realizam profissionalmente e escrevem apenas o que encomendam a ele. Em alguns fins de semana, quando o lorde estava de folga, eu tinha de atualizar as informações fúnebres com base num formulário enviado pelas funerárias. Fiz de tudo no jornalismo. Antigo plantão da redação da Folha da Tarde no sábado pela manhã, eu fazia uma ronda policial, baixava resultados do esporte e cheguei a redigir até convite de enterro com base num catálogo de exemplos. Recordo-me em especial de um publicado na capa que custou três vezes o meu salário mensal.

Pensei comigo aos 32 anos de idade: se o doutor Breno me escolheu, sem nenhuma orientação específica, fez questão de me apresentar formalmente à redação, em gesto raro, ele espera que eu faça da Editoria de Polícia do Correio do Povo o que penso ser o correto, atendendo ao interesse e hábito de leitura dos assinantes, com o bom senso de quem tem 11 anos de Caldas Júnior, forjado para o jornalismo no velho edifício Hudson. Procurei editar a página dentro do projeto gráfico do jornal, com um texto sintético, objetivo, tentando conciliar isenção sempre e a neutralidade definida pela responsabilidade.

Para exemplificar aos alunos que não existe uma maneira ideal de se escrever para a imprensa, mas a necessidade de adaptar o conteúdo à linha do veículo, eu contava em aula que caminhei 50 metros, entre as redações da Folha da Tarde e do Correio, e tive de mudar o meu texto. Eu escrevia, no vespertino, matérias apelativas, romanceadas, sentimentais, em sequência como num folhetim, cobrando investigações e soluções dos crimes de maiores repercussões. Transformei o comissário Theotásio Bruno Pielewski, da Delegacia de Homicídios, nos detetives de Dashiell Hammett, Simenon e Agatha Christie. Como num passe de mágica, na minha nova mesa no Correio do Povo, fiquei austero, recatado, elegante, como redator de um jornal de referência. Tornei os títulos bem diretos, sem eufemismos nem sensacionalismo e passei a usar fotos com prudência, até então evitadas na crônica policial, supostamente para não chocar a sensibilidade dos leitores. A página de Polícia do Correio tornou-se bem diferente.

Logo nos primeiros dias criei uma pequena coluna de relatos chocantes ou curiosos, de apenas 20 linhas, quase literárias, com base no noticiário do dia. Aos domingos a crônica era publicada com ilustração do Getúlio, cartunista da Folha da Tarde. Na antecipação do texto, para dar tempo da criação do desenho na sexta-feira à noite, algumas vezes eu escrevia histórias sobrenaturais para leitura no fim de semana; foi aí que surgiu o coveiro que habitava dois mundos. Fechada a Caldas Júnior, Getúlio trabalhou com ilustrações para guias telefônicos; nunca mais soube dele.

A coluna no Correio eu assinava apenas com as iniciais (T.V.R.). O doutor Breno aparentemente aceitou as mudanças e a inédita crônica policial, fora dos padrões do Correio, porque ninguém contrapôs nada, apesar de a página de crimes e acidentes ter se tornado atraente, mais jornalismo, acrescida de uma sátira trágico-hilária. Alguém foi entrevistar o maestro da OSPA, e ele comentou que a primeira coisa que lia no Correio era a minha crônica pitoresca e irreverente; divertia-se muito, disse. O repórter me contou, mas não citou no texto. Na redação, o único que elogiou a coluna foi o Ribeiro. Ele chegou a me perguntar por que eu não assinava com o nome completo. "Deixa assim, quem me conhece sabe de quem são as iniciais", esquivei-me, e ele sorriu. Na verdade, eu estava à procura de um conteúdo fixo e estilo próprio. Vinha experimentando possibilidades, em dúvida, sem imitar especificamente ninguém, nem Nelson Rodrigues, mas ao mesmo tempo sem saber exatamente como deveria ser.

Certa vez ocorreu uma sequência de acidentes graves de trânsito e abri página de polícia nas oito colunas de fora a fora, com fotos no alto e o título abaixo, entre as ilustrações e o texto. Joguei o Bric para baixo da matéria. Criou-se um *frisson*. "O doutor Breno quer a polícia abrindo em três colunas, no máximo quatro", repetiam os arautos, loucos pela minha cabeça. Quando Caldas chegou, o problema foi levado a ele. O Lisboa veio até a minha mesa. "O doutor Breno gostou muito da página de polícia de hoje; disse que quando o assunto exige pode haver exceções", caso encerrado. Não sou bobo, jamais abriria um assassinato em oito colunas no Correio do Povo de Breno Caldas.

Um sábado pela manhã, Adahil me passou o telefone do doutor Breno no Arado e pediu para eu ligar. Um empresário da comunicação, dirigindo uma Mercedes, atropelou e matou um pedestre na BR-116, em Canoas, na madrugada. O repórter da Central de Polícia, sacana, colocou o nome do motorista aleatoriamente, para me pegar no contrapé. Mas eu, atento, relacionei o automóvel de luxo e o sobrenome conhecido. O telefone tocou na mesa do gabinete de Caldas, na fazenda, e ele logo atendeu. "Desculpe importuná-lo, doutor Breno", revelei o fato e perguntei como deveria proceder. "Publica em uma coluna", orientou. O Correio tinha a responsabilidade de informar.

Com a saída do Vilmo, Zero Hora deslocou José Antônio Ribeiro, o Gago, boêmio e violonista, tipo simpático e cordato, da Editoria de Esportes para a Polícia. A troca de editor determinou uma transformação drástica nas páginas criminais do jornal, que eram bem policialescas e apelativas. Clóvis Ott, correspondente do Correio do Povo em Portugal durante a Revolução dos Cravos em 1974, tornou-se o repórter de referência. Seu texto com um tom literário originou uma mudança natural nas reportagens. A nova equipe, com outro perfil, procurava imitar o O-t-t, assim os colegas pronunciavam o seu sobrenome carinhosamente.

Dos antigos repórteres de polícia da Zero Hora só permaneceram dois. Um deles, Jorge Waithers, carnavalesco, um negro nascido na italiana Caxias do Sul, sobrenome inglês, voz rascante, cabelos ondulados, forte, astuto e atrevido, formado em Jornalismo e Letras, extremamente criativo. Capaz de escrever uma reportagem dominical, com duas páginas, a partir de uma foto de dois bandidos encenando um duelo a faca. Uma das façanhas mais incríveis que eu presenciei, digna de um verdadeiro romancista, trabalhando com dados verdadeiros, outros verossímeis e possibilidades oferecidas pela ficção. A riqueza plausível de detalhes a confirmar a narrativa. A Teoria Literária suplantando as rígidas normas do Jornalismo. Jorge tinha experiência e formação acadêmica. O outro membro da equipe anterior que ficou foi Milton Galdino, exatamente ele, o preterido por Breno, com muitas fontes nas polícias Civil e Federal, homem de confiança de Maurício Sobrinho para resolver pequenas contrariedades pessoais ou da empresa. Da Central de Polícia que eu montei, ZH contratou dois repórteres: Renato Panatieri e Anilson Gantes da Costa.

A nova Central de Polícia da Caldas Júnior ficou bem diferente, semelhante a uma delegacia; os repórteres vindos da Zero se vestiam como policiais e tinham porte de arma, apesar de apenas um, Edgar Skavinski, ser inspetor. A pequena redação, divertida e descontraída da minha época, parecia uma repartição. As pessoas que traziam informações e queixas aos jornalistas eram tratadas como vítimas registrando uma ocorrência diante do escrivão.

O comissário Bacchieri, o único policial da minha equipe, foi o primeiro a ser demitido. Redator da Folha da Tarde durante anos, ele era o primeiro a chegar à redação pela manhã. Estacionava na frente do Hudson primeiro um jipe americano 1955, bordô, capota preta de lona, com uma pomba de prata na ponta do capô alto. Em 1974 ou 75, ele comprou um Fuscão 1500, ocre, 0 km. Imagino que foi seu único automóvel em toda vida. Policial honesto e jornalista com modesto salário, Bacchieri morava com a esposa e a filha em conjunto habitacional no bairro Cavalhada e possuía uma casa de veraneio na pequena praia de Pinhal. Lá manteve o jipe na garagem. Usava um revólver na cintura, por exigência profissional, e deixava a arma na gaveta enquanto trabalhava no jornal. Magro, sempre de terno e gravata, dedos longos, a aliança de casamento na mão esquerda, entrou na polícia como escrivão e datilografava muito rápido, sem erros, tanto depoimentos quanto notícias. Por sua honestidade, foi durante anos tesoureiro da Associação Rio-Grandense de Imprensa (ARI), encarregado de manter o fluxo das mensalidades dos associados. Como tantos, ele morreu pouco depois de conquistar a aposentadoria.

As minhas Panteras também perderam o emprego. Nem a Bete Bonnet, com comportamento semelhante aos novos repórteres, foi poupada. Mulher não! Voltou o entendimento de que os riscos e a aspereza da reportagem policial era um espaço destinado aos homens. Bom para ela, que fez concurso para a Polícia Civil e encontrou sua verdadeira vocação como inspetora, de pistola e algemas na bolsa.

O doutor Breno viajou aos Estados Unidos naquele ano, 1981, no fim do inverno norte-americano, para contatos com fornecedores de equipamentos para a TV Guaíba. Deixou o filho em seu lugar, administrando a empresa. No sábado pela manhã, Tonho Caldas telefonou ao doutor

Adahil, na redação, para saber se estava tudo bem. "Tudo tranquilo, Francisco Antônio", respondeu o editor-chefe, eu estava ao lado dele. "Há alguma matéria que precisa ser avaliada?" Quis saber. "Não, tudo de rotina." Ainda perguntou qual seria a tiragem. Eram as perguntas que o doutor Breno sempre fazia no sábado de manhã, em telefonema do Arado e o filho cumpria seu papel.

21. Transformações nos jornais

Os áulicos do poder convenceram o doutor Breno a um novo erro em 1982, como na transformação da Folha Esportiva em Folha da Manhã, em 1969. Em 27 de abril, a Folha da Tarde se tornou matutina, para que a Zero não circulasse praticamente sozinha pela manhã, pois a tiragem do Correio durante a semana era quase toda destinada aos assinantes, com uma participação quase simbólica nas principais bancas. Onde estava o erro? ZH já era um jornal melhor, colorido; a Folha da Tarde não conseguia disputar beleza nas bancas durante o dia todo e perdeu sua principal virtude: envelhecer a Zero ao meio-dia.

Naquele ano de 1982, em outubro, solicitei licença de uma semana para ir ao Campus Avançado da PUCRS, no Amazonas, em Benjamin Constant, fronteira com o Peru e a Colômbia. A Reitoria desejava, há meses, que eu fosse à Amazônia; eu vinha protelando. Prontifiquei-me a trazer reportagens especiais para o Correio do Povo. Fui orientado pelo Antônio Carlos Ribeiro a resumir em poucas linhas o pedido, tempo de duração da viagem, sem receber diária e a proposta de reportagens, endereçando a solicitação diretamente ao doutor Breno. Era sempre ele que decidia. Recebi a lauda de volta com *autorizado* e assinatura *Breno*, tudo em tinta verde, naturalmente. Previdente a fraudes, ele riscava os espaços em branco com linhas verdes.

No dia 7 de novembro de 1982, a edição de domingo do Correio do Povo publicou na página 13 uma reportagem minha, toda página, sobre a primeira eleição direta para governador no Amazonas, no fim da ditadura militar. *O preço da eleição onde até os mortos votam* era o texto de abertura e o secundário: *A política no meio da floresta*. Reportagens sobre o Campus Avançado da PUC e o tráfico de drogas em Letícia, na Colômbia, foram divulgadas nos dias seguintes. Paguei a licença conforme o prometido.

A repaginação do Correio do Povo em 1980, promovida por Breno Caldas, somente ocorreu na Folha de S. Paulo três anos depois, em 1983. O redesenho do jornal paulista trouxe uma abertura editorial, sublinhada nos dois fios verde e amarelo colocados embaixo do nome do jornal, que indicavam o apoio à campanha nacional Diretas Já, iniciada em março daquele ano. O matutino passou a abrir amplo espaço de opinião nas páginas 2 e 3, com editoriais, pequenos comentários factuais de jornalistas, crônicas analíticas do romancista Josué Guimarães, artigos sisudos e ensaios longos de colaboradores, conteúdo diversificado e antagônico. Aposta na pluralidade de ideias. A tiragem aumentou, a circulação nacional do periódico passou a ser uma realidade, visto como paladino da liberdade numa época em que o Presidente ainda era militar escolhido indiretamente, mas o País já tinha Tancredo, Montoro e Brizola como governadores, a clamar por eleições diretas para Presidente da República.

Somente no ano seguinte, em 1984, quatro anos depois de Caldas mandar redesenhar o Correio, Roberto Marinho decidiu mexer em O Globo. O impresso carioca era um jornal popular, com o logotipo girando na primeira metade da capa, por ser *standard* e ficar dobrado nas bancas. Se o logo fosse colocado na metade inferior, como eventualmente ocorria na Zero Hora, ficaria encoberto na banca. Nos tabloides, o nome do jornal pode girar em toda a capa por não ter dobra. Na lógica do tabloide sensacionalista, apelativo, o logo é secundário; o mais importante é a manchete em destaque. A identificação do impresso é uma referência secundária. Quem conquistará o leitor na banca é a chamada alarmante, não a representatividade do jornal em si. Principalmente em revistas o logotipo pode ser aplicado até numa parte neutra de uma foto. No *espaço plástico*, como se diz na pintura (a maioria dos pintores coloca antes um fundo em toda a tela). A estética do jornalismo se inspira na arte e na literatura, o conteúdo na filosofia, psicologia, observação, interpretação, sinais, crença e desconfiança, isenção e responsabilidade e se desvirtua na manipulação, na mentira e na militância ideológica.

A Rede Globo, legitimada pelo regime militar como o maior conglomerado de comunicação do País, não tinha um jornal da sua envergadura. Apesar do formato *standard*, O Globo era um matutino semelhante aos tabloides na estética e no conteúdo, informações picotadas, ênfase em notícias impactantes, e grande tiragem, em torno de 400 mil exemplares diários. A manchete mais importante que o logotipo a girar na metade superior da página, o jornal dobrado na banca. Para se tornar um impresso de referência, o nome mais importante que as notícias, a primeira iniciativa foi fixar a identificação *O Globo* no alto da capa, em destaque e corpo maior, a partir da edição de 15 de agosto de 1984, com manchete política: *Tancredo deixa o governo e comício abre campanha.*

O complexo editorial Globo relutou no início, ignorou as primeiras manifestações, mas acabou aderindo à campanha das Diretas Já. No comício da Candelária, no Rio, em 10 de abril de 1984, um milhão de pessoas, o Jornal Nacional colocou Brizola falando ao vivo durante dez minutos. Algo surreal. Nunca mais se repetiu. Armando Nogueira, ex-editor do JN, confidenciou que Roberto Marinho baixou uma ordem: "Para o Brizola aparecer no Jornal Nacional, só com ordem minha." Teria de passar por seu gabinete no 8.º andar. Pararam de brincar de jornalismo.

A decisão de economizar papel fez O Globo, JB, Estadão e Folha reduzirem a largura numa ação conjunta. O Correio não conseguiu aderir à nova tendência nacional porque imprimia diariamente também um tabloide, com a metade das dimensões do *standard* e não tinha como redimensionar a impressora duas vezes ao dia. As edições dos jornalões do Rio e São Paulo se tornaram 5,5 cm mais estreitas e os novos projetos gráficos mais elegantes, longilíneos. Dezenas de bobinas passaram a ser economizadas numa grande tiragem. Foi uma lástima o Correio não poder se adaptar. As dimensões da Folha seriam reduzidas, tornando-a menor que a Zero.

O jornal da RBS só foi fixar o logo no alto da página, como um impresso formador de opinião, dez anos depois de O Globo, em 24 de julho de 1994, sob o comando de Augusto Nunes, que teve a pretensão de tornar o tabloide gaúcho uma referência nacional. Após 30 anos estava rompendo de vez com sua origem sensacionalista na Última Hora. A manchete se tornou informativa, destacada, abriu espaço para uma capa de revista com outro enfoque, numa concepção inovadora e interessante, além de pequenas chamadas e a última página com conteúdo, como o Clarín, de Buenos Aires.

Passados 20 anos, em 1.º de maio de 2014, mês do seu cinquentenário, o matutino passou por nova mudança gráfica radical, como tantas em sua história. A Editoria de Arte optou por um projeto de capa com figuras geométricas, numa tendência de *design* futurista, reduziu a identificação para ZH, com o nome Zero Hora em corpo pequeno na vertical, podendo provocar torcicolo em quem se aventurar a ler. A imitação incompleta do matutino Público, de Lisboa, sepultou de vez a aspiração de jornal formador de opinião, apesar das matérias mais longas, como no tempo jurássico da pirâmide invertida, e proliferação de cronistas com *boneco* na capa.

Na nova concepção de capa, a manchete da Zero *arrevistada* ou informativa passou a ser ilustrada por foto dominante e as chamadas em corpo pequeno, títulos longos e todas as letras em maiúsculas, que dificultam a leitura nas bancas.

PARTE III
APOCALIPSE

22. A conspiração

"A TV Guaíba desequilibrou a empresa", reconheceu Caldas em suas memórias. Ele viu sua sólida empresa se descapitalizar em poucos meses. "Tive medo", confessou. O antigo repórter e editor de Esportes na Folha da Tarde e criativo apresentador de programas culinários na televisão, Anonymus Gourmet, fez a pergunta que se impunha: "No fim, saiu bem mais que os 600 mil dólares...", exigidos por Roberto Marinho. "Meu Deus! Muitíssimo mais! Custou horrores. A televisão me comeu por uma perna!" Breno fala a Pinheiro Machado quase sem respirar, pouco ar armazenado nos pulmões, a angústia de um gigante derrotado aos 77 anos: "Começou aquele negócio (a TV) a devorar dinheiro... de todo jeito, por todos os lados... (as palavras rareavam na falta de ar, na gravação em fita cassete) era dinheiro, dinheiro, dinheiro que não acabava nunca. E só saía... O retorno era nenhum." Caldas aprendeu na pele que é preciso colocar dois zeros a mais em qualquer orçamento nos custos da televisão, em equipamentos e pessoal. Estava se repetindo com o Correio do Povo o malogro do Jornal do Commercio, de Recife, ao se aventurar em televisão.

Os funcionários começaram a sentir a crise. Nós ganhávamos por quinzena. No dia do pagamento, o dinheiro, até com as moedas, era colocado dentro dos envelopes individuais. A Associação dos Funcionários emprestava dinheiro sem juros para pagar em três vezes, sem ter que alegar nada. Terminávamos um financiamento e começávamos outro, descontado em folha. A Caldas Júnior fornecia gratuitamente aos funcionários consulta com médicos credenciados, pronto atendimento infantil e o Pronto-Socorro particular Cruz Azul, na Avenida Independência. Sem dinheiro em caixa, a Associação suspendeu os empréstimos. O pagamento começou a ser mensal no banco em 1980, em contas abertas no Citibank, depois transferidas para o Banrisul.

A família Brito, proprietária do Jornal do Brasil, chegou a se interessar em adquirir o Correio do Povo em 1980. O doutor Breno autorizou a realização de uma auditoria na empresa, encomendada pelo JB. No entanto, o negócio não saiu. Manoel Brito queria contar com financiamento público e a proposta emperrou.

A *saída dos sonhos* para a crise da Caldas Júnior, segundo o próprio Breno, veio no ano seguinte. O banqueiro mineiro Walther Moreira Salles (1912-2001), criador do Unibanco, teve um encontro reservado com o doutor Breno na capital paulista, em 1981. O empresário fez uma oferta para comprar a TV Guaíba. Ofereceu cinco bilhões de cruzeiros. "O valor pagava todas as minhas dívidas", registrou em suas memórias. E o mais surpreendente da proposta: o doutor Breno continuaria diretor da televisão. "Mas o que o senhor quer em troca, embaixador?", ele quis saber. "Quero entrar no campo da televisão e preciso que o senhor me ajude a convencer os militares a me darem seis canais de TV a cabo". Realidade nos Estados Unidos, o Brasil planejava a implantação da TV paga. A partir de 1974 havia a possibilidade de transmissão de sinal por satélite no País. Salles sabia da amizade de Caldas com Figueiredo. "Perfeitamente", ele concordou.

A secretária executiva do presidente do Unibanco reservou as passagens. Os dois viajaram juntos para Brasília. O presidente Figueiredo os recebeu numa audiência protocolar e os encaminhou para o Ministério de Comunicações. Não foi o esperado. O pleito de Moreira Salles foi comunicado a Roberto Marinho. "Nada era decidido no Ministério sem a concordância do dono da Rede Globo", observou Caldas. Ele garante que foi um sentimento, não lhe disseram com todas as letras, mas a sensação era de que nada que pudesse prejudicar o negócio de Roberto Marinho seria aprovado. "Era visível, e senti na carne que era verdade", afirmou. O banqueiro do Unibanco percebeu que seu projeto de TV não iria adiante e encerrou as negociações. Caldas ficou sem o dinheiro que iria salvá-lo.

Nos 50 anos da Rede Globo, em 2015, a emissora fez confissão pública de sua relação promíscua com a ditadura, não admitindo com todas as letras a concessão de canais e empréstimos subsidiados, capazes de transformá-la numa das maiores redes de televisão do mundo. Limitou-se a referir o apoio editorial aos militares. Na redemocratização, a Globo continuou se movimentando com a mesma desenvoltura, ávida por verbas e benesses públicas.

Entrou o outono. Aquele ano de 1981 parecia voar. A última cartada era o chefe da Casa Civil, o general gaúcho Golbery do Couto e Silva (1911-1987), maquiavélico articulador, eminência parda do poder desde o mandato de Geisel. Breno era de 1910, ele e Golbery foram jovens na mesma época em Porto Alegre, apenas um ano de diferença entre os dois. Caldas marcou audiência. O encontro ocorreu no Palácio do Planalto, em Brasília. Breno não conseguia entrar no assunto por pudor. O general facilitou. "Breno, eu sei que a televisão exigiu muito investimento, abalou a solidez da Caldas Júnior. Você não está precisando de dinheiro?" Caldas balançou a cabeça, antes de responder em voz baixa. "Estou." Golbery levantou-se para dar a audiência por encerrada. Estendeu a mão: "Pode deixar, mandarei notícias."

Parecia ter procurado a pessoa certa. Dias depois chegou a Porto Alegre nada menos do que o ministro do Planejamento. Delfim Netto mandou um recado de que precisava conversar com o doutor Breno em particular. Para que o encontro não se tornasse público, eles se reuniram na mansão do Tonho, na Rua Dom Pedro II, próximo ao Aeroporto, facilitando seu retorno a Brasília. Caldas expôs francamente suas dificuldades financeiras diante dos crescentes gastos para instalar a televisão e atualizar o parque gráfico dos jornais, do obsoleto sistema tipográfico. "Não tem problema, o senhor tem bens como garantia e a Caixa Econômica Federal lhe dará um empréstimo", prometeu Delfim. "Gil Macieira virá a Porto Alegre para efetivar o financiamento." Caldas saiu do encontro tranquilizado.

Poucos dias depois, o enviado Macieira compareceu ao gabinete do doutor Breno no Correio do Povo. Ele era simplesmente o presidente da Caixa. "A ordem do governo é tratar o seu caso com primazia; basta encaminhar os documentos exigidos, e o empréstimo será liberado de imediato", despediu-se. Caldas agradeceu a atenção e determinou ao departamento jurídico providenciar todos os papéis. Veio o inverno. Em 6 de agosto de 1981, o general Golbery deixou o governo. Não havia mais o aliado forte no Palácio do Planalto. O ministro do Planejamento, e como consequência a Caixa Econômica, não seriam mais constrangidos pelo ministro da Casa Civil em ajudar a Caldas Júnior.

Os burocratas levantaram uma barreira e não deixavam o assunto chegar ao presidente Figueiredo. A cada exigência atendida, surgia uma nova. Até o prédio da Caldas Júnior não foi aceito como garantia porque faltava a consolidação da escritura de uma parte do terreno comprado antes de ser criado o Registro de Imóveis em Porto Alegre. Os encarregados de criar dificuldades encontravam sempre algum óbice. O tempo foi passando e nada de liberação do dinheiro. A descapitalização da empresa era uma realidade.

As viagens a Brasília se tornaram cada vez mais frequentes. Com a "assiduidade de um deputado", nas palavras de Caldas, ele pegava o avião da Varig no domingo à tarde e retornava na terça ou quarta-feira. Procurou Delfim para se queixar de que o financiamento da Caixa estava *emperrado*. O ministro arrumou os óculos grossos e propôs: "Por que o senhor não pega a Meia-Três?" Caldas não sabia do que ele estava falando. Ficou parado, olhando para o homem forte da Economia no regime militar de 1967 até o fim em 1985. "Trata-se da Resolução 63 do Banco Central, que permite às empresas brasileiras buscarem empréstimos externos em dólares", Delfim teve a gentileza de explicar. O velejador vitorioso em regatas entrou na barca furada.

Delfim anunciou uma maxidesvalorização do cruzeiro em 30%. Alguns empresários que tinham empréstimos no exterior foram avisados com antecedência para anteciparem pagamentos. A informação privilegiada não chegou a Porto Alegre, no extremo Sul do Brasil. Caldas procurou o ministro novamente. "Como é que eu fico?" Abriu os braços. "Não se preocupe, isso o senhor absorve com o tempo, foi apenas um impacto." Pegou o avião de volta intranquilo, tenso. Percebeu que estava de fora de um jogo de cartas marcadas.

Dois meses depois, o governo decretou uma nova maxidesvalorização de 30%. A dívida em dólar multiplicou-se. O que era ruim ficou muito pior. Somados os dois prejuízos, juro sobre juro, seu débito praticamente duplicou. Numa única tarde, no fechamento da cotação, ele perdeu U$ 35 milhões. "Foi uma loucura, a dimensão do prejuízo que eu tive foi inimaginável... E aí começou a bola de neve de prejuízos e dívidas se somando, se multiplicando...", as palavras saíam murmuradas, do fundo do peito, quase sem movimentar os lábios no desabafo ao Pinheiro Machado. O sol começava a se pôr no Guaíba.

Ele reconheceu em suas memórias que era um centralizador. "Realmente eu queria fazer tudo, eu queria mandar em tudo." A empresa de grande porte não tinha um planejamento de médio e longo prazos. Os problemas eram atacados diariamente. Com a insolvência, não havia mais como resolvê-los. Diante da situação gravíssima, ele passou a delegar poderes. "Havia companheiros muito dedicados, gente que fez de tudo e cresceu lá dentro, mas houve também os que procuraram se aproveitar (do caos administrativo), tirar vantagens...", Caldas viu como "naturais" estas decepções, mas não quis nominá-las, por envolver pessoas próximas e algumas mortas já em 1987, "é um assunto delicado", esquivou-se.

O pedido de financiamento na Caixa continuava estranhamente parado. Para empurrar o problema do dia a dia com a barriga, Caldas teve de contrair empréstimos em vários bancos, com juros altos de mercado e correção monetária, sem nenhum privilégio. Ele escolhe as palavras, fala com reticências. "... Hoje eu vejo claramente..." começa a dizer. "Faltou, digamos assim, um estímulo extra da minha parte para contornar certas dificuldades", o doutor Breno hesita em afirmar que percebeu que os responsáveis pela liberação do financiamento na Caixa queriam propina. "Mas, nesse ponto, eu confesso plenamente a minha incompetência: eu não sei subornar."

"A minha impressão... uma impressão minha", três anos após a falência da Caldas Júnior, o doutor Breno ainda relutou em falar claramente. "Alguém poderia estar querendo um estímulo extra, lucrar com as minhas dificuldades... comissões, porcentagens", o entrevistador o deixa falar num longo monólogo. "E eu, que nunca agi nesse terreno, te confesso que, se tivesse de fazer negócio nessa base, não saberia o que fazer, teria de me socorrer de alguém...", admite. Caldas reconhece que não teria *cara-dura* para chegar a uma *autoridade* e oferecer "uma margem para despesas" de tanto por cento, eufemismo utilizado na corrupção. Ele considerava que a indignidade era recíproca: do subornado e do subornador.

Vinha de berço. Breno nunca desenvolveu uma área de *compliance* em sua empresa para evitar casos de corrupção, tão em moda hoje em dia, porque simplesmente era inadmissível cometer qualquer ato ilícito na administração. Ele dirigia a Caldas Júnior com a ética e responsabilidade que herdou de seu pai. Às claras, dentro da lei, apenas usando eventualmente suas prerrogativas, incentivos à imprensa, como a compra de papel sem imposto, "oferecido a todas as empresas desde a época do Império para facilitar a circulação de jornais e promover a leitura num país de baixa escolaridade e altos índices de analfabetismo", comenta Breno. Nas tratativas com a Caixa, para consolidar suas dívidas, ele não desejava nenhuma excepcionalidade, mas "facilidades legais e legítimas" dadas a todas as empresas.

Como todo empresário, ele se preocupava em pagar menos impostos. Era cliente de um dos principais escritórios de direito tributário, no centro de Porto Alegre. O veterano advogado Heitor Vinadé, na plenitude dos seus 80 anos, lembra-se do tempo em que estava começando no direito, como assistente de uma famosa banca de advocacia especializada em tributos. Caldas ia pessoalmente tratar de suas demandas. Cruzava a pé a

Praça da Alfândega, alguém o acompanhava para carregar a pasta de couro com os documentos. "Sua preocupação natural era sempre pagar menos impostos", recorda Vinadé.

Diante do impasse com a Caixa, Caldas fez uma segunda proposta: consolidar todas as suas dívidas no Banco do Brasil, que se tornaria seu único credor. Chegou a combinar os termos com o presidente do BB, Oswaldo Colin. Apesar dos débitos serem da CJCJ e não dele, ele se dispôs a colocar seu patrimônio pessoal como garantia. Antes de assinar um documento definitivo, Breno já começou a vender para o banco o passado e o futuro da empresa, em troca da possibilidade de manter o presente. A instituição financeira estatal se interessou pelos prédios antigos que Breno herdou do pai e da mãe na Rua Sete de Setembro, onde funcionava o arquivo do jornal, a associação de funcionários, algumas instalações da Rádio Guaíba e uma garagem. Também interessou aos avalistas o terreno comprado em 1977 no Jardim Botânico para a construção da futura sede da empresa.

"Mas só compramos os prédios antigos da Sete de Setembro se a esquina vier junto", colocou o perito do banco. "A esquina não é minha", ponderou Caldas. "Então nada feito." Ele confirmou mais uma vez que a cada etapa da negociação colocavam uma nova exigência, para criar dificuldades, somente sanadas com propina. Sua decisão, contudo, continuava a mesma: não ofereceria dinheiro por fora. "Pode deixar, eu vou dar um jeito", saiu da reunião.

Naquele mesmo dia, Breno procurou a viúva de Heitor Pires, proprietário da esquina no registro de imóveis. Não teve nenhuma dificuldade em convencer a senhora a se desfazer do patrimônio herdado do marido. "Quanto a senhora quer pelo prédio?" Perguntou. "Duzentos milhões de cruzeiros, doutor Breno", ela respondeu, achando que era muito dinheiro. "Se a senhora me autoriza, eu consigo vender por mais para o Banco do Brasil", terminaram o cafezinho com biscoitinhos de polvilho de desmanchar na boca. A esquina entrou no negócio por 825 milhões de cruzeiros. "A viúva recebeu os 200 milhões que desejava e mais 625 milhões, não fiquei com nenhum tostão"; ele não cobrou nenhuma porcentagem como agenciador do negócio. Ela quis repassar parte do lucro que teve, mas Caldas não aceitou. "Se amanhã eu morrer, gostaria que a minha viúva também fosse tratada assim, com honestidade", despediu-se contendo a emoção.

Além dos imóveis antigos, referências ao passado da Caldas Júnior, Breno também vendeu ao Banco do Brasil, em 1982, os 4,5 hectares onde planejara construir a futura sede da empresa, no alto da Cristiano Fischer, entre o Jardim Botânico e Petrópolis. Conforme prometera, estava se desfazendo de seu patrimônio pessoal para consolidar a dívida. Voltou a procurar o presidente do banco, em Brasília. Sentado na antessala do gabinete da Presidência, ele estava esperançoso em assinar o contrato. O tempo passava e nada de ele ser chamado. Já se sentia desconfortável no sofá macio. O vice-presidente do BB, Giampaolo Falco, cruzou na frente dele e entrou no gabinete. Talvez tivesse sido chamado para opinar. Ou levava algum recado. Quando ele saiu, a secretária abriu a porta para o doutor Breno entrar.

Colin o recebeu com aparente cortesia. "Fiz tudo como o senhor propôs, me desfiz de patrimônios pessoais, vendendo os imóveis para o Banco do Brasil", Caldas havia se sentado diante da mesa do presidente. "O senhor aceita um cafezinho?" Breno só tinha um desejo: resolver seu problema. "Lamentavelmente, não haverá nenhuma consolidação de sua dívida; o senhor pode pedir um novo financiamento." Em suas memórias, ele conclui: "Em algum momento alguém decidiu qualquer coisa do tipo: vamos quebrar o Breno. Percebi claramente um interesse em acabar comigo", segredou. Ele reconhece que era visto como "muito besta", "muito arrogante", que levava "todo mundo no peito". A hora da vingança chegara.

O nível de audiência da TV Guaíba atingia picos e depois caía. Ficou comprovado que uma emissora local não tinha como manter uma programação de qualidade, difícil até nas redes nacionais. O ucraniano naturalizado brasileiro Adolpho Bloch (1908-1995), o Russo, enviou um emissário a Porto Alegre, no início do ano seguinte, 1983, para propor que a TV Guaíba se tornasse repetidora da Rede Manchete, que estava sendo formada. Apresentou-se uma nova chance para atrelar a TV Guaíba a uma rede nacional, mas o doutor Breno continuava avesso à ideia, não quisera participar nem da Rede Globo. A Manchete, que iniciou com a revista, em 1952, terminou sua aventura em televisão em 1999; a revista deixou de circular no ano seguinte e a empresa falida ainda manteve a Ele & Ela, de nus femininos, até 2019.

O transatlântico gaúcho havia batido no *iceberg*, fazia água. O capitão segurava o leme com as duas mãos. Não era agradável como conduzir o veleiro Aventura pelos mares do Sul, em memoráveis regatas. O canal de televisão mantinha a cara da Companhia Jornalística Caldas Júnior, como seu proprietário desejava: ponderado na informação, levantando os problemas da região, assuntos internacionais, realidade do País, espaço à política local, esporte e turfe; em defesa da produção rural e da indústria gaúcha; apoio às iniciativas sociais, clubes de serviço, sociedade e ênfase cultural. TV2 era o Correio do Povo com imagem em movimento.

23. A vingança

O governador gaúcho Amaral de Souza (1929-2012), natural de Palmeira das Missões, que se considerava perseguido pela Caldas Júnior desde a época de vice-governador e Breno vetara sua indicação a governador em almoço no III Exército, sem êxito, estava concluindo o governo. Dia 15 de março de 1983 passaria o cargo. Depois de 17 anos, o povo voltou a escolher os governadores em 82.

Antigamente, as eleições para governos estaduais não eram coincidentes em todo o País. O último pleito isolado ocorreu em 1965, no segundo ano do regime militar, ainda com prerrogativas democráticas, respaldadas pelo marechal Castello Branco. A vitória do oposicionista Negrão de Lima (1901-1981), eleito e empossado governador do Rio de Janeiro em 11 de outubro de 1965, em substituição a Carlos Lacerda, o maior líder da direita na época, foi uma estocada popular nos militares. O Movimento de 64 acabou com as eleições diretas para presidente, governadores, prefeitos de capitais e cidades de fronteira, para que o regime não corresse mais o risco de derrota em postos estratégicos. Com o adiamento da eleição para presidente e transformada em indireta, referendada pelo Congresso, o intempestivo Lacerda nunca chegou à Presidência.

Nas primeiras eleições diretas para governador na redemocratização, em 1982, quem venceu no Rio Grande do Sul foi justamente a situação. Desde 1980, após a anistia de 1979, a velha Arena conservadora e majoritária no regime militar chamava-se PDS, por iniciativa do presidente do partido, José Sarney, para fugir do estigma do autoritarismo. Em resultado apertado, Jair Soares, do PDS, ministro da Saúde e Previdência nos governos militares, venceu o senador Pedro Simon, do PMDB. Não havia segundo turno e a candidatura de Alceu Collares, PDT, dividiu a oposição. O discurso de Brizola na frente da Prefeitura me fez abandonar o voto útil em Simon, optar pela chapa trabalhista e por consequência, permitir a vitória da situação, eu admito. A afirmação de Collares como alternativa garantiu sua vitória para prefeito de Porto Alegre na eleição seguinte. A estratégia de movimentar as pedras no tabuleiro político exige pensar na próxima jogada, como na dama, xadrez ou a colocação da bola branca para a tacada seguinte na sinuca.

Senadores, vereadores, deputados federais e estaduais eram votados nos grandes centros, identificados com a oposição, mas também nos rincões do País, fiéis à chamada Revolução Democrática. Os regimes autoritários se intitulam *democráticos*, não só os de direita, mas também os de esquerda, na Alemanha Oriental, por exemplo, na ditadura comunista. Intelectuais e artistas dissidentes foram perseguidos, não só por ideias, mas também por comportamentos considerados não convencionais, como homossexualismo e uso de drogas, presos, banidos e mortos na antiga União Soviética, China ou em Cuba. O "último bailarino de Mao", Li Cunxin, despede-se no livro autobiográfico *Adeus, China*, e o escritor maldito Pedro Juan Gutiérrez descreve o drama na ilha do Caribe em *Trilogia Suja de Havana*.

O Pacote de Abril, promulgado no dia 13 daquele mês, 1977, garantiu a maioria da Arena no Senado, nas eleições de 1978, com a nomeação de 1/3 de senadores biônicos, indicados pelo sistema, que vigorou apenas naquele pleito, dispositivo revogado em 1980 com a anistia em 1979 e início da abertura política. O decreto do presidente Geisel fechou temporariamente o Congresso e promoveu mudanças na legislação eleitoral, com senadores biônicos e a ampliação do mandato do presidente da República para seis anos, para possibilitar a abertura *lenta, gradual e segura*, prometida pelo regime cívico-militar. A excrescência política dos *senadores notáveis* foi criada após as 16 vitórias do MDB em 1974, na renovação de uma cadeira por estado. O Rio Grande do Sul elegeu Paulo Brossard. Acendeu-se o sinal de alerta, pois nas próximas eleições haveria duas vagas em disputa e a oposição poderia assumir o controle do Senado.

O senador biônico não criou a terceira vaga por estado, como tantos jornalistas repetem erroneamente, pois sempre intercalou renovações de 1/3 e 2/3 nos três representantes por unidade da federação. Alberto Pasqualini foi eleito senador gaúcho pelo PTB em 1950, conquistando a única vaga. No ano da morte de Getúlio, 1954, mesmo diante da comoção popular, o ex-ministro João Goulart e o deputado federal Ruy Ramos perderam as duas vagas para o Senado, na inesperada derrota do trabalhismo, vencidos pelo filósofo conservador Armando Câmara e o político da UDN Daniel Krieger. Além da disputa política, travou-se uma luta religiosa: Câmara era líder leigo católico e Ruy protestante, da Igreja Metodista, apresentado às pequenas comunidades de origem alemã e italiana, como se isso equivalesse a ser ateu.

Em 78, Pedro Simon (MDB) foi eleito senador no voto direto. Para a vaga indireta foi indicado Tarso Dutra (1914-1983), da Arena, atual senador, eleito em 1970 e em fim de mandato, reconduzido ao cargo como biônico. Morreu no exercício do mandato, quatro anos depois, aos 68 anos de idade. O único mandato de senador biônico do Rio Grande do Sul foi concluído pelo suplente, ex-deputado Otávio Cardoso, marido da então jornalista da RBS, Ana Amélia Lemos, futura senadora. A política gira em círculos.

Nas eleições de 82 foi eleito o exilado Leonel Brizola no Rio. Em São Paulo, ganhou o oposicionista Franco Montoro e Tancredo Neves em Minas, num ciclo de derrotas do regime de exceção em extinção. Multidões se reuniam nos locais públicos, livremente. Propagandas eleitorais no rádio e televisão. Todos os eleitos foram empossados no ano seguinte. Fica difícil falar em ditadura em 1982 e 1983, apesar de o presidente ser o general João Figueiredo, da *comunidade de informações* do Exército, escolhido pelo núcleo militar e referendado pelo Congresso. Brizola, Montoro e Tancredo eram governadores, chefes das polícias estaduais, responsáveis por bancos regionais públicos, dividindo responsabilidades e agenda oficial com Figueiredo. Brizola trazia carne congelada de sua fazenda, no Uruguai, para presentear o general.

A vingança de Amaral de Souza contra Breno tardou, mas veio. A mágoa dele começou em 1975, quando era vice de Sinval Guazzelli (1930-2001), governador nomeado até março de 1979. Guazzelli depois migrou da Arena para o PMDB (como Sarney) e foi vice de Pedro Simon em 1986, no labirinto da política. Durante os quatro anos, Amaralzinho manteve um comitê de conspiração, no Palacinho do Vice-Governador, na esquina das ruas Cristóvão Colombo, 300, com Santo Antônio, bairro Floresta, um prédio neoclássico, mandado construir em 1926 pelo rico comerciante Santo Meneghetti, imigrante italiano que começou com o armazém da família da esposa, em Veranópolis, fez fortuna na Capital com grandes madeireiras, aproveitando-se do desenvolvimento urbano na década de 1920. Ele trouxe da Itália o engenheiro Armando Boni para fazer o projeto de sua casa. O objetivo de Amaral não era solapar a administração de Guazzelli, mas garantir sua indicação para sucessor, em escolha do governo militar, a ser referendada pela maioria da Arena na Assembleia Legislativa.

A primeira crítica contundente de um jornal da Caldas Júnior contra Amaral ocorreu no aniversário de 15 anos de uma filha do vice-governador, comemorado com uma recepção no Palacinho. Uma festa bonita, em ambiente principesco de escadarias de mármore, altas janelas em arco, colunas com volutas em arte rococó, esculturas, pinturas, lustres dourados de metal, vitrais, o teto com adornos entalhados em madeira e gesso. Amaral dançou com a filha a *Valsa das Flores*, de Tchaikovsky. A Folha da Manhã cobriu o evento com um texto hilário, falando dos "docinhos saídos dos cofres públicos".

Amaral entrou no gabinete do doutor Breno com o recorte da matéria sobre o aniversário da garota. Vestia terno preto, camisa branca e gravata escura, o nó solto. Baixote, respiração ofegante, óculos de grau de lentes escuras, ele tinha um olho mais baixo que o outro. Os lábios soltos se movimentavam em descompasso com a boca, com uma torção para o lado direito, como sequela de paralisia facial. O vice-governador estava emocionado e possesso. Ex-deputado federal, herdeiro de fazenda familiar em Palmeira das Missões, ele assegurou que toda a festa foi bancada com recursos pessoais. Possuía renda suficiente. "Nada saiu do tesouro estadual", repetiu. "Esta notícia vai acabar com a minha carreira política", começou a chorar. Lágrimas escorriam mais do olho esquerdo. O direito, caído, ficou parcialmente atrofiado pela paralisia. A situação tornou-se constrangedora. Breno sem jeito. Não iria lhe alcançar um lenço. "Escreva uma carta, dando todas essas explicações, que o jornal publica", propôs. Amaral apanhou o lenço no bolso do paletó e secou os olhos. Assim foi contornado o incidente. No afã de contestar as estruturas de uma maneira geral, o tabloide matutino de viés esquerdista avançava o limite do razoável e desgostava o doutor Breno, um conservador, mas disposto a deixar ao filho a responsabilidade pela linha editorial da Folhinha.

Ao chegar o momento de ser escolhido o futuro governador, em 1978, Caldas foi convidado para um almoço no Quartel-General do III Exército. A cortesia foi transmitida pelo jornalista Marco Antônio Kraemer (1943-2020), encarregado da cobertura na área militar do Correio do Povo. Na redemocratização, o repórter do setor militar ocupou vários cargos de relevância, como o de diretor da fábrica General Motors no RS, em sua implantação no governo Britto, PMDB. O refeitório dos oficiais estava arrumado para o evento. O doutor Breno foi acomodado na mesa principal, junto com o comandante Fernando Belfort Bethlem (1914-2001). O repórter Kraemer sentou-se em outra mesa, com oficiais subalternos.

Com sotaque carioca, o general Belfort perguntou ao proprietário do Correio do Povo o que ele achava da possível indicação de Amaral a governador. O regime militar escolhia os governadores a serem eleitos indiretamente pelas Assembleias Legislativas, num teatro de democracia. Não se furtou de dar sua opinião. Disse que faltava ao vice estatura física, com sua altura pouco superior a um metro e meio, pessoal e moral. "Não considero uma boa escolha", asseverou. Foi servido suflê de frango, arroz branco, salada e rodelas de batatas assadas ao forno com ervas. Água mineral com ou sem gás. De sobremesa, doce de leite uruguaio. Veio o cafezinho.

Amaral tinha informantes atentos e ficou sabendo do veto de Breno ao seu nome em almoço no III Exército. A opinião de Caldas não impediu que o vice fosse referendado para a sucessão. A articulação de Amaral nos bastidores era, mesmo, poderosa. Assumiu o governo em 15 de março de 1979, o ano em que foi promulgada a anistia pelo presidente Figueiredo, em 28 de agosto. Ensina a maldade que a vingança é um prato que se come frio. Deve-se ter a prudência e esperar a hora mais apropriada. Foi o que fez Amaralzinho.

Quatro anos transcorreram. Contra prognósticos dos descrentes, ele estava encerrando o mandato com chave de ouro. Em 4 de fevereiro de 1983, sexta-feira, foi inaugurado pela manhã o Polo Petroquímico de Triunfo, a 52 km de Porto Alegre, numa ação conjunta dos governos federal, estadual e articulação política do senador oposicionista Pedro Simon, com apoio dos deputados estaduais e federais gaúchos. Em março, Amaral passaria o governo para Jair Soares. Chegou a vez de acertar as contas com o doutor Breno. Superou os "docinhos saídos dos cofres públicos", mas não engoliu a opinião de Caldas expressa em círculo militar contra sua indicação a governador, uma espinha na garganta nos últimos cinco anos, arranhando, doendo. Naquele dia, à tarde, ele mandou executar a dívida da Caldas Júnior com o Banrisul, o banco estatal. A crise financeira da empresa, avolumando-se desde 1980, escancarou-se diante da opinião pública.

Os advogados da empresa foram intimados sexta à noite, por telex, após o expediente, já começando o fim de semana, e avisaram Caldas sábado pela manhã, quando receberam os termos da execução por fax. Possesso, Breno mordeu a isca. Lembrou-se do que falara ao general Belfort cinco anos atrás. Dirigiu-se ao seu gabinete na Caldas Júnior. Poucos veículos se encontravam no estacionamento. Parou a Mercedes na área coberta quase vazia. Sentou-se na cadeira giratória de sua mesa, assento macio de couro, puxou a máquina elétrica portátil à sua frente, colocou no rolo uma lauda da redação e redigiu 20 linhas que abalaram o Rio Grande do Sul. O título "Palmo e meio" repetia sua sentença ao comandante do III Exército, proferida no almoço no QG, cinco anos antes, de que faltava ao governador "palmo e meio" na estatura, capacidade, virtudes pessoais e morais. Virulência incomum. Assinou "Breno Caldas". Leu o artigo escrito com indignação e corrigiu com letra verde um ou outro erro de datilografia, creditados à sua fúria. Chamou o Ribeiro pelo telefone interno. Quando ele entrou no gabinete, entregou o texto e ordenou: "Publica na capa".

O artigo saiu na primeira página daquele domingo, dia 6 de fevereiro de 1983. Adahil Borges Fortes da Silva, chefe de redação, estava em férias. "Se eu estivesse na redação, não o deixaria publicar; o doutor Breno me ouve", contou-me num final de noite, sentado à sua mesa, semanas mais tarde, eu havia puxado uma cadeira para perto; esperávamos a rodagem do jornal. "Sabes, Tibério", relatou-me, "o doutor Breno diz, com certa mágoa, que nunca será reconhecido como um grande jornalista, talvez como fazendeiro". Ele estava errado, o que restou foi sua trajetória como jornalista.

A execução da dívida com o Banrisul tornou-se um fato sem volta. Seguiram-se outras iniciativas semelhantes, numa avalanche. Breno passou a se desfazer do patrimônio pessoal para tentar salvar inutilmente o Correio do Povo. "Tudo que eu adquiri devo ao Correio; vendo tudo para salvá-lo", repetia obstinado aos amigos e familiares. Ninguém se atrevia a contestá-lo, mesmo que não concordasse. Quando a Companhia entrou em falência, ele era incrivelmente seu maior credor. "Não é comum", comentou o coautor de seu livro, Pinheiro Machado. "Mas eu não sou comum", respondeu-lhe. O resultado é que ele próprio e sua família começaram a viver dificuldades. O sobrenome Caldas deixou de ser sinônimo de riqueza. Ficou a saga de uma família e a história de um império que viveu o apogeu e o declínio. Assim como a Roma de César.

Nem a velha amizade com o presidente adiantou. A empatia de Caldas com Figueiredo é anterior ao seu mandato de 15 de março de 1979 a 15 de março de 1985. Começou no churrasco oferecido a Médici no Haras Arado, seis anos antes, em 1973. Figueiredo fazia parte da comitiva presidencial. O carioca de São Conrado, general de Cavalaria, logo se identificou com o doutor Breno pela paixão por cavalos. Visitaram juntos, na ocasião, as cavalariças dos potros puros-sangues do Haras. "Que beleza de animal!", repetia o militar, encantado diante de cada baia. Passava a mão calejada da rédea na cabeça do animal. Nunca mais perderam o contato. O elo entre eles era o general Gastão Álvaro Pereira dos Santos (1915-2011), gaúcho de Taquara, também oficial de Cavalaria, irmão do general Adalberto, ex-vice-presidente no mandato de Geisel.

Gastão desempenhou liderança entre os pecuaristas, como presidente do Instituto de Carnes. Homem de campanha, fazendeiro simples, de bombacha e chinelos de couro, o general gostava de cachaça curtida com butiá e um bom churrasco, hábitos que o levaram até os 96 anos. Quando Figueiredo vinha a Porto Alegre, já como presidente, fazia questão de passar alguns momentos, fora da agenda oficial, com Caldas e Gastão. O rústico e truculento presidente caminhava no meio dos dois amigos, de braços dados, numa intimidade de fazer inveja aos áulicos.

Roberto Marinho viu na imprensa a foto do presidente em Porto Alegre, caminhando no meio de Breno e o general Gastão, os dois de cotovelos encolhidos e Figueiredo enlaçando os braços dos amigos. "Esses gaúchos são estranhos, todos metidos a machões, mas andam de braços dados e trocam beijos entre homens como os argentinos e os uruguaios", o jornalista carioca deve ter pensado. "Não vou deixar assim", acredito ter decidido.

Na primeira oportunidade, em encontro no Rio de Janeiro, o dono da Rede Globo não teve dúvidas: forçou uma intimidade com Figueiredo. Os dois andavam lado a lado num evento e Marinho enfiou o braço no cotovelo do general. O presidente continuou caminhando levemente à frente, braços dados, em visível constrangimento. Marinho conseguiu assim uma foto com Figueiredo, divulgada na imprensa, com a mesma intimidade de Breno Caldas.

O proprietário da rede de TV mais poderosa do País envolveu facilmente o último presidente de exceção, truculento e ingênuo, tanto é que o jornal O Globo recebeu com exclusividade o projeto de anistia e divulgou em primeira mão na imprensa. E mais tarde, Roberto Marinho teve o poder suficiente para evitar que o governo financiasse o rombo da Empresa Jornalística Caldas Júnior.

Dona Nilza Caldas recorda a proximidade do último ditador com o pai. "Quando Figueiredo me via, dizia: – Fala, Salomé", em tom de pilhéria numa referência ao personagem de Chico Anísio. Num dos quadros na TV Globo, o humorista interpretava uma professora aposentada de Passo Fundo que telefonava ao presidente, com sotaque feminino gaúcho, voz de idosa, fazendo cobranças a ele. "Na intimidade, o general confessava que se divertia assistindo ao quadro", me disse a dona Nilza. Na hipotética ligação, Chico falava ao telefone diretamente com Figueiredo. O presidente assistia ao programa de pernas esticadas diante do televisor, na Granja do Torto, residência rural da Presidência da República nas cercanias de Brasília, degustando um uísque, o sorriso camuflado no rosto sempre fechado. Ouvia atentamente, divertido, as reclamações do simulacro de professora. Se ele costumava atender aos pedidos da Salomé, não se sabe.

Os cavalos resfolegando nas baias da Granja do Torto, batizada pelo presidente João Goulart com esse nome devido ao seu problema na perna esquerda, que puxava ao caminhar. O último ditador era um homem solitário. Dona Dulce (1928-2011), sua esposa, participava das cerimônias oficiais como primeira-dama.

O Titanic da Caldas Júnior fazia água. As desvalorizações da moeda aumentavam a dívida contraída em dólar para a compra da TV Guaíba. Breno se despiu da arrogância e do pudor e resolveu procurar em Brasília seu amigo Figueiredo. O ministro da Casa Civil, o gaúcho Leitão de Abreu, ícone gremista, aquele mesmo que marcou o churrasco de Médici no Arado, agendou o encontro no Palácio da Alvorada, porque o Planalto estava em obras. Como sempre, o general recebeu Caldas com fraternidade. O dono do Correio do Povo ponderou ao presidente que a abertura política, na qual ele estava empenhado, deveria vir junto com um auxílio à imprensa. "As grandes empresas de comunicação estão em dificuldades e não se faz democracia sem elas." Caldas lembrou a Figueiredo que desde a Constituição de 1891, após a queda do Império, foram consagrados alguns privilégios à imprensa, como a importação de papel sem imposto.

O presidente foi direto ao ponto: estava interessado em ajudar a Caldas Júnior, mas nada daria ao Estado de S. Paulo. O jornal da família Mesquita, que apoiou o Movimento de 1964 no início, como quase toda a imprensa, exceções da Última Hora e do Correio da Manhã, desceu do barco na década de 70 e passou a fazer oposição ao regime militar pela direita, não pela esquerda. O Estadão foi quem cunhou o termo *mordomia*: seus repórteres vasculhavam o lixo das mansões dos ministros atrás de latas de conservas e garrafas vazias. Assim denunciavam os pratos sofisticados e as bebidas finas consumidas nos jantares do poder cívico-militar.

No Programa Ferreira Neto, na Rede Bandeirantes, Ruy Mesquita (1925-2013), um dos diretores do Estadão e diretor de redação do Jornal da Tarde, explicou por que a conservadora empresa jornalística paulista se tornou crítica ao regime militar. "Nós defendemos o capitalismo, não vemos diferença entre empresa nacional ou internacional, somos a favor da livre iniciativa e contrários à política estatizante dos militares, uma espécie de totalitarismo estatal", a explanação bem didática de Ruy Mesquita transmitida pela televisão, em programa noturno, pauta liberada e audiência seleta, ocorreu em pleno regime de exceção. A ditadura utilizava a velha estratégia militar: deixar um vale de escape para não aguçar a coragem do inimigo além do limite natural. Programas na TV fora do horário nobre das novelas, jornais nanicos com cortes, metáforas toleradas em músicas e filmes remanescentes do Cinema Novo, menor público, tinham maior liberdade, favorecidos por certa leniência do poder.

A Caldas Júnior historicamente gastava muito papel por ter dois diários de grande tiragem, o Correio e a Folha da Tarde. O jornal líder da empresa, em tamanho *standard*, publicava matérias extensas, procurava divulgar tudo o que de importante ocorria na capital e no interior do Rio Grande do Sul. Na sexta, trazia encartado o tabloide Rural, similar às publicações argentinas de agropecuária. Para economizar bobinas, deixou de publicar o encarte Caderno de Sábado, cultural, mas o Segundo Caderno de leituras e os Classificados no domingo continuavam, o que tornava o Correio um impresso *maciço*, na expressão do doutor Breno.

"Tu és nosso amigo, não tem problema em ajudar, mas o Estadão não vai receber nada", reafirmou o presidente, obstinado com a família Mesquita. "Hoje sou visto como um aliado do governo, amanhã posso não existir mais"; apesar do apelo dramático do doutor Breno, nada evoluiu para uma medida concreta de socorro à Caldas Júnior. Nem a amizade pessoal com Figueiredo adiantou. O presidente não desejava apoiar a imprensa como um todo e o governo em si pretendia manter a parceria incondicional com a Rede Globo, que desde Médici canalizava a maior parte das verbas públicas destinadas à publicidade. A Globo era o verdadeiro porta-voz do regime cívico-militar que manteve atividade parlamentar, judiciária, sindicatos, associações de serviço, atividade acadêmica, clubes de esporte e lazer, numa estrutura permissiva a oposicionistas, que iam de comunistas a liberais, encrustados em castas públicas.

No auge da crise, Caldas continuava sua rotina na redação. Liberato Vieira da Cunha, o editor do suplemento especial de domingo, recebeu convite para uma viagem à Alemanha e França. Pediu ao doutor Breno dispensa. Conversaram em pé, diante da porta do gabinete. Ele deu permissão sem nenhuma objeção. Em pé mesmo, rubricou a licença remunerada. "Começou a contar sua viagem à Europa com a mãe e as irmãs, para estudar, quando era adolescente, a imaginação longe, num passado distante, falando da vida, como se estivesse se refugiando de seus problemas num momento brutal", recordou Liberato numa entrevista dada a mim que se prolongou por três telefonemas.

Em suas memórias, Breno forneceu um testemunho dramático da situação que vivia. "Houve um acúmulo de preocupações e ocupações em cima de uma única pessoa, que era eu. Na hora de estourar, as coisas estouravam em cima de mim!" Pinheiro Machado guarda as várias fitas gravadas das conversas com Caldas que permitiram escrever o livro-entrevista. Ao final de cada encontro com o biografado no Arado, o jornalista redigia em casa as perguntas e respostas daquele dia. A ideia era publicar em tempo para a Feira do Livro de Porto Alegre de 1987.

"Eu estava meio doido... Eu sou um sujeito naturalmente calmo, tenho condições de suportar situações difíceis, tenho coragem. Mas às vezes eu ficava meio atrapalhado." Breno começou a ter uma "verdadeira ojeriza" de assinar papéis que lhe apresentavam. "Quando eu pegava uma caneta, começava a tremer", não suportava mais assinar empréstimos, financiamentos, contratos de câmbios, intimações judiciais. Quando a empresa fechou, o suplício continuou. Os fiscais iam procurá-lo no Arado.

Foi um inferno que durou de 1980 a maio de 1986, quando Caldas concluiu a transferência de 90% dos seus bens. Reconhecia que toda a sua fortuna foi adquirida através do jornal e devolveu cada tostão, inclusive os créditos que tinha na empresa como proprietário. Uma cobrança cruel do destino. Perdeu os bens e foi apagado da memória da cidade e do Estado.

24. Grevista arrependido

O governador Jair Soares tomou posse em 15 de março de 1983. No fim do ano, parte dos gráficos e jornalistas entrou em greve pelos salários atrasados, dando a mão para o fim da empresa. Na minha vida há muitas coisas das quais me arrependo e gostaria de ter feito diferente ou não ter feito. Uma delas é a participação na greve de 56 dias da Caldas Júnior que orgulha tantos jornalistas. Não a mim. Encaro como uma mancha na minha longa carreira na imprensa. Fomos facilmente manipulados pelos sindicatos dos Gráficos e dos Jornalistas, numa ação mais política do que trabalhista, no embrião do surgimento do PT sectário e totalitário.

Em 12 de dezembro de 1983, uma segunda-feira à noite, ocorreu assembleia geral, nas oficinas do Correio do Povo. Lembro-me do cheiro familiar do chumbo. Os funcionários aglomerados nos corredores entre as mesas de metal de montagem das páginas. Público de aproximadamente duas centenas de pessoas. Fui o último a levantar o braço, e logo abaixei. Estava indeciso. "Pensei que não ias levantar a mão", comentou a minha mulher, presente no grupo de revisores, controlando as minhas reações de longe. "Não ia", confessei.

Houve só dois votos contra a proposta de greve. Um deles do crítico cultural e mais tarde político Antônio Hohlfeldt, vereador na Capital e vice-governador, com militância no PT, PSDB e MDB, presidente do histórico Theatro São Pedro. O outro dissidente foi Antônio González, diretor da Faculdade de Comunicação Social da PUCRS, secretário de redação da Folha da Tarde, ex-presidente do Sindicato e futuro presidente da ARI. Obediente à deliberação da maioria, Antoninho (líder sindical e juiz classista) aderiu à paralisação, mas alguns dias depois ele voltou ao trabalho. Percebeu que era uma ação trabalhista predadora.

O doutor Breno aceitou o retorno de González ao trabalho e devolveu-lhe o cargo de editor da Folha da Tarde. "Pode voltar ao trabalho", mandou o recado. "Mas ele não quis me receber em seu gabinete", contou-me Antoninho, visivelmente constrangido. Com larga experiência, ele desejava ajudá-lo na comunicação com a opinião pública, mas Caldas não transigiu. "O problema é meu e vou levar no peito, do meu jeito", dispensou a habilidade do González no trato com as pessoas, capaz de conciliar e aglutinar.

O maior sacrificado na crise não eram os trabalhadores com salários atrasados, mas o doutor Breno, e não sabíamos. Ele estava se desfazendo em sigilo de todo o seu patrimônio particular para tentar salvar os veículos (dois jornais, a rádio e o canal de televisão) e por consequência nossos empregos. Fiquei em dúvida na assembleia que decidiu pela paralisação, porque temia que a greve apressasse o fim da empresa e, lamentavelmente, eu estava certo.

O presidente do Sindicato dos Jornalistas, Remi Baldasso, redator de Mundo, na Zero Hora, mostrou-se decidido a utilizar a greve nos jornais concorrentes como uma afirmação da esquerda. Indiretamente beneficiava a RBS, seu empregador. O advogado do Sindicato dos Jornalistas, Luiz Lopes Burmeister, militante petista e candidato a deputado estadual não eleito em 1986, forneceu à assembleia de funcionários as explicações jurídicas para o encaminhamento do processo à Justiça do Trabalho por atraso no pagamento dos salários e justificação da greve. Num universo de 1.600 funcionários dos impressos, rádio e televisão, cerca de 200 pararam; uma falsa maioria. Gráficos ameaçados pela modernização da impressão, com a mudança gradativa do sistema a quente (chumbo) para o sistema a frio (*offset*), aderiram à greve e proporcionaram uma vitória efêmera: os jornais não circularam no dia seguinte.

O movimento ficou conhecido nas dissertações acadêmicas nas universidades como a *Greve do Chumbo*, sempre apresentada como uma vitória do sindicalismo contra um oligarca da imprensa alicerçada em citações marxistas de sociologia, filosofia e história da imprensa. A perda de empregos e o fim da pluralidade de opinião no Rio Grande do Sul colocados em segundo plano.

Eu saí da assembleia geral ainda indeciso se iria aderir ou não. Entrei na redação e deparei-me com o secretário Antônio Carlos Ribeiro possesso com os jornalistas que tinham comparecido à assembleia na gráfica. Falava alto, revoltado. "Agora vamos ver quem está do nosso lado e quem está contra nós", vociferou. Não era isso que eu queria ouvir. Se ouvisse uma frase de acolhimento, eu retornaria ao trabalho. Juntei as minhas coisas em silêncio e fui embora. Triste, cabisbaixo, sem nenhum espírito de ufanismo, muito menos como desafio. Se eu conhecesse mais a história do Ribeiro, sua lealdade ao doutor Breno, teria relevado seu destempero. Existem coisas que somente os anos ensinam. Quanto mais reflito sobre Ribeiro, mais o entendo. Perdão ao jornalista e cronista da Ribalta das Ruas, título de sua coluna dominical.

A paralisação decretada na noite de segunda-feira, com adesão significativa de gráficos, conseguiu fazer com que o Correio e a Folha não circulassem na terça, 13 de dezembro de 1983. A empresa se rearticulou e os dois jornais voltaram a circular no dia 14 com menor número de páginas. Estavam feridos gravemente. Nunca mais foram os mesmos. Editorias vagas pelos grevistas afastados foram preenchidas por profissionais que continuaram trabalhando e receberam promoção. Novos repórteres, oriundos das faculdades de Jornalismo, principalmente da PUC e Unisinos, requisitados pelo González, que lecionava nas duas universidades, entraram no mercado no lugar dos grevistas, principalmente na Folha, onde a adesão à greve foi maior. Não podem ser acusados de fura-greves; eles estavam começando uma carreira, azar de quem vacilou. Eu entrei na Caldas Jr. por causa da insólita guerra de laranjas.

Piquetes de estudantes, não funcionários, aparecem nas fotos tentando evitar a entrada do doutor Breno no prédio durante a greve. Antigos funcionários da Folha da Manhã, fechada em 1980, aderiram ao movimento como uma revanche a Caldas.

As duas centenas de grevistas foram formalmente demitidos por fonograma (mensagem enviada pelas antigas Telefônicas), datados de 9 de janeiro de 1984. "Comunicamos rescisão nesta data seu contrato de trabalho PT (.) Solicitamos comparecimento hoje Departamento de Pessoal PT (.) Remetente: Empresa Jornalística Caldas Júnior." O mesmo texto foi encaminhado individualmente a cada funcionário, mudando apenas o nome e endereço do destinatário. O fonograma entregue na minha casa, na Travessa Lucas de Lima, foi o 111.º expedido naquele dia.

O doutor Breno era um homem envelhecido para sua idade. O trabalho diário no jornal para que o Correio continuasse fiel à sua história, o comando centralizado de uma enorme empresa de comunicação, fazendas de gado e criação de cavalos, regatas nos mares tenebrosos do Sul sugaram suas energias ao longo dos anos. Durante a greve, o chefe da equipe de segurança do prédio, Florisvaldo, um negro forte e elegante, barba bem aparada, com entradas na testa, camisa branca impecável e poucas palavras, passou a ser o guarda-costas de Caldas. Não um Kevin Costner, mas um Denzel Washington. A sombra dirigia a Mercedes no retorno para o Arado, no fim da noite. Breno sentado ao seu lado nos bancos da frente. Havia temor de atentado, nada mais era como antes.

Ele deixara de voltar sozinho para casa, como fazia desde 1935, quando comprou o paraíso em Belém Novo. Manchas da idade na pele, duas linhas marcantes desciam dos lábios ao redor do queixo, os cabelos completamente brancos e escassos, a calvície aumentando. Os ombros largos de quem praticou natação, equitação e segurou o leme no mar bravio, curvaram-se com os anos. Ele foi um jovem exuberante, rico e dono do Correio do Povo, viveu a maturidade com imenso poder por comandar a maior companhia de jornalismo do Rio Grande do Sul, petulante segundo os detratores, e amargurou na velhice o declínio e o ostracismo.

Os dias de greve foram duros. Muitos dos colegas não tinham nem o que comer. Uma comissão arrecadava alimentos não perecíveis na esquina das Ruas da Praia e Caldas Júnior. Os donativos eram divididos em cestas básicas e distribuídos nas assembleias. Situação triste. Lembro-me em especial do Plínio Nunes, falecido em 2021, um lutador a vida toda, magro (mais tarde conquistou uma barriga pela idade, mas continuou de rosto afilado e pernas finas, nunca bebeu ou fumou), piadista de longas histórias, um apaixonado por rádio que fez carreira em jornal. Casado, filhos pequenos, durante a greve ele teve de vender a moto Honda 125 vermelha, que possuía para colocar comida na mesa em seu pequeno apartamento na Glória.

Eu me garantia, lecionava na PUC e ainda trabalhava na assessoria de imprensa da Reitoria. O Correio, onde editava Polícia e assinava com as iniciais uma coluna diária de histórias grotescas, era minha atividade à noite, meu terceiro turno de trabalho. Sem a renda do jornal, oficialmente demitido, restava o salário da Universidade Católica.

Mario Quintana aderiu formalmente à greve ao participar de uma assembleia. Foi fotografado na plateia. Em primeiro plano aparece o diretor de arte do Correio do Povo, Leo Tavejanski. No fundo da sala identifiquei o cartunista Santiago, o editor de mundo Raul Rübenich, eu e Mario Marcos de Souza, de esportes da Folha da Tarde, mais tarde Zero e Spor-TV. Paulo F. Gastal, ícone da editoria de cultura do Correio e crítico de cinema com o pseudônimo Calvero na Folha da Tarde, também parou e compareceu à plenária para se solidarizar com os colegas.

"Sou um grevista como qualquer outro", disse o poeta com simplicidade e modéstia, ao ser entrevistado. "Não sei por que todo este barulho, a única diferença é a idade. Tenho 30 anos de casa e lá possuo muitos amigos, por isso gostaria de voltar ao trabalho", registrou o Jornal da Greve de 19 de janeiro de 1984. Com a falência do seu mecenas, Quintana viveu o fim da vida de caridade. ZH abriu páginas com ensaios fotográficos do poeta feitos por Dulce Helfer, sua principal retratista, mas nunca lhe pagou para escrever poesia, como Caldas o fez durante três décadas. O fim do Correio do Povo colocou ponto-final no Caderno H, os poemas semanais de Quintana, redigidos em sua mesa, na redação, e publicados pelo jornal. Seu ganha-pão. Fazer versos, o emprego do poeta.

As assembleias diárias eram realizadas num auditório cedido pelo Sindicato dos Bancários (embrião do PT em Porto Alegre, com Olívio Dutra à frente, funcionário subalterno do Banrisul e depois governador).

Manifestantes iam para a frente da redação do Correio do Povo, gritar: "Paga, Breno, tudo que nos deve, paga Breno; perdeu para a nossa greve." Reverbera nos meus ouvidos até hoje a musiquinha. Como um filme de terror com bonecos infantis horripilantes. O grupo de funcionários que participava dos protestos na frente do prédio, era cada vez menor, acrescido de estudantes e militantes de esquerda, aguerridos, sem nenhum vínculo direto com a empresa.

As luzes do gabinete de Breno Caldas, no segundo andar, estavam acesas. Sozinho, vilipendiado, ouvindo aquela marcha fúnebre lá embaixo. Parado na esquina, ao lado do advogado dos gráficos, Luiz Heron Araújo, com quem me identificava mais, eu assistia a tudo calado. Pensei: o que estou fazendo aqui, meu Deus? Afastei-me do movimento.

Heron e eu nos tornamos amigos naquele momento difícil; tínhamos em comum a simpatia por Brizola, não éramos do PT. Chegamos a compartilhar mesa de bar. Eu com a Wolmy e Heron com uma colega de escritório. Irmão de Carlos Araújo, o ex-marido de Dilma Rousseff, Heron morreu no ano seguinte de um fulminante ataque cardíaco, quando articulava sua candidatura a deputado federal pelo PDT em 1986, na vaga de seu tio Floriceno Paixão (1919-2011). Morador num pequeno e antigo sobrado junto à calçada, na Avenida Venâncio Aires, na Capital, o legendário deputado trabalhista estava disposto a abandonar a política, mas diante da morte do sobrinho escolhido para seu sucessor na Câmara dos Deputados, ele se viu na contingência de se candidatar mais uma vez, sempre vitorioso, com votação cativa. A última.

Após intermináveis 56 dias, o Tribunal Regional do Trabalho decidiu em 6 de fevereiro de 1984 que a greve por atraso de salário e falta de pagamento do 13.º era legal, revogou as demissões por fonograma de 9 de janeiro e determinou a volta de todos ao trabalho. Muitos não retornaram voluntariamente por terem conseguido emprego na concorrência, cargos públicos, assessorias ou viajado para fora do estado em busca de novas oportunidades. Jorge Olavo de Carvalho Leite, repórter especial da

Folha da Tarde, se tornou um empreendedor de sucesso na comunicação hospitalar, abrindo um novo mercado promissor. Leo Tavejanski, contratado pelo JB, e Amauri Mello, por O Globo, seguiram carreira no Rio de Janeiro e comprovaram a qualificação da mão de obra do Correio do Povo.

Os grevistas reintegrados, por força da decisão judicial, perderam os cargos, numa prerrogativa da empresa. A crise somente se agravou e os salários continuaram atrasados. Pagamento somente em vales. Eu deveria ser rebaixado para redator da polícia, onde antes era editor e tinha coluna diária. O redator Walny Soares, que não fez greve, tornara-se editor. Quis mudar de setor. Consegui ser transferido para a política, recebido cordialmente pelo editor José Barrionuevo. Caldas não colocou nenhum obstáculo.

Na editoria de política, tive o privilégio de cobrir o comício das Diretas, em 13 de abril de 1984, na frente da Prefeitura. O último prefeito nomeado da Capital, o engenheiro João Antônio Dib (eleito vereador múltiplas vezes, conhecedor da cidade como poucos), disponibilizou toda a estrutura do Paço Municipal para o evento, num gesto de grandeza política. O acesso ao palanque era por dentro do prédio. Vivíamos, já, um clima de liberdade. O público presente foi calculado pelos repórteres em comum acordo em 200 mil pessoas. Exagerar um pouco fazia parte de nosso apoio à campanha. Talvez a multidão representasse a lotação do antigo Estádio Beira-Rio, com coreia (torcedores em pé), arquibancadas sem cadeiras, pouco mais de cem mil.

No palanque, anotei os principais discursos e fiz o texto de capa do Correio, citando frases de Prestes, Brizola e Ulysses, entre outros, sem nenhum tipo de censura. Durante um tempo, num canto, conversei com o senador Severo Gomes, de passado arenista, ex-ministro de Castello Branco e Geisel. Um sujeito amável, que passou para a oposição e tornou-se a figura mais próxima de Ulysses. Em 12 de outubro de 1992, os dois morreram em queda de helicóptero no mar de Angra dos Reis, no Rio de Janeiro. Acidente que deixou uma dúvida no ar como as mortes dos ex-presidentes Castello, em desastre aéreo, e Kubitschek, em colisão de automóvel. Até os ataques cardíacos de Jango e Lacerda suscitam dúvidas, o que é natural quando as mortes parecem atender a interesses.

Por determinação direta de Breno Caldas, a TV Guaíba foi o único canal de televisão que transmitiu ao vivo a manifestação política, sem qualquer restrição na cobertura. O repórter Gustavo Mota lembra, em contato pelas redes sociais, em 2022, que encerrou a transmissão com um emocionado: "Diretas Já!"

Em 7 de junho de 1984, voltei a assinar matéria na editoria de Política do Correio do Povo por ter participado da cobertura do encontro de governadores, em Porto Alegre. Diante da articulação da oposição brasileira por eleições diretas para Presidente da República, Jair Soares, sempre hábil, decidiu organizar um contraponto, reunindo governadores no Sul, para mandar um recado ao governo Figueiredo, em final de mandato, de que os novos tempos exigiam autonomia política e tributária dos Estados. Na iminente entrega do poder central, os estados federados deviam ser reforçados, estava escrito nas entrelinhas do documento aprovado.

Enquanto procurávamos entrevistar todos os participantes, o escritor gaúcho Carlos Urbim, que cobriu o evento para a Veja, contou-me que a revista só estava interessada em levantar as discordâncias entre os participantes. Era natural por ter de montar uma reportagem não factual. Urbim cometeu essa inconfidência porque éramos amigos e um jamais iria interferir no trabalho do outro.

A assessoria do Palácio da Guanabara, no Rio, encaminhou ao Correio do Povo uma entrevista exclusiva do governador Leonel Brizola sobre o momento político brasileiro. Barrionuevo me estendeu o texto e comentou: "As respostas estão muito longas". Passei os olhos e prontifiquei-me: "Deixa comigo". Sem mexer no texto, intercalei perguntas nas longas respostas e divagações no raciocínio labiríntico do velho trabalhista. "Ficou ótimo", agradeceu Barrio. Foi a única entrevista do Brizola com muitas perguntas curtas e respostas sucintas publicada no Correio do Povo de Breno Caldas.

25. O último suspiro

Os bancos particulares facilitavam o pagamento parcelado dos empréstimos contraídos pelo doutor Breno, mas os estatais começaram a executá-los a partir da ação de Amaral de Souza, em março de 1983. Como garantia do pagamento ao Banrisul, Caldas hipotecou a Fazenda do Salso, em Guaíba, com 2 mil hectares. Sua avaliação oficial não saldou todo o débito. O Banco do Brasil, por sua vez, ajuizou o pagamento antecipado de juros e correção monetária de uma dívida que só venceria três anos depois, em 1986. Ele deveria pagar mensalmente os juros e a correção da inflação, enquanto o principal da dívida rolava.

Em dezembro de 1983, enquanto nós funcionários fazíamos greve por salários atrasados, Caldas entregou em silêncio a metade (400 hectares) do Haras Arado para a Cia. T. Janer, empresa de bobinas e maquinário de imprensa, para o fornecimento de papel, suficiente para mais alguns meses. Levando-se em conta que um sítio na restrita zona rural da Capital tem de 1 a 2 hectares, era como se ele entregasse dois sítios a cada dia para circularem os jornais. Por pudor e dignidade, Breno não quis revelar aos grevistas seus esforços pessoais com perda de patrimônio para manter o Correio e a Folha em circulação. Não enviou nenhum preposto à assembleia geral para explicar aos funcionários a situação.

O empresário de soja Renato Ribeiro, dos óleos Merlin, que depois viria a comprar o Correio do Povo, Rádio e TV Guaíba, fez uma oferta em janeiro de 1984, pelo valor de mercado: 25 bilhões de cruzeiros, pela maior propriedade rural de Caldas, a Fazenda de Viamão. "Valia mais, em razão das benfeitorias, mas resolvi aceitar", resignou-se. "Eu pretendia aplicar o dinheiro no mercado de capitais e ir saldando minhas dívidas com os ganhos em juros e correção monetária", não deu certo.

O contrato de compra e venda foi rapidamente sacramentado pelas duas partes em comum acordo. Caldas vivia premente falta de capital, mas quando o dinheiro entrou em sua conta, na assinatura da transferência, foi bloqueado pelo Banrisul. Por honestidade, Breno não teve a prudência de desviar o dinheiro recebido através de laranjas e subterfúgios. A Fazenda do Salso, em Guaíba, e 12 bilhões zeraram a dívida no Banco do Estado. Os outros 13 bilhões restantes da venda da Fazenda de Viamão foram encaminhados para saldar empréstimos no Banco do Brasil. Breno se desfazia de todo o patrimônio e não tinha nenhum dinheiro em caixa. As bobinas trocadas pela metade do Arado chegavam ao fim e não havia recursos para comprar papel para a circulação dos jornais.

No quarteirão da Caldas Júnior, entrada pela Rua Sete de Setembro, ficava o Parque Gráfico e ao lado o depósito para armazenamento de papel. Todo revestido de madeira forte e rústica, para resistir ao peso das bobinas e impedir que entrasse em contato com a umidade do chão e das paredes. Empilhadeiras mecânicas erguiam e baixavam os rolos. No estacionamento do Menino Deus, entrada pela Rua Múcio Teixeira, havia outro espaço maior para o depósito de papel excedente.

Uma empresa jornalística que se confundia com a história da República, iniciada no fim do século 19, o Correio do Povo nunca deixou de circular por dificuldades econômicas ou imprevidência no armazenamento de papel. "A Caldas Júnior historicamente procurava sempre manter estoque para enfrentar dificuldades na importação de papel da melhor qualidade e se defender dos humores do governo, muitas vezes disposto a boicotar a imprensa para manipular ou calar", lembrou Caldas. Tantas vezes ele teve de interceder pessoalmente junto às autoridades para obter o alvará para a importação da cota de papel sem imposto. O produto procedente do Paraná na época era de qualidade inferior.

O fornecimento de bobinas pela T. Janer em troca da metade do Arado terminou nos primeiros dias de junho de 1984. Não havia mais dinheiro e muito menos crédito para comprar papel. As papeleiras só aceitavam pagamento à vista. Os depósitos no bairro Menino Deus e ao lado da rotativa, no centro histórico da Capital, estavam tristemente vazios: as armações de madeira, para evitar o apodrecimento do papel, escurecidas pelo tempo e a poeira, pareciam o porão de um navio sem carga, entrando luz pelas escotilhas (basculantes) ao alto. O cheiro de óleo das empilhadeiras num canto.

O papel era comprado quase diariamente. O Jornal do Comércio emprestava pequenas quantidades, mas não tinha capacidade para garantir a alta tiragem de um matutino *standard* de grande porte e mais um tabloide. A cada dia, o sufoco para comprar bobinas.

A Zero, na Avenida Ipiranga, assistia à agonia do gigante rival no quarteirão da Rua da Praia, Caldas Júnior e Sete de Setembro. Movimentava-se com lentidão, piscava os olhos amarelos. O nocaute era questão de tempo. Contas falavam em meses. Demandas trabalhistas que provocaram a greve, seis meses antes, os apelos ideológicos ou interesses comerciais e políticos colocaram nas cordas um dos cinco magnatas da imprensa brasileira. Otimistas esperavam um milagre. Não precisava ser pessimista para prever que não chegaria ao final do ano. Breno Caldas, 74 anos, tinha envelhecido muito nos últimos meses. Aparentava ter mais de 80. Nem os abutres, muito menos os crentes, podiam imaginar que restavam 24 horas de vida para os jornais da Caldas Júnior.

O doutor Adahil, secretário de redação do Correio do Povo durante meio século, já havia se aposentado, no desgaste natural que ocorreu em toda a redação depois da greve, com uma dança de cadeiras, mágoas e ressentimentos. Ribeiro ficou sendo o homem forte e Bruno Ferreira tornou-se seu preposto, responsável pela edição das capas. Bruno me puxou da Política para redator dos textos de capa. Nos últimos dias eu tinha sido promovido para editor interino de Nacional, um dos setores mais importantes do jornal.

O deputado oposicionista Ulysses Guimarães (1916-1992), do PMDB, em roteiro nacional num avião de carreira (nada de jatinho particular cedido por empreiteiros e banqueiros como no futuro), chegou a Porto Alegre no dia 15 de junho de 1984, uma sexta-feira, para continuar a pregação das Diretas Já, que teve seu momento culminante em Porto Alegre naquela noite de 13 de abril, no comício na frente da Prefeitura. À tarde, concedeu entrevista coletiva na Assembleia Legislativa. Perguntado por jornalistas locais, concordou, atenciosamente, que Paulo Brossard seria uma boa alternativa como candidato à Presidência da República, sem nenhuma possibilidade viável, apesar da indiscutível qualidade do tribuno gaúcho como orador no Senado nos tempos mais duros da ditadura militar. Em eleição direta, não tinha projeção nacional, se a emenda não passasse e a escolha continuasse indireta no Parlamento, como aconteceu, até Ulysses, com toda a sua moderação reconhecida, seria inapropriado, por representar a resistência democrática no regime de exceção. O nome teria de ser de conciliação e consenso.

À noite, um Opala Diplomata preto da Assembleia estacionou na frente da Caldas Júnior. O segurança sentado no banco da frente, ao lado do motorista, desceu para abrir a porta traseira. Outro carro oficial parou atrás com deputados do PMDB. Ulysses desceu do primeiro automóvel, cercado por correligionários de terno e gravata, o uniforme de trabalho da oposição consentida do regime militar. O segurança Florisvaldo, a sombra de Breno Caldas, segurou o elevador-gaiola para a comitiva subir. O grupo excedente foi pelas escadas.

O parlamentar paulista foi recebido pelo doutor Breno em seu gabinete. Ribeiro fez sinal de que eu fosse até sua mesa. "Cobre o encontro do deputado Ulysses Guimarães com o doutor Breno, no gabinete, depois participa da entrevista dele na Rádio Guaíba, com Amir Domingues, e redige uma matéria de 25 a 30 linhas para a capa, com foto", ordenou.

Testemunhei o encontro com Caldas, o rápido diálogo protocolar. Voz grave expelida com pouco ar, Ulysses era um político que economizava as palavras. "Vim lhe dar uma saudação, um abraço", disse. Apertaram-se as mãos. Caldas estava de camisa clara, mangas compridas, blusão de lã bege abotoado na frente, as entradas da testa aumentadas pela calvície, os cabelos brancos volumosos penteados para trás, como nunca usou tão longos, quase um Vinícius de Moraes. Um sorriso esboçado nos lábios fechados, ele colocou a mão esquerda sobre o ombro de Ulysses, fraternalmente.

O presidente nacional da oposição, idoso, alto e empertigado, convivia com velhice precoce desde a maturidade; é impressionante como sendo 14 anos mais moço, em fotos antigas ele parece mais velho que o presidente JK. Ulysses vestia terno grafite, gravata escura, camisa branca e um lencinho da mesma cor no bolso superior do paletó. Ao contrário do encontro cordial com Brizola cinco anos antes, conversando amenidades por longo tempo, que eu também testemunhei, Breno mostrou-se, naquela noite, ainda mais lacônico, sua característica pessoal. "Estou muito satisfeito, muito honrado com a sua visita", respondeu. Os problemas da empresa à beira da falência definitiva representavam muito mais para ele do que a encruzilhada democrática vivida pelo País.

Entrevistei o decano político junto com Amir Domingues, na Guaíba, material gravado, estava na hora da Voz do Brasil. Arranquei dele a declaração mais forte e lúdica do dia: "No processo político brasileiro atual, nesta neblina em que estamos vivendo, nesta confusão, onde não se sabe nem a forma de escolher o futuro Presidente da República, será muito perigoso o Congresso não aprovar as eleições diretas já, ainda para a sucessão do presidente Figueiredo, por ser um anseio popular", abri a minha matéria com a frase. Dei outra dimensão a um natural e burocrático texto-legenda da visita ao doutor Breno. O texto exclusivo foi publicado no alto da capa do Correio, à direita, na íntegra, em destaque, com chamada para a entrevista coletiva na Assembleia, com toda a imprensa, reproduzida na editoria local de política, na página 8 daquela edição de 16 de junho de 1984, sábado.

O deputado qualificou como "um absurdo" a proposta de Brizola de prorrogar o mandato de Figueiredo por mais dois anos em troca de eleições diretas; uma alternativa diante da possível derrota da emenda do deputado oposicionista Dante de Oliveira, que restabelecia escolha direta do Presidente. A maioria do Congresso era governista, apesar de já haver focos de dissidência. Como era previsto, a emenda constitucional não passou. A bancada oficialista do PDS e PFL manteve a escolha indireta do presidente e do vice com aprovação dos nomes no Parlamento. Mas no final do meu texto de 30 linhas daquele sábado já estava prevista a solução para essa possibilidade:

"Se, por uma infelicidade, isso não ocorrer, deveremos, na época oportuna, buscar uma saída, como ocorreu em 1961 e em outras ocasiões."

Escrevi na capa do último Correio do Povo, com a foto de Breno Caldas recepcionando Ulysses Guimarães, e coube a mim, tantos anos depois, escrever a sua biografia. Nada acontece por casualidade; há um plano secreto infinito.

No meu derradeiro texto no Correio, não fiz nenhuma referência a Paulo Brossard, que os repórteres gaúchos tentaram emplacar na entrevista coletiva. Ulysses, na verdade, antecipou a Amir e a mim que já possuía na manga uma carta de 1961 para essa eventualidade: impressa a cara de Tancredo em naipe de copas, o primeiro-ministro que garantiu a posse do presidente João Goulart em regime parlamentarista. O naipe não era de ouro (o empresariado), de espada (os militares), muito menos de paus (a revolução popular), mas de copas, a conciliação, o brinde entre amigos. O nome vindo de Minas Gerais era capaz de dividir o PDS do candidato oficial civil Paulo Maluf, paulista, o primeiro não militar indicado pelo sistema desde 1964. Sempre um estranho no ninho, mas com poder de arregimentação, Maluf venceu a convenção do partido do governo, derrotando o coronel Mário Andreazza, ex-ministro dos Transportes, a figura mais popular da ala desenvolvimentista da Revolução de 1964, apoiado pelo núcleo duro do poder.

Em 1969, eu entrevistei Andreazza como repórter da Zero. O charmoso militar de olhos verdes herdados do avô, a pele bem morena, cabelos grisalhos ondulados, cruzava de terno escuro, camisa branca e gravata vinho, o saguão do antigo Hotel Plaza, na Rua Senhor dos Passos; ele mostrou-se simpático e atencioso nas respostas ao pirralho jornalista. Falou comigo, rapidamente, me dispensou, e dirigiu-se ao bar do hotel para tomar um uísque antes do jantar.

A dissidência do próprio vice de Figueiredo, Aureliano Chaves (1929-2003), foi decisiva para a vitória da oposição no colégio eleitoral. O ex--governador mineiro, de rosto quadrado, consolidou um racha no movimento conservador ao fundar, em janeiro de 1985, o PFL, que deu origem ao DEM, todos vindos da velha Arena. Com a resistência da caserna a Maluf, não foi verdadeiramente um ato de bravura deputados e senadores dissidentes do PDS e PFL se juntarem à minoria oposicionista do MDB, PDT e PTB para elegerem Tancredo no Colégio Eleitoral do Congresso. O PT expulsou os deputados Aírton Soares e Bete Mendes, que votaram em Tancredo, desobedecendo, assim, a orientação partidária pelo voto em branco, que favorecia Maluf. À sombra da história política, não deveria ter causado tanta surpresa a foto de Lula com Maluf, nos jardins da luxuosa mansão do político paulista, selando o apoio do malufismo ao PT na eleição presidencial de 2002. O fio da história tecido 17 anos antes.

Tancredo morreu antes de assumir. Acabou sendo empossado no seu lugar o vice Sarney, ex-governador do Maranhão, presidente nacional da Arena no fim do governo Geisel, em 1979, idealizador do nome PDS em 1980, para tornar o partido mais palatável na redemocratização, e em 1985 filiado ao PMDB para participar da chapa vitoriosa. O trânsfuga perfeito chegou ao poder indiretamente, por um golpe macabro de sorte.

Voltei para casa à 1h da madrugada, com a edição de sábado que começara a rodar. Guardo o exemplar até hoje na minha biblioteca e se tornou um marco triste: foi o último Correio do Povo de Breno Caldas. Meu texto está lá, na primeira página. O abraço do dono do jornal em Ulysses ilustra a minha matéria.

Sábado de manhã me encontrava novamente na redação, no primeiro andar do clássico Edifício Hudson, o elevador-gaiola, as escadarias de mármore gastas pelo tempo, paredes largas, janelas abertas para o sol pálido de inverno, as luminárias fluorescentes acesas para facilitar a leitura. As mesas de metal de tampo verde, as máquinas de escrever, cadeiras pretas fixas para os redatores nas escrivaninhas mais baixas e poltronas giratórias para os editores nas mesas maiores.

Nós trabalhávamos sabendo que não havia papel para imprimir o jornal. Caldas fazia o possível e o impossível para tentar conseguir. Naquela manhã, eu editava uma das seções nobres do jornal, Nacional, duas páginas com anúncios. Baixei a coluna Boletim de Brasília, da Sucursal, e noticiários das agências nacionais, fotolitos e fotos de arquivo. Selecionava o material, penteava os textos, como se dizia para a tarefa de corrigir.

O silêncio do desalento, poucas palavras eram abafadas pelo ruído das máquinas de escrever. A digitação, que substituíra recentemente a linotipia, era realizada na central de computadores, com ar-condicionado, no segundo andar. Redigimos, corrigimos, titulamos e diagramamos como se fosse um dia qualquer, controlando o relógio de parede para não atrasar a edição, mesmo sabendo que não havia papel para rodar o Correio dominical. Acima de tudo determinismo e responsabilidade profissional.

Vinte e sete anos mais tarde, em 2011, eu vivi uma situação semelhante. O novo coordenador de Jornalismo da Faculdade de Comunicação da PUCRS, onde lecionei por 40 anos, como professor titular de Jornalismo Gráfico, resolveu acabar com os laboratórios de rádio, TV e Jornal. A Radiofam foi a primeira emissora universitária do Brasil na *web* e produzia Vozes do Rádio, arquivo memorial de entrevistas de radialistas. As disciplinas de Televisão e Cinema realizavam programas, documentários e telejornais para a TV Foca. O estágio em jornalismo impresso editava o Hipertexto. A ideia era criar um espaço de convergência, centralizado na *web*, a nova tendência da comunicação, batizado como Editorial J, e assim dar uma marca pessoal à nova administração, com respaldo da direção. Exatamente no mês de junho, como ocorreu naquele longínquo ano de 1984, eu recebi a informação de que a edição mensal de julho do Hipertexto, realizada durante as férias de inverno, seria a última. Em agosto, na volta às aulas, vida nova na faculdade, sob o signo da tecnologia digital.

Os alunos estagiários que trabalhavam como voluntários nas férias de inverno ficaram desolados. Confortei-os. "Vamos trabalhar como se fosse qualquer outro dia", disse. E contei a história dramática que vivi em 1984, cumprindo a minha responsabilidade até o momento derradeiro. Eles ficaram sensibilizados com o meu relato emocionado. Em 84, não sabia se a edição dominical rodaria; não circulou. O jornal-laboratório, publicado durante dez anos gratuitamente pelo Comercial Gráfico de Zero Hora, saiu pela última vez com uma de suas melhores edições, a criatividade e qualidade de sempre dos alunos. Despedida em alto estilo.

Como professor titular de Jornalismo Impresso, eu recusei a função de docente auxiliar no Editorial J, sob a supervisão de um ex-aluno da área de tecnologia, indicado para coordenador do projeto-convergência. Talvez fosse falta de humildade minha e não, necessariamente, respeito à hierarquia. Após 45 anos na PUCRS, eu me demiti aos 68 anos de idade, por entender que minha missão estava concluída; devia cuidar mais de mim e aproveitar o tempo que me resta para escrever e ler, minha "razão de viver".

A CORAG (Companhia Rio-Grandense de Artes Gráficas) tinha grande estoque de papel para impressão do Diário Oficial. Não funcionava mais no histórico prédio do jornal A Federação, na frente da Caldas Júnior, transformado em Museu da Comunicação Hipólito José da Costa, mas na Avenida Aparício Borges, bairro Partenon, próximo ao Presídio Central. O doutor Breno entrou em contato com a imprensa oficial e foi informado de que só o governador poderia liberar o empréstimo de bobinas para rodar o Correio do Povo dominical de 17 de junho de 1984. Ele se dirigiu, então, ao Palácio Piratini, na manhã de sábado, dia 16. Jair prometeu dar a ordem à CORAG. Entrou a tarde, e nada do papel ser entregue. Fechei a página de Nacional. Havia poucos jornalistas na redação. Silêncio e desolação. Falta papel, o pensamento na cabeça de todos.

Caldas voltou a procurar Jair à tarde. Apanhou no estacionamento uma Kombi da reportagem. O motorista deixou o doutor Breno na frente do Palácio Piratini e estacionou a caminhonete na Praça da Matriz. Na portaria informaram que o governador estava na igreja. Breno, solitário, saiu caminhando lentamente pela calçada. Entrou na Catedral. Realizava-se uma celebração religiosa em homenagem à Brigada Militar. Poucas pessoas de terno, a maioria dos homens fardados, algumas mulheres de vestidos de festa, maquiadas, bem penteadas e perfumadas. Caldas atravessou o corredor central, os cabelos brancos ralos e longos. Todo mundo o conhecia e balançaram as cabeças, respeitosos. Os sapatos marrons de sola de borracha abafavam o som; vestia calça bege, camisa e blusão em tons de azul. Ele ajoelhou-se na primeira fila ao lado do governador, de terno escuro, camisa branca, gravata listrada.

"A CORAG ainda não recebeu a tua ordem para liberar o papel; o que está acontecendo, Jair?" Não lhe dava senhoria, o governador era muito mais jovem do que ele. Além disso, os jornais da Caldas Júnior, em especial a Folha da Tarde, com jornalistas em dupla função de assessores de imprensa, sempre deram destaque a Soares desde o tempo em que era secretário estadual da Saúde. Ele ficou embaraçado, gaguejou alguma coisa. Breno sentiu que nada iria acontecer. "Vou voltar para o jornal e esperar", levantou-se sem fazer o sinal da cruz; não era ateu, mas de hábitos agnósticos, respeitando a religiosidade da esposa e incentivando as filhas. Cruzou de novo o corredor central da igreja, solitariamente. O ruído da sola de borracha no piso de pedra, o cheiro de vela e incenso. Atravessava a Catedral a caminho do inferno. O bispo metropolitano levantou as mãos, o corpo de Cristo na altura dos olhos e rezou:

– Senhor Jesus Cristo, Filho do Deus Vivo, que cumprindo a vontade do Pai e agindo com o Espírito Santo, pela vossa morte destes vida ao mundo, livrai-me dos meus pecados e de todo o mal; pelo vosso Corpo e pelo vosso Sangue, dai-me cumprir sempre a vossa vontade e jamais separar-me de vós.

Apesar do pai dele ter sido maçom, o Templo Nobre da Casa Grande Oriente, em Porto Alegre, se chama Caldas Júnior, Breno não pertenceu à Maçonaria. Ele teve uma educação jesuíta, no antigo Colégio Anchieta, em Porto Alegre, e proporcionou aos filhos ensino cristão em escolas de instituições religiosas. Sem ser católico praticante, igualmente colaborava com entidades filantrópicas vinculadas à Igreja, em especial o Pão dos Pobres, de atendimento social e profissionalizante. Dona Ilza, no entanto, era bem devota, apesar de não frequentar missas, sobretudo porque a família buscava preservar a intimidade, longe dos holofotes da sociedade. Na entrada do quarto, no canto da parede, tinha um oratório, com imagens de Jesus, Nossa Senhora, uma Bíblia de capa vermelha com letras douradas, um rosário para rezar e para novenas, e um castiçal de cristal para acender velas. Muito orou pela saúde dos filhos, netos, bisnetos, para que Cristo e Maria protegessem o marido, primeiro nas dificuldades financeiras e depois na doença.

O doutor Breno aguardou ainda algum tempo, em seu gabinete, o papel que certamente a CORAG não iria emprestar, por falta da autorização prometida pelo governador. O zelo natural pelo dinheiro público faz parte da trajetória de Jair Soares como secretário estadual da Saúde, deputado, ministro da Previdência no regime militar e governador. Mas sua negativa representou, naquele dia, o fim de um gigante e a transferência da supremacia da imprensa no Rio Grande do Sul para a Avenida Ipiranga. Alguém perdia, outro ganhava.

Pelo telefone interno, Caldas chamou o Florianinho Soares, de plantão na Rádio Guaíba, e ditou o informe para a edição extraordinária do Correspondente Renner. Eu estava em casa, lavando o carro, quando o telefone da sala tocou. Era meu velho amigo Anibal Bendati. O cigarro sempre no canto da boca dificultava o entendimento da dicção em espanhol. O portenho me disse que a Rádio Guaíba acabara de informar em edição extraordinária do Correspondente que o Correio de domingo não iria circular e estava momentaneamente suspenso, junto com a Folha, por falta de papel e dificuldades financeiras da empresa.

Bens da Caldas Júnior começaram a ser leiloados. O primeiro leilão em 30 de agosto de 1984 colocou em hasta pública ramais telefônicos, aparelhos de ar-condicionado, laboratório fotográfico, prensa de contato com bomba a vácuo, máquinas de datilografia, mesas de metal, arquivos de aço, ventiladores, fogão a gás, refrigerador e até o insólito relógio-ponto. No dia 18 de setembro, figuraram as linotipos, serras elétricas e máquinas para tirar provas. O dinheiro arrecadado era destinado às causas trabalhistas. Até o doutor Breno teve de se habilitar junto à Justiça do Trabalho para ter acesso ao salário que recebia pelo cargo de diretor.

Caminhões, caminhonetes, prédios, ainda havia muito patrimônio a ser lançado. No dia 30 de setembro, o juiz Sérgio José Dulac Müller, do 2.º Juizado da Vara de Falências e Concordatas da Capital, decretou a falência da Companhia Jornalística Caldas Júnior. Bancos particulares e todos os credores começaram a protestar títulos. As portas foram simbolicamente lacradas, com o despacho do magistrado colado nas cortinas de ferro no térreo abaixadas. Foi uma ação midiática: o lacre aparentemente legal mostrou-se excessivo. O juiz de Falências marcou para o dia 11 de outubro de 1985 o leilão do prédio, ações judiciais protelatórias adiaram a data por alguns meses e nunca aconteceu porque o patrimônio foi vendido em tempo hábil e toda a dívida saldada. Funcionários e débitos foram pagos. Somente o doutor Breno perdeu como um fenício. Viveu o fim da vida vendendo pequenas sobras de sua fortuna pessoal dilapidada.

26. A máquina elétrica

A faxineira de avental e lenço nos cabelos passa o pano com rodo no corredor, lentamente. O doutor Breno pode aparecer a qualquer momento na direção de seu gabinete. Ela já abriu as vidraças, varreu a sala, aspirou o tapete, os estofados, espanou a mesa sem movimentar os papéis e os livros das estantes laterais sem portas de vidro, passou o pano felpudo na máquina elétrica de datilografia e nas bordas do ar-condicionado. Tem pena do idoso, tão sozinho naquele enorme prédio. Sem a agitação dos jornalistas, parece um casarão mal-assombrado. "Deus me livre", fez sinal da cruz. Poucos ainda trabalham na rádio, mas os radialistas só gostam de falar no microfone. São silenciosos pelos corredores desertos, fumando um cigarro.

O prédio clássico francês, paredes largas, sacadas, uma quadra inteira da Caldas Júnior, da Rua da Praia até a Sete de Setembro, o monumento da comunicação tornou-se o símbolo da decadência de um império. A pintura bege clássica começava a escurecer nas bordas dos arabescos. As cortinas de ferro do térreo, cor gelo, continuavam fechadas com o lacre da Justiça rasgado pela chuva, vento e sol das últimas semanas. Janelas e sacadas dos andares superiores quase todas trancadas. Apenas abertas as vidraças do gabinete do doutor Breno, no primeiro andar, e da Rádio Guaíba, no segundo.

As cortinas de aço que desciam sobre as vitrines deixavam em completa escuridão o interior da esquina de atendimento ao público para os anúncios Classificados, o balcão de madeira escura com entalhes góticos, igual aos dos grandes bancos no passado, símbolos da robustez. Em anexo o gabinete abandonado do gerente Francisco Antônio. No meio da quadra da Rua Caldas Júnior, a entrada principal para as redações seguia aberta com um segurança. Ao lado, também se encontrava fechado o atendimento aos assinantes e administração. No salão deserto, de mobiliário mais simples do que a gerência, uma lâmpada se encontrava acesa. A luz iluminava a mesa do único funcionário que continuava trabalhando, Rogério Christo, o secretário particular de confiança de Caldas, assador oficial do Arado, barqueiro auxiliar e encarregado de comprar os mantimentos para o veleiro. Ele cumpria ordens diretas do doutor Breno. Acabou discutindo com o Francisco Antônio por assinar uma intimação de penhora. "Só o papai pode assinar", o repreendeu enfaticamente. Quando Rogério soube que Caldas estava muito doente, foi visitá-lo no Arado. "Tinham colocado uma cama de hospital em seu quarto de dormir", contou-me o ex-funcionário com visível emoção. "Estava trêmulo, problema nos rins."

Os materiais leiloados iam deixando lacunas nas salas do Edifício Hudson. Marcas no assoalho de mesas vendidas. O ar-condicionado arrancado da parte inferior das janelas, o vão coberto por recortes de madeiras. Levados os arquivos de aço, restaram pastas empilhadas no chão. No primeiro andar, as redações do Correio do Povo e da Folha da Tarde continuavam montadas, apesar de faltarem algumas mesas e muitas máquinas de escrever, até os ventiladores de pé tinham sido leiloados.

O zelador abriu o portão do estacionamento vazio para o patrão colocar a Mercedes em seu boxe coberto. Todos os veículos da empresa foram encaminhados para leilão. Erva daninha crescia no meio da brita que cobria o chão. Ao sair do carro, cumprimentou o Colombo movimentando a cabeça. O baixinho retaco, sempre tão alegre, esboçou um sorriso em seu olhar triste. "Boa tarde, doutor Breno", o coordenador dos motoristas e viaturas da reportagem foi o único funcionário do transporte que sobrou. "Quando receber os salários atrasados e a indenização, eu vou embora também", planejava.

Algum tempo mais tarde, ao cruzar pela decadente Caldas Júnior, o sem-teto que dormia na rua levantou-se enrolado num cobertor e me interpelou: "Sabe quem morreu?" Fiquei surpreso por ele me reconhecer. Tem gente que supõe que os pobres-diabos soltos pelas ruas não têm cérebro e alma. "Nem imagino", respondi. "O Colombo", ele exultou, "graças a Deus", completou, sorrindo com os dentes podres, os cabelos pretos espetados, a pele cascuda, a coberta rota sobre os ombros. Colombo divertia-se ao corrê-lo da frente do portão do estacionamento. O maltrapilho o odiava.

Caldas continuava indo diariamente à empresa para encaminhar a venda do que restava de seu patrimônio. Em sua ideia, pretendia desfazer-se de todos os bens para reabrir o Correio do Povo, uma espécie de dívida com o pai e evitar o fracasso total de sua missão de manter o jornal tradicional dos gaúchos.

"Tudo que tenho comprei com dinheiro do Correio do Povo, entrego tudo para mantê-lo vivo", repetia obstinado. Ninguém ousava contraditá-lo. A Fazenda de Dom Pedrito, visitada de avião, diluiu-se no início da crise. O terreno para a futura sede e os prédios antigos, herdados do pai e da mãe perto do jornal, foram aceitos como penhora no Banco do Brasil, nos empréstimos em dólar referendados pelo Banco Central, através da famigerada "Meia-Três", sugerida por Delfim. A metade do Arado foi trocada por papel para rodar os jornais mais seis meses. O dinheiro da venda da Fazenda de Viamão bloqueado serviu para pagar parte da dívida do Banrisul, integralizada com a penhora da Estância do Salso, em Guaíba, também chamada de Fazenda do Peixe. Os recursos restantes retidos na transação da estância de Viamão foram encaminhados para o débito em aberto no Banco do Brasil, saldado com os imóveis já penhorados (o terreno da futura sede e os prédios antigos) e a entrega da granja de arroz Eldorado, em Eldorado do Sul, que se estendia por 6 km na beira da BR-290. Os leilões estavam sendo insuficientes para pagar as dívidas trabalhistas e outros credores, como bancos particulares e fornecedores. Os jornalistas Antônio Carlos Ribeiro, Wilson Zin e Bruno Ferreira apareciam esporadicamente. Foram os últimos fiéis.

Breno sempre soube fazer negócios. Ele estava se desfazendo do que restava. Negociou com o Grupo Zaffari o Departamento de Transportes da empresa, um terreno de mais de 5 mil metros quadrados com frente para a Avenida Getúlio Vargas e para a Rua Múcio Teixeira, no outro lado do quarteirão, com um prédio histórico tombado pelo Patrimônio Histórico, preservado, oficinas e o depósito de bobinas, onde hoje está o supermercado do Menino Deus.

Gado, caminhões, caminhonetes, tratores, colheitadeiras, tudo ia a leilão para saldar penhoras. Restavam o canal de TV (o prédio e os equipamentos no Morro Santa Tereza), a rádio Guaíba, o Edifício Hudson, a rotativa e os nomes dos jornais. Era o que bastava para reabrir o Correio do Povo. Sem ter mais secretária, ele trouxe para a sua mesa a agenda de couro dos telefones úteis. Precisava dividir seu otimismo. Abriu na letra C. "Alcy Cheuiche?" Perguntou. Diante da resposta positiva, apresentou-se: "Aqui é o Breno Caldas, vem me ver, ainda estou no meu gabinete".

O autor da biografia do Almirante Tamandaré (*O Velho Marinheiro*) chegou à portaria e identificou-se para o guarda. "O doutor Breno está lhe esperando, pode subir", disse o rapaz uniformizado. O escritor olhou para a velha escada de mármore claro, os degraus gastos e o elevador-gaiola. "Está funcionando?" Perguntou. O segurança respondeu que sim. O baixinho, romancista citadino e poeta campeiro, intelectual de músculos fortes pela lida no campo, morador durante anos em Paris, fechou as duas grades de ferro, com fortes rangidos.

O elevador subiu lentamente ao primeiro andar, como se estivesse cansado, fim de jornada. Alcy atravessou o corredor. Empurrou a porta de vaivém da Redação. Silenciosa, deserta, poucas mesas e máquinas de escrever. A umidade no ar das persianas e vidraças fechadas, as luzes apagadas, o salão na penumbra, o cheiro aprisionado das fitas e da lubrificação das máquinas. Nada do burburinho, o bater frenético da datilografia, a fumaça de cigarro de antigamente e a sinfonia de uma nota só dos telefones. Lá fora o som da cidade, os carros, as buzinas, o ruído abafado dos pedestres, a claridade da tarde. A porta do gabinete aberta e Caldas sentado à sua larga escrivaninha, de óculos de grau com aros escuros.

"Entra, Cheuiche", convidou ao vê-lo pela parte superior das lentes bifocais. Levantou-se para apertar-lhe a mão por cima da mesa. O cabelo ralo completamente branco, as manchas da velhice começavam na testa e avançavam pela calvície. Os ombros curvados, mas havia uma luz de esperança em seus olhos azuis acinzentados por trás dos óculos. O velho imperador do passado, com os movimentos mais lentos, fez sinal para o meu primo sentar-se numa das duas *bergères* de couro na frente. "Estou vendendo tudo que tenho e vou conseguir reabrir o Correio do Povo", revelou sua intenção. "Que notícia boa, doutor Breno! O Correio do Povo faz tanta falta para o Rio Grande do Sul!". O ex-colunista abriu um sorriso. "E no novo Correio quero que tu sejas o editor do Rural", convidou-o. Breno não imaginava o jornal sem o tradicional suplemento de agropecuária na sexta-feira. "Será um prazer e uma missão", respondeu. "Não posso te oferecer salário, mas quando eu puder pagar, vou te pagar", prometeu. "Não tem problema, me garanto por uns tempos para ajudar na volta do jornal", prontificou-se.

Veterinário por formação, escritor, proprietário rural, editor de revista de agronegócios, professor de teoria literária, Alcy tinha (e tem) sólidos meios de sobrevivência e hoje, aos 80 anos, continua publicando novas obras com sucesso e ministra oficina para leitores que sonham escrever. É um dos romancistas gaúchos mais respeitáveis de todos os tempos.

Otimismo em vão. Breno Caldas foi obrigado a se desfazer de tudo. Somente restou a metade do Arado para ele sobreviver aos poucos anos de vida que lhe restavam. O empresário Renato Ribeiro, que já havia comprado a Fazenda de Viamão, adquiriu em junho de 1986 o espectro da outrora pujante Companhia Jornalística Caldas Júnior, os nomes Correio do Povo e Folha da Tarde, o Edifício Hudson, a Rádio Guaíba, a Televisão e suas instalações no Morro Santa Tereza. Breno ainda abriu mão do crédito de 54 bilhões de cruzeiros que tinha na empresa por ter colocado seu patrimônio pessoal. Como pagamento, Ribeiro apenas assumiu as dívidas restantes de seu proprietário. Não sobrou nenhum dinheiro para Caldas. Pinheiro Machado disse ao doutor Breno que ele "podia ter feito uma transação melhor". Ele balançou a cabeça, concordando. Faltou um bom intermediário e tempo. O destino batia à porta.

"O negócio foi fechado dois dias antes da realização do leilão do prédio. O Banco Itaú se preparava para dar o maior lance pela sede da Caldas Júnior, o que representaria o fechamento definitivo do Correio e da Rádio Guaíba. Renato Ribeiro foi o responsável por impedir o fim do jornal e da rádio", afirmou o diretor da TV Pampa, Paulo Sérgio Pinto, ao destacar a morte do empresário, em programa na televisão, em 23 de setembro de 2019. Sob o comando de Ribeiro, Paulo Sérgio dirigiu o Correio e a Guaíba durante 16 anos, ele lembrou.

Caldas começou a empilhar, nos sofás de couro de seu gabinete, pastas de documentos históricos que pontuavam a trajetória do Correio do Povo, desde seu pai Caldas Júnior, a passagem pelas mãos estoicas de sua mãe, dona Dolores, até chegar a ele, com sua obstinação e às vezes teimosia. Numa poltrona, havia caixas de arquivo morto vazias vindas do acervo do jornal, para organizar, posteriormente, os papéis. A porta para a redação estava aberta e o doutor Breno avistou o jornalista Wilson Zin chegando, solitário. Fez sinal para ele se aproximar.

Comissário de polícia aposentado, eu conheci o Zin em 1969, numa entrevista coletiva no extinto Departamento de Diversões Públicas, responsável pela liberação de espetáculos, que funcionava em prédio histórico da Praça da Matriz, depois transferido ao Ministério Público. Eu era repórter da Zero e Zin, o relações-públicas da Censura estadual. O titular do órgão, apresentador de televisão Antônio Gabriel, explicaria, na coletiva, medidas restritivas impostas às casas noturnas por prostituição e presença de menores, medidas diversionistas bem ao gosto da imprensa.

Redator de polícia do Correio do Povo durante a noite, envolvente e espaçoso como RP da Segurança Pública, Wilson Zin foi o representante da Embrafilme em Porto Alegre durante o regime militar. Responsável pela transferência de verbas públicas para produtores, cineastas e cinemas.

Nos últimos anos do jornal, já aposentado na Polícia Civil, Zin editou Interior e o noticiário de Santa Catarina. Atencioso com os colegas, uma simpatia às vezes forçada, bom de piada, sua personalidade esfuziante camuflava uma figura contraditória, linha dura. Assumidamente a favor da forte repressão policial. Ele sabia contar com graça histórias pitorescas do jornal.

Fiz uma reportagem para a Folha da Tarde sobre o fechamento de uma clínica de aborto no Centro, e o Zin identificou o nome do médico envolvido, um tal de doutor Moacir. "Não vais acreditar, Tibério", disse-me, "ele foi repórter de polícia no Correio do Povo, trabalhamos juntos". Exclamei: "Verdade?", meus olhos brilharam, adoro uma história com conexões, como o romance *La Sombra del Viento*, de Carlos Ruiz Zafón (Barcelona, 2001), fez minha cabeça. "O Moacir foi dos poucos jornalistas do Correio do Povo demitido por ordem expressa do doutor Breno", e me relatou a história.

O repórter-médico, que não exercia a medicina, era um sujeito do submundo, cheio de amantes. Uma das prostitutas, apaixonada por ele, era a Dolores. Dançarina de castanholas, supostamente espanhola, o chamava de *mi pasión* em portunhol, exagerada e possessiva. Quando o doutor-jornalista sumia do cabaré, ela costumava procurá-lo na redação, por telefone, naturalmente. Ele atendeu uma ligação, e a pessoa, do outro lado da linha, se identificou. "Aqui é a Dolores." Ficou possesso. "Já disse para não ligares para o jornal, vagabunda." Era a dona Dolores, mãe do doutor Breno.

Foi demitido e se tornou médico aborteiro, utilizando a única habilidade que restou de sua passagem sem brilho pela Faculdade de Medicina: matar bebês na barriga da mãe. Um "fabricante de anjos", como se escrevia na época e assim o qualifiquei na reportagem na Folha da Tarde. Fiz o antigo redator de polícia dos anos 50 voltar para as páginas criminais, mais de 20 anos depois, na década de 70, dessa vez como protagonista da história.

O velho Zin e eu mantínhamos uma relação amistosa, até fraterna. Sorrisos disfarçavam nossos olhares críticos às ideias de um e do outro. Aos 60 anos, corpulento e alegre, uma papada descendo do queixo pequeno, ele era um solteirão convicto, mas namorador, nada de enrustido ou assexuado, qualificações que normalmente pesam sobre os homens solitários. Certa época teve um caso com uma viúva que morava em Porto Alegre, mas possuía uma chácara em São Sepé, herança do ex-marido, a 265 km da capital. Talvez tenha sido a fase mais feliz de sua vida. Já aposentado na Segurança, passava as folgas de domingo e parte da segunda-feira na zona rural. Viajava para o sítio com frequência, sábado à tarde, dirigindo um Fusca pela BR-290, com a senhora ao seu lado. "Quando estou cansado, vejo uma placa: Alegrete a trezentos quilômetros, aí me lembro de ti, e me passa o cansaço, eu estou quase chegando", dizia ao me contar o fim de semana com a namorada.

Vou cometer uma inconfidência. Nos anos 70, durante a fase dura da repressão militar, o jornalista Antônio Hohlfeldt, repórter e crítico cultural, rapaz magro e estatura média, confessadamente de esquerda, recebeu um inquietante telefonema. Era, por suposto, um agente do DOPS, avisando que uma patrulha do Exército iria prendê-lo quando ele saísse do jornal naquela noite. "A viatura já está na frente do prédio, aguardando", acrescentou Zin, com uma mão no rosto, para encobrir a boca, em telefonema interno de outra mesa da redação. O futuro primeiro vereador do PT no Brasil e vice-governador do MDB entrou em pânico, avisou os colegas. A Sabrito, sua colega na Cultura, dava gritinhos. Nada aconteceu, claro. Não passava de um trote de mau gosto numa época de medo.

Wilson Zin continuava passando diariamente pela redação, como se fosse trabalhar. Não conseguia se desapegar. Ao ver o aceno de Caldas, através da porta aberta do gabinete, perguntou com sua voz ofegante: "O senhor precisa de alguma coisa, doutor Breno?" Ele fez que sim com a cabeça. "Manda alguém levar estas pastas para o carro, no estacionamento; podem ser colocadas no porta-malas e no banco traseiro", ordenou. "Pode deixar, doutor Breno, com licença", saiu para encontrar algum segurança ou servente da limpeza. Escassos funcionários continuavam cumprindo horário, ganhando vales semanais. "Coloquem cada pilha de pastas dentro de uma caixa de arquivo", orientou os empregados. "Levem também minha máquina elétrica", pediu. Não quis dar uma última olhada no gabinete e na Enciclopédia Espasa-Calpe que deixou para trás, com seus 115 volumes. Cruzou a redação pela derradeira vez. "Fim da jornada, Zin, vendi tudo", apertou a mão e bateu no ombro do fiel funcionário, que ficou calado, os olhos lacrimejantes, sem saber o que dizer.

A Rádio e a TV Guaíba continuaram funcionando, precariamente, sob o olhar do novo dono, que procurava manter a estrutura básica, enquanto planejava em família, com a esposa, o irmão e os filhos, além de colaboradores próximos, a reorganização da empresa falida. Era um grande produtor de soja, com *commodities* na bolsa americana e administrava uma indústria de refino de óleo de soja. Não tinha, no entanto, nenhuma experiência em comunicação.

O jornalista Antônio González foi quem me apresentou a Renato Ribeiro. Ele ainda não havia se mudado para o Edifício Hudson. Seu escritório na Praça da Alfândega, com amplas vidraças, tinha uma bela vista para os jacarandás. Anibal Bendati e eu fomos convidados a participar do projeto para a reabertura do Correio do Povo. O argentino havia passado em concurso para professor da Universidade Federal e abriu mão do convite, pediu demissão até da Famecos-PUC para se dedicar em tempo integral à Fabico-UFRGS. Seu sucessor como mestre do *designer* gráfico, Luiz Adolfo, foi requisitado para planejar a volta do velho matutino. Eu também não me interessei pelo projeto. Tinha voltado a trabalhar na Zero Hora. "Este eu mandei buscar em casa", o diretor de redação Carlos Fehlberg apontou para mim certa noite, quando conversávamos em seu gabinete, após o fechamento do jornal, na companhia do cronista Paulo Sant'Ana.

27. A solidão no Arado

Caldas abriu a pesada porta clara, com entalhes quadrados sobrepostos na madeira. Começava o exílio perpétuo no Arado. Atravessou a sala de estar, estofados de couro, móveis aristocratas antigos, a televisão e a eletrola, a estante decorada com cavalos de metal e instrumentos náuticos, pinturas antigas nas paredes. O Niltinho, que apanhara as caixas de arquivo no carro, subia com elas a escada para colocá-las no gabinete, no segundo andar, atendendo a orientação do patrão.

Dona Ilza andava diariamente arrumada em casa, como se fosse sair para uma confeitaria. Era assim que ela esperava o marido. Jamais vestia na residência roupas caseiras, simplórias. Levava muito a sério seu papel de companheira, esposa fiel e atraente, o porto seguro, a família de um homem poderoso, muito ocupado. Naquela tarde ela não escondia a preocupação, os dedos pareciam estar separados das mãos. Sabia que o marido tinha ido ao jornal para fechar em definitivo seu gabinete, trazer documentos para casa; era um dia muito triste, uma carga enorme de sofrimento pessoal. Entrou na copa-cozinha e comentou com a copeira, uniformizada: "Está cheiroso o teu café". A empregada alisou o avental e se prontificou: "Eu levo para a senhora, no *living*." Dona Ilza fez sinal com a mão que não precisava e sentou-se numa cadeira, na larga mesa. A peça ampla tinha lareira, fogões à lenha e gás, o filtro de água de barro, panelas, caçarolas e tachos dependurados em ganchos. O fogão à lenha, a chapa bem areada, estava apagado, duas toras de espinilho do mato nativo queimavam na lareira, esquentando o ambiente e trazendo um perfume agradável. Lá fora, no cair da tarde, começava a uivar o vento sul do inverno, que a dona Nilza Caldas, a filha, moradora num edifício com ar-condicionado no aristocrata bairro Moinhos de Vento, não tinha nenhuma saudade, disse-me.

Caldas encontrou a esposa na copa e sentou-se perto dela. "Faz um chá para o doutor Breno", ordenou à servente. Sabia que o marido tinha hábitos ingleses no chá das cinco. Ele bebeu em silêncio, mastigando lentamente bolachinhas *cream cracker*, colocadas num recipiente de porcelana, com tampa. A esposa não fez perguntas. "Vamos descansar, Breno; estamos velhos, nossa vida não tem sido fácil", mexia o açúcar lentamente com uma colherzinha de prata, aspirando o perfume do café na xícara branca do conjunto de chá com raminhos de cor-laranja.

Casados há 50 anos, as bodas de ouro ocorreriam no próximo mês, em 21 de julho de 1986, nunca comemoradas; não havia clima para festa. Francisco Antônio e dona Iara, que naquele mesmo dia estariam festejando bodas de prata, já estavam separados. A coincidência de datas dos dois casamentos, pais e filho, celebrados 25 anos atrás na mesma igreja, somente agravava o desalento.

Breno se refugiou com a esposa no que restou do Haras, vendendo alguma coisa a cada semana, 15 dias, para sobreviver numa vida modesta de homem do campo. O jornalista poderoso, o velejador premiado e o turfista de vitórias épicas ficaram em suas memórias do passado. Os bens dele e da dona Ilza que sobraram foram colocados em penhora. Havia sempre alguma dívida que ficara para trás. Os oficiais de justiça faziam romaria ao Haras Arado, reduzido pela metade, onde ele se refugiava com 10% de seu patrimônio. "Meus dedos tremiam cada vez que eu tinha de assinar uma intimação", revelou em suas memórias.

Quando acordava ao clarear do dia, ele abria a pequena sacada oval de seu quarto e via o sol nascendo atrás da mata nativa, os primeiros raios a cortar a várzea de arroz e o pasto com pouco gado. As baias dos cavalos estavam vazias. As folhas dos três coqueiros movimentavam-se lentamente com a brisa da manhã. "Criar potros puros-sangues para o turfe é coisa de homem rico, não sou mais", está escrito em suas memórias. Só sobrou El Supremo, vencedor do Prêmio Protetora do Turfe, no Hipódromo do Cristal, dez anos antes, em 1976. O cavalo com 12 anos havia sido castrado e vivia livre na mangueira de pedra, perto da casa. Caldas podia vê-lo solitário das janelas do gabinete. Mandava o peão encilhá-lo. De botas e culote, ainda tinha a força e a coragem para alçar a perna e sair a trote ligeiro com o puro-sangue pelo campo, repontando os touros e as poucas ovelhas que sobraram.

El Supremo era um dos filhos de Elpenor, o craque francês vencedor da Taça Ascot Gold Cup, na Inglaterra, em 1954, montado pelo jóquei parisiense Jacques Doyasbère. Breno foi à França comprar o cavalo no haras mitológico de Marcel Boussac (1889-1980), o empresário proprietário da Maison Dior, suas roupas e perfumes. O garanhão Elpenor, nome tirado da mitologia grega, o mais jovem companheiro de Ulisses, que morreu ao cair de um telhado, bêbado, se tornou um dos maiores, senão o maior reprodutor do Haras Arado.

O veleiro Aventura, adquirido em 1957 e que correu em 1962 a regata Buenos Aires-Rio, entre tantas outras, várias vencidas, continuava ancorado no píer do Arado, na beira do Guaíba. O barqueiro Niltinho, dos poucos funcionários da fazenda mantidos, tinha a atribuição de manter as madeiras do casco envernizadas, os bronzes polidos, como se a qualquer momento o antiquado barco, de desenho afilado, elegante, pudesse sair de novo ao mar. Caldas adorava aventurar-se no oceano, superar limites, mas agora raramente dava uma volta até a Lagoa dos Patos. Velejar (o vento nas velas, o bater da água) não mais estendia seus músculos, mas deprimia a alma. A adrenalina dava lugar à melancolia. Vendido mais tarde em leilão, após sua morte, o iate continua velejando em Angra dos Reis, como um relógio cuco na parede além de seu tempo, peça clássica.

A caminho do gabinete, ele passava pela mesa de sinuca do Cassino Quitandinha. Memoráveis partidas jogou com os amigos naquele pano verde histórico trazido do Rio. Ao redor da mesa, empunhando tacos, girava parte significativa do PIB do Rio Grande do Sul: Breno Caldas, o dono do Correio do Povo; Ernesto Neugebauer, proprietário da fábrica de chocolates; Leopoldo Geyer (1889-1985), criador das Lojas Masson, joalherias e relojoarias, precursoras das vendas a crédito no carnê e que davam "a hora certa" na Rádio Guaíba. Três velejadores e amigos inseparáveis, donos de grandes fortunas. Aberta a garrafa do melhor uísque na mesa auxiliar.

A família Neugebauer perdeu o controle da fábrica de chocolates em 1982, quando a pioneira indústria completava 80 anos. Dois anos depois, em 84, foi a vez de o Correio do Povo fechar, na véspera de chegar aos 80 anos, que seriam comemorados no ano seguinte. Em 1985, a morte de Geyer abalou ainda mais o deprimido Breno. "Estamos chegando ao fim", referia-se à sua geração de empresários gaúchos bem-sucedidos no passado.

Ele apresentava um leve tremor nas mãos. Dizia que adquiriu ao atender oficiais de justiça, na sala da fazenda. O pânico em que vivia ao segurar uma caneta esferográfica comum, azul (nada de tinta verde, não iria profanar a cor favorita do pai), para assinar intimações de bens penhorados. Suas mãos andavam trêmulas, também, devido a um problema de rins que começou a se agravar. Queixava-se da saúde, reduziu o uso de sal na comida. Sua alma e seu sangue escureciam. O chumbo da oficina do jornal atingiu também o Czar de Papel, que passou a vida naquele meio poluído, na redação e depois no seu gabinete. Os gráficos tinham aposentadoria especial aos 25 anos de trabalho, como os mineiros. Breno Caldas mergulhou 55 anos naquele lugar, respirando fagulhas de metal e chumbo derretido.

Tito Tajes, secretário gráfico do Correio do Povo, encarregado de orientar a paginação na oficina antes de o jornal ser diagramado na redação, morreu em decorrência de chumbo no sangue. Era um homem inteligente, perspicaz, cordato, simpático. Em aula de Jornalismo Impresso, relatava esse fato aos alunos, como um tributo à história da imprensa e à memória do meu estimado colega.

Breno chamou o Niltinho, pronto para todas as tarefas, e pediu que ele lavasse a Mercedes. Depois do almoço leve, filé, arroz e tomate gaúcho, apertou o nó da gravata, penteou-se na frente do espelho e vestiu o paletó. Abriu o precedente de colocar o terno para comparecer a uma audiência na Justiça. Dessa vez não era por dívidas. Não tinha mais o jornal, mas a morosidade da justiça o fazia ser arrolado num suposto crime de imprensa, cometido nas páginas do extinto Correio do Povo.

O escritor Alcy Cheuiche estava sendo processado por artigo publicado nos últimos dias do matutino sobre o impasse criado entre o juiz Luiz Francisco Corrêa Barbosa (1944-2021), de Sapucaia do Sul, com o Tribunal de Justiça do Estado. O colunista se posicionou a favor de Barbosinha. O advogado de defesa, Odacir Klein, convocou o doutor Breno como testemunha. Diante do juiz, Caldas assumiu a responsabilidade. "Todos os editoriais e artigos publicados na página 4 do Correio do Povo, o espaço de opinião, eram de minha responsabilidade, eu os selecionava", declarou em juízo. Não era dono de mais nada, mas continuava jornalista, ciente de seus atos. O colunista foi absolvido, o caso arquivado.

Sentado em seu gabinete no Arado, vendo o passado com os olhos voltados para dentro da alma, Breno era observado pelos olhares parados de três homens. Numa das molduras, estava o retrato de seu pai, Caldas Júnior, sua referência maior, o fundador do Correio do Povo. A outra foto era de Arlindo Pasqualini, o diretor da Folha da Tarde com quem caminhava na Praça da Alfândega, acertando todas as providências administrativas e alinhamentos na linha editorial, sem trocarem uma única palavra; falavam por telepatia; sintonia completa de ideias. O terceiro retrato na parede era do veterinário Desidério Torquato Finamor (1899-1949), que o ensinou a criar cavalos puros-sangues e aprimorar seu rebanho; Breno tinha absoluta confiança nas prescrições e aconselhamentos do doutor Finamor, professor emérito da Universidade Federal.

Observado pelos três cavalheiros distantes no tempo, Breno levantou-se. Deu alguns passos, sempre no campo de visão dos seis olhos fixos na parede, abriu a porta da estante e pegou uma garrafa de Dimple, escocês 15 anos, abaixo da metade e serviu uma dose generosa num copo baixo de cristal. Foi até a antiga geladeira, na sala ao lado, abriu a porta do pequeno congelador, pegou a forminha e deixou cair três pedras de gelo. Balançou a bebida para suavizar e deu um longo gole. Foi até a vidraça da sacada, o pôr do sol avermelhado com nuvens esfumaçadas no horizonte. Ficou olhando o rio em marcha lenta e volumosa na direção do mar para depois retornar em forma de chuva límpida, decantada, renovando o ciclo da vida. No universo, na eternidade, há sempre alguma esperança de reencontro.

Nas estantes, havia coleções completas de autores universais na língua original, com encadernação em couro. O fato de ter estudado na Europa o fez fluente em inglês, francês e alemão. Lia e falava as três línguas com facilidade. Por consciência, não se aventurava a escrever em outras línguas, naturalmente. Breno leu em inglês Charles Dickens (1812-1870), o autor de *Grandes Esperanças*; em francês, François-René de Chateaubriand (1768-1848) e suas *Memórias de Além-Túmulo*; em alemão, *Os Sofrimentos do Jovem Werther*, de Goethe (1749-1832). "Ele era um homem retilíneo, vertical, culto", comentou o poeta e advogado criminalista Carlos Saldanha Legendre, entre os jacarandás da Praça da Alfândega, durante a Feira do Livro de Porto Alegre de 2019, ao saber que eu estava escrevendo um romance biográfico sobre Breno Caldas. Não nos víamos há anos, desde a época em que cobria o Tribunal de Justiça para a Folha da Tarde; foi um reencontro fraterno. Legendre é autor de *A Partilha do Caos*, entre outros livros de poemas. Aguardávamos na fila de autógrafos no lançamento de *Anotações de um Leitor Curioso*, de Antônio Goulart, antigo redator do Correio do Povo, nosso amigo em comum.

Dona Nilza doou os livros de Breno Caldas para o Pão dos Pobres. "Meu pai colaborava muito com aquela instituição em especial e outras de atendimentos sociais", explicou. "Não iria vender os livros do meu pai; seria uma humilhação", repetiu a frase duas vezes, reflexiva. Cruzou um devaneio de saudade em seus olhos castanhos.

Foi ela que esvaziou as gavetas da mesa do pai, em 2001, quando o Haras Arado estava sendo transferido a uma incorporadora, para execução do projeto de urbanização em parceria com os herdeiros da família. O condomínio residencial, com áreas de preservação, passou pela Câmara de Vereadores, mas foi embargado por ambientalistas e aguarda decisão judicial até hoje, 1.º de julho de 2022.

Entre os pertences pessoais do doutor Breno, guardados em seu gabinete no Arado, a filha encontrou cartas, os boletins escolares dos filhos e até canhotos de talões de cheques. Em meio aos papéis, localizou uma placa de metal, entregue à Rádio Guaíba, datada de agosto-setembro de 1961, assinada pelo governador Leonel Brizola. Diz o texto: "Rede Nacional da Legalidade: Esta emissora prestou relevantes serviços ao povo e à Nação, integrando, a despeito de ameaças e violências, a Rede Nacional da Legalidade, na defesa da Ordem, da Democracia e da Constituição." Caldas guardou a placa dada por seu antigo desafeto.

Fotos de cavalos épicos decoravam as paredes. Destaque especial para o flagrante de Estradivarius, galopando para a arrancada final da vitória no antigo Prado Moinhos de Vento. Em outra fotografia, El Centauro, o último puro-sangue do Arado que morreu de velho quando seu proprietário já estava gravemente doente. Despediram-se da vida quase juntos. Na foto, o jóquei de blusa rosa com ferraduras pretas sujeita as rédeas do filho do incrível reprodutor francês Elpenor. Vencedor no Rio Grande do Sul, o animal ganhara o páreo do Hipódromo Cidade Jardim, em São Paulo, e também esteve perto da glória no Rio de Janeiro; ficou em segundo lugar no Prêmio Brasil, o maior clássico de turfe no País. Breno Caldas no ostracismo cavalgou até o último momento no velho craque El Centauro. Quando o cavalo caiu morto na estrebaria, ele foi vê-lo. Com os olhos lacrimejantes, passou a mão trêmula no pelo do animal.

No dia 1.º de junho de 1986, voltou a circular o Correio do Povo, fechado em 1984, com a manchete "Renasce o Correio do Povo", numa edição piloto para publicitários, formadores de opinião, autoridades, políticos e ex-assinantes. Figura como primeiro editor-chefe o velho Wilson Zin, aquele mesmo que acompanhou Breno até seu último momento na Caldas Júnior. O matutino continuava com o formato *standard*.

O comando da redação foi passado a Antônio González, que vinha articulando todo o processo, planejamento e recrutamento de pessoal, a pedido de Renato Ribeiro. A circulação é retomada em 31 de agosto de 1986.

O projeto gráfico e editorial seguia a tendência dos grandes jornais brasileiros, Folha, Estadão, Jornal do Brasil, O Globo e Gazeta Mercantil, todos em formato grande. O matutino procurava se reencontrar com o passado, quando foi o principal jornal de referência do Rio Grande do Sul e um dos cinco mais importantes do país. No entanto, a resposta dos leitores e do mercado publicitário não correspondeu às expectativas. A redação com número elevado de funcionários e o velho problema de um jornal *standard* gastar muito papel tornavam a operação diária de alto custo. O empresário do óleo de soja Merlin começou a sofrer prejuízos nunca imaginados. Assustou-se. Será que a síndrome da Caldas Júnior iria se abater também sobre ele? Dilapidar todo o seu patrimônio pessoal como aconteceu com o doutor Breno?

Ao vender a empresa de comunicação para Renato Ribeiro, Breno Caldas alimentou a esperança de que fosse chamado a colaborar quando o novo proprietário decidisse relançar o Correio do Povo. Samuel Wainer, o mago da Última Hora, perdeu tudo e a Folha de S. Paulo o abrigou na página 2 até sua morte. O sobrenome Caldas por certo seria uma referência para os antigos assinantes e uma garantia de história e credibilidade a ser passada aos anunciantes. No entanto, o convite não veio. Amargurado, ele entendeu. "Eles queriam manobrar o jornal e eu seria uma sombra muito grande", reconheceu. "As pessoas iriam me procurar para saber minha opinião diante de impasses." Vendo que estava alijado, ele ainda nutriu a possibilidade de ser convidado para articulista eventual. Porém, nem esse convite aconteceu. "Eles não queriam nada comigo, ficou claro."

Menos de um ano depois de o Correio voltar a circular, seu novo dono decidiu reduzi-lo ao máximo, numa última tentativa para não fechá-lo. Parte da redação foi demitida, e o jornal passou a circular em formato tabloide, em 26 de maio de 1987, com apenas 16 páginas e distribuição gratuita, para suprir a baixa taxa de assinantes e assim garantir o interesse de anunciantes no produto; somente mais tarde voltou a ser vendido com preço inferior ao de Zero Hora. González não concordou com a estratégia e foi substituído por Luiz Figueiredo como editor-chefe. Oriundo da Zero, ele foi casado com a jornalista Terezinha Figueiredo, copidesque da ZH em 1969, quando comecei a trabalhar no jornal como repórter. No início, ao pegar minhas primeiras matérias para corrigir, ela me chamava e explicava pacientemente os erros cometidos na construção do texto. Em 1970, continuamos colegas na Caldas Jr., eu na Folha e ela noticiarista na Rádio Guaíba; morávamos, também, na mesma rua, na Santana.

Dependendo da quantidade de anúncios, o número de páginas do Correio nanico aumentava para 20 e até 24. Foram oferecidas assinaturas a preços populares, houve adesão significativa de leitores, com suporte da Rádio e TV Guaíba, apesar de não terem mais a mesma audiência. Nas mãos de Renato Ribeiro, celebrou 100 e 110 anos. Em 2007, foi adquirido pela Igreja Universal. Em 2015, o jornal da Record completou 120 anos.

28. Tarde demais

"Pena que você chegou tarde na minha vida". O jornalista, escritor e apresentador de televisão José Antônio Pinheiro Machado, Anonymus Gourmet para o grande público, considera esta frase de Caldas como uma medalha colocada em seu peito. A aproximação com o doutor Breno, com encontros no mínimo semanais, só ocorreu em 1987, dois anos antes de sua morte. Foi o último amigo do Czar de Papel deposto, nas horas mais dolorosas de abandono no Arado.

Pinheiro foi funcionário da Caldas Júnior, correspondente em Paris, depois de ter sido redator e editor de Esportes na Folha da Tarde, junto com Kenny Braga, o doce Alberto Blum, falecido em novembro de 2021 e Nilson Souza, todos jovens de talento. Kenny é cronista, escritor, se tornou debatedor no rádio, identificado com o Internacional, e Nilson Souza, cronista e editorialista da Zero durante muitos anos. Depois vieram para a editoria de futebol da Folha, entre outros, os garotos Ari Teixeira e Flávio Dutra (hoje escritor e consagrado coordenador de assessorias de imprensa).

Ari Teixeira, meu aluno nas primeiras turmas que lecionei na PUC, a partir de 1977, entrou na Folha da Manhã em 1978, durante a faculdade. Quando a Folhinha fechou, em 1980, ele migrou para o Esporte da Folha da Tarde; por seu talento reconhecido, não foi demitido. Uma matéria que realizou sobre o Internacional provocou a ira do presidente José Asmuz (1927-2016), veterano piloto de automobilismo do tempo das carreteiras, com uma barata Ford número 32. Incomodado, o dirigente colorado telefonou ao doutor Breno pedindo a *cabeça* do repórter. "Felizmente, eu tinha gravado a entrevista que comprovava a fidelidade do meu texto", lembrou Ari, em 28 de setembro de 2021, em contato pelo *messenger* privado do Facebook. Em companhia do editor Alberto Blum e do gravador, Ari compareceu ao gabinete de Caldas. "Foi a única vez que tive contato pessoalmente com ele", contou-me. Mas a gravação não chegou a ser mostrada. "Não precisa", bastou a palavra do jovem repórter, "pode voltar a trabalhar", disse-lhe Breno. Por motivo semelhante, o mesmo Asmuz pediu a demissão do repórter Leonardo Meneghetti, e Zero Hora lhe entregou numa bandeja, como João Batista. Tornou-se diretor do Grupo

Bandeirantes e fez sucesso como âncora do programa esportivo líder de audiência na TV aberta, Donos da Bola, na Band-RS.

Pinheiro e eu fomos colegas de redação na Folha, amigos em distância no resto da vida profissional, e certa noite, na primavera de 2018, nos reencontrando por acaso, num restaurante de lanches rápidos, o Bauru Country, no Menino Deus, onde frequentemente apareço numa roda de amigos e amigas, a maioria esmagadora de colorados; o seleto grupo admite pequenas cotas de eventuais tricolores. Trocamos um abraço cordial. Sempre tive respeito por ele, bom colega, inteligente, atencioso, espirituoso, camarada. Em fevereiro de 2019, entrei em contato com o Pinheiro pelo Facebook. Ele me passou o celular e liguei na sexta-feira, dia 8. Expliquei que estava escrevendo um romance biográfico sobre Breno Caldas, usando o livro-entrevista dele como principal fonte, por ser o único depoimento que deu em vida e gostaria de conversar. Marcamos encontro na sua residência, em Ipanema, às 9h de segunda-feira, dia 11.

Cheguei com dois minutos de atraso. Precisei procurar o endereço na numeração dos prédios. Estacionei minha Jeep na frente do muro alto de pedra lascada que encobre toda a bela moradia. Acionei o porteiro eletrônico, identifiquei-me e a secretária abriu o portão de ferro. Encontrei Pinheiro na cozinha, tomando um café simples, preto, com torradas cobertas por generosa camada de geleia. Nem fatia de queijo. Nada dos desjejuns cinematográficos e televisivos que se imagina fazer parte da rotina diária de um *gourmet*. Aceitei um cafezinho oferecido pela assistente.

Saímos caminhando por sua imensa biblioteca, composta por várias peças interligadas. As paredes de tijolo à vista e piso frio, coberto por tapetes. Onze mil livros se espalhavam pelas estantes. O ambiente dedicado às leituras pode ser comparado aos labirintos da Biblioteca de Babel, de Jorge Luis Borges, no livro *Ficções*. O meu acervo pessoal de duas mil obras em Porto Alegre, outras 200 em Alegrete e mais algumas na praia, torna-se insignificante. À medida que passávamos pelos diversos ambientes, interligados num formato circular, lembrei-me do romance *O Desconsolado*, do japonês Kazuo Ishiguro, que se passa em uma cidade em que os transeuntes andam em linha reta e voltam sempre ao mesmo lugar; uma instigante metáfora da trajetória da vida. Num dos ambientes, há duas estantes em L com CDs e DVDs de músicas e filmes. Talvez só menor do que a coleção do crítico cultural Márcio Pinheiro.

Sentamos à mesa central de uma das salas e começamos a conversar. Trocamos confidências pessoais; estavam frente a frente dois colegas dos anos 70, na redação da Folha, que a vida separou. A conversa sobre Breno Caldas começou com naturalidade. Eram dois jornalistas com foco, sem perderem tempo em digressões. Perguntas e respostas objetivas.

Ele contou que procurou o doutor Breno nos primeiros dias de junho de 1987, na Fazenda Arado. Era uma tarde de inverno e beberam chá inglês Earl Grey, com biscoitos caseiros, servido por uma copeira. Pinheiro explicou que estava interessado em colher um depoimento sobre sua trajetória exitosa à frente do Correio do Povo, durante quase meio século, a crise que se abateu na empresa, o declínio e seu fechamento três anos atrás. "Gostaria de lançar na Feira do Livro, no fim do ano, um livro-depoimento com o senhor rompendo o silêncio. A palavra do próprio Breno Caldas sobre a glória e fim do Correio do Povo. A verdadeira história, seu relato e interpretação dos fatos", argumentou o repórter. Arredio, Caldas disse que ele não tinha importância nenhuma, só o Correio do Povo. "Ninguém está interessado num homem falido, um fracassado", admitiu sem nenhuma compaixão por si mesmo. "O jornal e o senhor se confundem e o Rio Grande do Sul tem o direito de conhecer sua versão dos fatos", reforçou. Breno ficou calado. Encerrou o assunto com uma vaga promessa: "Vou pensar".

Dias mais tarde, um sábado, tocou o telefone. "É da casa do doutor José Antônio Pinheiro Machado?" Perguntou uma voz masculina. A formalidade era natural, Pinheirinho é advogado, responsável por uma conceituada e tradicional banca de advocacia, descendente do senador Pinheiro Machado, assassinado no início da República, em 1915. "Sim, é ele", respondeu. "Aqui é Breno Caldas." Ele pensara muito nos últimos dias. Convidou Pinheiro para ir ao Haras Arado. "Venha até a minha casa, vamos conversar e ver se sai alguma coisa; não tenho muita certeza se o que vou dizer tenha algum interesse." Naquele mês de junho de 1987, ele concordou em romper o silêncio ao qual decidira se submeter. Na sexta-feira seguinte, conforme o combinado, Pinheiro foi até a fazenda de Belém Novo, em seu Monza dourado. Caldas o estava aguardando. Era um dia de inverno, frio e úmido na beira do rio.

"Estou virado num fenício", comentou Breno com ironia, vocacionado para o comércio. "Ilza e eu levamos uma vida modesta e estou vendendo tudo que posso para sobreviver." Os cavalos de corrida já tinham ido há muito tempo. Restavam touros para vender e o arroz plantado na lavoura muito bem irrigada pelo Guaíba, nas áreas baixas da propriedade. Havia algumas máquinas agrícolas, pouco mais que sucatas, recolhidas das estâncias vendidas, e até uma cozinha completa, sem uso, comprada para programas de televisão.

A entrevista, com datas marcadas, se prolongou até o mês de julho. O convite era para que o repórter chegasse perto do meio-dia, para o almoço. A refeição era "farta, bem feita por duas cozinheiras, mas comum, basicamente arroz, feijão, uma carne, salada simples", descreveu Pinheiro. Diante de um gravador, eles conversavam durante toda a tarde na ampla biblioteca de quatro ambientes com livros de capa de couro. "Era um poliglota sem ostentar. Quase ninguém sabia que ele falava outras línguas", comentou o visitante. "Numa estante, havia somente obras em alemão", lembra Pinheiro. Autores da França e da Inglaterra também lia no original. Tinha especial atenção pelos autores da Península Ibérica. Gostava de ler em português de Portugal e direto no espanhol, em especial consultar a enciclopédia Espasa-Calpe, guardada no gabinete do jornal. Ao cair o crepúsculo, repórter e entrevistado bebiam um uísque olhando o rio da sacada do gabinete. Brilho triste e fugidio na água, prenúncio de vento Sul e noite fria. Hora de acender a lareira. Niltinho trazia as toras e acendia o fogo. No anoitecer, Breno ficava sozinho diante das chamas, aguardando a hora do jantar leve junto com a esposa. Não ouvia tanto a Rádio Guaíba como antigamente, quando era dele.

Como a maioria dos leitores tradicionais, Breno ficou indignado com a transformação do jornal *standard* em tabloide, apesar de ele próprio ter lançado dois jornais naquele formato reduzido, a Folha da Tarde e a Folha da Manhã, além dos suplementos do Correio do Povo, Rural e Caderno de Sábado. O quinto jornal da elite da imprensa nacional sofreu de nanismo na velhice. Para Caldas, o CP deveria continuar em formato padrão, como os grandes jornais de referência no mundo, exceções ao El País de Madri e ao Clarín de Buenos Aires, na época. Hoje até o velho La Nación, fundado na Argentina em 1870, tem formato *berliner*, largura do tabloide, 31 cm, aproximadamente, mas um pouco mais alto, com 47 cm de altura, a diagramação na vertical e textos longos, passando a ideia de uma publicação maior, como um menino de calças compridas de risca de giz, paletó de flanela escura e gravata-borboleta. Caldas comparou o Correio tabloide "àquelas cabeças de índio na Amazônia, reduzidas a tamanhos mínimos, conservando traços fisionômicos das vítimas". Ele era de poucas palavras, mas preciso em suas tiradas.

O Jornal do Brasil, fundado em 1891, outro do quinteto mágico que sucumbiu, viveu sua época áurea de 1953 a 1983, quando era comandado pela condessa Pereira Carneiro (1899-1983); depois de sua morte entrou em decadência. Em abril de 2000 passou por mais uma mudança gráfica, mais leve e colorido, mas continuou *standard*. Em 16 de abril de 2006, o jornal dirigido pelo gaúcho Amauri Mello, o mesmo que participou da modernização do Correio do Povo em 1980, chegou às bancas em formato berlinense para economizar papel. A última tentativa de sobrevivência não deu resultado. A venda continuou despencando e deixou de circular em 1.º de setembro de 2010; continuou publicado apenas na plataforma *on-line*.

Na academia, a ala de tecnologia saudou o término do JB em papel como a confirmação de nova tendência da imprensa: o fim do impresso. O jornalismo gráfico sempre foi visto como arrogante, por representar a memória da imprensa. A produção, rodagem e circulação em papel exigem capacidade, responsabilidade, cuidado, industrialização e logística. Nos impressos não é possível corrigir, apagar no *site*. A decadência de jornais e revistas é lenta, mas irreversível.

Em 25 de fevereiro de 2018, o JB voltou a ser impresso em nova tentativa efêmera, como jornal-conceito, mais forma que informação, tipo Correio Braziliense. Sucumbiu. O nome Jornal do Brasil é tão forte que um dia pode voltar, acredito.

Conversei com o arquiteto Carlos Ribeiro, 79 anos, dia 6 de março de 2019, numa cordial entrevista por telefone. Quando o Correio foi vendido para a família Merlin Ribeiro, Renato ficou como diretor e o irmão Carlos, como gerente-geral de todas as áreas administrativas, inclusive a redação. Como é natural, tornou-se uma figura polêmica. Parte dos jornalistas tinham restrições à sua figura, pejorativamente destacavam a sua corcunda, mas outros não escondiam o apreço a ele. Formado em Arquitetura pela Universidade Federal do Rio Grande do Sul, em 1969, de certa forma nós fomos contemporâneos de academia, me formei em Jornalismo, na PUC, em 1971. Ele conviveu durante 21 anos no meio jornalístico. "Dessa época só trago boas recordações, trabalhei com muito gosto, muita satisfação, foi gratificante. Mesmo não sendo do meio, me adaptei perfeitamente. Fiz excelentes amigos com que mantenho a convivência até hoje"; um destes amigos, posso testemunhar, foi quem me passou o celular dele, o jornalista Renato Bohusch.

Em novembro de 2017, Renato Ribeiro sofreu uma parada cardíaca e não se recuperou mais. Continuou em coma. Morreu no dia 20 de setembro de 2019, aos 75 anos de idade. Carlos me revelou que a transação com Breno Caldas foi absolutamente tranquila, não sofrendo nenhuma pendência, nem com ele, nem com a família, mesmo após sua morte. "Todas as obrigações de débitos e processos trabalhistas da Caldas Júnior foram assumidos pelo meu irmão; não ficou nada pendente, tudo resolvido." Na transferência do jornal, a televisão e a rádio, incluindo os prédios e equipamentos para o Grupo Record, em março de 2007, a negociação foi feita de novo "em absoluta tranquilidade, sem nenhum contratempo, recuo ou pendências futuras", assegurou Carlos Ribeiro.

Apesar de suas restrições ao Correio tabloide, o doutor Breno continuava ouvindo a Guaíba nos seus últimos anos de vida. Seguia fiel pela continuidade do "padrão Guaíba" na sobriedade de Amir Domingues (1928-2007) ao conduzir entrevistas, com perguntas concisas e objetivas e a programação musical do Fernando Veronezi. Irmão de Heron Domingues, o célebre *Repórter Esso* da Rádio Nacional do Rio de Janeiro, retratado em livro por Luciano Klöckner, ex-repórter da Folha da Tarde, Amir foi copidesque no vespertino, em paralelo ao de apresentador de jornalismo na rádio. "A Música da Guaíba" transferida do rádio AM para o FM era um diferencial de *classe especial*. Em 27 de maio de 2010, morreu Veronezi. O destino o poupou de ver o fim da Guaíba FM musical em 16 de agosto. As duas frequências passaram a transmitir a mesma programação de noticiário e esportes. Os guaibeiros da FM, como eu, ficaram sem uma rádio para ouvir música em Porto Alegre. Somos órfãos do Veronezi tanto quanto a filha dele, a Márcia, jornalista. O consolo é garimpar emissoras internacionais na Internet.

"A lacuna deixada pela morte de Arlindo Pasqualini nunca foi preenchida", Breno contou ao seu último amigo, aquele que chegou tarde demais. "Eu me esforcei, dei oportunidades, mas não encontrei o segundo homem com quem pudesse dividir tarefas, fazer o meu sucessor". Os comodistas, segundo ele, "não queriam viver sem hora para dormir, sem férias; e os oportunistas desejavam valer-se do jornal para atender a suas vaidades, caprichos e não raro exercerem picaretagem", reconheceu. Ele olhava para os lados, e continuava isolado na direção. E o mundo caindo sobre seus ombros na época da crise que o levou à falência. Não conseguia mais transmitir "uma orientação segura, bem determinada", de acordo com suas próprias palavras.

A perda do Correio do Povo foi um golpe duríssimo em Caldas. Era como se ele tivesse traído a memória do pai e não correspondido à confiança de sua mãe. Dona Dolores podia ter vendido o jornal em mais de uma oportunidade, "recebeu boas propostas", lembrou Breno, mas não se desfez porque pretendia entregar o patrimônio ao filho. Era como se ele tivesse falhado. Envelheceu rapidamente na solidão do Arado com sua mulher. Ninguém poderia imaginar que o doutor Breno sabia poemas de cor. Numa tarde, na companhia de Pinheiro, declamou verso de um soneto de Bocage: "Ah! cego eu cria, ah! mísero eu sonhava / Em mim quase imortal a essência humana".

A entrevista, em mais de dez encontros, foi gravada em fitas-cassete. Ao voltar para casa, Pinheiro reproduzia numa máquina elétrica, uma das tantas em exposição em sua biblioteca, o diálogo daquele dia. O texto era repassado para o doutor Breno, que se limitava a cortar apenas repetições que cometera na linguagem espontânea. Não houve nenhum tipo de censura em momento algum, tanto do personagem quanto do repórter. A pressa do autor era para lançar o livro na 33.ª Feira do Livro de Porto Alegre, marcada para fim de outubro e primeira quinzena de novembro de 1987, tendo como patrono o cronista e escritor gaúcho Moacyr Scliar (1937-2011), que ocupou uma cadeira na Academia Brasileira de Letras.

Numa foto colorida, emoldurada só em vidro, como muitas outras que decoram as paredes de tijolo à vista, na biblioteca sem fim de Pinheiro, aparece o doutor Breno, próximo ao trapiche de sua fazenda, ao lado dos irmãos José Antônio e Ivan (diretor da L&PM, que começou como fotógrafo da Zero Hora, nós cobrimos muitos fatos juntos e hoje é um reconhecido editor nacional e artista plástico com obras de belo efeito visual que transitam entre a fotografia e a pintura). Naquele dia, estavam comemorando a conclusão do livro *Meio Século de Correio do Povo – Glória e agonia de um grande jornal*, de Breno Caldas, em depoimento a José Antônio Pinheiro Machado. Caldas posou para a fotografia a caminho do píer, onde se encontrava atracado o veterano Aventura. O velho jornalista e fazendeiro desceu até a embarcação e apanhou no armário chaveado da cabine uma garrafa de uísque escocês 15 anos. Para festejar o fim do livro, os três beberam toda a garrafa, "mas o doutor Breno, sozinho, enxugou a metade", lembra Pinheiro. "Na despedida, ele fez questão de nos levar até o carro, mas já caminhava trôpego, como nunca antes havia visto", ele me contou naquela manhã de segunda-feira em seu labirinto de livros.

Caldas queria selar os encontros com o jornalista dando-lhe um presente. "Está bem, eu aceito", olhou em volta. Havia um arado enferrujado perto da mangueira de pedra. "O que queres?" Ele perguntou. "Um disco daquele arado para assar carne na churrasqueira". Breno sorriu com o pedido tão singelo. "Combinado." Dias mais tarde, Pinheiro recebeu o arado numa armação de ferro. "Está aqui", ele me mostrou ao lado da piscina de sua casa, exibido como um troféu. O jardineiro aspirava a piscina naquela manhã de sol.

Ao contrário do que Caldas imaginava, os leitores estavam, sim, interessados em conhecer sua versão da falência do Correio do Povo. O livro foi o mais vendido da Feira. Em poucos dias estava esgotado. Tenho a primeira edição, publicada na "Primavera de 1987", como diz nos créditos da obra. Meu exemplar está todo marcado porque foi a espinha dorsal dessa biografia. A L&PM teve de providenciar uma segunda edição, às pressas, para comercializar nos últimos dias da Feira.

Em outra moldura de vidro, na parede da biblioteca, Pinheiro guarda o prefácio que Caldas escreveu para suas memórias, datilografado na máquina elétrica que trouxe do jornal, numa lauda do Jornal do Comércio, onde o filho estava fazendo uma parceria para a publicação do semanário de classificados Balcão. Percorreu 19 linhas, em três parágrafos, sem rasuras, mas fez três correções, com emendas clássicas de jornalista, com caneta esferográfica azul, bem comum, não mais a tinta verde do tempo de glória no Correio do Povo, rabiscos temidos por todos. Não por uma coincidência, mas questão de estilo, de escrever de forma sucinta, o texto tinha aproximadamente as 20 linhas máximas da coluna que eventualmente escrevia no jornal, como a famosa "Palmo e meio", de tão graves consequências.

Na apresentação, Breno lembra que o livro lhe faltava na concepção de *homem realizado*. Teve quatro filhos, que lhe deram 14 netos, um bisneto já na escola, e com certeza alguns outros mais em viagem. Plantou milhares de árvores em suas reservas florestais nas fazendas, em especial no Haras Arado e em Viamão. "Modestamente", diz, "continua faltando o livro". "(...) fico devendo por enquanto. O que se vai ler não é propriamente um livro, e muito menos *o livro* com o qual eu pudesse me habilitar ao galardão ambicionado". E acrescenta: "Estas páginas encerram apenas uma entrevista concedida a um amigo e por ele gravada em longas sessões, aqui transcritas, como praticamente saíram do gravador, sem maiores retoques." As sessões começavam depois do almoço e terminavam no uísque do cair da tarde. "Apenas se suprimiram os desvios de linguagem mais gritantes e alguma inconfidência de cunho estritamente íntimo", ressalva Breno em seu texto de abertura.

Caldas faz questão de elogiar seu entrevistador. "José Antônio Pinheiro Machado, jovem amigo, brilhante jornalista e advogado, ex-funcionário da Empresa Caldas Júnior, foi meu interlocutor nesta maratona". Ressaltou que foi dele "a iniciativa e também a insistência para que eu a aceitasse". E concluiu: "A história saiu muito comprida e talvez enfadonha. Mas posso garantir: absolutamente verdadeira".

Breno atribuía a si a falência do jornal. Suas vitórias, ao longo de 49 anos como diretor do matutino referência do Estado, eram ofuscadas pela derrota. Como um comandante militar, o êxito nas batalhas ele dividia entre os soldados que participavam das lutas do dia a dia na redação, a guerra perdida deveria ser creditada ao general, que falhou em sua estratégia. Bate o gelo no copo e bebe mais um gole, na sacada do gabinete, o olhar fixo no pôr do sol, que não mais o encanta como antigamente, mas provoca tristes regressões ao passado. Sente em suas costas a presença do pai, na fotografia na parede. "Ele morreu quando eu tinha dois anos, sempre quis ser motivo de orgulho para sua memória, falhei, decepcionei, será que ele me perdoa?" O sol desapareceu por completo na barra vermelha no horizonte, pesa no ar a tristeza do crepúsculo.

Numa espécie de homenagem a Breno Caldas, Pinheiro desejava ter a hoje extinta enciclopédia Espasa-Calpe, que o velho amigo lamentava ter deixado no gabinete do Correio do Povo, quando perdeu tudo; só saiu com a antiga máquina elétrica em que ele redigiu a apresentação de suas memórias. Em sebos, ele conseguiu comprar parte de coleções incompletas, malcuidadas. Os livros estão lá, numa das estantes. Mas um dia, um editor brasileiro, em viagem a Madri, deparou-se com uma coleção completa, em perfeito estado. Ele sabia da fixação de Pinheiro pela Calpe. Fez uma ligação para Porto Alegre e contou de sua descoberta. "Se quiseres, te mando ela, pagas pelos livros e o transporte." José Antônio exultou. Era tudo que ele queria.

A enciclopédia chegou da Europa em avião de carga. Pinheiro foi buscá-la no terminal de encomendas do Aeroporto Salgado Filho numa caminhonete. O peso dos livros fez as molas do veículo baixarem. Com anexos, chega a 138 volumes. Os livros que Breno Caldas sentia tanta falta estão lá. A coleção é impressionante, parece um cofre do tempo, cinza-azulada escura, letras douradas, em seu interior, infindáveis artigos de história, arte, antropologia, civilização, barbárie, humanidade.

Terminada a entrevista, saímos a caminhar pelo enorme pátio de sua casa. Contornamos a piscina. A água aspirada ao limpar o fundo rega as plantas. Uma estreita calçadinha faz toda a volta do terreno. Há árvores e folhagens em profusão. Pinheiro resiste a frequentes ofertas de empresas imobiliárias para a construção de um edifício no local, a 100 metros da beira do Guaíba, na área mais privilegiada de Ipanema. A casa foi do pai dele e ele não quer se desfazer. "Estou resistindo bravamente", me conta. Numa garagem aberta estão estacionados dois Fuscas, sem aquele cuidado de colecionador. Em outra cobertura há três Mercedes, um antigo, outro novo e o terceiro esportivo. Abre uma garagem fechada, porta pesada, sem mecanismo elétrico, para mostrar "a joia da coroa". Um Jaguar dourado, lindo. (Já conhecia, eu o avistei passar no carro pela Avenida Getúlio Vargas). Outro Fusca, bem mais antigo, está estacionado ao lado. O descendente do senador Pinheiro Machado me leva até a calçada para se despedir; o último amigo do doutor Breno, o fio condutor desta história.

Semanas mais tarde, Caldas foi até o escritório de Pinheiro Machado, na Rua Riachuelo, no centro histórico. "Apareceu sozinho, dando-me uma agradável surpresa. Ele disse que vinha sentindo falta dos nossos encontros. Fiquei sensibilizado, não imaginava uma reação assim do doutor Breno, e prometi que iria visitá-lo todas as sextas-feiras, no Arado, e aparecia lá no dia combinado até sua morte." Testemunhou pessoalmente sua falência física. "Foi num desses encontros que ele lamentou que eu tivesse chegado tão tarde em sua vida".

Caldas vinha sofrendo de problemas renais e respiratórios, mesmo tendo parado de fumar aos 50 anos. No ano seguinte, 1988, ele recebeu outro baque. O filho Francisco Antônio, fumante de três carteiras de cigarro por dia, estava com câncer nos pulmões com metástases na coluna e no cérebro. Restava apenas uma agonia de meses. Em 25 de maio de 1989, aos 51 anos, Francisco Antônio morreu. A irmã Nilza estava dormindo no Arado naquela noite, no térreo, e recebeu o telefonema. "Eu tive de dar a notícia para o pai." O casal idoso dormia na suíte do primeiro andar. "Entrei no quarto, acordei o pai e pedi para ele ir até o corredor. Não queria que a mãe ouvisse. Foi horrível."

O doutor Breno não tinha mais forças para enfrentar vicissitudes. As deficiências nos rins se agravaram. Problemas cardíacos também. O estado de saúde piorou, e ele foi levado para o Instituto de Cardiologia. Numa tentativa de caminhar no corredor do hospital, autorizado pelo médico, ele deu alguns passos. O pijama largo no corpo debilitado, o avental azul dos pacientes por cima. A esposa, dona Ilza, procurava equilibrá-lo. O velho casal, juntos há 54 anos, curvados pelos anos. Ele arrastava os chinelos de couro no piso frio. A palidez se tornou transparente. Os joelhos fraquejaram, as pernas encolheram, e ele caiu desfalecido. Carregado às pressas pelos enfermeiros para o leito, foi reanimado. Recuperou os sentidos, o coração batendo lentamente. Sem vontade de viver, seu corpo estava entregue, exaurido. Chega... Um pensamento reticente passou pelo cérebro vazio. Suas lembranças já vagavam pelo quarto, soltas, na alma que se desprendia do corpo. O galope do Estensor, as velas do Aventura ao vento, a rotativa do Correio do Povo imprimindo o jornal, o filho morto com a mão estendida para recebê-lo. "Pedi ao médico que não prolongasse a vida, não o deixasse sofrer. O pai estava magro, seco, amarelo, estava nos deixando", dona Nilza se emociona, naquele final de tarde, quando conversávamos na sala de seu apartamento no Moinhos de Vento.

Em 10 de setembro de 1989, um domingo, ele morreu por falência múltipla de órgãos e profunda amargura. Era o Dia da Imprensa, data de circulação do primeiro jornal impresso no Brasil, em 10 de setembro de 1808, a Gazeta do Rio de Janeiro, porta-voz do Reino Português com a vinda para a América de Dom João VI e a família real, fugidos de Napoleão. Em projeto do deputado Nelson Marchezan, ex-Arena, PDS e PSDB, e sancionado pelo presidente Fernando Henrique Cardoso, em 1999, a efeméride foi mudada para 1.º de junho, dia da publicação do Correio Braziliense em Londres, no mesmo ano de 1808, por Hipólito José da Costa, Patrono da Imprensa no Brasil. Dez anos após seu falecimento, Breno Caldas deixou de ter morrido no Dia da Imprensa.

A troca de datas fez parte da releitura histórica promovida pela esquerda em muitas celebrações nacionais, no poder após a democratização, como o fim da Escravidão, assinada pela princesa Isabel em 13 de maio de 1888, que passou, em 2003, no governo Lula, para o Dia da Consciência Negra em 20 de novembro, numa alusão a Zumbi dos Palmares. (O revolucionário de quilombo na Capitania de Pernambuco, na época do Brasil Colônia.)

29. O filme e o túmulo

Passou-se a última década do século 20. Veio o novo milênio. Telefonei da praia para a minha irmã mais velha, Yara, comentando: "Vamos ver o início de um novo século". Esta era uma certeza. Nosso pai viveu quase todo o século 20, de 1907 a 1999, e há um ano nos deixara; nós dois ao lado da cama dele, em Alegrete, aguardando o desfecho com muito amor e gratidão. A Irmã Lúcia, presente no quarto, disse-me: "Larga a mão dele, senão ele não vai". Larguei e ele morreu, serenamente. Pouco tempo depois, a Irmã Lúcia faleceu. *Tempo & Destino*. Aqui, a relação entre o cinema e o cemitério.

Em 2001, a casa da Fazenda do Arado, em Belém Novo, estava se deteriorando, as paredes brancas escurecidas pelo tempo, a pintura verde das aberturas desbotada, mas a madeira natural da parte interna continuava em bom estado, lustrada, o verniz resistindo ao tempo. O cenário perfeito para uma filmagem sobre decadência. A porta de entrada com figuras geométricas esculpidas abria-se para o *living*. A divisória de hastes de madeira torneadas dividia os dois ambientes. Permaneciam na sala os sofás de couro gasto, com apliques de botões, e um tapete antigo, roto. Duas poltronas diferentes, com um abajur no meio delas, continuavam diante do televisor obsoleto, desligado. O estofado verde, com braços de madeira, era onde o doutor Breno se sentava para assistir ao seu próprio canal de TV. Ao lado, a poltrona preta, larga, confortável, que o tempo deixou esfarrapada, onde dona Ilza fazia tricô. Ao longo da vida teceu roupinhas para os filhos pequenos, os netos e bisnetos. "Mamãe tricotava muito bem", lembra a filha Nilza.

Na estante de pinho escuro, embutida na parede, sobraram algumas estatuetas de cavalos, peças de porcelana e um relógio de mesa com armação de madeira. Nas paredes lascadas restaram quadros de reproduções medievais e mapas antigos de navegação da época dos descobrimentos, como decorações de um castelo medieval. As cortinas brancas amareladas pelo tempo, puídas nas pontas. A sala de jantar imperial, de maior valor, iria a leilão, as cadeiras altas em couro duro com apliques de ferro, a mesa majestosa. Sobras da aristocracia deposta.

Um ano antes, em 2000, a dona Ilza, com 85 anos de idade, a saúde debilitada, as forças reduzidas por tantas provações, não tinha mais condições de morar sozinha, e a família a retirou do Arado, indo residir na casa da filha Alice, na aprazível Pedra Redonda. Dolores, outra filha, ficou encarregada de reparar a fazenda, à espera de uma oportunidade de vendê-la.

Ao procurar um lugar para filmar o curta-metragem *O Comprador de Fazendas*, no ano de 2001, o cineasta gaúcho Carlos Gerbase viveu na vida real exatamente o papel de Trancoso, interpretado por Bruno Garcia na série. Ele buscava uma fazenda em decadência, nas cercanias de Porto Alegre, para realizar a terceira versão do conto de Monteiro Lobato, do livro *Urupês*. O texto original do criador de Pedrinho e Narizinho já rendera um filme com Procópio Ferreira, encenado em São Paulo, em 1951, e outro com Agildo Ribeiro, em 1974. Gerbase foi meu aluno, e eu o indiquei para o primeiro emprego no jornalismo, na reportagem geral da extinta Folha da Tarde de Breno Caldas, em razão do talento para escrever que demonstrou em sala de aula. Acabou trocando o jornal pelo cinema, produções para televisão e a cátedra. Deu certo.

O curta fora encomendado pela Rede Globo, para ser um dos capítulos da série *Brava Gente*. A indústria cinematográfica e a televisão apostam na releitura de clássicos e *remake* de produções consagradas, como se fosse *cult*.

Hoje Hollywood faz *remake* de filmes latinos bem atuais, como *O Segredo dos Seus Olhos*, do argentino Juan José Campanella, ou *Gloria*, do chileno Sabastián Lelio, ambos perdendo em qualidade e drama nas versões norte-americanas *Olhos da Justiça* e *Gloria Bell*.

Na terceira releitura para o cinema, Trancoso era um ex-ator pornô que desejava fazer um filme sério numa estância em decadência, com financiamento oficial, que ainda não fora aprovado.

Na peregrinação à procura do *set* ideal na zona rural da capital gaúcha, Gerbase transpôs ocasionalmente a porteira do Arado. A família concordou em alugar a fazenda para a filmagem da Globo, numa ironia do destino.

A reserva florestal continuava preservada. Na várzea onde plantavam arroz não havia nenhuma cultura e gado algum andava pelas pastagens. Total abandono. Os coqueiros resistentes ao redor do casarão se destacam tristemente na paisagem, as palmas verdes oscilando ao vento, outras secas espalhadas pelo chão. O palacete, cercado por muros de pedras e prédios secundários de alvenaria, preservava o antigo portão de ferro dos muros da Santa Casa. O filme começa com Trancoso (interpretado na terceira versão por Bruno Garcia) tendo dificuldades em abri-lo. Quase cai no chão quando consegue. O dono da fazenda, Moreira (Marco Nanini), e sua esposa Isaura (Lúcia Alves) assistem à cena do quarto do casal, no primeiro andar, exatamente onde Breno e Ilza dormiam. "Ele é forte", comenta Nanini olhando a trapalhada do visitante. O curta é de humor, com a contida sensualidade de Julia Feldens (Zilda, a filha do fazendeiro) e algum drama pastelão. Leve e agradável.

Ao redor da casa, a grama malcuidada. Escombros de dois chafarizes desativados, a cerâmica partida, um deles no gramado da frente, e outro no jardim de inverno da mansão, no pátio interno. As folhagens em vasos de cerâmica, com armação de ferro, antigas e ressecadas, entre elas um cacto de mau agouro; lembram as plantas no casarão assombrado no centro da cidade do México, na inquietante novela *Aura*, de Carlos Fuentes (1928-2012). Quando o romancista mexicano morreu, em 15 de maio, me emocionei ao ver os comentários de vários ex alunos nas redes sociais. Eles logo se lembraram de mim ao ouvirem a notícia. Nas aulas de jornalismo eu falava de literatura com muita empolgação, sem conferir nenhuma anotação, apenas a memória da minha longa vivência como leitor. Fuentes, um dos meus preferidos. Às vezes tinha de conter a emoção ao descrever um livro ou a saga de um autor. O ex-ator pornô e a filha do fazendeiro protagonizaram cenas ingênuas de amor no meio das folhagens bravas no jardim de inverno, azulejos nas paredes, o piso de pedras irregulares, bancos de metais.

Cenas da TV se desenrolaram no antigo *living* de dois ambientes, o piso de parquê ainda em bom estado. Restaram alguns móveis, sofá de couro, duas poltronas, um velho abajur, massacrado pelos atores numa cena cômica. As aberturas em madeira natural pelo lado de dentro ainda guardavam certo brilho do passado. Na cozinha, a lareira, o fogão à lenha com caldeira, a mesa rústica, o filtro de água de barro, as moringas de cerâmica; dependurados em ganchos, o tacho de fazer doce, panelas, caçarolas e frigideiras de cobre, ferro e esmaltadas.

A escada de alvenaria de cerâmica portuguesa em azul e branco e corrimãos de madeira envernizada levavam ao segundo pavimento do sobrado, reservado aos dormitórios e ao gabinete-biblioteca do doutor Breno. A produção utilizou o primeiro andar para realizar gravações num suposto hotel no centro de Porto Alegre, me contou Gerbase, ao entrevistá-lo numa mesa alta no saguão da Famecos, numa tarde de 2018, quando ele me deu a gravação da série para eu analisá-la detalhadamente. Foi montada a portaria no largo corredor e a sequência de portas reconstituía o cenário de uma pensão decadente. Ficou tão bom que parece que a tomada foi feita em outro prédio.

A dona Ilza Kessler Caldas morreu no ano seguinte à filmagem, em 2002, e a fazenda finalmente foi disponibilizada pelos herdeiros para um empreendimento imobiliário.

O projeto de aproveitamento do Haras foi elaborado em 2010 e os investidores, junto com outras empresas interessadas em condomínios urbanos na zona rural, mas ainda não saiu do papel, com demandas ambientais.

Breno Caldas foi sepultado no mausoléu do pai Francisco Antônio Vieira Caldas Júnior (13/12/1868 – 09/04/1913) no Cemitério da Santa Casa. Procurei na Internet indicação sobre a localização e imagem do túmulo, e nada. Não consta na lista dos jazigos mais significativos de Porto Alegre, na Santa Casa e no São Miguel e Almas, os cemitérios tradicionais da cidade. Tudo porque o monumento original, pomposo, erguido na Santa Casa, foi danificado por um temporal e saqueado por ladrões nos anos 1970. Fortes ventos fizeram a estátua de um anjo, em forma de mulher, esculpida em mármore branco, despencar do pedestal sobre o túmulo, quebrando a laje. "Quando eu era pequena, eu achava que aquela era a minha avó Dolores", recorda Nilza. Assaltantes aproveitaram para arrancar e levar a esfinge de bronze do fundador do Correio do Povo. Com a laje partida, *ratos* de cemitério furtaram arabescos de metal dos caixões ali depositados, inclusive do ataúde da dona Dolores. Molduras de fotografias, letras, placas e arabescos barrocos foram igualmente arrancados. "Roubaram até o cercado de metal ao redor do mausoléu", lembra a dona Nilza. Desolado e revoltado, o Doutor Breno mandou construir novo túmulo em granito avermelhado, austero, simples e forte, sem nenhuma foto, apenas os nomes e datas de nascimento e morte dos familiares ali sepultados, riscados na pedra.

Comecei a busca pelo mausoléu no Cemitério da Santa Casa, por ser o mais antigo e tradicional de Porto Alegre. Estacionei na frente o Jeep verde, a capota bege, 1964. Dirigi-me à secretaria de atendimento ao público. Um único funcionário trabalhava na tarde em que estive lá. Ele avista pela vidraça o muro do cemitério, onde aparecem as pontas mais altas dos mausoléus. Mármores e peças de bronze brilham ao sol por cima do paredão amarelo. A visão se tornará macabra no crepúsculo e ao luar, quando o solitário secretário já tiver ido embora, para sorte dele. Na tela do computador correm os nomes dos mortos. Esse é seu trabalho para ganhar a vida. O nome de Caldas Júnior, por ser muito antigo, não consta no sistema digitalizado. Morreu em 9 de abril de 1913, uma quarta-feira. Surge o nome da dona Dolores Alcaraz Caldas, mãe de Breno. Morreu em 17 de julho de 1957, sepultura 593, quadra 3, no pátio de entrada. O funcionário, solícito, anotou num papel. Tenho aqui a folha. Fui conhecer o jazigo da família Caldas.

Passei pelo monumento positivista onde estão os restos mortais do governador chimango Júlio Prates de Castilhos, morto em 1903. Na quadra seguinte, detive-me na eloquência dramática da estátua que mostra Pinheiro Machado (1851-1915) assassinado, cercado de anjos, capa do livro de José Antônio sobre seu ancestral mitológico. A escultura e a biografia fazem jus ao homenageado. À frente, a pequena capela onde está o Conde de Porto Alegre, título nobre de Manoel Marques de Sousa (1804-1875), do qual descende o jornalista e professor Marques Leonam Borges da Cunha, repórter da Folha da Tarde, que inspirou o livro *O Encantador de Pessoas*, de Ana Paula Acauan e Magda Achutti. Leonam traz no sangue e na postura fidalga sua origem aristocrata. Imagino a voz cavernosa do Conde ouvida no meio da madrugada em noites de vento. Um pouco mais adiante Teixeirinha em bronze canta e toca violão. O gaúcho Vitor Mateus Teixeira (1927-1985), sucesso no passado em todos os países de língua portuguesa, até na África. A escultura não é em tamanho natural, mas interessante e bem proporcional. A esquina da quadra 3 é guarnecida por Plácido de Castro. Um leão imponente se destaca. No alto, a imagem da Justiça, uma bela mulher. A balança que carregava se partiu com as intempéries; no inverno o minuano fustiga as tumbas do campo santo.

O aventureiro José Plácido de Castro (1873-1908), militar e agrimensor, nasceu em São Gabriel, no Rio Grande do Sul, em 9 de setembro de 1873. No Norte, comandou o levante dos seringueiros, que arrancou o Acre da Bolívia, numa luta que se estendeu pelos anos de 1902 e 1903 e deu origem a um estado independente. Acabou assassinado pelas costas, numa emboscada, em Benfica, cidade da região, em 11 de agosto de 1908. O subdelegado de polícia Alexandrino José da Silva, suspeito de comandar a cilada, nunca foi acusado formalmente do crime; não houve nem inquérito. "Tanta ocasião gloriosa de morrer, e esses cavalheiros me matam pelas costas", a placa de bronze reproduz a frase dita quando agonizava.

Ao lado de Plácido de Castro está o jazigo de Caldas Júnior. A viúva Dolores, que viveu de 16 de setembro de 1879 a 17 de julho de 1957, tem seu nome riscado na pedra logo após a identificação do marido Caldas Jr. A seguir, a inscrição de Francisco Antônio Kessler Caldas, que nasceu em 15 de julho de 1937 e morreu em 25 de maio de 1989. Meses depois foi sepultado o doutor Breno, nascido em 3 de julho de 1910 e falecido em 10 de setembro de 1989. Vem a seguir Francisco Antônio Monte Caldas (gêmeo com Breno Neto) que nasceu em 27 de maio de 1962 e morreu em acidente de trânsito, em 16 de julho de 1997. O nome da dona Ilza Kessler Caldas (2 de março de 1915 a 31 de março de 2002) está gravado numa pequena placa de metal, abaixo da relação de familiares riscada na pedra.

Eram 16h55min do dia 13 de março de 2019 quando terminei de fazer as anotações. Havia sol entre nuvens. No canteiro junto ao túmulo, nenhuma flor, nem de plástico. Um limo úmido cobria a terra. Fiquei olhando. "Minha mãe me fez prometer que iria ao cemitério levar flores", dona Nilza confessa que não gosta de ir a cemitérios, mas cumpre a promessa no Dia de Finados. "Levo flores, mas em seguida alguém passa ali e rouba para colocar num outro túmulo; os seres vivos não têm mesmo jeito", balança a cabeça.

Após a morte da matriarca, em 2002, foi promovido um leilão no Arado para vender os móveis e peças de arte do palacete. O ministro aposentado do Supremo Tribunal Federal Paulo Brossard, que frequentava o Haras Arado desde os anos 1950 e rompera com o doutor Breno, foi um dos interessados no leilão. Compareceu com talão de cheque e um único objetivo. O velho tribuno teve um aperto no peito ao ver o prédio da fazenda em decadência. Colocou o chapéu embaixo do braço para cruzar a porta, como uma deferência ao doutor Breno. Sentiu a sensação de que estava invadindo o último reduto do antigo amigo. Agarrado no corrimão e de bengala, pelo peso da idade, subiu a escada até o gabinete. Estava interessado em apenas uma peça. Deu lance suficiente para levar a escrivaninha de Caldas Jr.

O doutor Breno desperta do breve cochilo depois do almoço. Liga o rádio na cabeceira, calça os sapatos e veste o suéter para ir ao jornal. Perón acabara de morrer em Buenos Aires, às 14h de 1.º de julho de 1974, uma segunda-feira. Pega a extensão do telefone e liga para a Folha da Tarde. Diz que quer a notícia como manchete na segunda rodagem do vespertino. Em duas linhas:

**MORREU
PERÓN**

Determina. "O maior corpo possível e uma foto dele de braços abertos, saudando o povo", descreveu a capa em detalhes e acrescentou: "Será a afirmação da Edição Final junto ao público", a segunda rodagem do vespertino fora lançada quatro dias antes por decisão pessoal dele para enfrentar o novo jornal planejado pela RBS. Enquanto ajeitava os cabelos no espelho, pensou: "Eles sabem que sou antiperonista e simpatizo com o Partido Radical dos ruralistas argentinos, e seriam capazes de imaginar que uma manchete forte para vender jornal poderia me incomodar", aperta os lábios.

Breno avisou a dona Ilza que estava indo para o jornal. "Morreu o Perón", comentou. Entrou no automóvel estacionado na frente da mansão. Ele cruzou em velocidade moderada as várzeas verdes do Arado, o cheiro vindo do mato. Eu troco a marcha do Jeep na estrada de chão, como os caminhos que levam a Roma. Tenho a sensação de que cruzou por mim o doutor Breno, a caminho da redação. Estou transitando em diferentes tempos, deve ser a emoção de ir conhecer o Arado para escrever este livro. Já avisto o casarão. Olho pelo retrovisor e juro que vejo a Mercedes branca desaparecendo numa nuvem de poeira. O rádio do automóvel na Guaíba, as notícias atualizadas da Argentina. "Velho Perón, todos nós vamos chegar ao fim", suspira Caldas. As páginas da Folha da Tarde giram na rotativa, o jornal sai dobrado na ponta da máquina, pronto para ser distribuído com a notícia da morte do Presidente da Argentina.

Editor de Polícia do Correio do Povo de Breno Caldas, Tibério Vargas Ramos começou no jornalismo na Zero Hora, em 1969. Em 1970 já estava na Folha da Tarde da Empresa Jornalística Caldas Júnior, como repórter. Durante 40 anos foi professor titular de Jornalismo e Relações Públicas na Pontifícia Universidade Católica do Rio Grande do Sul (PUCRS). Nascido em Alegrete, RS, em 1948, Tibério é autor dos romances *Acrobacias no Crepúsculo* e *Sombras Douradas*, da novela *A Santa Sem Véu* e *Contos do Tempo da Máquina de Escrever*, todos publicados pela AGE. "A história de Breno Caldas foi o livro que sempre sonhei um dia escrever", disse o Autor.